Ich will Leidenschaft

für m.e.

Simone Schmollack

Ich will Leidenschaft

Geschichten von Dreißigjährigen über Lust und Liebe

Schwarzkopf & Schwarzkopf

LIEBE, LUST UND LEIDENSCHAFT
Die neue Reihe bei Schwarzkopf & Schwarzkopf

Band 1
Martina Rellin: ICH HABE EINEN LIEBHABER
Frauen erzählen von ihren Begegnungen mit dem ganz besonderen Mann.
ISBN 3-89602-365-9

Band 2
Simone Schmollack: ICH WILL LEIDENSCHAFT
Geschichten von Dreißigjährigen über Lust und Liebe
ISBN 3-89602-401-9

Band 3
Wiebke und Axel H. Kunert: DAS HANDBUCH DER ONANIE
Dieses Buch macht glücklich und schön
ISBN 3-89602-402-7

Band 4
Martina Rellin: WIR SIND DIE NEUEN LIEBHABER
Männer erzählen von ihren Begegnungen mit der ganz besonderen Frau
ISBN 3-89602-400-0

Inhalt

Ich lebe lieber leidenschaftlich

Vorwort von Simone Schmollack

Schenkt man den Schriftstellern wie Bret Easton Ellis, Michel Houellebecq oder Helmut Krausser Glauben, dann ist die emotionale und intime Begegnung zweier Menschen heute kein sinnliches Vergnügen, keine seelische und körperliche Entspannung mehr, dann sind glückliche Liebesbeziehungen und beständige Ehen so selten wie ein Sechser im Lotto. Die Dichter zeichnen das Gesellschaftsbild einer gefühlskalten Welt in der Geißel sexuellen Leistungswahns. Vor allem beeinflusst durch die Faktoren Geld, Zeit, Attraktivität, Status. Frauen und Männer haben verlernt, wahrhaft zu lieben und einander zu genießen. Drei Jahre, 167 Tage und zwei Stunden beträgt die Lebenserwartung einer heutigen Beziehung, sagt Peter Schneider in seinem Roman »Paarungen«. Liebe und Sex im 21. Jahrhundert – Fälle für Psychiatrie und Pathologie?

Ellis, Houellebecq und Krausser beschreiben eine Gesellschaft, die an den politischen, ökonomischen und feministischen Folgen und Errungenschaften sowie an sich selbst krankt. Und in der Tat: Kaum jemand hat mehr Muße, alle sind auf der Flucht. Fast jeder bangt irgendwann in seiner beruflichen Laufbahn um seinen Job und verliert über die Existenzsicherung die Sinnlichkeit seines Lebens. Viele wurden unfähig für das ganz große Gefühl und die dauerhafte Liebe, manche haben vielleicht nicht mal eine Ahnung davon, was es heißt, zu lieben und für tiefe Emotionen eine Menge zu riskieren. Ohne sich vorher auszurechnen, was sich aus welchem Verhältnis wie entwickeln könnte.

Doch wie immer ist das nur die halbe Wahrheit. Die andere Hälfte liegt außerhalb von Ellis, Houellebecq und Krausser. Während deren Protagonisten sich selbst aufgegeben, sich dem Lauf der Dinge mehr oder weniger kampflos überlassen haben und unfähig wurden, in sich selbst das Glück zu suchen, schreibt das »richtige« Leben im falschen andere Geschichten. Geschichten, die vielleicht nicht so perfekt und formvollendet sind wie die Kunsterzählungen der Schriftsteller, deren Aufgabe und Luxus es schließlich ist, Gesellschaft in überspitzter Form abzubilden. Geschichten, in denen Verrat, Hass und Lügen ebenso vorkommen wie das ganz edle Gefühl. Aber eben Geschichten, die wirklich gelebt wurden. Vom hoffnungsvollen Anfang bis zum bitteren Ende.

Um dieses Leben geht es in dem vorliegenden Buch. Es lässt Frauen, Männer und Paare der Generation zwischen 30 und 40 darüber sprechen, warum sie so leben, wie sie leben, freiwillig oder gezwungenermaßen, wie wohl sie sich in ihren Beziehungskonstellationen fühlen, wonach sie suchen, nach wem sie sich sehnen. Es sind Menschen, die ihr Leben nicht aus der Hand gegeben haben und meist genau wissen, was sie tun. Mit allen Konsequenzen. Und es sollten Frauen und Männer in genau diesem Alter sein, die erzählen, jene, die sich bereits die ersten privaten und beruflichen Schrammen holten, denen Brüche und Trennungen nicht fremd sind, aber die immer noch mit der Hoffnung leben, dass etwas nicht so bleiben muss, wie es ist, wenn es nicht gut tut.

Wenn sie Geldsorgen bekommen, schlittern die meisten Ehen und Beziehungen in heftige Krisen. Ein Indiz dafür, dass Geld die Liebe maßgeblich mitbestimmt. Aber nicht weniger ausschlaggebend für den partnerschaftlichen Bestand beziehungsweise Bruch sind Kinder und Liebhaber. Nicht umsonst verbuchen Paartherapieeinrichtungen in Deutschland Hochkonjunktur. Einige Eheberatungsstellen bieten inzwischen Frauen und Männern, die heiraten oder ohne Trauschein längere Zeit zusammenbleiben wollen, einen »Ehe-TÜV« an. Die Prepare-Tests, die der amerikanische Familiensoziologe David H. Olsen zu Beginn der neunziger Jahre des vergangenen Jahrhunderts entwickelte, prüfen jedoch nicht die Liebesfähigkeit der Klienten, sondern ihre Fähigkeit, miteinander reden und Konflikte austragen zu können. Das Ergebnis muss nicht erst verraten werden, so klar scheint es zu sein: Je besser die Kommunikation eines Paares ist, desto größer sind seine Chancen auf eine dauerhafte Beziehung.

Am Beispiel der etablierten Ehe- und Partnerschaftsanbahnungs- und -rettungsinstitute lassen sich allzu deutlich familiäre, emanzipatorische, religiöse und ökonomische Veränderungen in der modernen Industriegesellschaft beobachten: War es früher normal zu heiraten, zwei Kinder zu bekommen, morgens zur Arbeit das Haus zu verlassen und abends wieder heimzukehren, sind diese Strukturen heute weitestgehend aufgebrochen. Die herkömmliche Ehe ist ein Lebensentwurf unter vielen. Die Moderne kennt neben dem Leben mit Trauschein eine Vielzahl bunter Lebens-, Liebes- und Partnerschaftsmodelle, die ebenso ihre Berechtigung haben. Unabhängig von den politischen und verfassungsrechtlichen »Vorgaben«, die nach wie vor die Ehe in den Mittelpunkt rücken und unter einen besonderen Schutz stellen, werden andere Formen wie die sogenannte »wilde Ehe« inzwischen selbstverständlich gelebt. Wiederum andere Modelle wie getrennt zu leben, alleinerziehend zu sein, Verhältnisse mit Liebhaberinnen und Liebhabern, bisexuelle Partnerschaftsversuche, das Single-Dasein, Wohngemeinschaften, Zweckbeziehungen, Partnerkonstellationen mit erheblichem Altersunterschied, Promiskuität oder multikulturelle Beziehungen ringen um ihre öffentliche Anerkennung. Mit unterschiedlichem Erfolg.

Die Ursache der zahlreichen Versuche, Liebe und Sex, Familie und Kinder, Glück und Erfüllung zu realisieren, liegen – neben der weiblichen Emanzipation, einer Verschiebung in den Geschlechterverhältnissen und der Aufgabe einer verklemmten und falsch verstandenen Moralhaltung – auch in den veränderten Arbeitsformen. Da gibt es neben der Vollarbeitszeit die Viertagewoche, die Freiberuflichkeit, Nachtdienst- und Mehrschichtsysteme, Teilzeitmodelle, Sabbaticals, 630-Mark- und auswärtige Jobs. Karrieren sind heute nicht mehr planbar, so mancher tabellarische Lebenslauf weist berufliche Knicke, Tiefs und Auszeiten auf.

Und hier sind wir endlich konkret beim vorliegenden Buch angelangt. Es berichtet von eben jenen gravierenden gesellschaftlichen Veränderungen und ihren Auswirkungen auf das Partnerschaftsleben: Wenn anders gearbeitet wird als früher, muss zwangsläufig auch das Privatleben anders eingerichtet werden. Wer übermäßig viel im Büro hockt, fragt sich vielleicht, ob eine Beziehung unter diesen Umständen überhaupt Bestand hat. Wer ständig pendelt, lehnt vielleicht Kinder ab. Wer mit seiner Ehe nicht zufrieden ist, lässt sich entweder scheiden oder greift nach einem Liebhaber. Eine allein erziehende Mutter will trotz Kindern und täglicher Überlastung nicht auf Sexualität und Nähe verzichten, eine Frau »darf« heute auch einen jüngeren Mann lieben, ein Künstler sucht nach einer Beziehung, die einem Kunstwerk gleicht. Nicht, dass es all diese Liebesvarianten früher nicht auch gegeben hätte. Aber im Gegensatz zu heute nur vereinzelt und stets als »Notlösung«. Menschen, die anders lebten als die Masse, galten als Randgruppe. Heute werden verschiedene Lebensentwürfe zum großen Teil offensiv und selbstverständlich gelebt.

Obgleich sein Titel auf den ersten Blick etwas anderes vermittelt, ist »Ich will Leidenschaft« ein politisches Buch. Auch wenn in seinen Geschichten das Wort Politik nur am Rande fällt. Beim Lesen wird sich so mancher sicher fragen, was Liebe, Lust und Leidenschaft mit Politik zu tun haben. Denn die Protagonisten erzählen persönliche, intime Geschichten, berichten von sinnlichen Erlebnissen, die mehr oder weniger prägend für ihre partnerschaftliche und sexuelle Biographie waren. Sie betrachten ihr Leben nicht vordergründig mit einem politischen Auge. Es sind private Dinge, die da preisgegeben werden. Doch auch hier oder vielleicht vor allem hier gilt: Das Private ist politisch. Denn die Frauen, Männer und Paare bewegen sich in einem gesellschaftlichen Kontext, der ihre Handlungsspielräume mehr oder weniger stark bestimmt. Niemand kann sich den Vorgaben des Heute und seinen Bedingungen entziehen.

Die Protagonisten im Buch genießen ihr Dasein, haben Spaß am Leben und Freude an ihrer Körperlichkeit. In diesem Punkt unterscheiden sie sich von den Helden bei Ellis und Houellebecq, die am Leben leiden und keinen Sinn mehr darin sehen. In Houellebecqs »Ausweitung der Kampfzone« sieht ein Mann, der nichts anderes tut als zu arbeiten, keinen anderen Ausweg als sich zu erschießen, als er erkennt, allein nicht mal ein Bett kaufen zu können.

Manchmal ist es egal, mit welchem Ziel ein Lebensentwurf bewusst ausgelebt oder stillschweigend ertragen wird, da ist die Haltung zu den Dingen, zu einem Menschen wichtiger als alles andere.

Dann erscheint mitunter eine Lebenslüge als vertretbar, weil die »Lügner« mit beiden Händen nach dem greifen, wonach sie lange suchten: Glück, Erfüllung, Emotionen und Obszessionen. Hierin sind die Frauen wahre Meisterinnen. 80 Prozent aller Trennungen und Scheidungen gehen von Frauen aus, weil sie erwiesenermaßen einen höheren Glücksanspruch haben als Männer. Während die meisten Männer in einer unerträglichen Situation ausharren und darauf hoffen, das Problem löse sich von selbst, packen Frauen es an. Sie sind inzwischen ökonomisch unabhängig, gebildet und selbstbewusst genug, um sich nicht in einem Beziehungsgefängnis einsperren zu lassen. Doch sie gehen nie leichtfertig aus einer Partnerschaft heraus oder geben sie leichtsinnig auf. »Früher gaben die Frauen die Hoffnung auf und hielten an der Ehe fest, heute halten sie an der Hoffnung fest und geben die Ehe auf«, sagt der Familientherapeut Norbert Wilbertz. Manchmal kann ein heimlicher Liebhaber sogar Ehen oder langjährige Beziehungen retten, weil er einen Part übernimmt, den der Gatte längst nicht mehr ausüben will.

Ich danke allen Frauen, Männern und Paaren, die mir in unzähligen Stunden ihre Lebensgeschichten überließen, die sich öffneten und keine Scheu zeigten, auch intime Details preiszugeben und dadurch der Öffentlichkeit etwas zur Verfügung zu stellen, was sonst nur die beste Freundin beziehungsweise der beste Freund erfahren. Manche Namen der Protagonisten wurden auf deren Wunsch aus Gründen des Schutzes ihrer Privatsphäre geändert.

Wenngleich die beschriebene Beziehungspalette sehr bunt ist, eine Lebensform fehlt: die offene Beziehung. Ein Paar zu finden, das über seine Erfahrungen mit geduldeten »Nebenbuhlern« berichtet, das Liebhaber zulässt, obwohl es selbst ein gemeinsames erfülltes Sexualleben hat, ist mir trotz intensiver Suche nicht gelungen. Manche Paare, die ich im Zuge der Recherchen kennenlernte, probierten sich darin aus, weil sie es unter anderem als modern und tolerant oder für sich als notwendig erachteten. »Wie schafft man es, nach sieben Jahren Beziehung diese immer noch erotisch frisch zu halten«, fragte eine Frau, die sich regelmäßige Seitensprünge bei ihrem Freund einforderte. Sie gestand ihm dasselbe zu. Doch der Mann litt unter dieser Offenheit, die Beziehung ging in die Brüche.

Die »Nichtbesetzung« der offenen Beziehung kann ein Indiz dafür sein, dass diese Beziehungsform zwar von einigen als ein machbares Modell gepriesen wird, aber für die meisten nicht lebbar ist. Eifersucht, Verletzungen und Verlustängste scheinen letztlich doch größer zu sein, als von vielen angenommen.

So unterschiedlich die Frauen und Männer und ihre Geschichten sind, eines ist ihnen gemein: Sie lassen sich die Lust am Leben, an der Liebe und an der Leidenschaft nicht nehmen. Und wenn sich Beziehungen und eine erfüllte Sexualität nicht auf dem Tablett darbieten – und das tun sie heute meistens nicht –, dann werden sie organisiert. Ob spontan übers Telefonbuch oder per Absprache für »feste Termine«, ob durch Liebhaber, die nur für den Sex da sind oder durch einen Reigen verschiedener Frauen für einen Mann, ob durch One-Night-Stands oder heimliche Dauerverhältnisse. Bei der Realisierung aller möglichen Verhältnisse wird es den Betroffenen vermutlich nie an Phantasie fehlen. Denn egal, wie die Gesellschaftsverhältnisse aussehen mögen, nach Liebe und Sex werden Menschen immer suchen. Und eine Menge daran setzen, sie zu bekommen. Es gibt keinen Mangel an Möglichkeiten, es gibt nur ungenutzte Chancen.

Wer ficken will, muss freundlich sein

Sven B. (31 Jahre), Schauspieler in Berlin, tobt sich in einer Männer-WG aus

Müsste ich meinem derzeitigen Leben einen Filmtitel geben, würde dieser lauten: »Auf der Überholspur«. Untertitel: »Leben in Anarchie und Gesetzlosigkeit«. Ob Job oder Privat, alles läuft chaotisch und hektisch ab. Momentan passiert so unendlich viel, dass ich kaum zum Luftholen komme. Nicht mal mein Bett, gewöhnlich ein Ort, an dem Menschen Ruhe und Erholung finden, bietet Schutz vor turbulenter Wirrnis. Es liegen zu viele Frauen darin. Im Grunde habe ich nichts dagegen. Aber manchmal sehnen sich mein erschöpfter Körper und mein ausgewrungener Geist nach friedlicher und entspannender Einsamkeit.

Ich bin Schauspieler. Bislang mittelmäßig erfolgreich, aber seit kurzem auf dem aufsteigenden Ast. Der andere Grund für das unüberblickbare Chaos und den positiven Stress: Ich stehe auf Theaterbrettern, vor Kameras, auf Moderationsbühnen. Es gibt fast nichts, das ich nicht schon ausprobiert habe. Ich bin Mitglied einer Off-Theatergruppe, die durch die Lande tingelt, spiele feste Rollen an einem kleinen Landestheater sowie in Fernsehfilmen und -serien. In der Szene kennt man meinen Namen, inzwischen fragen Regisseure bei mir nach, um mich in TV-Hauptrollen zu besetzen. Das ist mein Aufstieg aus der C- in die B-Liga. Die Schauspieler-Garde teile ich in die Gruppen A, B und C. Zur Kategorie A, gewissermaßen der Bundesliga, gehören Namen wie Moritz Bleibtreu, Christiane Paul, Til Schweiger, Franka Potente – Gesichter, die in keiner deutschen Kinokomödie fehlen. In der 2. Bundesliga spielen Leute wie Edgar Selge, Julia Jäger, Steffen Wink. Sie sieht man vor allem in Fernseh-Hauptrollen. Sie sind sehr gut, aber in der Regel nicht so bekannt wie die Stars aus A. Nur einige wie beispielsweise Edgar Selge rutschen hin und wieder ins Kino. Die C-Riege, sozusagen die Regionalliga, bestückt vor allem die Episodenhauptrollen in Fernsehfilmen und Serien wie »Tatort« und »Polizeiruf 110«. Episodenhauptrollen sind Figuren unmittelbar an der Seite der Hauptrolle, aber eben nur unmittelbar und damit immer etwas ins Abseits gerückt. Zum Beispiel die Assistenten der Kommissare. Für den Verlauf der Handlung, für die Zeichnung der wichtigsten Akteure sind Episodenhauptrollen von ungeheurer Bedeutung. Oft stellen sie einen Gegenpol zu ihrem Chef dar, bringen durch ihre Unbedarftheit und ihr Ungeschicktsein Lebendigkeit in die szenische Abfolge. Im Gedächtnis haften bleibt aber der Hauptkommissar, der einen ominösen Fall löst. Um ihn rankt sich das Drehbuch und drehen sich seine Untergebenen.

Die regionale C-Riege ist keineswegs die schlechteste. Immerhin kann man auch richtig absteigen und in der »Oberliga« spielen: »Marienhof« oder »Gute Zeiten, schlechte Zeiten«. Teenies mögen die Einschaltquoten für die Serien in die Höhe treiben, aber künstlerisch gesehen und im Hinblick auf die eigene Karriere tut sich kein Schauspieler mit Soaps einen Gefallen. Es knistern zwar schnell dicke Scheine im Portemonnaie, aber man wird weder gefordert noch gefördert. Eher verschleißt man in diesem Metier. Binnen kürzester Zeit. Bereits während meines Studiums habe ich mir geschworen, dass ich eines nie drehen werde: plumpe, plakative und profane Seifenopern.

Seit Jahren stürme ich im Mittelfeld. Jetzt ist es an der Zeit, nach oben zu stoßen. Ich will Karriere machen und arbeite hart daran. Durch den Sprung in die nächst höhere Liga schlägt man zwei Fliegen mit einer Klappe: Einerseits wächst der Bekanntheitsgrad, andererseits erleichtert sich durch den »Starruhm« das Schauspielerdasein erheblich. Man verdient mehr Geld und bekommt damit mehr Zeit für andere Dinge. Darüber hinaus steht man am Set in der ersten Reihe, Regisseure kümmern sich intensiver, die Kamera wird sensibler eingesetzt, man kann mehr wagen und entscheiden und sich Rollen aussuchen. Man wird einfach ernster genommen.

Ruhm zeitigt zudem einen weiteren, nicht zu vernachlässigenden Effekt: Man kann sich vor Liebhaberinnen nicht mehr retten. Es ist kurios: Auch der hässlichste, fetteste, unsympathischste Typ, der aus dem Mund riecht und im Bett furzt, kriegt alle Frauen, die er anvisiert. Sobald er nur ein Fernseh- oder Kinogesicht mit sich herumträgt. Da haben wir es wieder: Erfolg macht sexy. Und sicher gibt es jede Menge Frauen, die sich einreden, jemanden sexy zu finden, der es nicht ist, aber durch seine Berühmtheit zum Sexsymbol stilisiert wird.

An Frauen hatte ich allerdings nie einen Mange. Das mag an meinem Äußeren liegen. Viele Frauen fühlen sich von mir angezogen, weil ich keine typisch männlich-harten Merkmale besitze. Ich habe ein weiches, zartes, reines Gesicht. Ich trage keine Rasierklingen unter den Achselhöhlen und keine Macho-Sprüche auf meinen ippen. Ich gebe den Sonnyboy und bin Everybody's Darling. Gute Laune und ständiges Lächeln gehören zu meinen Lebensmaximen. Nicht, dass ich nicht ebenso tiefgründig und ernsthaft sein kann, aber die Welt gehört den Leichtlebigen. Schwerenöter schleppen mitunter das gesamte Leid der Menschheit mit sich herum. Und wissen oft selbst nicht, warum.

Mein Part am Set sind der Witz, die Flirtrunde vor der Klappe, das Küsschen hinter der Kamera. Dadurch entspannt sich die Atmosphäre, schnell entsteht eine Vertrautheit, die für die Schauspielerei unabdingbar ist. Man muss sich nicht bis ins kleinste Detail kennen, um vor der Kamera zu einem gemeinsamen Spiel zu gelangen, aber man muss sich nah sein und hemmungslos miteinander umgehen können. Ich kann nicht drehen, wenn ich merke, die andere Seite ist verspannt, weil sie nicht weiß, wie sie auf mich reagieren darf oder soll. Umgekehrt genauso: Mir fällt es schwer, den richtigen Ton zu treffen, wenn ich keine Ahnung habe, wie mein Gegenüber ihn aufschnappt. Das ist wie beim Sex: Je lockerer man tändelt, desto besser wird der Fick.

Schauspieler sind ohnehin dafür bekannt, dass sie immer und überall können und es immer und überall treiben. Einmal habe ich mit einer Nebendarstellerin in einer Filmtoilette gevögelt. Eine mittelkurze, aber flammende Nummer. Die Toilettenkabine war ein Filmutensil am Drehort und wurde für wenige Minuten nicht benötigt. Da sie nicht für den menschlichen Entleerungsprozess gedacht war, besaß sie keinen Riegel und kein Dach. Mein »erstes Mal«, bei dem ich im Stehen mit meiner linken Hand an dem Mädchen herumfummelte und mit der rechten die Klotür festhielt. Auf dem Boden schlenkerte meine Hose. Jeden Augenblick hätte ein Kameramann oder ein Bühnenbildarbeiter diesen verdammten blauen Plastikverschlag aufreißen können. Mit einem unserer Ohren rieben wir aneinander, das andere hatten wir an die Außenwand geheftet. Immer vorbereitet auf den Schlachtruf von draußen: »Wir bauen um.« Die Unmöglichkeit der Situation bescherte mir meinen ersten lautlosen Orgasmus.

Sex am Spielort oder auf Tourneen, das gehört zusammen wie Latsch und Bommel oder Dick und Doof. Egal, ob ich mit meiner Theatergruppe auf Tournee bin oder ob ich vor der Kamera an einem festen Drehort stehe, es läuft stets ähnlich ab. Meist wird bis 22 oder 23 Uhr gearbeitet. Die Arbeit putscht auf, alle sind vom fordernden Spiel überdreht und energiegeladen. Niemand verschwindet in einem solchen Zustand im Bett. Meist glucken wir in einer Kneipe oder in einer Hotelbar zusammen und bahnen uns mit Wein und Bier den Weg zurück auf den Boden der Realität. Laut, lustig und lamentierend. Unsere Art der Entspannung, der verspätete Feierabend freier Künstler. Dann wird sondiert und die Witterung aufgenommen. Nach spätestens einer Stunde sind die Kopulationsfronten geklärt.

Am Set bleibt es in der Regel bei einem One-Night-Stand. Im besseren Falle ergibt sich eine Wiederholung. Das Filmgeschäft ist schnelllebig, die Mimen kommen und gehen. Die Drehs dürfen nicht zu teuer werden, Zeit wird komprimiert. Längere Aufenthalte an einem Ort mit denselben Leuten sind selten. Anders jedoch, wenn ich mit meiner Theatergruppe unterwegs bin. Mitunter spielen wir bis zu sechs Wochen an einem Ort. Die ersten Abende lassen die Würfel fallen: Wer teilt mit wem das Zimmer. Da wird schon mal ein Koffer erneut ein- und in einer anderen Koje wieder ausgepackt. Alle akzeptieren das Spiel, niemand gibt die Rolle des Eifersüchtigen, auch wenn er leer ausgegangen ist.

In der Regel wird an den ungeschriebenen »Verträgen« nicht mehr gerüttelt. Während solcher Tourneen ist man so etwas wie ein Paar. Man fühlt sich füreinander verantwortlich, es entsteht eine große Nähe, man entwickelt Emotionen. Aber allen ist klar, dass es sich um Verhältnisse auf Zeit handelt. Mit diesem Wissen entstehen Amouren mit meist feurigen Leidenschaften in der Qualität eines Kurschattens: Eigentlich tun wir etwas »Verbotenes«, halten es geheim, aber alle wissen davon. Es herrschen kein Zwang und keine Verpflichtung. Nichts weiter wird bleiben als die seligen Momente der Erinnerung. Wieder zu Hause, verflüchtigt sich der Zauber so schnell, wie das Täubchen aus dem Hut flatterte.

Die Zeit der Tourneen sind die Monate der sexuellen Expansion. Was vor die Flinte kommt, wird geschossen. Das mag sich nach Jagen und Sammeln, nach Gewalt und Geschlechterkrieg anhören, ist aber mehr ein irrationales Spiel mit den Möglichkeiten. Jedem gehören die gleichen Chancen, er muss sie nur zu nutzen wissen. Es gibt keine Ausreden für nicht gelebtes Leben.

Zu Hause läuft es anders. Ganz anders. In meinem Kiez bin ich bekannt, da grüßen mich die Frau vom Zeitungskiosk und der Verkäufer im türkischen Gemüseladen. Hier wohnen einige meiner Freunde, hier fühle ich mich zu Hause. Hier ist es kuschlig und warm. Meine Wildereien haben im Heim nichts zu suchen. Im Kiez bin ich Privatperson, am Set Schauspieler. Der Schauspieler sorgt stets für gute Laune, zeigt die Sonnenseiten seines Gemüts, ihm sitzt der Schalk im Nacken. Er ist charmant und bringt andere zum Lachen. Die Privatperson kann den Spaßmacher vernachlässigen, manchmal sogar vergessen. Sie zeigt melancholische Züge und hockt oft mit einem Weinglas und einem flauen Gefühl im Magen stundenlang am Fenster: Das Leben ist eines der schwersten. Dennoch: Die Privatperson spiegelt noch immer den Optimisten, birgt aber weitaus mehr Facetten als der Mime. Die Tiefgründigkeit des Schauspielers kennt ihre Grenzen, die der Privatperson kann endlos sein. Sie kommt unter anderem zum Tragen, wenn sich die Privatperson in eine Beziehung verstrickt. Und die gibt es nur zu Hause. Tourneen und feste Amouren vor Ort – das schließt sich aus.

Bislang habe ich Job und Privatleben strikt getrennt. Zu Hause wurde nicht gespielt, am Drehort nicht melancholisiert. Doch vor einiger Zeit wendete sich das Blatt. Schlagartig. »Schuld« daran ist Kristof, ein Freund und Kollege. Seit knapp einem Jahr lebe ich mit ihm in einer Männer-WG. Wir teilen uns eine Drei-Zimmer-Wohnung in einem studentischen Kiez in Friedrichshain, einem Bezirk, in dem früher eher das Proletariat angesiedelt war. Jetzt zeichnet sich der Bezirk durch bunte Vielfalt, internationale Küche und soziale Vermischung aus. Ein Reiz für jeden, der Durcheinander mag.

Kristof und ich besitzen jeder ein eigenes Zimmer, ein großes dient als Gemeinschafts- und Aufenthaltsraum. Ich komme aus Berlin, Kristof ist aus München hierher gezogen. Und mit ihm seine zahlreichen abgelegten Liebhaberinnen und Freundinnen. Sie kommen ihn regelmäßig an den Wochenenden und freien Tagen besuchen. Kristof ist ein Mann, den meine Oma als »Frauenschwarm« bezeichnen würde. Kaum setzt er einen Schritt vor die Tür, hat er ein Mädchen an der Angel. Wir sitzen beispielsweise mit zwei wunderschönen Frauen in einem Sommercafégarten, vorbei schlendern zwei andere Kronen der Schöpfung. Kristof lächelt sie an. Allein das Verschieben seiner Mundwinkel genügt, dass sich die beiden im Vorbeigehen nach ihm umdrehen und einen Blick hinterlassen, in dem die kokette Aufforderung liegt, sich zu nehmen, was er möchte.

Über meine Chancen kann ich mich nicht beklagen, aber gegen meinen Freund bin ich ein Waisenknabe. In München rannten ihm die Frauen die Bude ein. Sein Adress- und Telefonbuch ist ein unerschöpflicher Pool sexueller Avancen. Kurioserweise kann er mit den Frauen umgehen, wie er will – sie kommen immer wieder. Ob er mit einer Lady einen One-Night-Stand genoss, mit einer anderen einen Wochenflirt anzettelte oder mit der nächsten eine Halbjahresbeziehung führte: Keine ist beleidigt oder hat sich nach einer Absage zurückgezogen. Es gibt Menschen, die umgibt eine Aura, die ihnen alles erlaubt. Fast jede Frau macht er in sich verliebt. Er ist schlau und rhetorisch gewandt, charmant und witzig, vielseitig und inspirierend. Vielleicht ist es das, was Frauen mögen. Kristofs Erfolgsgeheimnis: Jeder das Gefühl zu geben, etwas Besonderes zu sein. Bei vielen meiner Freundinnen und Bekannten prangt in der Küche, meist über dem Herd, eine gelbe Postkarte mit schwarzer Schrift: »Wer ficken will, muss freundlich sein.«

Ein Jahr Männer-WG, das ist kein Wochenende ohne Party, Trubel, Frauenbesuch. Das Weekend beginnt für uns bereits am Donnerstag. Am späten Nachmittag holt Kristof seine Freundinnen und

Bekannten vom Bahnhof ab. Manche kommen allein, manche zu zweit. Anfangs kannte ich keine von ihnen. Langsam prägen sich mir Gesichter ein, manchmal verwechsle ich immer noch die dazu gehörigen Namen. Abends ziehen wir los, um in Diskotheken oder Klubs zu tanzen. Oder wir versacken in irgendwelchen Bars. Graut der Morgen, landen wir in unserer WG, hotten und trinken weiter. Bis »ausgehandelt« wird: Wer bekommt welche. Wir treffen keine verbalen Absprachen, eher erhalten unsere arrivierenden Recherchen der vergangenen Stunden den letzten Schliff. Bei welcher Frau Sympathien liegen, welche zu wem unter die Bettdecke kriechen will, deutet sich ja schon vorher an. Um Vergewisserung zu bekommen, wird ein bisschen geknutscht. Und beobachtet, was das andere »Paar« macht. Nicht anders als auf einer Schuldisko in der 8. Klasse. Ist alles klar, wird in unseren Zimmern weitergeführt, was auf der Gemeinschaftscouch begann.

Gottlob kamen Kristof und ich noch nicht in die peinliche Verlegenheit, »tauschen« zu müssen. Keine Ahnung, was passiert wäre. Da es zwischen Kristof und mir keine Absprachen gibt, thematisieren wir unsere »Geschäfte« nicht. Genauso wenig werten wir nach einem Wochenende aus. Kristof schiebt mir auch keine seiner Damen zu. Nur einmal, da hat er mir eine Ex-Beischläferin »empfohlen«. »Mit der glaubst du im Himmel zu sein«, machte er mir Jacqueline schmackhaft. Jacqueline war eine sinnlich-provozierende Schmutzigkeit, mit einem Verve in der Stimme, die an die drogenschwangere Anstößigkeit einer Janis Joplin erinnert. Jacqueline war eine Offerte für alle Sinne, Sehnen und Samenstränge. Mit einer gewagten Offensivhaltung griff sie nach mir, ohne zu fragen. Für sie schien es selbstverständlich, dass ich ihr gehöre. Wir redeten kaum, außer wenn wir mit den anderen zusammen waren. Wir dachten und strebten nur das eine an: das Laken zerwühlen, nach einem hastigen Käsebrot und einem halben Kaffee. Um die Geselligkeit nicht gänzlich zu zerstören. Ihre Dreckigkeit spiegelte sich in ihrem Sexverhalten wider. Sie forderte und grub tief in meinem Körper, sie schrie und drängte mich, ebenfalls zu brüllen wie ein Tier. Sie war hart und verlangte es hart. Am Ende war nicht mehr klar, wer mit wem spielte, wer an welchen Strippen zog.

Am Sonntagabend, als sie in den Zug stieg, schien mein Körper eine einzige offene Wunde zu sein, gleichermaßen ein Ausdruck fleischiger Freuden und Schmerzen. Es war gut, dass Jacqueline wegfuhr. Eine solche Frau wäre mein Untergang. Mit ihr an meiner Seite könnte ich nicht mehr arbeiten. Sie würde mich schlauchen, mir das Blut aus den Adern trinken und mein Hirn absaugen.

Es ist jedes Mal gut, dass die Frauen nach einem langen, überreizten Wochenende ihre Sachen schnappen und die WG wieder verlassen. Rauschende Tage und Nächte fordern in ihrer Folge Ruhe, die ich mit mir allein in der Badewanne oder vor dem Fernseher beziehungsweise im Kino verbringe. Außerdem strebe ich mit keiner dieser Frauen ein längerfristiges Verhältnis an. Die Frau, die ich lieben könnte, müsste mir mehr bieten als ein oberflächliches Gefühl. Vielleicht suche ich nach einer heiligen Hure für meine heilige Pfeife.

Die Wochenenden bergen einen erheblichen Vorteil: Sie erfüllen mein Sexpensum auf leichte Weise. Ich muss mich nicht anstrengen, die Angebote klopfen an die Tür und sind bereit. Ein schlechtes Gewissen plagt mich nicht, die Frauen wissen, was sie tun. Und beabsichtigen nichts anderes als wir in unserer Männer-Pension. Die WG-Sexverhältnisse beruhen auf bilateralen Abkommen. Ich muss nicht fürchten, mich in Verpflichtungen zu verstricken, die ich nicht erfüllen kann. Daher gerate ich mit meinem Grundsatz, zu Hause keine Verhältnisse zu pflegen, nicht in Konflikt.

Ich bekomme säckeweise Fanpost. Gewöhnlich sind die Absenderinnen zwischen 20 und 45 Jahre alt und wollen mich heiraten. Viele möchten sich mit mir gleich am folgenden Wochenende treffen. Gewöhnlich verschicke ich Autogrammpostkarten. Eine Frau schickte mir als Antwort ihre Unterschrift, versehen mit den Zeilen: »Natürlich suche ich einen Mann. Ich hap ihn schon gefunden. Das bist du. Du kannst zu mir kommen. Ich wohne in ... Wenn du mit dem Auto kommst, bist du schnell wie der Plitz. Aber wenn du mit dem Flugzeug kommst bist du noch schneller.« Mir tun die Frauen meist leid. Ihre Zeilen verraten eine große Einsamkeit und tiefe Sehnsucht nach Liebe. Die sie vermutlich nie bekommen werden.

Einmal wurde ich von einer Frau verfolgt. Cindy okkupierte mich wie erobertes Terrain. Über Wochen wurde ich sie nicht los, sie klammerte sich an mich wie die Saugarme eines riesigen Tintenfischs. Ich lernte sie auf unspektakuläre Weise kennen. Mit einer befreundeten Kollegin fuhr ich zu einem Auftrittsort nach Süddeutschland. Unser Off-Theater tourte mit einem Shakespeare-Stück. Die Tage der Spielpause verbringen die Freundin und ich am liebsten zu Hause. Hinten im Auto kauerte Cindy. Wir haben sie als Tramperin an einer Autobahnauffahrt aufgegabelt. Sie schwieg die ganze Zeit über. Ein verhuschtes Mädchen mit ängstlichem Gesicht. Ein graues Mäuschen, das selbst eine junge Katze nicht ertragen konnte.

Die befreundete Kollegin und ich plapperten während der gesamten Fahrtzeit. Für uns gab es nur ein Thema: Sex. Immer, wenn wir zusammen fahren, plaudern wir über unsere letzten Liebesabenteuer. Wir haben keine Geheimnisse voreinander und verraten uns selbst die peinlichsten Erlebnisse. Im Auto kann es aufgrund unserer Gespräche brennen wie Feuer. Aber wir sind noch nie auf die Idee gekommen, zwischendurch für eine Parkplatznummer anzuhalten. Dazu sind wir uns zu nah und haben ein Verhältnis, das eine Mischung aus Bruder und Schwester sowie glücklich gealtertem Ehepaar ergibt. Wir erzählen uns alles, fragen nach Tipps und erotischen Delikatessen. An den Tourneeorten schlafen wir oft in einem Doppelbett – soweit sich keine andere Gelegenheit ergibt. Dann kuscheln wir uns aneinander und ergeben uns der Illusion einer aphrodisiakischen Nacht. Unser Verhältnis lässt nur die platonische Ebene zu. Dazu bieten wir uns auch körperlich zu wenig: Sie bevorzugt kräftige Männer vom Typ Fleischermeister. Das bin ich ganz und gar nicht. Und ich berausche mich an schlanken Grazien, die sich biegen und zurechtlegen lassen. Die Freundin ähnelt einem Kugelblitz.

Cindy schwieg und ließ mit keiner Regung erkennen, ob unsere Geschichten sie erschreckten. Für uns war sie nicht mehr als eine Tramperin, zu unwichtig, als dass wir unsere Worte abschwächten oder pikante Details verschwiegen. Es flogen deftige Vokabeln durchs Auto, nach denen wir vermutlich als Sexmonster eingestuft würden. So erzählte die Freundin, wie sie an einem tristen Abend in der anonymen Großstadt in einer Biker-Kneipe zwei Kerle aufriss und mit zu sich nahm. Eine wahre Orgie mit krachenden Reißverschlüssen, knackendem Leder und tiefem, brünstigem Männergestöhn. Am nächsten Morgen haben sich die drei – fürchterlich verkatert – das erste Mal richtig angeschaut und heftig gelacht. Auch wir klopften uns vor Lachen auf die Schenkel.

Mitten in der Nacht trafen wir in unserer Pension ein. Cindy tat uns leid, sie hätte weitergemusst. Es war stockfinster. Wir konnten sie nicht allein loslaufen lassen und nahmen sie mit hinein. Im Gastraum saßen einige Ensemble-Mitglieder. Wir schlossen uns an und bestellten Rotwein. Nach einem Glas erhob ich mich und stiefelte die Treppen zu meinem Zimmer hinauf. Cindy schlich hinter mir. Als ich den Schlüssel ins Schloss steckte, stand sie hinter mir und flüsterte: »Kann ich bei dir schlafen?« Etwas verwirrt, willigte ich ein. Noch verwirrter war ich, als sie sich ungeniert die Sachen vom Leib zerrte und nackt ins Bett stieg. Kaum, dass ich darin lag, knabberte sie an mir herum. Bevor ich die Chance bekam, zu begreifen, was passierte, hatte sie mich entkleidet und murmelte: »Ihr macht es richtig, ihr benutzt für den Sex nur eure Körper und nicht den Kopf.«

Sie blieb zwei weitere Nächte. Ich beging den Fehler, ihr meine Nummer in Berlin zu geben. Kaum von der Tournee zurück, bimmelte das Telefon: Sie wolle mich sehen und würde sogleich vorbeikommen. Ihr Vorhaben konnte ich gerade noch abwenden, beging aber den zweiten Fehler, indem ich ihr vorschlug, sie am Abend mit auf eine Party zu nehmen. Heimlich hatte ich gehofft, sie würde absagen. Eine Feier mit lauter Unbekannten, wer will da schon hin? Aber ich kannte Cindy schlecht. Es war ein üppiges Fest: Wir tanzten zwischen Tellern und Grillwürstchen, wir soffen und kifften. Cindy wich nicht von meiner Seite. Ich war zu betrunken, um irgendetwas steuern zu können. Es war einer jener Momente, in denen man erst wieder Zugang zu sich bekommt, wenn der Alkoholpegel das erträgliche Maß überschritten hat. Kurz bevor ich absackte, packte sie mich unter den Achseln und machte Anstalten mich nach Hause zu bugsieren. Lallend versuchte ich ihr zu verdeutlichen, dass es keinen Zweck hätte mitzukommen, ich wäre zu nichts mehr in der Lage. Das sähe sie schließlich selbst. Aber Cindy blieb stur: »Du brauchst dich ja nur hinzulegen, alles andere erledige ich dann schon.« Der Rest der Nacht glich einer endlosen Fahrt in einem Schleuderkarussell. Ich wechselte häufig die Stellung, aber nicht aus Spaß und Gier, sondern um nicht kotzen zu müssen.

Jede andere Frau hätte nach einem solchen Erlebnis vermutlich schreiend Reißaus genommen. Nicht aber Cindy. Am nächsten Tag stand sie wieder vor der Tür: »Ich dachte, ich schau mal, wie es dir geht.« Mir ging es scheußlich. Jedoch vor allem, weil eine Ahnung in mir hochstieg, dass das der Beginn einer never ending Story werden würde. Täglich rief sie an und drohte: »Ich bin gleich da.« Zehn Minuten später stand sie vor der Tür. Was will die von dir? fragte ich mich. Eine Beziehung war es nicht, dazu verlangte sie zu wenig. Sie ging nicht mit mir ins Kino, nicht ins Theater, erfragte nicht meine Vergangenheit. Als Samariterin eignete sie sich ebenso wenig. Dazu war sie zu taub um zu hören, dass ich ihre »Hilfe« nicht benötigte. Sex? Ja, Sex wollte sie. Und nicht zu knapp. Aber wer sucht sich einen Mann aus und wandelt ihn zu seinem Objekt, der sich mit jedem Mal heftiger dagegen sträubt? Die Anstrengungen zur Gründung einer solchen SSHG, einer sexuellen Selbsthilfegruppe, waren schlichtweg zu mühsam. Was trieb diese Frau? Bis ich begriff, dass Cindy nymphomanisch veranlagt ist. Sexgeil wäre die falsche Bezeichnung für das armselige Geschöpf, das gehetzt wird von einem Bedürfnis, einer Sucht, die nicht befriedigt wird. Nymphomaninnen, habe ich später gelesen, bekommen nie einen Orgasmus. Sie stehen ständig unter Strom und können nur eines denken: Ich will mehr, mehr, mehr. Ich brauche es, ich hol's mir. Nymphomaninnen werden von ihrem eigenen Trieb gequält, der sie foltert bis zur Selbstaufgabe. Sie erregen sich leicht und häufig, erleben aber nie einen erlösenden Moment. Cindy war chronisch erregt und dauerhaft unbefriedigt. Jeder Akt eine Bündelung aus Nervosität, Verzweiflung und unersättlicher Gier.

Von Anfang an hatte ich das Gefühl, sie nicht zum Höhepunkt führen zu können. Das kriegst du nie hin, schwante es in mir, als sie ruhig da lag und fast stumm vor sich hin wimmerte. Sie gab sich nicht mal die Mühe, mir einen Orgasmus vorzuspielen. Ich bin doch kein Sexual- und Psychotherapeut, hätte ich ihr am liebsten ins Gesicht geschrien. Mensch, such dir einen Psychiater, ich kann dir, verdammt noch mal, nicht helfen. Ich fühlte mich zum Dildo, zu einer Orgasmus-Such-Maschine umfunktioniert.

Die Sache wühlte mich auf und ließ mich lange nicht los. Unabhängig davon, dass mich Cindy psychisch terrorisierte, verhinderte sie durch ihre Inbesitznahme andere, beglückende, leichte Unternehmungen. Kurzzeitig fürchtete ich um meine Immunität. Bis eines Tages ihr Klingeln verstummte.

Das Leben auf der Überholspur ist nicht ewig durchzuhalten. Auf Dauer raubt es Energie, künstlerische wie sexuelle. Außerdem strebe ich nicht an, bis ins hohe Alter beziehungslos zu bleiben. Doch für die gegenwärtigen Jahre ist es das Lebensmodell, das mir am stärksten zusagt. Es lässt mir die Freiräume, die ich brauche, und bietet Abwechslung in jeder Form. Irgendwann möchte ich eine Familie gründen, aber keine im herkömmlich bürgerlichen Sinne. Eine solche zu leben, bin ich nicht imstande. Dazu fordert mich mein Beruf viel zu sehr heraus, eine Kleinfamilie nach bourgeoisen Maßstäben lässt er nicht zu. Wenn ich für einen Film mehrere Wochen an einem entfernten Ort drehe, kann ich nicht den Familienpapi spielen. Ich kann weder die Kinder aus der Kita abholen, noch die Spülmaschine ausräumen. In dieser Zeit muss die Frau allein zurechtkommen. Für manche mag das logisch und aufschlussreich klingen, für andere arrogant und machohaft. Aber es ist, wie es ist, es entspricht meinen Realitäten. Andererseits bin ich rund um die Uhr zu Hause, wenn ich nicht drehe oder mit dem Theater toure. Dann kann ich alle Aufgaben übernehmen, die der Frau aufgebürdet sind, wenn sie allein ist.

Ich hatte mal eine Freundin, die wollte mir ein Leben in geregelten Bahnen aufzwingen und mich durch familiäre Opulenz vereinnahmen. Rein verbal akzeptierte sie zwar meinen Drang nach einem unsteten Dasein, nach Unregelmäßigkeit und Unabhängigkeit im weitesten Sinne. Unabhängigkeit definiere ich nicht als ein Recht, mich sexuell wie auf der freien Wildbahn zu bewegen, wenn ich in einer Beziehung lebe. Ich gehe nicht fremd, wenn ich eine feste Freundin habe. Auch in dieser Beziehung habe ich es nicht getan. Aber mich plagte stets ein ungutes Gefühl, wenn ich wegfuhr. Ich glaube, sie traute mir nicht.

Eine Partnerschaft mit mir funktioniert nur, wenn mich die Frau mit all meinen Bedürfnissen und Eigenheiten und mit meinem Job nimmt. Wenn ich weg bin, darf ich kein schlechtes Gewissen haben, weil ich weg bin. Ansonsten teile ich mich: Am Set tauche ich halb auf, der Rest hängt zu Hause. Zu Hause ist man grantig, weil man glaubt, nicht ausreichend zu arbeiten.

Wäre ich konsequent gewesen, hätte ich die Beziehung zu jener Frau nach einem halben Jahr beenden müssen. Ich fühlte mich unwohl, ich spürte, dass diese Frau zur Diebin meines Lebens mutierte. Dieses Empfinden schleppte ich mit mir herum wie eine alte, stinkende Jacke. Aber ich konnte sie nicht einfach nur ausziehen, dazu wärmte sie noch zu stark. Außerdem erinnerte ich mich stets der glücklichen und traumhaften Anfangszeit. Waren wir fünf Minuten getrennt, brannte die Sehnsucht Löcher in unsere Herzen. Dachte ich an ihre Haut, kam es mir fast von selbst. Nach zwei Wochen zogen wir zusammen.

Als die Starre in unserer Liebe noch fester wurde, versuchte ich, meiner Freundin begreiflich zu machen, dass ich ihre Idee einer Beziehung nicht teilte und in ihrem Drehbuch keine Rolle für mich fände. Sie schaute mich mit großen Augen an. Sie wollte klare Aussagen, eindeutige Sätze. Die jedoch konnte ich ihr nicht liefern, weil ich selbst nicht so bin und nicht so lebe. Schließlich ist das Dasein ein Chaos unverbundener Fragmente. Nur selten sind sie zu ordnen. Fortan herrschte zwischen uns ein großes Misstrauen.

Heute sage ich, meine Freundin dachte nicht ganzheitlich. Sie sah und nahm sich nur den Teil von mir, der ihr am liebsten war. Wenn sie mich in meiner Vollständigkeit begriffen hätte, hätte sie die Trennung, die für sie nach einem Jahr überraschend kam, vorausahnen können.

Hinzu kam, dass sie sich selbst nicht so akzeptiert, wie sie ist. Sie ist eine starke Frau. Aber irgendwann zeigt auch der stärkste Mensch Schwäche und Anfälligkeiten. Doch diese lässt die Frau nicht zu. Sie überspielt Hilflosigkeit und Ermattung mit Härte und Omnipotenz. Sie ummantelt sich mit einem Panzer aus Eisen und Stein. Vermutlich weiß sie selbst nicht, dass sie sich mit diesem Panzer umhüllt. Innere Offenheit blockt sie ab, sie muss zwangsläufig Offenheit anderen gegenüber ablehnen. Ich habe diese Frau geliebt, die Trennung hinterließ eine Wunde. Als ich ihr offenbarte, dass ich mich trennen werde, hat sie mich und meine Sachen ohne ein Wort zur Tür hinausgeschoben.

Seit dieser Zeit ging ich keine feste Bindung mehr ein. Die Enge der Beziehung verdeutlichte mir, dass ich momentan keine Partnerschaft leben kann. Zumindest nicht in der üblichen Form. In der Zeit nach der Trennung ging es mir schlecht. Ich flüchtete von einem Unterschlupf zum nächsten. Überall dort, wo ich unterkommen konnte, blieb ich für wenige Wochen oder einige Monate. Als der Winter Einzug hielt und sich graue, dunkle Nachmittage ankündigten, gab ich mir einen Ruck und wühlte mich durch die Wohnungsanzeigen. Ich musste nicht lange suchen, die sonnendurchflutete Wohnung schien wie geschaffen für mich und eine Männer-WG. Den Plan, in Berlin zusammenzuziehen und damit das Praktische mit dem Nützlichen zu verbinden, stakste Kristof und mir schon länger durch den Kopf. Erstaunlich, wie lichte Räume die Stimmung aufhellen. Und mit Kristof und »seinen« Frauen kehrte das Leben zu mir zurück. Noch nie habe ich so unkomplizierten und ausgiebigen Sex genossen. Ungeniert kann ich mich der Seligkeit der Fleischeslust hingeben. Ich muss mich nicht rechtfertigen und trage keine Verantwortung, außer für mich selbst.

Glücklicherweise gab es zwischen Kristof und mir bislang keine Auseinandersetzungen um Frauen. Keiner von uns beiden erhebt einen Anspruch auf diese oder jene oder genießt ein »Vorrecht«. Ohnehin bin ich bei jeder von »Kristofs« Frauen der Nachfolger, damit hat er von vornherein einen temporären Vorlauf. Wir behandeln die Sache männlich-kollegial. Wie überhaupt alle Frauenangelegenheiten. Wenn wir auf eine unbekannte Frau treffen, die uns beiden gefällt, versucht nicht etwa einer, den anderen auszustechen. Das ist eher weibliches Verhalten. Bei Männern und Sex hören Frauenfreundschaften in der Regel auf. Wie ein aufgescheuchter Hühnerhaufen kann sich die holde Weiblichkeit aufführen, wenn ein

Gockel in ihr Nest hüpft. Die Hühnchen schlagen aufgeregt mit ihren Flügeln, verdrehen die Augen und poussieren, was das Zeug hält. Jede will gewinnen, jede will ihn bekommen. Da steigt schon mal eine über die Leiche ihrer besten Freundin. Von wegen alles überdauernde Frauensolidarität. Und später liegen sie sich heulend in den Armen und bedauern, dass »so etwas« passieren konnte.

Unter Männern läuft so etwas anders. Die packen sich beim Anblick einer Aphrodite eher bei den Händen und flüstern sich zu: »Alter, halt mich fest. Meine Fresse, was kommt denn da angewackelt?!« Stets mit einem Anflug von Ironie, aber nie in der Absicht, das Revier für sich zu markieren und sich später die Frau einzuverleiben. Die Jagd nach Frauen birgt einen enormen Spaßfaktor. Der würde verloren gehen, wenn sich Männer wie Frauen verhielten.

Lediglich ein einziges Mal zeigte sich Kristof leicht verbittert. In seinen Augen übertrat ich eine für ihn schmerzliche Grenzlinie. Später gab er zu, überreagiert zu haben. Seine Ex-Freundin, mit der er mehrere Jahre liiert war, kündigte überraschend ihren Besuch an. Seit drei Jahren waren die beiden getrennt. Aber für Kristof schien klar, dass sie in sein Bett gehört, wenn sie in Berlin einfliegt. Doch so, wie er es geplant hatte, lief es nicht. Die beiden stritten sich und die Gute sollte auf der Couch im Gemeinschaftszimmer nächtigen. Dort fühlte sie sich wohl verloren und klopfte an meine Tür. Wir wechselten kaum drei Worte, da war die Sache klar. Obwohl sie den ganzen Abend mit Kristof geschwatzt und mich kaum wahrgenommen hatte. Beim Sex begannen wir erstmalig miteinander zu reden.

Doch wir schoben uns keine sinnlichen Sätze zu, steigerten nicht unsere Lust, indem wir aus uns schmutzige Dinge emporholten. Wir entfächerten auf unseren Körpern unsere Biographien. In heftigem Staccato stöhnte sie mir ihren curriculum vitae entgegen. Ihre Atempausen füllte ich mit Details aus meinem Personalbogen. Wir versuchten erst gar nicht, unser Keuchen zwischen den Zähnen zu verbeißen und überließen uns dem Ungeheuer in unseren Unterleibern. Ich hatte das Gefühl, als schlafe ich nicht mit ihr allein, sondern als lägen ebenso ihre und meine geheimsten Gespenster mit im Bett, die sonst das Knarren der Federkerne vom Fußboden aus ertragen müssen.

Bis vor kurzem glaubten Kristof und ich, unsere Beischläferinnen zeitgebunden korrekt aufgeteilt zu haben: Erst der eine, dann der andere. Niemals eine zur gleichen Zeit. Aber vermutlich gibt es mehr gemeinsame Verhältnisse, als wir annehmen. Kürzlich hockten Kristof und ich vor unserem WG-Fernseher, um einen Film mit einer befreundeten Kollegin zu sehen. Wir machten es uns gemütlich, mit Chips auf dem Bauch und einer Bierflasche in der Hand. Herrenabend pur, garniert mit einer Prise »Kunst« aus den eigenen Reihen. Der Film war kein intellektuelles Meisterwerk, das Drehbuch ungeeignet für einen Kinostoff. Doch es reichte, um jungen, aufstrebenden Schauspielern eine Chance zu bieten, ihr Können zu zeigen. Die weibliche Rolle war mit einer unserer ehemaligen Kommilitoninnen besetzt.

Kristof und ich haben ein Spiel: Wir raten, wie die nächste Szene aussehen könnte, welche Dialoge uns erwarten. Natürlich fieberten wir den obligatorischen Nackt- und Bettszenen entgegen. Ich war dran mit einem Vorschlag zum bevorstehenden Dialog. Aber mich nahm die Szene derart gefangen, dass ich kaum etwas sagen konnte. Es war weniger die Situation, sondern das Bild, das sich mir bot: Ich hatte das Gefühl, dass der Rücken, der uns da vorgesetzt wurde, nicht der Rücken unserer Kommilitonin war. Ich kenne ihren Rücken. Wenige Wochen zuvor durfte ich ihn ertasten. »Ob sie ein Körperdouble hat?«, fragte ich verdutzt. »Das habe ich auch gerade überlegt«, konterte Kristof. »Woher willst du das denn wissen?« fragte ich. »Weil das nicht ihr Rücken sein kann.« »Nee, stimmt. Und guck mal, ihr Bauch ist das auch nicht. Der ist in Wirklichkeit nicht so flach.« »Außerdem hat sie eine Blinddarmnarbe.« »Stimmt.« »Ja.« »Aber sag mal, woher weißt du das denn alles so genau?« »Woher weißt *du* denn das?« »Und wann hast du mit ihr ...?« »Vor drei Wochen etwa. Und du?« »Na, vor drei Wochen.«

Manchmal wünsche ich mir, dass sie fremdgeht

Lasse B. (36 Jahre) Tontechniker in Bremen, liebt seine Frau Edda seit 19 Jahren

In meinem Leben geht es so chaotisch zu wie in einem Western. Ich hetze und werde gehetzt. Ein Termin stürmt den nächsten, ruhige Minuten finde ich kaum. Ich bin Tontechniker und betreibe ein eigenes Studio. Außerdem organisiere ich mit befreundeten Musikern Konzerte, die im Studio stattfinden. Eine Existenz zwischen Handwerk und Kunst. Reizvoll, aber finanziell unstetig. In manchen Monaten bewege ich mich am fiskalischen Ruin, wenig später staune ich über die Möglichkeiten, die sich plötzlich vor mir auftun. Dann frage ich mich, warum ich mich kurz zuvor dem Untergang nahe glaubte. Mein Leben schwingt wie eine Hängebrücke über einem tiefen Flussdelta. In meinem Dasein gibt es nur eine Konstante: Edda, meine Frau. Und unsere beiden Kinder: Istvan ist jetzt sieben und Elisabeth vier Jahre alt.

Edda und ich kennen uns seit 19 Jahren. Seit dieser Zeit lieben wir uns. Manchmal kommt es mir wie eine Ewigkeit vor. Unsere heutige Beziehung ist durch Harmonie und Innigkeit geprägt, obwohl ebenso gut die Fetzen fliegen können. Wir sind zwei temperamentvolle Geschöpfe.

Normalerweise tobt man sich zwischen 20 und 30 sexuell aus und begibt sich dann bewusst auf die Suche nach einer Partnerin, mit der man Kinder zeugen möchte. Mit Edda konnte ich mir von Anfang an vorstellen, Kinder zu haben.

Als wir uns kennen lernten, empfand ich diesen Gedanken mitunter als Belastung: Damals glaubte ich nicht daran, dass unsere Beziehung so lange Jahre halten würde. Ich konnte mir nicht vorstellen, mit Edda zusammen alt zu werden. Edda ist meine Traumfrau. Sie war es damals schon und ist es bis heute geblieben. In unserer schnelllebigen Zeit, in der sich die meisten Menschen lediglich auf der Durchreise befinden, mag sich die Beschreibung des Verhältnisses zwischen Edda und mir anhören wie ein Märchen aus vergangenen Tagen.

Doch auch ein Prinzessinnenschloss möchte gebaut, jeder einzelne Stein auf den anderen gesetzt werden. Dazu benötigt man viel Liebe, reichlich Toleranz, eine gehörige Portion Gelassenheit, genügend Kraft und jede Menge Ausdauer. Eine kurze Liebelei, das kriegt jeder hin. Hinter einer ausdauernden Beziehung, die selbst die tiefsten Tiefen übersteht, steckt harte Arbeit. Insbesondere, wenn zwei Menschen mit einem hohen Glücks- und Individualitätsanspruch aufeinander treffen.

Wir trafen uns auf einem Workshop für Bildnerisches Gestalten. Edda und ich waren blutjung, hatten gerade die Schule beendet und befanden uns auf der Suche nach uns selbst, dem Leben und unserem Pfad zur Selbstverwirklichung. Wir waren so unfertig, wie Menschen am Rande zum Erwachsenendasein nur sein können. Ich hatte keine Ahnung von Frauen, schon gar nicht, wie ich es anstelle, wenn sie plötzlich vor einem steht: die Gestalt, von der ich immer geträumt hatte. Eddas fröhliches Lachen steckte an, sie hatte ein Gespür für meinen Humor, den mitnichten alle Leute mögen. Gleichzeitig wirkte sie so zerbrechlich, so zart, dass jeder, der sie sah, meinte, er müsse sie beschützen. Bis heute hat sie von ihrer Grazilität, von ihrer Sanftmut nichts verloren.

Während ich noch darüber grübelte, wie ich wohl an die Figur herankomme, die ich auf einen unerreichbaren Sockel gehoben hatte, hatte sie es längst auf mich abgesehen. Sie jagte mich – und ich ließ mich jagen. Was hätte ich anderes tun sollen, unbedarft, unerfahren und schüchtern, wie ich war? Ich ließ mich überraschen. Ein durchaus reizvolles Spiel, bei dem am Ende die glänzende Zuversicht auf eine zappelnde Beute stand. Auch wenn ich es gern anders herum gehabt hätte, die Beute war ich: Edda entjungferte mich. Dieses Wesen wie von einem anderen Planeten führte mir vor, was das irdische Dasein bieten kann. Wie bei jedem Knaben sprühte meine Phantasie vor Sex. Ich malte mir Szenen und Situationen aus, in denen ich Frauen von allen Seiten nehme und sie bis zum Orgasmus beglücke. Wie unschuldig und naiv meine Träume waren, bekam ich zu spüren, als Edda sich das erste Mal auf mich setzte. Ihre Weichheit und ihre Lust stellten alle meine Fiktionen in Frage. Dass Sex mehr ist als ein einfaches Auf und Ab, ein leidiges Rein und Raus, dass Einfallsreichtum, Phantasie und Überraschungen ebenso dazugehören wie die Selbstverständlichkeit der eigenen Persönlichkeit, das begriff ich erst später.

Meine Vermannung durch Edda prägte unser damaliges Verhältnis. Ich war verknallt, dass es den Teufel holt. Und ich dachte und wollte immer nur eines: vögeln, vögeln, vögeln. Wir pimperten, dass die Wände wackelten. Heute würde ich sagen, wir waren nicht mehr ganz normal. An manchen Tagen schafften wir es gar nicht aus dem Bett, an denen, die uns befahlen, etwas Nützliches zu leisten, bewältigten wir mit Müh und Not Dinge, die unsere Existenz sicherten. Wir boten jenes Bild von Liebenden, die in ihrer Lust und Leidenschaft nicht ernst zu nehmen sind.

Es war Sommer, als wir uns begegneten. Sonnenlicht wirkt bei Edda stimulierend und anregend wie Rosmarinöl im Badewasser. Dringen die ersten Frühlingssonnenstrahlen durch die winterliche Wolkendecke, wird sie ganz wuselig und wirr. Einmal fuhren wir im Frühsommer an die Nordsee. Sie stellte sich auf die Dünen, sog die Sonnenstrahlen in sich auf wie Bergmoos das Schmelzwasser, ließ den Wind durch ihr Haar streifen und hätte vermutlich nicht mal eine Pinkelpause benötigt. Es war wie ein Rausch, als würden Meer und Watt uns gleichermaßen verschlingen. Edda fraß mich auf, sie nagte mir das Fleisch von den Knochen und legte meine Nervenstränge frei. Erschöpft gab ich mich geschlagen. Am liebsten hätte ich ihr vorgeschlagen, einen Ersatzmann zu suchen, der es ihr bis zur Ohnmacht besorgt. Mein Gemächt brannte. Edda hatte geschafft, was bis dahin noch niemandem gelungen war: Sie hatte mich körperlich überwältigt.

Eher zufällig ergab es sich, dass wir zusammenzogen. Damals bewohnte ich mit einigen Freunden auf dem Land in der Nähe von Bremen ein altes Bauernhaus. Um das Gehöft erstreckten sich fünftausend Quadratmeter Land. Dazu gehörte ein Garten, in dem wilde Obstbäume wuchsen. Ich besaß ein Auto und viel Geld. Für ein Jahr hatte ich mich in dem Haus eingemietet. Edda und mir erschien es unter diesen Umständen richtig zusammen zu ziehen.

Die Zeit bekam uns nicht. Unser soziales Umfeld rekrutierte sich vor allem aus meinen Freunden. Edda begab sich in diesen Kreis hinein, jedoch ohne eigene Bekannte »beizusteuern«. Sie lebte einfach mit uns, sie gehörte dazu. Aber besonders wohl hat sie sich nicht gefühlt. Wahrscheinlich kam sie sich wie ein gelittener Dauergast vor, den man nicht wagt fortzuschicken. Wir »Alteingesessenen« waren eine eingeschworene Gemeinschaft, in der jeder machte, was er für richtig hielt. Ohne nach links oder rechts zu schauen. Dort als »vollwertiges« Mitglied aufgenommen zu werden, ist in jedem Fall schwer, wenn nicht gar unmöglich.

Edda zog nach wenigen Monaten wieder nach Bremen und begann ein Kunststudium. Als meine Zeit auf dem Land »abgelaufen« war, ging ich ebenfalls zurück in die Stadt. Und wollte unsere Beziehung so weiterführen, wie ich es gewohnt war: Ich verfolge meine Pläne und Edda ist immer für mich da. Meine Rechnung ging jedoch nicht auf.

Meine Freundin wollte mich plötzlich nicht mehr. Sie hatte sich in einen anderen Mann verliebt. Von einer Stunde zur anderen brach mein so schön errichtetes Kartenhäuschen zusammen. Eddas Verlässlichkeiten waren aufgebraucht. Eine bittere Zeit. Und die erste große Zäsur in der Beziehung zu Edda. Der wichtigste Einschnitt in all unseren gemeinsamen Jahren und die Grundsteinlegung für unsere dauerhafte Partnerschaft.

Ich sei ihr zu langweilig geworden, bemängelte Edda. Sie könne sich nicht mehr an mir reiben, ich sei glatt und glanzlos, sie rutsche an mir ab wie ein gefangener Delphin an der Wand eines Schwimmbeckens. Und sie hatte Recht, musste ich mir schließlich selbst eingestehen. Was hatte ich noch zu bieten? Ich arbeitete in einem Tonstudio, ruhte mich auf meinem dicken Gehalt aus, musste um nichts kämpfen, und wie ich glaubte, nicht einmal um die Frau. Sie schien mir sicher. Ich verkörperte einen fetten, bourgeoisen Lebensstil, der ihr als Kunststudentin fremd und zuwider war. Ich stellte nichts mehr in Frage und schwamm genügsam mit dem Strom. Mein Leben plätscherte dahin, zäh und gemächlich wie ein abgestorbener, stinkender Flußarm. Der Typ, in den sich Edda verliebte, studierte ebenfalls Kunst.

Hochdramatisch trennten wir uns. Ich flehte sie an, bei mir zu bleiben. Doch sie erhörte mich nicht. Wenn ich nicht Klavier, sondern Laute spielen könnte, hätte ich mich unter ihrem Fenster platziert und ihr meine Liebe in den ersten Stock geklimpert. So ohne weiteres konnte ich mich nicht geschlagen geben, ich wollte den wahren Grund der Trennung wissen. Die »Langeweile« nahm ich ihr ab, aber da musste noch etwas sein, das spürte ich. Immer wieder drängte ich sie zu Gesprächen. Stundenlang liefen wir durch die Straßen. Wir redeten und redeten. Irgendwann fragte ich: »Willst du dich sexuell austoben?« Ohne den Anschein kurzen Zweifelns zu erheben, bejahte sie. Das wollte ich hören, das wollte ich wissen. Diese Antwort beruhigte und bestätigte mich: Ihre Trennung hatte nicht vordergründig mit mir allein zu tun, sondern viel mit ihr und der urmenschlichen Angst, etwas zu verpassen. Das konnte ich nachvollziehen. Ihr Fortgehen schmerzte deshalb nicht weniger, erschien mir aber erträglicher.

Damals haben wir gelernt, miteinander zu reden. Nicht Dinge vorzugeben, um Ruhe zu haben, sondern zu sagen, was wir meinen. Ohne Scheu, den anderen verletzen zu können oder etwas zu verbergen. Je öfter wir ein Problem aufgriffen, je intensiver wir es von allen Seiten beleuchteten, desto klarer wurde uns, was uns trieb und was mit uns passierte. Diese innige Erfahrung band uns enger aneinander, als uns in jenen Wochen bewusst war. Damals habe ich nicht danach gefragt, ob Edda die Frau meines Lebens sein könnte. Heute, nach 19 Jahren, stelle ich mir die Frage noch immer nicht. Ich kenne die Antwort, wüsste aber nicht, wie ich sie ausdrücken sollte. Versicherungen abzugeben, bin ich nicht imstande. Ich mag keine allgemeinen Plattitüden und Versprechungen. Aber ich weiß: Die Liebe zwischen uns ist groß. Mit der Zeit hat sie sich verändert. Ob intensiver oder heftiger oder tiefgründiger oder ehrlicher – wieder finde ich keine Worte dafür. Liebe passt sich den Umständen und Pfaden an, auf denen ein Mensch wandelt.

Jemanden richtig lieben zu lernen, ist ein langer Prozess. Meine Jahre mit Edda haben mich gelehrt, dass sich ein Mensch ändert, dass er sich verändern muss, um sich selbst treu zu bleiben. Und um für den anderen immer neu und dadurch attraktiv und interessant zu bleiben.

In dem Doris Dörrie-Film »Bin ich schön« beerdigt ein alter spanischer Mann seine Frau in einem deutschen Birkenwäldchen. Die Frau stammte aus Deutschland, hat aber ihr Leben an der Seite ihres Mannes im trockenen, erdigen Andalusien verbracht. Ihr Wunsch war es immer, in einem satten, grünen Wald begraben zu sein. Der alte Mann, gespielt von Dietmar Schönherr, nimmt die Urne mit der Asche seiner Frau und macht sich auf nach Deutschland. Unterwegs bleibt er in einer Kneipe hängen und trifft auf einen jungen Mann der Fun-Generation. Als ihm der alte Mann von seiner lebenslangen Ehe und der tiefen Liebe zu seiner Frau erzählt, fragt der Junge ganz verdutzt: »Immer mit der gleichen? War das denn nicht langweilig?« Der alte Mann lächelt verschmitzt und weise: »Ich hatte jeden Tag eine neue Frau.«

Als ich Edda kennenlernte und sie so liebte, wie sie war, machte es mir Angst, wenn sie sich anders verhielt, als ich es gewohnt war. Veränderungen gefährden eine Beziehung. Ich strebte einen Status quo an. Ich selbst war der Status quo. Und damit für Edda monoton und trostlos. Durchschaubarkeit ödet Edda an.

Später trennten wir uns noch zwei weitere Male. Diese Trennungen verliefen nicht mehr so existenziell, wie uns die erste erwischte. Die folgenden Brüche in unserer Beziehung sahen wir als Pausen an, um wieder zueinander zu finden, um uns gegenseitig Entwicklungen zuzugestehen und realisieren zu können. Wenn wir uns nach einem halben Jahr wieder trafen, stürzten wir aufeinander zu, als ob es die Zeit dazwischen nicht gegeben hätte. Aber es gab sie, nur mit dem Unterschied, dass wir uns auf einer höheren Ebene trafen. Wenn Edda die Frau geblieben wäre, die sie damals war, wären wir heute kein Paar. Umgekehrt genauso: Hätte ich mich nicht verändert, hätte mich Edda längst vergessen.

Zu einem hohen Maße wurden unsere Trennungen von Unsicherheiten ausgelöst, die das künstlerische Terrain berühren, auf dem wir uns bewegen. Feiert einer von uns Erfolge, freut sich der andere zwar, aber er schaut stets ein wenig neidisch und eifersüchtig zu. Erfolg verschafft Selbstsicherheit und Souveränität. Dadurch fühlt sich die andere Seite angegriffen und beginnt in ihrem Selbstverständnis zu wackeln. Die Trennungsphasen boten jedem von uns die Möglichkeit, Erfahrungen zu sammeln, die wir als Paar nicht hätten zusammentragen können, insbesondere künstlerische. Es ist doch so: In jungen Jahren lässt man sich schneller vom Urteil des Partners beeinflussen und erkennt oft seine eigene Strategie und seinen Stil nicht wieder. Wenn man nicht Acht gibt oder den Zeitpunkt der Abgrenzung verpasst, verliert man sich. Solche Phasen bewältigten wir, indem wir uns streng voneinander lösten. So könnte man auch behaupten, wir sind nicht 19 Jahre, sondern das dritte Mal zusammen.

Seit wir auf dem Land zusammengelebt haben, sind wir nie wieder richtig zusammengezogen. Auch als die Kinder kamen, änderten wir diesen Status nicht. Die Erfahrung der unmittelbaren Nähe, die praktisch, aber einengend sein kann, verbot uns eine gemeinsame Wohnung. Dennoch verläuft unser Leben gemeinsam und eng verzahnt. Wir existieren nicht nebeneinander her, sondern leben miteinander. Edda und die Kinder bewohnen eine Zwei-Zimmer-Wohnung, in meinem Studio habe ich meinen Raum. Wohnung und Studio liegen nur einige hundert Meter voneinander entfernt. Wir sehen uns täglich, nicht anders als Paare und Familien, die unter einem Dach leben. Aber wir genießen den Vorteil, dass jeder seine eigenen vier Wände besitzt und die Tür zumachen kann, wenn ihm danach zumute ist. Anders noch als in einer großen Wohnung, in der jeder ein eigenes Zimmer bewohnt, spielt unsere Wohn-Variante mit dem Trumpf der mittelbaren Nähe: Der andere ist tatsächlich nicht greifbar, im sprichwörtlichen Sinne, dass man ihn durch wenige Schritte erreicht. Es ist ein Unterschied, ob man jemanden im Nebenzimmer hantieren und telefonieren hört, oder ob man tatsächlich allein mit sich ist. Letzteres entspannt und lässt größere Freiräume zu. Man muss sich zwangsläufig mehr auf sich konzentrieren. Weder Edda noch ich können bei minimalen Dingen, die uns auf dem Herzen liegen, an die Tür des anderen klopfen. Das schützt vor Absonderungen eigener Banalitäten ebenso wie davor, die des anderen ertragen zu müssen. Und: Wir machen uns nicht voneinander abhängig. Brauchen wir uns aber plötzlich wirklich dringend, gibt es das Telefon. In wenigen Minuten bin ich bei Edda und sie bei mir. Solche Situationen treten aber selten auf, weil wir uns täglich und dann auch lange sehen. Sind die Kinder im Bett, gehört der Rest des Abends uns. Entweder bei Edda in der Wohnung oder im Studio bei mir. An beiden Orten steht ein großes Bett, in dem wir alle schlafen. Ohnehin liegen wir gern alle zusammen in einem Bett. Auch wenn die Kinder bei Edda in ihrer Koje eingeschlafen sind, krabbeln sie nachts zu uns und kuscheln sich an unsere Schultern und Bäuche.

Für die Kinder entsteht durch dieses vermeintliche Hin und Her zwischen Studio und Wohnung keine Unruhe. Das Switchen zwischen beiden Anlaufpunkten empfinden sie nicht als Durcheinander. Sie kennen ihr Leben nicht anders. Vermutlich würden sie es inzwischen sogar komisch finden, wenn ein Teil ihres bekannten Umfeldes zugunsten eines anderen aufgegeben würde. Ich glaube, sie vermissen nichts, da sie Mutter und Vater täglich sehen und erleben. Edda und ich sind immer für die Kinder da. Andere Mädchen und Jungen, deren Eltern übermäßig viel arbeiten oder denen nur ein Elternteil regelmäßig zur Verfügung steht, müssen weitaus mehr entbehren.

Edda arbeitet in einer Theaterwerkstatt. Ihr Dienst beginnt um acht Uhr. Morgens bringe ich die Kinder in die Schule und den Kinderladen, nachmittags holt Edda sie ab. Danach trudeln die drei im Studio ein. In den Sommermonaten können wir uns nichts anderes vorstellen. In den Hof, wo sich außer meinem Studio noch Ateliers einer Malerin, eines Fotografen und eines Bildhauers befinden, haben wir ein großes Plantschbecken und einen riesigen Buddelkasten gesetzt. Die anderen Mitbetreiber des Hofes haben ebenfalls Kinder. Die Gören kennen sich und spielen miteinander. Für sie ist der Hof ein kleines Paradies. Wenn ein Kind mal nicht da ist, wird das Fehlen als Verlust angesehen. Viele unserer Freundinnen und Freunde mit Kindern tauchen mitunter täglich hier auf, um sich dazuzusetzen, Kaffee zu trinken und zu schwatzen. Dann gleicht der Hof einem bunten, quirligen Zigeunerlager. Manchmal grillen wir oder zünden ein Lagerfeuer an. Oder kramen in unseren Taschen und meinem Kühlschrank nach brauchbaren Lebensmitteln, wenn wir spontan beschlossen haben, zusammen zu essen. Ergeben die vorhandenen Brotreste, Käsestückchen und Äpfel nicht mehr als eine Henkersmahlzeit, kaufen wir in der Spätverkaufsstelle an der Ecke das Nötigste dazu. In solchen Momenten möchte ich die Zeit festhalten. Das ist das Leben, das ich mir immer gewünscht habe: harmonisch und unkompliziert, lustig und direkt, anregend und lebendig.

Manchmal stehen Edda und ich in der offenen Tür des Studios und schauen auf das Treiben vor uns. Wir umarmen uns und glauben zu wissen, was der andere denkt: Ich bin glücklich. Edda ist einen halben Kopf größer als ich, sie legt ihren Arm um meine Schultern, ich meinen um ihre Hüfte.

An Heirat haben Edda und ich nie gedacht, selbst nicht, als die Kinder zur Welt kamen. Unsere Liebe braucht keine Versicherung durch einen Schein, auch nicht die Absicherung des Staates. Unser »Ehepapier« sind die Kinder, sie binden uns enger und fester aneinander, als es je eine Urkunde könnte. Ohnehin leidet die heutige Gesellschaft an Archaismen wie der Ehe. Vor Jahrhunderten hatte sie als Versorgungsmodell ihre Berechtigung. Heute braucht kein Mensch mehr diese Idee von Leben und Zusammensein. Doch die meisten Menschen leiden an der Historizität der Ehe, weil sie gedanklich noch immer auf sie festgelegt sind.

Von Freunden werden Edda und ich oft gefragt, wie es uns gelingt, seit so vielen Jahren zusammen sein und uns immer wieder neu erfinden zu können. Ich habe kein Rezept. Vielleicht liegt es daran, dass wir Ausschließlichkeiten vermeiden. Nichts ist für uns endgültig, nichts steht für die Ewigkeit fest: unsere Beziehung nicht, wir als Personen nicht, das Leben nicht. Wir leben zwei Existenzen, die an bestimmten Punkten zu einer Essenz verschmelzen.

Unsere Art, uns zu organisieren, vermeidet Stillstand und bringt einen gewissen Fluss, ein herausforderndes Treiben mit sich. Jedoch nicht im Sinne von störender und nervenaufreibender Hektik, sondern von produktiver Quirlig- und Rastlosigkeit. Unser Dasein ist bestimmt durch Unbeständigkeit und die Vermeidung von Alltag. Für Außenstehende mag das wie Chaos und Unordnung aussehen, aber dahinter verbirgt sich eher ein Lebenskonzept, das von der herkömmlichen, bürgerlichen Bequemlichkeit und Sattheit abweicht, die irgendwann nichts weiter als gähnende Langeweile und Leere produziert.

Als unser Sohn geboren wurde, erwarteten viele unserer Freunde und Verwandten, dass wir wenigstens zusammenziehen. Denjenigen, die unser Leben zwischen zwei Orten nicht selbst erfahren haben und sich davon nur ein verwaschenes Bild machen können, erscheint es unvorstellbar, dass wir nie anders leben möchten als so, wie es jetzt ist. Einige bangen um die Ausgeglichenheit unserer Kinder. Doch beide Orte, sowohl Wohnung als auch Studio, sind Ruhepole. Die Kinder werden nicht überfordert und gehetzt. Im Gegenteil: Ihnen wird ein Lebensausschnitt geboten, der sie vermutlich besser auf Brüche und Wechsel vorbereitet, der sie lebensfähiger macht als Kinder, die den Boden unter den Füßen verlieren, wenn ihnen das gewohnte Umfeld genommen wird.

Mit den Jahren hat sich in mir ein Urvertrauen aufgebaut: Edda wird die wichtigste Frau in meinem Leben bleiben. Ebenso klar ist mir aber auch, dass wir immer mit Trennungen rechnen dürfen, und dass es Sex mit anderen geben kann. Dieses Wissen hätte mich vor zehn oder fünfzehn Jahren krank gemacht. Heute bin ich mir bewusst, dass genau das zum Leben und zur Liebe gehört. Ebenso wie die positiven Seiten einer Partnerschaft. Platte Allgemeinsätze »Liebe ist Liebe« und »Sex ist Sex« bergen, so plakativ sie klingen mögen, einen tiefen Wahrheitsgehalt. Ich liebe Edda und liebe es, mit ihr zu schlafen, weil ich sie liebe. Wenn wir Sex haben, ist das Gerangel unserer Körper meist von Liebe durchtränkt. Oft aber verschwindet im täglichen Umgang das Bewusstsein für dieses Gefühl. Wir bestätigen uns nicht ständig unsere Zuneigung. Das Abtauchen des verbalen Ausdrucks für ein reales Gefühl hat nicht selten zur Folge, dass es einfach nur um das animalische Verlangen, das rein körperliche Drängen geht. Trotzdem kann ich nicht sagen, dass unsere »Liebesficks« sinnlicher, harmonischer, weicher sind, und die animalischen heftiger und härter. Aber ich spüre einen Unterschied zwischen Sex, bei dem viel Liebe mitschwingt und Sex, bei dem es nur ums Ficken geht. Auch nach 19 Jahren.

Edda und ich sprechen viel über das sinnliche Fluidum und unser Verlangen. Wir wollen nichts mit uns herumschleppen, das uns beide angeht, aber aus Scham oder Angst verschwiegen werden könnte. Unsere Beziehung ist in jeder Hinsicht von Offenheit geprägt. Selbst wenn wir Erotik nicht thematisieren, schwingt sie beständig in unserem Umgang mit. Wie wir uns begegnen, uns anschauen, miteinander reden – sexuelle Kommunikation ohne Verbalisierung. Sex ist immer präsent.

Schenkt man den Statistiken Glauben, die Langehen eine durchschnittliche Kopulationshäufigkeit von ein bis vier Mal monatlich zuschreiben, fallen wir aus diesen Tabellen völlig heraus. Edda und ich haben drei bis viel Mal in der Woche Sex. Wenn es uns beiden gut geht, sogar täglich. In Zeiten, in denen ich viel zu tun habe und wir uns seltener sehen, leben wir natürlich mit sexuellen Pausen. Doch spätestens nach zwei oder drei Wochen halten wir es beide nicht mehr aus. Dann darf ich Edda wecken, wenn ich nach Hause komme und sie bereits schläft. Wenn ich sie in solchen Momenten überrasche, macht sie nicht einfach nur müde und verschlafen mit, sondern kann noch leidenschaftlicher sein als sonst. Auch nach 19 Jahren können wir ausgiebig vögeln: von fünf Minuten bis zu fünf Stunden.

Meine Sexualität ist nicht allein an Edda gekoppelt. Ich spüre erotisches Begehren auch bei anderen Frauen – bei Freundinnen ebenso wie bei Unbekannten. Edda gestehe ich die gleichen Gefühle und Bedürfnisse zu. Inzwischen sind wir alt und erfahren genug, um Liebe und Sex voneinander trennen und unterscheiden zu können. Insofern konnte ich es Edda bei unserer ersten Trennung nicht verübeln, ihrem Drang nachzugeben, sich mit anderen Männern austoben zu wollen. Wenn sie heute sagen würde, sie hätte Lust auf einen fremden Geruch, einen unbekannten Körper, einen anderen Schwanz, würde mich das verletzen, aber ich würde sie ziehen lassen. Ohnehin könnte ich sie nicht davon abhalten, Dinge zu tun, die sie tun will.

Im Großen und Ganzen aber ist meine Erotik auf Edda gerichtet, mit ihr lebe ich sie aus. Wenn ich Lust auf sie verspüre, zeige und sage ich ihr das deutlich. Meist treffen sich Eddas und meine

Lust. Aber ich habe nie den Gedanken in meinem Kopf getragen, dass Edda mir zur Verfügung steht. Edda und ihr Körper gehören mir nicht.

In dieser Frage prägte mich ein Gespräch zwischen mir und meinem Vater in meiner frühen Jugend. Ich war 16 und mein Vater sprach mit mir offen über die sinnliche Liebe und Verhütung. Mir erschien die Offen- und Lockerheit in unserer Familie als normal. Aber Unterhaltungen über Intimität zwischen Kindern und Eltern waren, wie ich später bemerkte, mitnichten eine Selbstverständlichkeit. Mein Vater sagte: »Wenn du mit einer Frau schläfst, ist das wie ein Geschenk. Wenn es nur einmal dazu kommt, sieh es als einmaliges Präsent an und fühle dich glücklich. Du darfst dir nie etwas nehmen, das dir nicht gehört.« Es mag verkitscht und verträumt klingen, aber durch jeden Akt mit Edda fühle ich mich noch heute immer wieder neu beschenkt. Nie würde ich von Edda etwas verlangen, das sie nicht selbst will. Ebenso würde ich nichts tun, das ich nicht von mir aus anstrebe.

Wenngleich ich von Edda nichts verlange und mir nichts nehme, was sie mir nicht zugesteht, nehme ich sie. Wenn sie genommen werden will. Einmal stand sie an einem Vormittag im Winter unangekündigt im Studio. Sie sagte nur wenige Worte: »Nimm mich. Jetzt. Hart und von hinten.«

Der Sex mit Edda ist erfüllend und ausreichend. Dennoch masturbiere ich. Manchmal oft und heftig, unter bestimmten Umständen hingegen längere Zeit gar nicht. Das hängt von meinen Stimmungen, Launen und Lustgefühlen ab. Selbstbefriedigung hat mit Edda nichts zu tun, sondern ist allein auf mich konzentriert. Gelegentlich passiert es, dass ich vormittags onaniere und nachmittags mit Edda schlafe. Jedes Mal anderer Sex und jedes Mal ist er gut. Auf seine Weise.

Unsere Sexualität, sowohl die in unserer Beziehung als auch unsere eigene, hat sich mit unserem Verhältnis verändert. Er gleich einem fortlaufenden Prozess. Sex kann man immer wieder neu entdecken, nebeneinander, miteinander, allein. Unser Intimleben war nie von Verklemmungen geprägt, dennoch üben wir heute einen lockeren und spielerischen Umgang miteinander. Bei Edda dauerte es länger, bis sie Sex vom Gefühl der Liebe trennen, bis sie sich aus den Geißeln der Emotionalität befreien konnte. In unseren Anfangsjahren wagte sie sich nie zu sagen: »Bums mich im Stehen.« Dieser Satz trägt keine heiligen Züge. Liebe ist heilig. Edda wartete, bis ich ihr entgegenkam oder ihre unausgesprochene Aufforderung in Aktivität umsetzte.

Trotz ihrer Zurückhaltung haben wir viel und heftig miteinander gevögelt. Zu jeder Tageszeit und an jedem Ort. Unsere Leidenschaft war ungebremst. Erst durch die Existenz der Kinder gerieten wir in die Situation, uns sexuell organisieren zu müssen. An unserer Intensität und unserer Frequenz änderte sich jedoch nicht viel. Wenn es einen Orden geben würde, der Übereinstimmung und Intuition ehren würde, hätten wir ihn uns längst ervögelt. Wir haben beide ein Gespür dafür, wie lange die Kinder noch schlafen oder wann sie ein Spiel langweilt und sie unsere Aufmerksamkeit einfordern.

Nach der Geburt unseres Sohnes dauerte es lediglich drei Tage, dass es uns nicht mehr komisch erschien, neben einem Baby ineinander zu versinken und vor Inbrunst zu stöhnen. Auch Edda konnte abschalten und nicht an den Säugling denken. Als unsere Tochter auf die Welt kam, waren wir längst routiniert. Jetzt, da die Kinder größer sind, und wir uns zu Beginn der Nacht allein im Bett ausstrecken können, genießen wir den Raum, der sich uns bietet und nutzen die Größe der Matratze aus. Uns plagt keine Angst mehr, beim Wühlen und Rangeln ein Kind zu erdrücken.

Ich habe Edda noch nie betrogen. Es ist nicht so, dass mich andere Frauen nicht interessieren würden. Genussvoll schaue ich auf andere Hintern und unbekannten Brüsten hinterher. Eine große Verlockung und ein beständiger Reiz. Eine andere Frau strömt einen fremden Duft aus, sie würde mich mit ihrer fremden Haut betören, ihre Bewegungen würden mich überraschen. Ich würde nicht wissen, wie sie bei meinen Berührungen reagiert, nicht ahnen, wie sie es am liebsten mag. Alles wäre neu. Eddas Geruch liegt mir in der Nase, ihre Glieder sitzen in meinem Hirn, ich kenne die empfindlichen Pole meiner Frau. Sie ist mir bekannt wie eine zweite Haut. Eine andere Frau wäre wie eine verspätete Entjungferung. Trotzdem hält mich etwas davon ab, in eine andere Frau einzutauchen.

Ich hätte ein ungutes Gefühl, besser kann ich es nicht beschreiben. »Fremdgehen« empfinde ich nicht als Missachtung meiner Frau. Sex ist meine Privatsache und hat vordergründig nichts mit Edda zu tun. Hintergründig indes wieder doch. Aber ich brauche die Bestätigung durch andere Frauen nicht, ich muss mir in fremden Betten nicht beweisen, dass ich ein toller Typ, vielleicht sogar ein »Hengst« bin. Täglich spüre ich meine Wirkung auf Frauen. Sie mögen meinen Humor, meine Leichtigkeit zu leben, meine Art die Dinge zu nehmen. Das genügt mir, ich bin kein Jäger. Zumal ich durch Edda noch nie das Gefühl eines Defizits erlebte.

Wenn ich dennoch einem außerirdischen Reiz erliegen würde, würde ich mich nicht wie ein Häufchen Elend und nicht wie ein verlogenes Schwein fühlen. Nie würde ich die Beziehung zu Edda in Frage stellen. Ich wüsste, es ginge nur um Sex. Mein Herz und meine Seele hängen über der Stuhllehne in Eddas Küche. Diese Gewissheit verlor sich selbst in den Zeiten unserer Trennungen nicht, als ich häufig mit anderen Frauen schlief.

Ob ich es Edda heute erzählen würde, wenn es doch passierte, weiß ich nicht. Edda ist eine leidenschaftliche und damit eifersüchtige Frau. Doch es ist nicht der Sex, auf den Edda misstrauisch reagiert, es sind die Frauen an sich. Edda ist schön, klug, phantasievoll, begabt und kreativ. Trotzdem glaubt sie oft nicht an sich und meint, sie könne nicht das bieten, was andere Frauen vorzuweisen haben. Sie fürchtet starke, schöne und erfolgreiche Frauen, sobald sie mir zu nah kommen. Dann macht sich Edda klein und fühlt sich potenzloser, als sie in Wirklichkeit ist. In all den Jahren ist es mir kaum gelungen, sie von diesem Missgefühl zu befreien. Aber wie könnte ich sie stark machen und ihr beweisen, dass sie *die* Frau für mich ist, als es ihr allein durch meine Liebe zu zeigen?

Ich habe ihr nie versprochen, nicht mit anderen Frauen zu schlafen. Das kann niemand von einem Menschen verlangen, es käme einer Inbesitznahme gleich. Sex mit anderen als mit dem eigenen Partner berührt die Frage, wo »Fremdgehen« beginnt. Geht es nur ums Ficken oder entwickelt sich bei einem Verhältnis mehr? Welche Stufe der Gefühlsebene wird betreten? Beginnt Untreue mit einem Kuss oder mit dem Gedanken an eine andere Person? Eine rhetorische Frage: Natürlich beginnt Untreue im Kopf. Dennoch wundert es mich immer wieder, was ich in meinem Freundes- und Bekanntenkreis erlebe. Da küssen und schmusen einige mit anderen Partnern, fassen sich an die Genitalien, lassen es aber nicht bis zum Äußersten kommen. Und meinen dann, sie seien nicht fremdgegangen. Weil sie nicht miteinander gevögelt haben. Muss ein Schwanz in eine Möse rutschen, um die Legitimation von Sex zu erhalten?

Sex ist eine Ware, Sex ist eine Droge. Er ist käuflich und in jeder Form erhältlich. Mit Sex wird gedealt wie mit Lederjacken auf dem Flohmarkt. Und oft ist man enttäuscht, wenn die Joppe nach eingehender Betrachtung Risse und abgeschabte Stellen aufweist. Dann zeigt sich deutlich: Man hat so viel aufs Spiel gesetzt, hat sich den Spaß etwas kosten lassen und wird doch nicht vollends befriedigt. Dass aushäusiger Sex oft in einer Katastrophe endet, hat natürlich unendlich viel mit Liebe und ihren Ausmaßen zu tun. Die Gesellschaft wird nie dahin kommen, Liebe und Sex endgültig voneinander zu trennen. Und ehrlich gesagt, es wäre schlimm, wenn das passierte.

Wenn ich sage, ich betrüge Edda nicht, weil ich sie liebe, dann ist das nur die halbe Wahrheit: Ich habe es nie gelernt, Frauen »anzugraben«. Dazu war und bin ich zu doof. Ebenso wird es mir über mein Äußeres nie gelingen, an Frauen heranzukommen. Ich bin nicht das, was man hinlänglich unter geballter Männlichkeit und einem männlichen Sexsymbol versteht. Oft bedaure ich das. Aber es macht mir nicht zu schaffen, weil ich begriffen habe, dass Frauen nur durch den ersten Blick auf Schönheit aufmerksam werden. Der zweite richtet sich auf das, was der Mann zu bieten hat: Witz, Geist, Intellekt, Charme. Solche Persönlichkeitszüge bestechen weitaus mehr und sind anziehender als langweilige Schönheit. Ich spiele mit dem Bonus der Hässlichkeit. Hässlichkeit kann eine Macht sein. Nie werde ich auf Frauen zugehen, sie müssen mir entgegenkommen, wenn sie etwas von mir wollen.

Bislang verlangten die Frauen, die an mir interessiert waren, mehr als nur Sex von mir. Sie waren in mich verliebt und strebten eine Beziehung an. Die konnte und wollte ich ihnen nicht bieten. Um diese Frauen trotzdem zu »vernaschen«, bin ich nicht abgebrüht genug. Ich kann keiner Frau Liebe vorspielen, die ich nicht fühle, ich kann ihr nichts vormachen, nur um sie zu ficken.

Edda geht vermutlich nicht fremd. Mit Sicherheit vermag ich es nicht zu sagen, ich frage sie nicht und möchte es im Grunde nicht wissen. Aber ich spüre, dass sie sich nicht an fremden Schenkeln und Brüsten reibt. Manchmal treibt mich ein merkwürdiges Verlangen: Dann möchte ich sie dazu auffordern, nach dem Schwanz eines anderen zu greifen und sich ihn zwischen ihre Beine zu stopfen. Ich möchte sehen, was dabei passiert, möchte beobachten, wie sie sich dabei verhält. Ich möchte mich und uns vor eine Situation stellen, die wir noch nie erlebt haben. Vielleicht verbirgt sich hinter meinen abstrusen Gedanken auch der Glaube, Edda würde sich durch einen anderen in ihrem Selbstwertgefühl aufgewertet fühlen. Manchmal beschleicht mich die Befürchtung, sie geht nicht fremd, weil sie sich keinen anderen zutraut. Als Mann irritiert und verunsichert mich das. Natürlich möchte ich, dass sie trotz anderer, für sie begehrenswerter Männer *mich* auswählt. Immer und immer wieder. Es mag komisch klingen, aber ich würde mich bestätigt fühlen, wenn sie nach einem Fremdfick nach Hause kommt und sagt: »Ich habe mit einem anderen gevögelt. Es war gut, aber nicht so gut wie mit dir. Jetzt bin ich mir sicher.«

Er lenkt mich von mir selber ab

Edda J. (37 Jahre), Bildnerische Gestalterin in Bremen, liebt ihren Mann Lasse seit 19 Jahren

Musste das sein?«, fragte ich mich, als ich Lasse das letzte Mal betrogen hatte. Es liegt eine lange Weile zurück, aber ich erinnere mich gut an das Gefühl, das in mir nagte: trüb, dumpf und unnötig. Die Gier hatte über die Vernunft gesiegt. Ich hatte ein schlechtes Gewissen, redete mir aber zu: Warum plagst du dich jetzt? Warum darf Sex mit anderen nicht sein? Es ging nur um Sex und um nichts weiter.

Ich wollte es wissen und musste es ausprobieren. Dieses letzte Mal war der endgültige Schliff der Bestätigung, die ich viele Jahre immer wieder in Frage stellte: Es ist Lasse, den ich will und ich bin es, die Lasse anzieht.

Die Beziehung zu Lasse ist die wichtigste in meinem Leben. Dass ich diesen Satz mit großer Gewissheit und klarer Selbstverständlichkeit aussprechen kann, ist nur aufgrund unserer gemeinsamen Vorgeschichte möglich. Und er hat viel mit meinem Selbstverständnis zu tun.

Heute fühle ich mich vollständig und rund, aber immer noch nicht fertig. Vielleicht möchte ich nie fertig sein, vielleicht darf man nie von sich behaupten, zufrieden mit sich zu sein. An einem solchen Punkt blieben schon viele stecken und merkten, dass sie in einer Sackgasse gelandet sind. Allein der Gedanke an diesen begrenzten Weg mit einer unüberwindlichen Mauer, der als einzige Lösung den Rückzug offen hält, graut mich. Ich muss gehen, mich drehen, in Bewegung sei. Stillstand hat es nie gegeben in meinem Leben. Und wird es hoffentlich nie geben.

Es hat lange gebraucht, bis ich so selbstbewusst vor mir stehen und sagen konnte, das bin ich und das ist gut so. Früher plagten mich Selbstzweifel, ich fühlte mich der Welt und ihren Ansprüchen an mich nicht gewachsen. Ich glaubte nicht an mich und nicht an meine Kunst. Ich machte mich klein, obwohl ich es nicht nötig hatte.

Der Stoff, aus dem meine Arbeiten sind: durchsichtiger Polyesterharz. Zuerst ist ers eine klebrige, wabernde Masse, später erhärtet er in der Fasson, die ihm meine Hände gaben. Mich interessieren kleine, zarte Körper, Figuren in Miniaturgestalt. In handtellergroße Quadrate aus Polyesterharz schließe ich beispielsweise einen Zentimeter große Plastikmenschen ein. Mehrere Dutzend. Die Vierecke werden gegossen. Auf dieser Basis entstand beispielsweise ein gläserner Zug, der durch mehrere Ausstellungen in Deutschland zog. Einmal baute ich für eine Gemeinschaftsschau verschiedener Künstler in Hamburg ein Aquarium, das im Eingangsbereich der Kunsthalle platziert wurde. Als Form diente mir ein echtes Aquarium, in das ich hellgrüne Gelatine einließ. Dort hinein setzte ich einen Fisch. Als die Masse getrocknet war, stellte ich das Fischbehältnis auf den Kopf und ließ den »Fisch im Wasser« herausgleiten. Da das Tier ein getrockneter Stockfisch war, produzierte er nur auf den ersten Blick Dreidimensionalität. Blickte man längs durch die Gelatine-Masse, erschien der Fisch fast wie ein Strich.

Diese Art Kunst war nicht für die Ewigkeit gedacht. Nach einigen Tagen sanken Aquarium und Fisch in sich zusammen und begannen zu riechen. Mit Lack hätte ich dieser »Plastik« einen dauerhaften Anstrich geben können. Doch genau das wollte ich nicht. Mein Fisch sollte vor Augen führen, dass auch Kunst vergänglich ist und nicht in jedem Fall den Anspruch auf Unsterblichkeit haben kann und darf. Es sollte das richtige Leben im falschen widerspiegeln.

Teilnahmen an Gemeinschaftsausstellungen und Einladungen zu Einzelschauen gehören heute zu meiner Existenzberechtigung. Ich will nicht sagen, ich bin es gewohnt, dass es so ist, und es ist für mich normal, gefragt zu werden und dabei zu sein. Jedes Mal freue ich mich erneut über ein weiteres Angebot. Immer wieder eine Bestätigung meiner selbst und meiner Kunst. Auch wenn mein Name in der Szene bekannt ist und gehandelt wird. Trat früher ein Agent oder ein Ausstellungsmacher an mich heran, um an einer größeren Schau teilzunehmen oder schlug mir eine Einzelpräsentation vor, verließ ich die Verhandlungsgespräche mit einem skeptischen Unbehagen: Schaffe ich das? Bin ich gut genug für die Anforderungen? Werden die Leute nicht enttäuscht sein? Mein Vertrauen in mein Können kochte auf Sparflamme. Ein typisch weibliches Verhalten. Müssen Frauen und Männer ihre Fähigkeiten oder Produkte ihres Können präsentieren, schneiden Männer stets besser ab. Aber nicht, weil sie besser sind, sondern weil sie in der Lage sind, sich zu verkaufen. Auf das real existierende Vorzeigeergebnis packen sie noch einen ganzen Sack voller Eigenempfehlungen dazu, gerieren sich als Macher und Bestseller. Frauen hingegen »verheimlichen« ihre Arbeitsresultate. Werden sie gelobt, wiegeln sie oft ab: »Ach, das ist doch gar nichts. Hat nicht viel Arbeit gemacht, es steckt auch keine so tolle Idee dahinter.« Hinter diesem Verhalten ruhen Jahrtausende alte Rollenbilder, die selbst durch Emanzipation und Frauenbewegung noch nicht vollständig aufgebrochen sind. In diesem Netz bin auch ich verstrickt. Nicht mehr so stark wie früher, aber nach wie vor in Strängen verwoben.

Der Geist der Geringschätzung mir selbst gegenüber flatterte auch lange Zeit durch die Beziehung zu Lasse. Ich traute der Beziehung nicht, Lasse nicht, mir selbst nicht. Lasse gab mir immer das Gefühl von Geborgenheit, Sicherheit und Liebe, er bestätigte mich. Doch mein Vertrauen wuchs nicht. Erst mit den Jahren stellte sich ein gewisses Urvertrauen ein: Lasse ist mein Mann, ich bin seine Frau. Diesem Urgefühl misstraue ich inzwischen nicht mehr, ich kann es annehmen wie ein Kompliment von Lasse. Doch es ist nicht so, dass ich mich auf diesem Gefühl ausruhe wie auf einer Ottomane zur Mittagszeit, ich wiege mich nicht in einer Sicherheit, dass mich Lasse nie verlassen wird. Solche Gedanken sind nicht mehr bekömmlich und sättigend, sie sind selbstgerecht.

Mit der Zuversicht in Lasse wuchs das Vertrauen in mich selbst, der Glaube an mich: dass ich schön, klug und liebenswert bin. Zu wissen, eine einzigartige Person zu sein und mich nicht einer Hoffnung hinzugeben, die mit der kleinsten Welle des Zweifels hinweggespült wird. Dass ich diesen Schritt gehen und über die Schwelle der Selbstzweifel treten konnte, hat viel mit Lasses Beständigkeit zu tun. In allen Momenten meines Lebens, selbst in den grauesten und trübsten, stand er mir bei. In Augenblicken des Glücks zu jemandem zu halten, ist leicht. Jemandem beizustehen, der einem Kraft raubt, weil er sie selbst nicht aufbringen kann, von seiner Stärke abzugeben, ohne etwas dafür zu verlangen und ohne zu wissen, ob sie erfolgversprechend ist, dazu bedarf es großer Liebe oder Aufopferungsbereitschaft. Lasse ist nicht aufopfernd, heute höchstens unseren Kindern gegenüber. Lasse liebt mich.

Früher war ich stark depressiv, schüchtern, wenig offen. Die einfachsten Dinge habe ich nicht gewagt. Manchmal kauerte ich stundenlang in meiner Küche, allein und im Dunkeln. Mein Leben und die Zukunft erschienen mir so finster und aussichtslos wie ein Steinbrunnen aus dem Mittelalter: unendlich tief und mit eiskaltem Wasser. Dann fürchtete ich, meine Depressionen würden mich verschlingen wie ein siebenköpfiger Drache. Unfähig mich zu bewegen, unfähig zu denken, unfähig zu fühlen, wartete ich ab, so lange, bis etwas passiert. Aber es geschah nichts, außer dass die Kälte so unerträglich wurde und mich schließlich davon abhielt, wie eine Steinstatue regungslos vom Stuhl zu kippen und auf dem Boden in tausend Stücke zu zerbersten.

In solchen Momenten war Lasse einfach da, er gab keine merkwürdigen Ratschläge, die man in einer solchen Situation nur selten brauchen kann, weil sie ohnehin nicht helfen. Ebenso versuchte er mich aufzubauen, indem er konkrete Handlungsanweisungen gab. Nein, allein seine Anwesenheit, seine Geduld und sein Vermögen, mit mir weiter normal umzugehen, versicherten mir, dass er mich verstand und mich nicht verrecken lassen würde. Er lenkt mich von mir selber ab.

Er versteht mich, weil er selbst solche Zustände kennt und weiß, wie mir zumute ist. Zwischen uns schlängelt ein Band, das die Erfahrung von Brüchen, Niederschlägen und Existenzängsten aufgefädelt hat. Indem es sich um uns beide windet, schnürt es uns zusammen.

Dann wird mir schmerzhaft wie freudig bewusst, dass das Wichtigste in meinem Leben das Zusammensein mit Lasse darstellt.

Wir bauen auf einem gemeinsamen Boden: Er gibt mir, was ich nicht habe, ich ergänze ihn dort, wo er sich unvollkommen fühlt. Vermutlich würde Lasse dies abstreiten und sagen, jeder ist für sich vollkommen. Das stimmt und stimmt wieder nicht. Weil wir erst zusammen das richtige Ganze ergeben.

Lasse ringt mir täglich Bewunderung ab. Ich hätte und könnte gern vieles von dem, was er zu bieten hat: Lasse ist ein Meister der Rhetorik, so wie er kann sich kaum jemand ausdrücken. Er besticht durch ein unheimlich breites Spektrum an Allgemeinwissen und schöpft mit einer großen Kelle Witz und Humor. Auch nach all den Jahren höre ich ihm immer wieder gern zu. Mit der Zeit kenne ich seine Lieblingsgeschichten und Erzählungen vergangener Zeiten. Immer, wenn jemand bei uns auftaucht, der einige von diesen Geschichten noch nicht kennt, kramt sie Lasse hervor und schmückt damit den Tisch. Jedes Mal lausche auch ich gespannt und bin neugierig, was er diesmal draus macht. Mit jeder Neufassung fügt er unbekannte Details hinzu, die den Geschichten mitunter eine Kehrtwendung geben. Dann schweige und genieße ich. Seine Phantasie amüsiert mich und bereitet mir Spaß.

Meine Hartnäckigkeit ist es, die Lasse an mir bewundert. Wenn ich etwas wirklich will, wenn ich besessen bin davon, setze ich alles daran, es zu erreichen. Das erfordert Ausdauer, Mühe und Stetigkeit. Das bin ich. Mir kann eine Sache noch so aussichtslos erscheinen, wenn ich von ihr überzeugt bin, kämpfe ich darum, wenigstens mein Scheitern zu erleben. Doch in der Regel werden Ausdauer und Stetigkeit belohnt. Nicht sofort, aber in absehbarer Zukunft.

Beispielsweise meine Proben mit dem Polyesterharz. Wochenlang mischte ich Pasten zusammen, schmierte Formen aus, goss Figuren. Nie wusste ich, ob es diesmal gelingt. Es gibt kein Rezept für die richtige Konsistenz. Mit jeder Miniatur formte ich mich dem Wissen um die Substanz und der Gewissheit auf Erfolg näher.

Andererseits lasse ich die Dinge auf mich zukommen und ahnungslos passieren. Manchmal habe ich dann das Gefühl, dass ich neben ihnen stehe und als eine andere Person den Ablauf beobachte. Als Zuschauerin hinterfrage ich nicht und denke nicht weiter. Das einzige, was ich in einer solchen Situation aktiv mache: Ich bewege mich nicht. Also schiebe ich auch nichts von mir weg, alles bleibt so, wie es ist. Selbst, wenn ich in solchen Momenten einen großen Wunsch hege, würde ich ihn nicht formulieren. Nichts dringt von mir nach draußen, alles bleibt in meinem Inneren verschlossen. Ein solcher Zustand kann für andere, insbesondere den Partner, äußerst belastend und frustierend wirken. Ein Schmetterling in einem Kokon ist eben nur ein regloser Kokon und kein lebendiges Tier.

Lasse ist in dieser Frage ganz anders. Auch wenn er sich hin und wieder in blindem Aktionismus verliert, handelt er meist überlegt und klar. Das, was er tut, spielte er vorher im Kopf durch. Das heißt nicht, dass er ein durch und durch kontrollierter Mensch ist – mit einem solchen könnte ich im übrigen nicht zusammen sein –, aber er tut wenig Überflüssiges. Er ist zäh und ausdauernd. In der Szene hat er sich einen Namen erarbeitet, das bewundere ich an ihm. Er ist weit gekommen, obwohl er früher nie daran geglaubt hat, beruflich großen Erfolg zu haben. Obwohl er schüchtern ist, geht er auf die Leute zu und bietet sich an. Erhobenen Hauptes, ohne sich zu verstellen oder sich zu verbiegen. Das könnte Lasse niemals. Er ist sehr stolz.

In seinen Verhandlungen mit den Kunden tritt er diplomatisch auf, etwas, das ich vermutlich nie lernen werde in meinem Leben. Lasse kann handeln und schlägt für beide Seiten einen fairen »Preis« heraus. Auch musikalisch bringt er sich ins Geschehen. Zwar spielt er nicht mehr Klavier, aber die Konzerte, die er organisiert, sind immer überaus gut besucht. Inzwischen gehören sie zum Kiez wie Bier in eine Eckkneipe.

Dennoch beneidet er mich. Nicht allein um meine Kunst, sondern um den Fakt, dass ich es mir leiste, Künstlerin zu sein. Ich möchte mich nicht nur als Künstlerin formulieren, sondern meinen Anspruch ausleben. Damit verdiene ich kaum Geld, das ärgert mich, zuweilen frustriert es mich stark. Aber dann blicke ich mich in meinem Freundes- und Bekanntenkreis um und sehe eine Vielzahl von Künstlerinnen und Künstlern, die ebenfalls kein Geld haben. Aber sie erfinden wunderbare Sachen, die in Galerien hängen und teuer verkauft werden. Doch ein Werk von 5000 oder 7000 Mark wird man nicht alle Tage los. Viele müssen von Honoraren in dieser Höhe die nächsten Monate fristen.

Nie wollte ich es etwas anderes sein als Künstlerin. Und jetzt, da ich ein Studium und Zusatzausbildungen absolviert habe, möchte ich auch in meinem Beruf arbeiten. Auch wenn ich mir die größte Mühe geben würde, ich könnte keinen Job machen, der mich von meinem Traumberuf wegführt. Nur um Geld zu verdienen. Mehr als mir lieb ist, investiere ich Zeit und Kraft in Jobs, die meine Arbeit nur mittelbar betreffen. Manche haben mehr, andere weniger mit Kunst zu tun. Einige Wochen lang führte ich Aufsicht in einer Galerie mit zeitgenössischer Kunst. Solche Tätigkeiten genieße ich. Ich befinde mich in einem Raum, in dem ich mich spiegle, ich finde mich in einer Atmosphäre wieder, die mir entspricht. Auch wenn ich in jenen Stunden nicht aktiv kreativ bin, so arbeite ich trotzdem: in meinen Gedanken, in meiner Phantasie. Die Galeriewände und ihre Objekte regen an, ebenso manche Gespräche mit Gästen, die vorbeischauen und etwas wissen möchten. Aber ich habe auch schon Mehlpakete in Kaufhallenregale sortiert – des Geldes wegen. Ich werte solche Tätigkeiten keineswegs ab, aber das sind keine Arbeiten, wie sie mir für mein Wohlbefinden vorschweben. Ich ertrage sie, weil ich um die Begrenztheit solcher Job weiß.

Lasse ist der erste und beste Kritiker meiner Kunst. Er erlebt die Stücke gewissermaßen als Premiere. Auch wenn er momentan selbst nicht mit bildnerischen Dingen zu tun hat, staune ich immer wieder über sein Urteilsvermögen und seine klaren Sichtweisen. Wenn er etwas bemängelt, gehe ich in mich und prüfe sein Urteil. Mitunter überarbeite ich meine Produkte. Insofern ergänzen wir uns, obwohl jeder sein Terrain abgesteckt hat.

Heute liebe ich Lasse anders als in jener Zeit unseres Kennenlernens. Damals waren wir wie unschuldige Kinder, die noch nicht wussten, wohin sie das Leben treibt. Als erwachsene Frau mag ich Lasse bewusster und intensiver, in meinem Gefühl zu ihm bin ich mir absolut sicher. Diese Gewissheit trage ich seit unserer ersten Trennung in mir, seitdem habe ich nie wieder an uns gezweifelt, auch wenn es erneut zu Brüchen und Verwerfungen kam. Lasse vervollständigt mich, obwohl ich gleichermaßen meine eigene Persönlichkeit bin. Vielleicht habe ich das einzigartige Glück sagen zu können: Ich will keinen anderen Mann.

Es ist schön mit ihm zu leben. Der Alltag ist nicht gleich Alltag, dazu bieten sowohl die Umstände als auch Lasse zu wenig Alltäglichkeit. Alltag mit Lasse bringt Spaß. Unser Zusammensein ist von Harmonie und Ausgeglichenheit geprägt. Sicher treten immer wieder Krisen auf, aber sie sind nie mehr so existenziell oder gar vernichtend, sondern meist an bestimmte Ereignisse, Bedürfnisse oder Missverständnisse geknüpft. Oft streiten wir uns über Dinge, über die ich glaubte, erhaben zu sein: Abwasch, Putzen, Einkaufen, für die Familie da sein. Lasse arbeitet viel, ich etwas weniger, aber die Kinder als auch unser Beziehungsleben dürfen nicht unter der Last des Geschäfts leiden. Manchmal fordere ich es regelrecht ein, dass er zu Hause ist und sich ebenso wie ich in den Haushalt einbringt. Warum soll ich immer die Putzfrau, die Mutter und die Einkäuferin spielen? Kann er nicht genauso gut das dreckige Geschirr abwaschen? Will er nicht selbst gern die Kinder ins Bett bringen? Lasse ist eine machistische und traditionelle Lebensweise fremd. Doch passiert es, dass er über seine Arbeit oder die Musik einfach vergisst, dass sich bestimmte Dinge nicht von allein erledigen. Und da ich oft für die »weichen Ressorts« zuständig bin, übersieht er die Mühe, die Kraft und die Zeit, die ich darin investiere. Er genießt einen vollen Kühlschrank, ein geheizte Stube und seine tobenden Kinder, denkt aber nicht darüber nach.

Unsere Auseinandersetzungen wirken sich auf unser Sexualleben aus. Wenn ich mich geärgert habe, bin ich nicht in der Stimmung, mit ihm zu schlafen. Es gibt Frauen, die können ihre Wut im Bett auslassen, können sich ihren Ärger wegvögeln. Ich nicht. Auch wenn ich mich vernachlässigt fühle, springe ich ihm nicht voller Leidenschaft entgegen, wenn er auftaucht. Eher entziehe ich mich ihm. Vielleicht versteckt sich dahinter eine subtile Form der emotionalen Erpressung: Wenn du nicht das tust, was ich möchte, bestrafe ich dich mit Liebesverzicht. Mag sein. Möglich ist aber ebenso, dass mein ganzes Wesen, mein Körper in solchen Minuten einfach nicht auf ihn eingestellt ist, wenn er sich rar macht. Das empfinde ich keineswegs als Strafe für den Mann, sondern als normalen biologischen Vorgang.

Um zur inneren Ruhe für diese Beziehung zu kommen, brauchte es einen herben Einschnitt: unsere erste Trennung. Sie ging von mir aus, weil ich das Gefühl hatte, eine Pause von Lasse zu benötigen. Vielleicht war er damals zu viel für mich, vielleicht ahnte auch mein Unterbewusstsein, dass er der Richtige ist und wollte es zu jenem Zeitpunkt nur nicht annehmen. Aus Angst etwas zu verpassen, mein Leben an einen einzigen Mann zu hängen. Vielleicht schwammen Lasse und ich damals auch auf verschiedenen Wellen und es musste unweigerlich zu einem Kentern kommen. Es ist zu lange her, ich erinnere mich nicht mehr genau. Eines aber weiß ich mit großer Sicherheit: Ich hatte mich verliebt. In einen anderen. Möglicherweise war die Verliebtheit nur die Prüfung für Lasse und mich. Etwa so, als wollte man nach jahrelangem Genuss von Pflaumenmus probieren, ob es wirklich *dieses* Mus ist, das der Gaumen begehrt, und nun zur Kontrolle Himbeermarmelade löffelt. Im ersten Moment kommt sie einem bekömmlich vor, die kleinen Kerne kratzen über die Zunge, ein neuer, unbekannter Geschmack. Doch nach drei Löffeln merkt man, dass Himbeeren nicht die Früchte sind, die das Wasser im Mund zusammenlaufen lassen. Dann weiß man, dass dieses Gefühl nur von Pflaumen ausgeht.

Ich fühlte mich stark, als ich Lasse offenbarte, dass ich mich verliebt hatte und mich von ihm trennen werde. Es schwang ein wenig Triumph mit: Ich befreie mich von dir. Aber Lasse ließ mich nicht los. Emotional. Ich konnte gehen, aber konnte es auch wieder nicht. Ich machte ihm wütende Szenen, dass es ungerecht und selbstherrlich sei, was er anstelle. Als er mich eines Tages wirklich ziehen ließ, machte mir das Angst. Ich fürchtete, ihn auf ewig zu verlieren. Es war kurios: Als er sich von mir löste, war das der Beginn unserer dauerhaften Beziehung. Ich konnte wieder neu auf ihn zutreten, konnte ihn neu erblicken, neu erobern, neu begreifen. Der alte Lasse klammerte sich an mich, der neue war stärker, direkter und frischer. Er hatte sich ein neues Lebenskonzept entwickelt und befand sich wieder auf dem Weg, den er ging, als wir uns begegneten: Er suchte wieder, hielt Augen, Ohren und Nase offen. Bevor ich mich in den anderen verliebte, war er schnurstracks in eine Sackgasse gerast – und hatte es nicht einmal bemerkt. Die Trennungsmonate und die ersten Wochen unserer Neufindung bestärkten mich: Niemand kann Lasse überbieten.

Ein anderes Mal ging die Trennung von ihm aus. Da kehrten sich die Vorzeichen um: Ich klammerte mich an ihn, ich wollte ihn festnageln, wollte ihn für mich allein haben. Dass ich damit seine Freiheit eingeschränkt und ihn wie einen Vogel eingesperrt hätte, sah ich damals nicht. Es ging mir nicht gut, ich brauchte Lasse und die Sicherheit, die er versprach. Ich wollte mich an ihm ausruhen. Doch solche ungleichen Beziehungen geraten schnell ins Wanken und kippen bei dem leisesten Windstoß. Ich wurde eine Belastung für Lasse, weil ich keine ebenbürtige Partnerin für ihn war. Damit meine ich nicht, dass er mich nur als starke Frau will. Damals aber drehte ich mich im Kreis und er befand sich in der hilflosen Lage, mir auch nicht helfen zu können. Solche verfahrenen Situationen lassen keine andere Lösung zu als eine radikale. In unserem Fall war es die Trennung. Durch den strikten Bruch fand ich wieder zu mir und konnte meinerseits neu entstehen.

Einer der wichtigsten Momente in der Beziehung zu Lasse ist unser Vermögen miteinander zu reden. Das haben wir uns im Laufe der Jahre gemeinsam erarbeitet. Selbst am Telefon fällt es uns nicht schwer, tiefe persönliche und intime Probleme zu erörtern und zu klären. Viele Menschen brauchen für solche Gespräche das Gesicht, die Nähe, die unmittelbare Stimme des anderen. Uns gelingt es, auch über Kabel und Drähte Nähe herzustellen. Wenn wir uns heftig gestritten haben und einer von uns wütend die Tür zuknallt und wegläuft, ruft er spätestens nach zwei Stunden beim anderen an. Wut, Ärger und emotionale Verletzungen halten wir nicht lange durch.

Unser Leben birgt selbst nach 19 Jahren keinerlei Routine. Manchmal scheint es mir, als kennen wir uns auswendig. Doch just in solchen Momenten reagiert Lasse auf mich oder andere Menschen völlig unerwartet und ich denke: Er kann mich immer noch überraschen.

Auch beim Sex. Wir wissen, wie wir beide miteinander am besten können, wie es uns am stärksten inspiriert und Spaß macht. Wir haben uns gegenseitig eingespielt, aber dennoch ist jedes Mal immer wieder neu und anders. Und fast immer aufregend. So wie wir und unsere Beziehung hat sich unser Sexualleben mit den Jahren verändert. Nie gab es einen Stillstand, es wird sich immer wieder wenden.

Nach und nach habe ich gelernt, etwas von mir abzugeben, das ich glaubte, nie loslassen zu können. Ich wollte mich unter Kontrolle haben, ich hatte Angst davor, die Macht über mich zu verlieren und verwundbar zu sein. Dass Verwundbarkeit in anderen Bereichen weitaus stärker entstehen kann, begriff ich erst später. Mit den Jahren baute sich ein Vertrauensverhältnis auf, das ich nicht mehr missen möchte. Auf dieser Ebene erlauben wir uns alles und wagen vieles. Früher war ich verklemmter und gestattete ihm beispielsweise nicht, mich zu lecken. Ein Bild von Schmutz und Unanständigkeit tobte durch mein Hirn, das mich und meine Lust blockierte: Da dringt jemand an Stellen in deinem Körper, die gehören nur dir, die sind für andere Dinge bestimmt, aber nicht dazu da, dass jemand an ihnen herumsaugt. Dass Lecken Lust bereiten kann, konnte ich mir nicht vorstellen. Vielleicht hätte ich es damals schon genossen, wenn ich mich darauf eingelassen hätte. Es brauchte Jahre, bis ich die Sinnlichkeit der Verschmelzung von Klitoris und Zunge spüren und in mir aufnehmen konnte.

Damals ging Lasse vorsichtig mit mir um, drängte mich zu nichts. Heute gehört Oralverkehr zu den Grundübungen unseres Liebesspiels. Ich würde es vermissen, wenn wir darauf verzichteten. Stets war es Lasse, der in mir Blockaden löste und Grenzen durchbrach. Selten ging ein »Tabubruch« von mir aus. Das empfinde ich nicht als störend und hemmend, im Gegenteil, ich genieße es, wenn Lasse sich immer etwas Neues einfallen lässt.

In der Vergangenheit lief es häufig so, dass er Wünsche formulierte, die ich ablehnte. »Ich kann das nicht«, sagte ich und glaubte es diesem Moment. Wenig später konnte ich es schließlich doch und genoss es. Hinter meiner anfänglichen Abwehrhaltung steckt die Angst verletzt zu werden. Ich möchte mich immer schützen. Wenn ich meinen Schutzwall abbaue, indem ich einem Mann Dinge erlaube, die nicht meiner Phantasie entspringen, fühle ich mich nackt und offen wie ein Buch, in dem man lesen kann wie an einer

Zeitung in einem Bahnhofsschaukasten. Diese Vorstellung macht mir Angst, noch immer. Ich brauche meine eigene Welt, meine eigene Intimität, die ich nur mit mir und niemandem sonst teile. Auch nicht mit Lasse. Es gibt immer noch Grenzen, die Lasse nicht überschreiten darf. Aber die haben weniger mit ihm zu tun als mit mir selbst.

Erotisches Spielzeug und sexuelle Hilfsmittel verwenden wir nicht. Wir haben sie nicht nötig. Wir bedienen uns mit unseren Händen, Zungen, Nasen, Fingern. Für uns hat Natürlichkeit Priorität. Wir verhüten auch nicht mit Kondom oder Pille, sondern mit einem Diaphragma. Die Pille lehnen wir aus gesundheitlichen Gründen ab, Kondome aus praktischen. Das Diaphragma stört nicht, Lasse spürt es nicht. Es sitzt so tief und eng, dass sein Schwanz damit keine Berührung hat. Bekommt er sie dennoch, weil er tief in mich eingedrungen ist, empfindet er den Kontakt zu dem unerwarteten Widerstand als lustvoll.

Meist wissen oder ahnen wir, dass wir miteinander schlafen werden, wir stimmen in unseren Intuitionen überein. Dann bleibt mir genug Zeit, den Gummiring einzusetzen. Das ist praktisch und unkompliziert, er hat nur einen Nachteil: Er darf erst etwa acht Stunden nach dem Verkehr wieder rausgenommen werden. Ansonsten besteht die Gefahr, dass der eingedrungene Samen noch zu lebhaft ist und sich zu den Eierstöcken durchkämpft. Wenn wir am Abend und am Morgen miteinander geschlafen haben, packt mich spätestens am Mittag das unbändige Verlangen, mich von diesem Teil zu befreien. Es schmerzt nicht, aber es stellt sich ein unangenehmes Gefühl ein.

Einmal musste ich zum Frauenarzt und hatte das Diaphragma völlig vergessen. Die Ärztin führte eine Ultraschalluntersuchung durch und grinste beim Betrachten des Monitors. Ich schielte hinüber und erkannte den Ring. Hochrot kletterte ich von der Liege und verabschiedete mich auf die Toilette.

Durch die Kinder hat sich unser Sex verändert. Jetzt sind wir festgelegt auf bestimmte Zeiten und Orte. Früher vögelten wir dort, wo wir gerade standen und gingen: im Bad, in der Küche, auf dem Fußboden, auf dem Tisch. Heute toben die Kinder durch die Wohnung und wir können nur nachts gewiss sein, nicht von ihnen überrascht zu werden. Daraus ergibt sich ein Problem: Ich mag es am liebsten morgens, Lasse am liebsten abends. Morgensex verbietet sich durch die Kinder und ihr frühes Wachwerden meist von selbst. Obwohl wir auch schon übereinander hergefallen sind, als die Kinder vormittags im anderen Zimmer spielten. Immer wieder kam eines rübergelaufen und verlangte etwas. Wir haben mit ihnen gesprochen und ihnen gesagt, wo sie das Gesuchte finden. Eine hocherotische Situation. Als ich kam, versuchte ich gerade zu erklären, wo die Butter steht.

Wenn die Kinder nicht da sind, lieben wir uns und können uns hingeben, als existierten sie nicht. Wir malen mit den Farben, die unsere sexuelle Palette zu bieten hat, unsere erotischen Bilder: von wirr und wild bis ebenflächig und gleichmäßig. Manchmal beschleichen mich Phantasien, mit anderen Männern zu schlafen. Jedoch nicht, wenn ich mit Lasse zusammen bin, sondern eher im Alltag: auf der Straße, während der Arbeit, in der Bahn. Ich sehe junge und nicht mehr ganz junge Männer, kleine und große, schlanke und untersetzte. Auf einen bestimmten Typ bin ich nicht festgelegt, ich fühle mich entweder angezogen oder abgestoßen. Einmal kann er blond und groß sein, ein anderes Mal dunkel und feurig. Ich betrachte das Opfer meiner Begierde und stelle mir vor, wie es wäre, wenn seine Hände über meine Hüften glitten, mich plötzlich fest packten und meinen Unterleib an seinen zögen. Dann durchdringt mich ein wohliges Gefühl. Es stellen sich die kleinen Härchen auf meinen Unterarmen hoch, meine Wangen überzieht ein roter Hauch. Ich fühle mich als Frau. Aber ich will nicht mit einem anderen schlafen. Genau darum und um nichts weiter, denke ich, dreht sich das ganze Spiel mit Fremdphantasien: Man sucht die Bestätigung für die eigene Person in einer anderen, man will sich attraktiv fühlen. Vielleicht treibt mich deshalb nicht das Verlangen, meine Phantasien leben zu wollen. Und noch etwas kommt hinzu: Guter Sex verlangt Zutrauen und Harmonie. Das kann ein One-Night-Stand mitnichten bieten.

Als die Kinder klein waren, fühlte ich mich oft kraft- und lustlos. Sex machte keinen Spaß. Um guten Sex zu haben, muss man ausgeruht und stark sein. Die Kinder laugten mich körperlich aus. Ich fühlte mich unfähig, Lasse den Rest zu geben. Aber er hat nichts von mir verlangt, sich nicht etwas ohne zu fragen genommen. Wäre er damals fremdgegangen, hätte ich es nicht toleriert. Nicht unter diesen Umständen. Es ist mehr als verletzend zu erfahren, dass der eigene Mann mit einer anderen Frau vögelt, wenn man selbst am Ende seiner Kräfte ist und nicht einmal Schuld trägt an diesem Zustand und der eigenen Unlust. Außerdem sind es auch seine Kinder, die mich auslaugen und aussaugen. Eine Freundin hat mir mal erzählt, dass ihr Freund mit einer gemeinsamen Freundin geschlagen hat, während sie ein Kind von ihm bekam. Da fragt man sich doch, ob dieser Mann überhaupt eine Ahnung davon hat, was er seiner Frau und der Mutter seines Kindes angetan hat? Solche abartigen Fehltritte sind nicht damit zu entschuldigen, dass sie aufgrund der Schwangerschaft wochenlang keinen Sex haben konnten. In diesem Fall geht es nicht um sexuelle Untreue, sondern um existenzielle. Diese Art von Fremdgehen berührt mehr als den Körper der anderen Frau, sie dringt in alle Schichten der Beziehung.

Würde mich Lasse heute betrügen, könnte ich es vielleicht tolerieren, wenn ich ganz sicher wüsste, dass es nur um den reinen Fick geht. Doch das ist immer eine Gratwanderung. Nicht ständig misstrauisch zu sein, wenn andere Frauen auftauchen, den Mann mit anderen ausgehen zu lassen und ihm obendrein einen schönen Abend zu wünschen, dazu bedarf es großen Vertrauens. Dieses Vertrauen habe ich oft nicht. Es ist kurios: Ich bin selbst fremdgegangen, gestehe es Lasse aber nicht zu. Es liegt nicht an der Sache des Fremdficks an sich, sondern am Bild: Meine Eifersucht konzentriert sich nicht auf Lasse und die vermeintliche Gefahr, dass er mich betrügen könnte, sondern auf mich und mein Selbstwertgefühl, mit meinem Neid auf andere Frauen.

Ich will Sex

Berit Z. (36 Jahre), Event-Managerin in Dresden, lebt eine reine Sexbeziehung, die gegenseitige Ansprüche ausspart

Ich bin kein Mensch, der sich wohl fühlt, wenn er nach Hause kommt und die Suppe dampft auf dem Herd und die Kinder krakeelen im Hintergrund. Familie und trautes Heim – das ist nichts für mich. Mir reicht es schon, wenn ich bei vielen meiner Freundinnen den Kindertrubel miterlebe. Seit ich einmal mit einigen allein erziehenden Müttern und einem Paar mit zwei Kindern einen gemeinsamen Sylvesterurlaub verbrachte, bin ich vom Kinderwunsch endgültig geheilt. Meine Reproduktionsabsichten und -sehnsüchte hielten sich immer schon in Grenzen. Auf den vielbesagten Babyflash, den Frauen spätestens ab Mitte 30 bekommen sollen, warte ich noch. Aber bislang tut sich nichts in dieser Richtung. Ich bin froh, dass ich unabhängig bin und meine Abende, Wochenenden und Ferien so gestalten kann, wie ich es will. Es gibt genug, das ich sehen, fühlen, erleben will. Ich bin ein kunst- und kulturorientierter Mensch. Ohne Ausstellungen, Kino, Theater und andere Veranstaltungen könnte ich nicht leben. Mich treibt die große Angst etwas zu verpassen. Mit Kindern wäre ich mehr als eingeschränkt. Ich sehe es ja an meinen Freundinnen: Sobald sie Mütter geworden sind, ist die vielbeschworene Kreativität futsch. Alle Anstrengungen sind auf das Kind und die Familie gerichtet. Und irgendwann beginnt das große Jammern, sie könnten so viele Dinge nicht mehr tun, weil es ihr derzeitiger Lebensentwurf nicht erlaubt.

Ich arbeite als Event-Managerin. Allein wegen meines Berufs bin ich öfter unterwegs als zu Hause, ich schufte in der Regel 12 bis 15 Stunden täglich. Trotzdem bezeichne ich mich nicht als durchpowernde Karrierefrau, mit dieser Formulierung würde ich mich selbst reduzieren. Doch mein Job steht im Vordergrund. Da bleiben weder Zeit noch Raum für eine feste Beziehung, geschweige denn für eine Familie und Kinder. Ich kann und will keine Verantwortung übernehmen, nicht für einen Partner und nicht für Nachwuchs.

Ohne Beziehung zu leben bedeutet jedoch nicht, ohne Sex auskommen zu müssen. Das könnte ich gar nicht. Ich bin zwar kein Sexmonster, aber ich erlebe immer wieder, dass meine Libido umso größer wird, je mehr ich ranklotze. Dann brauche ich Sex als Entspannung.

Lange Zeit war das für mich ein Problem. Ein Liebesleben zu organisieren, ohne einen festen Partner zu haben, erfordert erheblich mehr Aufwand und kostet Kraft. Ich hatte zwar hin und wieder Liebhaber, aber die kamen mit meinem Verständnis von Sex und Beziehung nicht klar. Umgekehrt genauso: Mir wurde oft himmelangst, wenn wieder einer eine unendliche Love-Story aus dem Film in die Wirklichkeit führen wollte. Eine strikte Trennung von Herz und Möse – das war mit keinem zu haben. Einer wollte eine feste Partnerschaft mit mir, ein anderer hatte keine Lust, wenn ich wollte. Oft will ich auch gar nicht großartig reden, sondern nur meinen Orgasmus. Aber wie bekommt eine Single-Frau den, wenn sie sich nicht in Schale wirft, sich möfft und töfft und mit jemandem zum Essen verabredet ist? Fast nie, außer sie besorgt es sich selbst. Mein Duschkopf tut sein Übriges, ich fühle mich unheimlich, wenn die heißen Wasserstrahlen an meinem Körper herunterperlen und meine Finger wie von selbst ihre Spielchen treiben. Doch auch die befriedigendste Selbstliebe lässt einen irgendwann ihre Grenzen spüren. Früher oder später will jede Frau einen richtigen Prügel zwischen den Beinen fühlen und von einer kräftigen Männerhand bis zur Ohnmacht massiert werden. Bleibt nur ab und zu ein One-Night-Stand. Allerdings bin ich nach einem anstrengenden Arbeitstag oft viel zu müde, um loszuziehen und mir einen Mann für die Nacht zu suchen. Zumal Frauen, sobald sie allein in Bars und an Kneipentheken herumlungern, schräg angeschaut werden. Männern wird es vorbehaltlos zugestanden, wenn sie nachts über das Pflaster streifen auf der Jagd nach weiblichem Fleisch. Für Frauen sind anonymer Sex und der Hunger danach noch immer mit einem Tabu belegt.

Auszutrocknen und dadurch verbiestert zu werden wie jene Frauen, die mit verkniffenem Mund herumlaufen und gern vornehm als »dauerhaft beleidigt« bezeichnet werden, nein, so wollte ich nicht enden. Es musste also jemand her, der genauso lebt wie ich und für den Sex Sex ist und bleibt. Nicht mehr, aber auch nicht weniger.

Mit diesem Gedanken im Kopf habe ich mir Männer irgendwann anders angeschaut. Die meisten kamen nicht in Frage. Allein aus dem Grunde, da sie Sinnlichkeit und Sinne miteinander vermischen wollen oder sie gar keine Inspiration versprühten. Auf der Suche nach der Idealbesetzung für die Hauptrolle in meinem Privatfilm »Baise moi« habe ich die ulkigsten Männer kennen gelernt: Einer sprang im entscheidenden Moment aus dem Bett, um aus einer altertümlichen Kommode im Flur seine Kondome zu hangeln. Ein anderer hatte ein merkwürdiges Hochbett, auf das man sich wie früher im Sportunterricht hinaufschwingen musste. Es gab keine Leiter oder irgendein anderes Hilfsgerät, um ins Bett zu gelangen. Ich vermute, ihm ist bereits einer abgegangen, als er mich hat fluchen und keuchen sehen. Er war ein Sportfanatiker, ich gebe eher den Turnbeutel ab. Und *dabei* schwankte dieses Bett, das einer Luftschaukel glich, immer hin und her, dass ich das Gefühl hatte, nirgendwo einen Halt zu haben. Ich konnte mich nicht richtig bewegen, sondern musste austarieren wie auf einer Waage. Der nächste kochte wunderbar – ich habe hervorragend gegessen in dieser Zeit –, doch nach einer italienischen Vorspeisenplatte, einer Pizza so groß wie ein Mühlenrad und einer Schüssel Tiramisu im Magen verbleibt kein Tropfen Blut im Unterleib, sondern wird förmlich vom Bauch absorbiert. Wiederum ein anderer, übrigens ein bekannter und anerkannter Wissenschaftler, schlüpfte in einen gelben Frotteeschlafanzug, knipste seine Fußnägel ab und danach das Licht aus. Einmal habe ich das Ende der Nacht gar nicht erst abgewartet, sondern flüchtete aus dem Klofenster. Dieser Typ befummelte meinen Busen, verharrte und grummelte: »Ich liebe kleine Titten.« Meine Brüste sind groß. Außerdem hasse ich das Wort »Titten«.

Kurz und gut: Ich habe lange gesucht. Und dann bin ich auf ihn getroffen: Ferdinand, ein gut aussehender Landschaftsarchitekt, ein

Jahr älter als ich. Ebenso Workaholic und ehrgeizig, ähnlich konsequent in Sex- und Liebesangelegenheiten. Ich würde sogar sagen, er geht noch weiter als ich. Soviel mir bekannt ist, hatte er bislang nur Beziehungen zu verheirateten Frauen. Um eben diese leidigen Beziehungsdramen zu vermeiden. Die fallen bei diesen Konstellationen von ganz allein aus. Ich habe wenigstens einige Male versucht, Partnerschaften zu leben. Sie endeten alle im Chaos.

Ferdinand und ich haben uns in einem der vielen Büros getroffen, die wir – unabhängig voneinander – hin und wieder frequentieren müssen. Er fiel mir sofort auf, denn irgendetwas an seinem Äußeren stimmte nicht. Beim zweiten Hinsehen entdeckte ich, was es war: Er trug viel zu große Sachen. Seine Hose schlackerte um seine Hüften, das Jackett glich einem Sacküberwurf. Er passte nicht in das Umfeld von sonst so modebewussten Architekten, Designern und Partyorganisatoren. In seinem Blick lag etwas Kaltes, Unnahbares, aber auch sehr viel Verwegenes und Freches. Seime Nase war zu groß, sein Mund eine Nuance zu breit. Ich sah ihn, fand ihn aufregend und interessant und dachte: Dieser Mann gefällt dir, mit dem würdest du gern Sex haben. Machte mir aber zunächst keine weiteren Gedanken.

Zum einen tauchte er in meinem Arbeitsumfeld auf – sexuelle Verwicklungen im Job bringen erfahrungsgemäß nur Ärger. Zum anderen war ich es inzwischen gewohnt, dass meine Begehrlichkeiten keinen Widerhall fanden. Bis wir eines Tages miteinander ins Gespräch kamen. Plötzlich machte es bei mir klick und ich ahnte: Vielleicht irrst du dich, vielleicht klappt es mit ihm. Mit einem Mal sah ich in diesem Mann die Person, mit der eine Beziehung funktionieren könnte, die ausschließlich über das Bett läuft und große Gefühle ausspart. Und das nicht begrenzt auf einen peinlichen One-Night-Stand, sondern längerfristig.

Von diesem Tag an verließ der Mann nicht mehr meinen Kopf. Ich lauerte darauf, ihn wiederzusehen. Bevor ich die Türen der Großraumbüros aufschlug, in denen ich ihn vermutete, schob ich meinen Busen nach oben und rannte aufs Klo, um meine Haare zurechtzulegen. Ich warf mir Wasser ins Gesicht, um frisch und unaufgeregt zu erscheinen, und atmete drei Mal tief durch. Es waren keine Gesten, die verliebte Mädchen draufhaben, um die Schönste sein zu wollen. Nein, ich wollte nur eins: um jeden Preis diesen Mann in meinem Bett. Und wenn es hätte sein müssen, hätte ich mir dafür eine neue Garderobe zugelegt.

Ich brodelte, wenn wir uns begegneten, ließ aber nach außen nichts durchsickern. Wir schlichen umeinander herum wie zwei sich beschnuppernde Hunde. Aber wir bellten nicht und fielen nicht übereinander her. Zunächst wollten wir »prüfen«, ob wir mit unserem Gefühl wirklich richtig liegen und uns nicht vielleicht in einer Geschichte verrennen, aus der wir nur schwer wieder herauskommen. Dazu mussten wir keine großen Reden führen, das wäre unter Publikum im Büro ohnehin nicht gegangen. Es waren kurze, knappe Andeutungen, hingeworfene Satzfragmente, eindeutige Fingerzeichen, die uns verdeutlichten, wir beiden wollen das Gleiche: guten Sex und nicht mehr. Woher wir den gegenseitigen »richtigen Riecher« hatten – keine Ahnung. Vielleicht tragen Menschen wie wir ja eine gewisse Ausstrahlung vor sich her, die auf verschlüsselte Weise Sex signalisiert. Und nur derjenige, dem es ebenso geht, kann die Codes lesen. Vielleicht aber ist es viel platter und es steht uns schon auf der Stirn geschrieben: Ich will ficken! Na und?

Schließlich verabredeten wir uns zum Kaffee, sachlich und schlicht. Das Treffen gestaltete sich genau so, wie ich es mir in meiner Phantasie ausgemalt hatte: Geprägt von einer kühlen Distanziertheit, es gab deutliche, unmissverständliche Ansagen. Uns war beiden klar, dass wir nur unsere Zeit verschwenden, wenn wir lange um den heißen Brei herum reden und nicht schnell zur Sache kommen. Einen erotischen Abend mit einem wundervollen Essen einzuleiten und einer Flasche guten Weines zu begießen, kann ja sehr schön und verführerisch sein. Solche Abende kann ich sehr genießen. Aber jedes Mal? Wenn es nach derlei Ritualen endlich zum Sex kommt, bin ich meist schon wieder müde und habe keinen Spaß im Bett. Das muss ich nicht mehr haben, das habe ich früher oft genug erlebt. In meinem Alter hat man für solche Aktionen keine Zeit mehr.

Obwohl wir nach unserer ersten kurzen Verständigung und dem nicht mal Fünf-Minuten-Coffee beide das dringende Bedürfnis hatten, uns sofort dem Sog der dunklen, verruchten Begierde hinzugeben, verschoben wir das noch einmal. Vielleicht aus einem gewissen »ethischen« Anspruch heraus, unsere »Abmachung« nicht ganz so kühl erscheinen zu lassen. Wir sind beide Ästheten und legen großen Wert auf Stil. Zum Abschied gaben wir uns förmlich die Hand und kritzelten unsere nächste Verabredung in unsere Timeplaner. Es war wie nach einem Versicherungsabschluss. Auf diesen habe ich mit mir selbst angestoßen. Mit einem guten spanischen Rioja.

Es mag jetzt alles einfach klingen: Da organisieren wir uns mal eine Liaison, bei der es tatsächlich nur ums *das Eine* geht. Man redet kurz darüber, legt das nächste Date fest und schon geht es los. Danach trennt man sich, ohne Fragen zu stellen. Aber wie schon der Film »Intimacy« zeigte, geben sich viele verbal cool, sind es aber in der Realität mitnichten. Die meisten reagieren verstört und irritiert, wenn eine Frau von ihnen genau das und keinen Deut mehr will, und es ihnen direkt so sagt. Wahrscheinlich liegt das daran, dass es Männer noch immer nicht gewohnt sind, wenn eine Frau Plätze betritt, die die Herren so gern für sich abgesteckt haben.

Mit Ferdinand ist das anders. Er ist der erste Mann, mit dem ein reines Fickverhältnis funktioniert, ohne Verbindlichkeiten, Versprechen und Verantwortung, eine auf animalische Triebe reduzierte Beziehung ohne große Emotionen. Wir benutzen auch Wörter wie »Ficken« und »Fickverhältnis«. Es beschreibt haargenau das, was wir tun. »Vögeln« hört sich nach Baustelle an, das hat mit uns nichts zu tun. Und »bumsen« oder »poppen« klingt nach Verklemmung.

Das Wort Liebe kommt bei uns ebenfalls nicht vor. Es ist, glaube ich, keinem von uns beiden jemals über die Lippen geflossen, wenn wir zusammen waren. Aber nicht, weil wir es bewusst aussparen, um ein vermeintliches Desaster zu vermeiden, sondern weil es absolut keine Rolle spielt. Für Romantiker mag das eiskalt und abstrakt klingen. Aber tiefergehende Gefühle haben zwischen uns nichts zu suchen. Weil wir nichts anderes voneinander wollen und beanspruchen als ausgezeichneten Sex. Sobald Emotionen zu einer Fickgeschichte dazukommen, ist es längstens eine solche gewesen. Uns geht es um den triebhaften Ausgleich. Und der soll so gut wie möglich sein. Auch das haben wir uns richtig organisiert. Gleich bei unserem ersten Treffen haben wir unverhohlen und offen darüber gesprochen, was wir wollen und worauf wir verzichten können. Lange Zeit haben wir uns gesiezt, auch während wir miteinander geschlafen haben. Nicht etwa, um keine Nähe zwischen uns aufkommen zu lassen, nein, es ist ohnehin stets eine gewisse Distanz da. Wir sind gar nicht auf die Idee gekommen, unser gewohntes Sprachgebaren zu ändern. Andererseits stellte unsere, für andere vielleicht schizophrene Umgangsweise, eine Art Spiel dar. Ein Spiel, das alles aus uns rausholt, was wir an Erotik, Besessenheit und Gier besitzen. Aufregender Sex erfordert Abstand und Fremdheit.

Es brauchte fast ein halbes Jahr, bis mich Ferdinand mit meinem Namen ansprach. Auch der Übergang vom Sie zum Du fiel ihm schwer. Ich hatte damit geringere Probleme. Ich fragte ihn nie, was für ihn daran so kompliziert ist. Ich vermute, dieser Schritt erschien ihm als zu intim. Jemanden persönlich anzusprechen, seinen Namen zu nennen, und womöglich ein »Du« vorwegzuschicken, dahinter verbirgt sich für Ferdinand eine gewisse Form von Nähe und Gefühl. Der Schriftsteller Helmut Krausser beschreibt in seiner »Schmerznovelle« eine Beziehung zwischen einer Frau und einem Mann, die von einer ähnlichen Unterkühltheit geprägt ist wie die zwischen Ferdinand und mir. Zumindest von der Seite der Frau aus. Am Ende stirbt die Frau, der männliche Protagonist wird von einem Polizisten verhört: »Waren Sie intim mit ihr?« Worauf die Hauptfigur mit »Nein« antwortet. Der Polizist fragt weiter: »Aber Sie haben mit ihr geschlafen?« »Das schon, aber wir waren nicht intim.« Besser könnte ich mein Verhältnis zu Ferdinand nicht beschreiben. Es ist brennend heiß und eiskalt.

Diese Beziehung ist die beste, die ich je hatte. Wenngleich andere Menschen unser Treiben vermutlich nicht als Beziehung bezeichnen würden, weil sie mit diesem Begriff ein Zusammenspiel definieren, das mehr einschließt als einzig die körperliche Verständigung. In meinen Augen ist das verklärt. Ich bin nicht auf Romantik aus, ich will Sex pur. Und den habe ich noch nie so gut, so aufregend und so entspannend bekommen wie mit diesem Mann unter diesen Voraussetzungen. Jedes Mal, wenn er in der Tür steht, kann ich das, was folgt, förmlich riechen. Ich muss ihn nur ansehen, schon könnte ich mich an seinem Schwanz zu schaffen machen. Meine Lust auf seinen Körper ist frisch wie am ersten Tag. Er ist so etwas wie ein »Angebot« für mich: Frau, nimm mich, du kannst mich haben, ganz und gar.

Wenn ich mir vergangene Sexabenteuer ins Gedächtnis rufe, erscheinen sie mir wie Kinderspielchen aus naiven, unbedarften Kindertagen, insbesondere wenn die Männer erotische Szenen nachstellen wollten, die sie irgendwo gelesen oder gesehen haben. Da spickte eine Gabel in meinem Hintern, weil das Spülbecken nicht ausgeräumt war. Ich fror, weil in meinem Rücken der Wasserhahn tropfte. Manchmal musste ich über Versuche der Männer, besonders ausgefallen zu wirken, herzhaft lachen. Das wiederum verschrekkte die Herren, weil sie romantisch und verklärt verführerisch sein wollten und oft keinen Eigenhumor mitbrachten. Wie das eine Mal, als ein Mann, um einiges größer als ich, zusammenbrach, als er mich an einer Wand hochstemmte, um mich im Stehen zu nehmen. Ich bin klein und leicht, sein Bizeps versagte trotzdem und ich rutschte an der rauhen Wand herunter und klatschte hart auf dem kalten Boden auf. Meine aufgeschabte Wirbelsäule und mein geprelltes Steißbein schmerzten noch wochenlang, ich konnte weder auf dem Rücken schlafen, noch schwimmen oder joggen. Im Gegensatz zu dem ungeübten Lover jedoch war ich nicht sauer über das ausgebliebene Erlebnis, ich amüsierte mich und notierte dies in meinem Kopf unter der Rubrik »Missratene Liebesspiele«.

Mit Ferdinand ist alles anders. Doch das funktioniert nur, weil wir diesen ungeschriebenen »Vertrag« haben: Lediglich die Nächte gehören uns, am Tage leben wir jeder ein eigenes Leben. Das des anderen bleibt unberührt, ja, es wird nicht einmal gekreuzt. Wenn wir beruflich miteinander zu tun haben, bleibt das auf einer sachlichen Ebene: Können Sie mir die Kontonummer der Firma XY nennen? Wo haben Sie den Schlüssel für den Tresor hinterlegt? Bringen Sie bitte morgen die Unterlagen für den Freizeitpark mit? Ich bin mir sicher, niemand von den Kollegen würde vermuten, dass ich mit Inbrunst seine Narbe am Beckenknochen lecke und sein Gesicht regelmäßig zwischen meinen Schenkeln verschwindet.

Manchmal erscheint es mir selbst etwas irre und schizophren, dass man Job und Privatleben tatsächlich knallhart trennen kann. Hätte mir früher jemand erzählt, dass so etwas funktioniert, hätte ich wahrscheinlich ungläubig an meine Stirn getippt. Nun habe ich selbst erfahren, dass man sich gemeinsam gegen 17 Uhr völlig unerotisiert über Entwürfe beugen und Stunden später die wildesten Sachen miteinander treiben kann.

Wenn man sich in einen Kollegen oder andere Mitarbeiter im Büro verliebt, ich meine richtig verliebt, ist es nicht zum Aushalten. Man schaut zu ihm rüber, hört zu, was er sagt, in der Regel sind es dienstliche Anweisungen, aber die Worte fliegen an den Ohren vorbei und verhallen im Nichts. Mit dem Job kriegt man höchstwahrscheinlich Schwierigkeiten, weil man rumschludert, ständig etwas vergisst und Kugelschreiber auf den Boden knallen lässt, sobald er den Raum betritt. Mitunter flattern Blätter aus wichtigen Ordnern, sausen durch den Raum und der nächste, der kommt, latscht garantiert drauf. Man macht sich zum Gespött der Kollegen und könnte am liebsten vor Scham im Boden versinken. Wie in jeder amerikanischen Liebeskomödie. Allerdings mit dem Unterschied, dass die Sekretärin im Film letztlich doch ihren Boss ehelicht, während unsereins die Stelle kündigt.

Es ist gut möglich, dass wir beide eine totale Macke haben. Jeder Psychologe würde hinter unserem Verhalten vermutlich eine tiefe Persönlichkeitsstörung sehen und uns emotionale Defizite attestieren. Mag sein, dass wir so etwas wie Gefühlskrüppel sind. Aber auch das hat Ursachen, die in der Regel in vergangenen Beziehungen zu suchen sind. Ich habe zwei tiefe und längere Lieben erlebt. Beim ersten Mal war ich Anfang 20, beim zweiten Mal Mitte 20. Sicher ein Alter, in dem man naiv daran glaubt, dass diese Liebe die einzig wahre ist, und vor allem, dass es immer die ganz große Liebe und die ganz große Leidenschaft sein muss. Ich habe alles gegeben, was ich hatte, ich habe mich aufgeopfert, für beide Männer. Beide Male habe ich mich völlig und ganz eingelassen – und wurde doch nur betrogen, belogen und sitzen gelassen. Ich habe viel Energie in diese Lieben gesteckt, vermutlich mehr, als ich jemals zurückbekommen hätte. Habe mein Innerstes nach außen gekehrt, vielleicht habe ich mich dabei sogar prostituiert. Nach jedem Bruch litt ich monatelang, konnte nichts essen, nicht schlafen, nicht arbeiten. Ich war depressiv und verlor die Lust am Leben. Nach dem letzten Mal schwor ich mir: Nie wieder soll dich jemand so verletzen, nie wieder soll dich ein Mann aus dem Gleichgewicht bringen.

Dass mir niemand eine Garantie für irgendetwas geben kann, weiß ich. Aber ich will mein Leben selber in der Hand haben, will es lenken und leiten. Und dazu gehören zu einem großen Teil Beziehungen. Wenn ich bereit für eine neue, eine wahre Liebe bin, dann werde ich mich wieder einlassen. Wann das sein könnte, vermag ich nicht zu sagen. Irgendwann vielleicht, jetzt auf keinen Fall.

Mag auch sein, dass Ferdinand und ich im Alter einsam und allein dahinvegetieren, wenn wir ewig so weitermachen wie bisher. Aber ich lebe jetzt und heute. Und ich will jetzt und heute meinen Spaß, zu dem ich jede Menge Sex zähle. Wenn ich den aber nicht anders und bei keinem anderem Mann so gut bekommen kann wie bei Ferdinand, warum soll ich darauf verzichten? Nur weil einige »seelisch Gesunde« ihren Moralfinger in die Luft strecken und mich am liebsten als sozial unerwünschten Menschen ächten möchten? Diese Weltsicht ist mir zu spießig. Wahrscheinlich steckt hinter jeder Moralpredigt ein ganzer Batzen Neid und Verzweiflung.

Als Ferdinand und ich uns zum zweiten Mal trafen, wechselten wir lediglich zwei Sätze. Er fragte knapp: »Wo steht eine Zahnbürste?« Ich antwortete ebenso wortkarg: »Im Bad auf der Konsole«, und zerrte bereits an seinen Kleidern. Mehr Worte bedarf es oft nicht. Ein anderes Mal – es war Freitagabend, er war gerade durch meine Tür getreten und schmiss sich, übermüdet von der Woche, auf mein Bett – ließ er nur drei Worte in den Raum purzeln: »Essen oder Ficken?« Ich schlug vor, beides zu tun, in welcher Chronologie auch immer. »Ich liege gerade, dann bietet sich zuerst Ficken an!«

Obwohl unser »Verhältnis« schon über ein Jahr andauert, ist von Alltäglichkeit nichts zu spüren. Auch das haben wir arrangiert. Wir treffen uns nur amWochenende, die Woche bleibt Job und Freunden vorbehalten. Wir kommen auch nicht auf die Idee, uns in der Woche vielleicht anzurufen und zu fragen, ob der andere Lust auf

Kino oder ein Glas Wein hätte. Nicht, dass das unser ungeschriebener Vertrag nicht vorsähe, aber solche Gedanken schließen sich von selbst aus. Für uns ist klar: In unserer Freizeit bieten wir uns gegenseitig die Entspannung, die wir brauchen. Rein quantitativ reicht mir das vollkommen. Alles andere würde mich, glaube ich, sogar unnötig anstrengen.

Nur einmal, da hat er in der Woche angerufen. Es war weit nach Mitternacht, ich lag im Bett, als das Telefon schrillte. Schlaftrunken wie ich war, blieb ich liegen und hörte mit, was er auf den Anrufbeantworter sprach. Er saß im Auto, rief übers Handy an und flüsterte in den Hörer: »Schon im Bett?« Als ich nicht reagierte, legte er auf. Das wiederholte sich nicht ein einziges Mal. Wahrscheinlich ist ihm in dem Moment, als er die Aus-Taste des Handys drückte, selbst bewusst geworden, dass das nicht in unser Drehbuch passt.

Mein Körper hat sich mittlerweile auf den Rhythmus eingestellt. Naht der Freitagabend, spüre ich, wie es in meinem Körper beginnt zu rumoren. Mein Unterleib fängt an zu hüpfen und erhitzt sich dermaßen, dass ich manchmal befürchte, andere in meiner Nähe könnten die Glut bemerken. Meine Brustwarzen gleichen Bergspitzen und fühlen sich hart und fest an. Ab Freitagnachmittag bin ich nur noch auf Explosion und Entladung eingestellt. Sobald wir uns sehen, fallen die Hüllen und wir heißhungrig übereinander her.

Donnerstagabend treffe ich notwendige Vorkehrungen: Ich ziehe ein neues Laken auf, hänge frische Handtücher hin, packe das weiche, duftende Toilettenpapier aus. Das tue ich für mich, nicht für ihn oder etwa, um einen guten Eindruck zu hinterlassen. Es ist *mein* Abend, *mein* Wochenende, *mir* soll es gut gehen. Ich fühle mich wohler, wenn ich weiß, dass alles stimmt.

Er macht sich nicht solche Gedanken. Im Gegenteil. Als ich das erste Mal in sein Bett stieg, dachte ich, mich trifft der Schlag: Das Laken, vom Fuß- bis zum Kopfende – eine einzige Spermawiese. Mit spitzen Fingern hob ich das Kissen hoch und konnte mir ein spöttisches »Oh lala, what a man« nicht verkneifen. Obwohl ich wusste, dass ich eine Potenzbombe neben mir hatte, schluckte ich und dachte: Ein bisschen Feingefühl könnte er wenigstens zeigen oder zumindest aus hygienischen Gründen die Bettwäsche erneuern. Er sah meine hochgezogenen Augenbrauen und zischte: »Bist wohl empfindlich?«

In seiner Wohnung habe ich eine Seite von Ferdinand kennen gelernt, von der ich nur geahnt habe, dass es sie gibt: die romantische. Zwar war mir von Anfang an klar, dass er nicht nur der unterkühlte, abgeklärte Typ ist, sondern dass ebenso Wärme und Liebe in ihm schlummern. Kein Mensch ist nur böse oder kalt. Dass Ferdinand weitaus facettenreicher ist, als er sich mir gewöhnlich darbietet, darüber musste ich nicht lange nachdenken, das habe ich gleich erkannt. Ein einziges Detail lieferte mir den Beweis: Ein Plakat. Es passte nicht in die ansonsten akkurate, in spartanischem Chic eingerichtete Maisonette-Wohnung. Auf dem Bild ist ein voluminöser Margeritenstrauß abgebildet. Klare, eindeutige Farben: Weiß, Gelb, Blau. Ohne Schnörkel, ohne Schmuck. Es strahlt Ruhe, Harmonie und Zufriedenheit aus. Das Poster hängt an einer großen, weißen, kahlen Wand und verleiht ihr dadurch einen besonderen Reiz. Es und widerspricht dem Rest des Mobiliars, das Kühle und Distanziertheit ausdrückt. Der Margeritenstrauss verrät einen verborgenen Teil von Ferdinand, einen liebevollen, anhänglichen und überaus sensiblen. Kann sein, dass ich zu viel in dieses eine Detail hineininterpretiere. Doch bis auf das Plakat enthält die Wohnung nichts Persönliches, sie drückt nichts Individuelles aus.

Es mag verrückt klingen, trotz dieses Abstands, den wir gegenseitig wahren, ist jeder Akt von einer Harmonie geprägt, wie ich sie bisher noch nicht kannte. Vielleicht hat es damit zu tun, dass wir Sex ganz ohne inneren Druck genießen können, dass niemand etwas vom anderen erwartet, außer dass wir unsere begierigen und unersättlichen Körper einander zur Verfügung stellen.

Von Anfang an war da auch nichts von jener obligatorischen Furcht, beim ersten Mal könnte etwas schief gehen. Wir waren ja zu nichts verpflichtet und wollten sonst nichts voneinander. Wir sagten uns: Wenn es gut geht, wäre das toll, wenn nicht, trennen wir uns, ohne dass irgendetwas peinlich sein muss. Uns trieb keine Verlustangst, weil wir nicht ineinander verliebt und darauf aus waren, beim ersten Mal im Bett eine gute Nummer abgeben zu müssen. Jeder konzentrierte sich ausschließlich auf sich. Wir konnten die Sache gelöst und entspannt angehen. So war der Sex vom ersten Mal an frei und lustvoll, animierend und verlangend. Und ist es immer noch. Ohne Verklemmungen sagen und zeigen wir uns, was wir wollen und brauchen. Wir probieren alles aus, was uns einfällt: Von den verrücktesten Stellungen bis hin zu Ecken in der Wohnung, auf die ich vermutlich nie gekommen wäre. Ich hatte bislang nicht gewusst, dass ich meine Beine förmlich ausrenken kann und dass die Hellhörigkeit eines Flures regelrecht anstachelt. Glaubte ich bisher, ich müsste meine Lust hinausschreien, habe ich das erste Mal Höhepunkte in einen männlichen Oberarm gebissen.

Hilfsmittel verwenden wir nicht. Die brauchen wir nicht. Wir benutzen unsere Arme, Hände, Füße, Zungen, Finger, Zehen – Spielzeug genug, um uns gegenseitig zu erregen und zum Entladen zu bringen. Wir reden dabei, sagen uns auffordernde, dürstende und animierende Dinge. Unsere »begleitenden« Unterhaltungen gleichen der Zusammenstellung eines aufwendigen Menüs: Wie hätten Sie gern die Vorsuppe? Eher mild oder darf es etwas schärfer sein? Wünschen Sie für den Hauptgang eine gehörige Portion Fleisch oder gelüstet es Ihnen nach einer Speise, die im Abgang leichter daherkommt? Und für das Dessert: Viel dicke Sahne oder genügt ein Hauch Puderzucker?

Sex mit Ferdinand ist wie eine Offenbarung: ausdauernd, vielseitig, entspannend. Kurioserweise lasse ich bei ihm alles zu. Bei Männern, die ich geliebt habe, habe ich mich eher zurückhaltend gegeben. Warum? Weil ich bei den anderen nicht versagen wollte, bei Ferdinand ist es egal. Früher legte ich großen Wert darauf, dass meine Männer frisch riechen. Heute lässt mich das kalt. Seit Ferdinand brauche ich den strengen Geruch nach Schweiß und Männlichkeit, nach Samen und Leidenschaft. Ob mich ein anderer Mann ebenso wie Ferdinand erregen könnte, weiß ich nicht. Das habe ich noch nicht ausprobiert. Seit es diesen Mann gibt, brauche ich keinen anderen. Die Wochenenden füllen mich voll aus.

Ob Ferdinand andere Frauen hat – keine Ahnung. Ich gehe mal davon aus, da er »vor mir« ja alles andere als mönchisch lebte. Inwieweit er sich mit diesen oder anderen Frauen trifft, ist mir egal.

Es interessiert mich nicht. Weil ich ihn weder besitzen noch kontrollieren möchte. Allerdings habe ich ihn einmal gebeten, wenigstens die Spuren anderer Frauen zu beseitigen. Ich bin nicht eifersüchtig, ich möchte in seinem Bad nur nicht dauernd auf fremde Slips, Slipeinlagen und Tampons stoßen.

Langweilig ist es noch nie gewesen. Nur einmal kam so etwas wie Gewohnheit auf. Das haben wir Gott sei Dank beide rechtzeitig bemerkt, die Notbremse gezogen und uns vier Wochen Sexverzicht verordnet. Dieser knappe Monat wirkte wie ein Wunder. In dieser Zeit dürstete es mich auch nicht nach anderen Männern. Wenn sich meine Lenden zusammenzogen, habe ich mich unter die Dusche gestellt. Nach zwei Wochen Verzicht auf diesen Mann steigerte sich meine Lust ins Unermessliche. Bei ihm muss es wohl genauso gewesen sein. Wir fielen übereinander her wie zwei ausgehungerte Raubkatzen.

Ein wenig geändert hat sich das anfängliche Schweigen. Zwar verstehen wir uns noch immer wortlos – wir können auch stundenlang miteinander zusammensein, ohne dass einer etwas sagt. Aber mittlerweile plänkeln wir miteinander in den Pausen, wenn sich unsere Körper erholen. Ich würde es als ein Verhältnis beschreiben, das manche Freier meinen, wenn sie sagen, eine Hure sei nie nur eine Hure, sondern ebenso Psychotherapeutin. Einfach, weil sie zuhört, wenn der Mann sich seinen Frust von der Seele redet. Wir müssen zwar keinen seelischen Druck loswerden, das ließe unsere Beziehung auch gar nicht zu. Aber mitunter lässt einer von uns durchblicken, was im Job momentan gerade läuft. Aber immer so bedeckt, dass sich der andere nicht verantwortlich fühlen muss. Unsere Andeutungen sind auch stets mit Ironie gespickt.

So eine Fickbeziehung funktioniert nur, wenn sich zwei gleichwertige Partner treffen. Sonst amüsiert sich eine Seite auf Kosten der anderen, die dabei kaputtgespielt wird. Ferdinand und ich haben uns nicht ausdrücklich gesucht, aber trotzdem gefunden. Momentan kann ich mir keine andere Form des näheren Umgangs mit einem Mann vorstellen. Es würde mir sogar gehörig auf die Nerven gehen, wenn ich ständig jemanden um mich herum hätte. Natürlich kenne ich auch das Gefühl, jemanden ganz dicht bei mir haben zu wollen, wenn ich heftig verliebt bin. Doch offensichtlich haben mich die vergangenen Jahre meines Single-Daseins dahingehend geprägt, dass ich dauernde Nähe unerträglich finde. Aber machen wir uns nichts vor, auch wenn man jemanden liebt, bleibt mit den Jahren die Leidenschaft auf der Strecke. Da kann man sich noch so sehr bestätigen, dass kein anderer in Frage kommt. Früher oder später versickert dieses prickelnde Gefühl, nach dem sich alle so sehnen, im Alltagsgeschehen. Im besten Falle trennt man sich, meistens aber hat man dafür keinen Mut und hockt sich auf der Pelle. Vielleicht geht man mehr oder weniger fremd.

Wenn ich meinen heutigen Sex mit dem von früher vergleiche, schneidet er eindeutig am besten ab. Nicht allein deshalb, weil ich ihn verpflichtungslos genießen kann, sondern weil ich das Gefühl habe, endlich hemmungslos »egoistisch« sein zu dürfen. Um dem anderen das zu geben, was er will und braucht, muss ich mich selber wohl fühlen. Mir selbst muss es gut gehen, um Freude zu verbreiten. Im Grunde verbirgt sich dahinter nicht Egoismus, sondern Ehrlichkeit und Authentizität. Mir ist die sexuelle Qualität wichtig, nicht die Quantität.

Ob unsere rein auf den Sex angelegte Beziehung irgendwann in etwas anderes münden kann, vermag ich nicht zu sagen. Darüber mache ich mir zur Zeit keine Gedanken. Momentan deutet nichts darauf hin, dass es eine Veränderung geben könnte. Ich lebe getreu nach dem Satz einer jungen Regisseurin, die in einem ihrer Träume ihren Volksbühne-Kollegen Frank Castorf über seine verworrene Lebensstruktur sagen hörte: »Ach weeßte, ick lass loofen.«

Ich habe alle Chancen genutzt

Amadeus L. (35 Jahre), Designer und Gestalter, sucht Erfüllung in unzähligen Betten

Ich heiße Amadeus und bin 35 Jahre alt. Ich besitze 12 Maßanzüge, 2 Computer, 1 Auto, 17 Paar Schuhe und 248 CDs. Früher hatte ich einen Hund, 2 Motorräder, eine Gitarre und 3-mal Tripper. Bis heute habe ich mit 332 Frauen geschlafen. Morgen könnten es 333 sein. Die Summe kann sich stündlich ändern.

Gezählt habe ich die Frauen nie, die Zahl ist in meinem Gedächtnis einfach gespeichert wie die Gehaltsabrechnung im PC eines Lohnbüros. Ich besitze ein mathematisches Denkvermögen, mein Leben spielt sich in Zahlen ab. Auch das mit Frauen.

Als ich 19 war, hatte ich ein Schlüsselerlebnis: Ich war Mitglied in einem Schachklub. Alles Männer, 15. Jedes Mal, wenn wir uns unserer Intelligenz ausreichend vergewissert und keine Lust mehr hatten, Pferde und Damen hin- und herzuschieben, zogen wir in die nächstgelegene Kneipe. Meist gab es nur ein Thema: Frauen. »17 sind es bei mir«, erwähnte ich einmal nebenbei, »mit 17 habe ich schon geschlafen.« Die Jungs kippten vor Lachen fast hinten über. Da wusste ich: Ich muss Meter machen.

Gleich am nächsten Tag legte ich los. Damals wohnte ich in Ostberlin, es war lange vor der Wende. Im Klub der Medizinstudenten soll es immer was zum Abfassen geben, hatte ich gehört. Medizinerinnen und Musikerinnen reizten mich ohnehin am stärksten. Sie verfügen über einen messerscharfen Verstand und müssen, um ihre Sache gut zu machen, konzentriert und aufmerksam sein. Der Klub war voll, die Luft zum Schneiden. An der Theke bestellte ich eine Wodka-Cola und zündete mir eine Cabinet an. Unter der Disko-Kugel hüppelten massenweise Angebote, dazwischen einige Männer.

Im Gegensatz zu weiblichen Ärzten, die meist über Stil und phantastische Körper verfügen, gaben die Männer ein jämmerliches Bild ab. Manche in Jesuslatschen und Wollpullovern, andere mit Nikkelbrillen und dem Ich-bin-ja-so-schlau-Blick. Welche Frau steht schon auf so was?

Meiner Ausstrahlung war ich mir immer bewusst. Ich sehe einfach gut aus. Dunkles, leicht krauses Haar, ebenmäßiges Gesicht, sandfarbener Teint, keine Pickel, keine Narben. Und mit einem charmanten Lächeln, das hatte ich längst begriffen, kriege ich sie alle rum. Der Platz am Tresen war ausgezeichnet, ich hatte den wichtigsten Winkel im Blick, den von der Tanzfläche bis zur Eingangstür. Und ich wurde gesehen. Ein nicht zu vernachlässigender Fakt. Um Frauen muss ich mich nicht bemühen, sie kommen von allein. Das schmeichelt enorm und bestätigt meinen Marktwert, verleitet aber auch zur Bequemlichkeit.

Sie tanzte allein, direkt unter der Diskokugel, die ihre glitzernden Reflexe auf einen makellosen, geschmeidigen Körper schickte Unter ihrer durchsichtigen Chiffon-Bluse trug sie nichts. Ich rükkte näher an die Tanzfläche heran, damit sie meiner gewahr werden konnte. Unsere Blicke streiften sich, ich lächelte. Wenige Minuten später standen wir draußen vor der Tür und rauchten. »Wollen wir ein Stück spazieren gehen?«, fragte sie. Wir kamen gerade bis zum nächsten Häusereingang, dessen Flur uns Abschottung vor ungebeten Blicken bot.

Am folgenden Tag saß ich im Studentenklub des Bereichs Nahrungsgüterwirtschaft und Lebensmitteltechnologie. Das sind die, die berufsmäßig mit Alkohol herumhantieren. Wer mit ihnen mithalten wollte, musste gewappnet sein. Zunächst beobachtete ich die Rituale, wie bei den Hochprozentigen Frauen aufgerissen werden. Mit Wein gar nicht, das war vermutlich zu intellektuell, mit Bier aber auch nicht, das roch offensichtlich zu sehr nach Baustelle. Es kam viel schlimmer und in berauschender Mehrfarbigkeit: »Komantschentod«. Das waren ein doppelter Wodka, ein doppelter Cognac, ein Schluck Champus und viel, viel Martini. Mir hätte einer gereicht, um mich für diesen Abend sexuell außer Gefecht zu setzen. Aber mit einem Glas fiel man bei den Lebensmitteltechnikern nicht nur unten durch, sondern auch vom Stuhl, mit dem zweiten stand man wieder auf. Ich habe drei getrunken und Melanie abgeschleppt. Ihren Namen habe ich mir nur gemerkt, weil sie mit Nachnamen Hundertmark hieß. Melanie Hundertmark, das hatte Biss. Was in der Nacht passierte, habe ich nicht mehr wahrgenommen.

Danach haben wir uns noch einige Male gesehen. Aber Melanie Hundertmark war keine 30 Pfennig wert. Erst kicherte sie wie ein angerupftes Hühnchen und später flennte sie. Das konnte ich nur mit einer halben Flasche Wein ertragen. Einmal mixte ich mir zu Hause, als wir verabredet waren, selbst einen »Komantschentod«. Er zeigte seine erhoffte Wirkung. »Amadeus, weißt du, ich schlafe wirklich gern mit dir«, fiepste sie, »aber nicht, wenn du besoffen bist.«

Es folgten Anja, Sabine, Martha, Katrin, Sylvia, Uschi, Claudia, Petra, Annabell, Sabrina, Jane, Christin, Monique ... Manche Namen tauchten mehrmals auf, manche Frauen auch, andere genügten für wenige Stunden. Damals arbeitete ich beim ostdeutschen Filmbetrieb DEFA als Entwickler. Zwar habe ich den lieben langen Tag nicht anderes getan, als Filme aus den Entwicklerdosen rein- und wieder rauszuholen, aber ich musste nur erwähnen, dass ich »beim Film« arbeite und schon lagen mir die Frauen zu Füßen. Mit 12 von ihnen habe ich kein Wort gewechselt, geschweige denn ihren Namen erfahren. Hin und wieder ergab es sich, dass ich an einem Abend mehrere Frauen beglückt habe. Wie in einem Sommerurlaub an der Ostsee.

Sieben Freunde und ich zelteten auf Usedom. Wie die Ölsardinen quetschten wir uns zu zweit in winzige polnische Nylon-Zelte. Die atmeten nicht und am Morgen lief das Kondensationswasser an der Zeltinnenwand in Strömen herab, als hätte es durchgeregnet. Platz für improvisationsreiche Liebesspiele gab es ohnehin nicht. Außerdem konnten immer nur jeweils vier von uns die Liegefläche – im Sitzen lief man Gefahr, das Stoffgebilde einzureißen – beanspruchen. Am Strand zündeten wir ein Lagerfeuer an, holten die Mundharmonika heraus und platzierten mehrere Flaschen Pinot Noir neben uns. Das zog immer. Nur an einem Abend nicht. Wenige Meter weiter hockte eine Mädchengruppe um ein Feuer herum, das viel größer und heller schien als unseres. Obendrein spielten die

Mädchen Klampfe. Ein wesentlicher Vorteil. Damals, im Osten. Binnen weniger Minuten waren die Mädchen umringt von Strandläufern und Zeltern. Darunter, im Feuerschein unschwer zu erkennen, verlockendes Material. Wir schlugen unsere Glut aus und schlichen an den Menschenauflauf heran: »Unser Feuer ist leider ausgegangen. Ist wohl zu windig.« Ich setzte mich neben eine etwa 18-Jährige und fragte sie: »Kommst du mit baden?« Wortlos stand sie auf, wir liefen einige Meter. Dann zogen wir uns aus, hüpften ins Meer und verkeilten uns kurz danach ineinander in den Dünen. Aus Angst, jemand könnte unsere Sachen klauen, versuchte ich mit einem Auge auf sie und mit dem anderen auf den Strand zu schielen. Sie bewegte sich äußerst heftig und rutschte, mit mir auf ihr drauf, immer tiefer in die Dünen. Ich steuerte gegen, um meine die Klamotten sichernde Beobachtungsposition zu halten. Mein Kopf renkte sich mehr und mehr nach oben, was eine allgemeine Körpernähe nahezu unmöglich machte. Das Mädchen schien dies keineswegs zu stören. Plötzlich schob sie mich von sich runter und grinste: »Fertig. Jetzt muss ich aber schnell zurück zu meinem Freund.«

Cool. So etwas hatte ich bislang auch noch nicht erlebt. Ich trabte hinüber zum Feuer, wo mich ein Kumpel mit durchwühltem Haupthaar empfing: »Das Zelt ist jetzt frei.« Ich schaute mich um und tippte ein anderes Mädchen an: »Kommste mit?«

Die Zeit war sensationell. Die Frauen kamen und gingen, bemühen musste ich mich nie. Sie standen vor mir wie eine Einladung: Hey, Amadeus, mach mit mir, was du willst. Und egal, was ich mit ihnen machte, wie ich sie behandelte, sie ließen sich alles gefallen. Dabei habe ich keiner Frau irgendetwas versprochen, nie. Ich wollte sie nur vögeln, einmal, zweimal, vielleicht auch dreimal, dann hatte ich genug von ihnen. Der Reiz des Neuen und Unbekannten war verflogen, die Rippen der Frauen waren gezählt. Viele meiner Freunde haben so manche Erektion in ihre Kopfkissen gedrückt oder sich auf dunklen Toiletten einen runtergeholt. Das brauchte ich nie. Fast jeden zweiten Tag hatte ich Sex.

Zwei Jahre vor dem Mauerfall bin ich in den Westen abgehauen. Ich durfte eine Tante zu ihrem 80. Geburtstag in Bremen besuchen.

Allen meinen Freunden war klar, dass ich drüben bleibe werde. Die Stasi und ihre Maschinerie waren damals zwar nebulöse Erscheinungen für mich, aber ich habe instinktiv nie etwas verlauten lassen, das auf eine Flucht schließen könnte. Einer der Freunde schielte auf meinen Kühlschrank, der nächste auf meine Waschmaschine. Eine Frau fragte, ob sie in meine Wohnung ziehen könne. Ich zeigten allen einen Vogel und packte eine Reisetasche, die nicht mehr enthielt als drei Slips, zwei Hemden, eine Zahnbürste, einen Pullover, fünf Paar Socken und ein Paar Wechselschuhe.

Ich wollte immer in den Westen. Aber als ich mitten auf seinem Marktplatz stand, war ich bei weitem nicht so überwältigt, wie ich geglaubt hatte. Materieller Hunger und Durst waren mit Blitzkäufen schnell gesättigt, Nachbarländer binnen kürzester Zeit bereist, Studienplatz und Wohnung in Hamburg gesichert. Alles lief bestens. Wenn da nicht ein Problem gewesen wäre, ein riesiges sogar: Frauen. Die im Westen tickten anders als im Osten. Zwei Monate musste ich ohne Sex auskommen. »Mit deinem Macho-Gehabe kannst du hier bei keiner landen«, wurde ich belehrt. »Du musst sie zum Essen ausführen, mit ihnen reden, sie bekochen. Das mögen die. Ansonsten legst du keine flach.« Macho-Gehabe? Kochen? Reden? Womöglich über Dostojewski oder die Unterdrückung der Frauen in Malawi? Ich? Ich war es gewohnt, ohne auch nur einen kleinen Finger krümmem zu müssen, Frauen ohne Ende haben zu können. Die Frauen im Westen erschienen mir verkniffener, angestrengter als im Osten. Die im Osten liefen immer leicht und fröhlich durch den Alltag und haben fast jeden Spaß mitgemacht. Bis sich in Hamburg die erste auf meiner Matratze ausstreckte, laberte ich mir den Mund fusslig. Westfrauen wollen wirklich immer viel besprechen, bis es zur Sache kommt. Und sie wollen genau definieren, was sie tun. Auch was sie mit Männern anstellen. Sie setzen sich festere Grenzen und handeln in dem Rahmen, den sie sich vorgegeben haben. Da heißt es: »Gut, dann lass uns ein Paar sein, dann können wir auch miteinander schlafen.«

Mir rieselt es jedes Mal kalt den Rücken runter: ein Paar sein. Noch nie habe ich mit einer Frau zusammengelebt. Das beabsichtige ich auch in absehbarer Zukunft nicht. Ein Paar zu sein bedeutet in den weiblichen Augen ja auch, nicht nur morgens zusammen am Frühstückstisch zu sitzen, sondern abends in Zweisamkeit Abendbrot zu essen, fernzusehen und einen gemeinsamen Dreckwäschekorb zu füllen. Mir rieselt es schon wieder kalt den Rücken herunter.

Nur einmal fand ich es reizvoll, dass Westfrauen nicht so leicht zu haben und nicht so kaltschnäuzig sind wie Ostmädchen. Ich hatte mich leicht verliebt, nicht richtig, nur ein bisschen. Sie stand vor mir in der Schlange in der Mensa und klopfte auf dem Getränkeautomaten herum, der kein Wechselgeld herausgab. Ich hämmerte einmal mit der Faust dagegen und die Münzen kullerten. Wir setzten uns an einen Tisch und begannen zu schwatzen. Am nächsten Tag gingen wir ins Café. Sie habe einen Freund, möchte ihn nicht betrügen. Sie müsse sich erst einmal darüber klar werden, was sie wolle. Sagte sie. Von ihr ging eine Ernsthaftigkeit aus, die mir unbekannt war. Im Osten hätten die meisten Frauen gesagt, Scheiß drauf, lass' uns Spaß haben und einfach drauf losvögeln, es muss ja keiner wissen. Diese Frau hingegen war bedacht und überlegt – ob es um ihre Emotionen ging oder um Sex. So bedacht, dass ich mit ihr zwei Mal ins Kino, drei Mal essen und einmal ins Schwimmbad latschen musste, bevor ich ihre Bluse aufknöpfen durfte. Die Äpfelchen, die heraussprangen, waren handlich und knackig, aber die Ernte zu aufwendig und nicht ertragreich genug.

Mein erstes Jahr im Westen brachte keine allzu gute Bilanz. Ich kam nur an 14 Frauen ran, alles Kommilitoninnen. Die meisten kannten sich untereinander, aber es kam nie zu Begegnungen. Das musste ich nicht einmal organisieren, es regelte sich wie von selbst. Bis heute brauche ich für meine Frauen keinen Kalender. Weil ich mit keiner Frau eine Beziehung einging, blieben Überraschungsbesuche aus. Auch so ein Umstand, den ich erst begreifen musste: Im Westen wird ein Date mindestens zwei Mal vorher telefonisch bestätigt. So traf ich meine Verabredungen, ging mit den Frauen tanzen oder in ein Restaurant und anschließend nach Hause.

Ich vertraute voll und ganz der Souveränität der Damen. Ich wusste, sie würden nicht damit prahlen, mit mir im Bett gewesen zu sein. Ich hatte vorgebeugt: Ich breitete vor ihnen meine Vielweiberei aus, schmückte ein wenig hier, ein bisschen dort, schob hinterher, dass ich nichts mehr hasse als feste Beziehungen und küsste sie. Sie wollten den Sex, aber keine wllte eine von denen sein, die leicht rumzukriegen sind. Keine Perle auf einer langen Kette.

Eine weitere Strategie, die ich im übrigen bis heute verfolge, war das Auseinanderhalten der verschiedenen Freundes- und Bekanntenkreise. Nie verspürte ich in mir das Bedürfnis, eine der Frauen auf eine Party von Freunden zu schleppen. Dazu waren die Beziehungen, die ich mit den Frauen pflegte, viel zu lose. Außerdem vermied ich auf diesem Wege unnötige Fragen – »Ist das deine Freundin?« – und wäre in Erklärungsnot geraten, wenn sie beim nächsten Mal nicht oder eine andere dabei gewesen wäre. Auch meinen Eltern habe ich frühzeitig beigebracht, dass sie bei mir mit keiner Schwiegertochter und keinen Enkelkindern zu rechnen brauchen. Systematisch stellte ich ihnen allsonntäglich ein anderes Mädchen vor. Bei 11 hörten sie auf zu zählen. Und zu fragen.

Verliebt habe ich mich bei den »Aufrissen« nie. Das machte die Sache mit der Weiblichkeit so unkompliziert. Die Frauen kamen und gingen. Bis heute hat sich daran nichts geändert. Wenn ich mich verliebe, dann in Frauen, die ich nicht haben kann. Nur drei Mal hat es mich voll erwischt, ich war unsterblich verknallt, fast bis an den Rand des Wahnsinns. Alle drei lernte ich nicht wie üblich im Bett kennen, sondern traf sie an Orten und in Kreisen, die einen Frontalangriff ausschlossen. Und alle drei Angebeteten hingen so hoch wie die Trauben, die der Fuchs auch mit seinem kräftigsten Sprung nicht erhaschen kann. Eine war verheiratet, die andere entstammte einem süddeutschen Adelsgeschlecht und die dritte lebt in Brasilien.

Brasilien ist weit weg, allein deswegen schien meine Liebe von vornherein aussichtslos. Ebenso aussichtslos wie die Affäre mit der verheirateten Orthopädin. Bislang meine größte Leidenschaft. Über ein Jahr kettete sie mich an ein Verlangen mit tödlichem Suchtcharakter, immer auf dem Sprung nach dem nächsten Schuss. Als ob ein Kind durch die Schaufensterscheibe verlockende Weintrauben erspäht, ihm das Wasser im Mund zusammenläuft, aber kein Geld hat, sich welche zu kaufen. Jede Zusammenkunft war überschattet von der schmerzhaften Befürchtung, es könnte die letzte sein. So gestaltete sich der Sex: inbrünstig, tief, mit einem Hauch Masochismus. Die schönsten Erlebnisse stecken noch immer in den benutzten Kondomen, die in der Traditionskiste mit Fotos und anderen Erinnerungen versteckt sind.

Der Adelsspross war zuckersüß, aber trug den Kopf voller Vorurteile und Standesdünkel. »Ich habe schon mal so einen wie dich kennengelernt. Mit ihm hatte ich auch Probleme«, wies sie mich nach einigen Wochen prickelnder Leidenschaft und intensiver Gefühlswallungen zurück. Mit »so einem« meinte sie, wie ich später begriff, einen Thüringer, der in Ilmenau Sintertechnik studiert hatte und nach der Wende wegen eines Jobs nach Baden-Württemberg gezogen war. Sein Verhängnis: Er war nicht adlig. Es gibt ein ungeschriebenes Gesetz, wonach Töchter und Söhne, die ein »von« im Namen tragen, nur jemanden heiraten dürfen, der aus ihrer Kaste stammt. Liebe oder die eigene Wahl spielen keine Rolle. Als hätte es nie Revolutionen und Klassenaufhebungen gegeben, als wälzte sich Süddeutschland noch immer in mittelalterlichem Schlamm. Als Kind einer Bauernfamilie väterlicherseits und aus kleinbürgerlichem Mittelstand mütterlicherseits konnte auch ich nicht mit einem »von«, »van«, »de« oder »von und zu« aufwarten. Da zählte nicht, wer ich war, sondern nur, was ich nicht war.

Ich litt Höllenqualen, als sie unserem Verhältnis den Todesstoß versetzte. Ich stopfte kiloweise Nutella in mich hinein, hing bis morgens um fünf vor dem Fernseher, zog den Telefonstecker raus und sann nach Rache. Sie hat mich zutiefst verletzt, meine Souveränität geknickt und mich hängen lassen, arbeite es in mir, sie soll spüren, wie scheiße es mir geht. Sie soll ebenso leiden wie du, hämmerten mein Hirn und mein Herz. Wilde Szenarien schoben sich in meinem Kopf zusammen, in denen ich sie zwinge, zu mir zurückzukommen und sie »aus Versehen«, falls sie nein sagen sollte, auf meiner Kühlerhaube landet. Meine Rachsucht war endlos.

In dieser Zeit entdeckte ich eine neue Seite an mir: meine weibliche. Im Fernsehen lief eine dieser unsäglichen Vormittags-Talk-Shows. Thema: Rache. Die Moderatorin unterhielt sich mit drei Frauen über deren Schicksale, Hass und Vergeltung. Die Gegenangriffe der Frauen kamen mir bekannt vor wie meine alten Socken: Telefone wurden abgehört, den Racheopfern unterstellt, sie würden in Gesprächen mit anderen ausschließlich über den »Ausgestoßenen« lästern, Anrufbeantworter vollgelabert, 20 Pizzen auf den Namen des Racheopfers bestellt. Typisch weiblich seien solche Rachegelüste, bestätigte ein Psychologe. Einerseits faszinierte mich die Kreativität, die manche Frauen in ihrer Wut entwickeln können – an der kriminellen Energie hatte ich ein intellektuelles Interesse. Andererseits erschrak ich über den Spiegel, den die Studiogäste mir vorhielten: Darin sah ich einen egozentrischen, debilen und durchgeknallten Mann, der nicht in der Lage war, mit einem Korb umzugehen.

Schluss jetzt, raunzte ich mich an, stieg unter die Dusche, schmiss mich in schwarze Jeans und landete in einer Bar mit einer langen Theke. Ich bestellte einen Martini Bianco für 28 Mark. Es dauerte genau 37 Minuten, da gesellte sich eine attraktive Blondine zu mir. Weitere 24 Minuten später saßen wir im Taxi und fuhren zu ihr nach Hause. Dieser Abend wird mir wohl ewig im Gedächtnis haften bleiben. Nicht wegen der zwei Cocktails, die sie vorzüglich mixte, auch nicht wegen der drei Hundertwasser-Bilder, die im Esszimmer hingen. Nein. Ich fürchtete um meinen Schwanz. Ich verspürte keine Lust, sie zu penetrieren. Statt dessen bearbeitete ich sie mit meinen Händen und Zehen, mit der Zunge und einem ominösen Seidenpuschel, den sie unter einem Kissen hervorzauberte. Aber sie wollte keinen Puschel, sie wollte mich. »Fick mich, fick mich doch endlich«, schrie sie. »Warum fickst du mich nicht?« Immer und immer wieder. Das Fenster stand offen, das Hupen der Autos drang bis in den dritten Stock. Sie riss mich zu sich herunter, griff nach meinem guten Stück, um das ich mich ernsthaft ängstigte und das ich mit zur Schaufel gefalteten Händen zu schützen versuchte. Je mehr sie sich anstrengte, mich in sich hineinzustopfen, desto aussichtsloser wurde ihr Aktionismus. Bis das Kondom verschrumpelt abfiel.

Ich muss sie wirklich sehr gequält haben. Es hat sicher etwas Entwürdigendes, nicht »gefickt« zu werden, wenn man es drängend verlangt. Aber ich konnte nicht. Ich konnte einfach nicht. Als sie das erste Mal rief, war ich regelrecht schockiert. Ihre Wortwahl empfand ich als keine angemessene Ausdrucksweise. Eine sexuell direkte Sprache mag ich nicht, ich bevorzuge eher subtilere Umschreibungen. Ich hätte eher gesagt, ich möge sie doch nehmen. Oder, dass ich es aufreizend finde, wenn sich eine Frau selbst mag und lieben kann. Vielleicht aber habe ich mich auch nur für meine erlittenen Verletzungen durch die andere Frau gerächt. Aber nur intuitiv, nicht bewusst. Sadistisch veranlagt bin ich nicht.

Ich will auch nicht wissen, was in den Frauen vorgeht, wenn sie mich sehen oder mit mir zusammen sind. Wenn sie ansetzen, ihre Gefühle vor mir auszuschütten, möchte ich am liebsten weglaufen. Da gab es mal eine Frau, die war offensichtlich ziemlich scharf auf mich. Wir waren bei ihr verabredet, sie zog mich von der Tür sofort auf die Couch, zerrte an meiner Hose und an ihrem Rock. Alles ging so schnell, dass ich kaum Zeit hatte zu agieren. Ich reagierte nur und ließ geschehen. Nach einem kurzatmigen und brennenden Akt – ich war gerade von ihr runtergerutscht – hauchte sie mir ins Ohr: »Ich bin schon seit drei Stunden feucht, seit ich an unser Rendezvous gedacht habe.«

In den vergangenen Monaten habe ich mich oft gefragt, warum ich so darauf erpicht bin, viele Frauen zu haben, und warum es mir egal ist, wer sie sind, wie sie sind, warum sie mit mir ins Bett gehen, Hauptsache, ich bekomme meinen Hormonausstoß. Die Ursachen sind vermutlich in meiner Kindheit zu suchen. Verkorkste Kinderjahre sind ja sowieso immer an allem schuld. Als Junge verfügte ich nur in Ansätzen über ein Selbstbewusstsein. Meine Eltern haben mir nicht beigebracht, an mich zu glauben. Viele Jahre schlich ich mit der Überzeugung durchs Leben, zu nichts zu taugen. Selbst als ich bei Schachmeisterschaften Pokale erspielte und bei Schwimmwettkämpfen auf dem Siegertreppchen stand – meine Erfolge konnte ich nicht annehmen. Lob kannten meine Eltern nicht, aufmunternde Worte hatten sie für mich nicht übrig. Als ich mit 12 meiner Mutter in der Küche eröffnete, dass ich Journalist werden wolle, strich sie mir mitleidig über den Kopf: »Ach Junge, das kannst du doch gar nicht.« Heute bin ich unter anderem Werbetexter und in der Branche sehr gefragt. Spezialität: Headlines. Später wollte ich mich zum Fotografen ausbilden lassen. Da polterte mein Vater: »Du bist ein großer, kräftiger Bursche. Du lernst einen ordentlichen Beruf.« Seine Worte wiesen mir den Weg in einen Metallberuf, in dem ich nie arbeitete.

Ich werfe meinen Eltern nicht vor, dass sie mich nicht mutig und stark gemacht haben. Sie gehören einer Generation an, die gebeutelt war durch die Nachwehen der Nachkriegszeit, den Kalten Krieg und einen verklemmten Moralkodex. Heute sehe ich im ergrauten Gesicht meines Vater den langen Weg, den er gegangen ist, um seine Mitte zu finden. Er selbst stand bis kurz vor seiner Pensionierung unter der Fuchtel seiner Mutter, meiner Großmutter. Oma war eine herrische Frau und wollte stets über alles und jeden bestimmen. Sie kommandierte ihren Mann, ihren Sohn und später dessen Frau, als diese mit ins Haus ihrer Schwiegereltern zog. Meine Eltern waren 20, als sie sich kennen lernten, ein Jahr später wurde ihr Sohn geboren. Das war ich. Damit war meine Mutter an das Haus und die Familie gebunden. Ständig gab es Streit zwischen meiner Mutter und meiner Großmutter. Meine Mutter hatte immer Angst, dass ihr das Leben geraubt werden könnte. Vater war zu schwach, um zu sagen: »Komm, wir packen unsere Sachen und verschwinden, fangen irgendwo neu an und lassen uns von niemandem reinreden.« Stattdessen versuchte er, zwischen den Frauen zu vermitteln. Sein eigenes Versagen, kein richtiger Kerl zu sein, der mit der Faust auf den Tisch haut und sagt, was Sache ist, hat er auf mich übertragen. So wie er die Flinte ins Korn geworfen hat, habe ich es auch immer getan.

Auch Mutter hat sich nie etwas zugetraut. Aus Angst, tief zu fallen oder nicht bestehen zu können, hat sie sich an Jobs geklammert, die sie geistig unterforderten. Aber sie wiegelte ab, wenn sie darauf angesprochen wurde: »Die Arbeit macht mir Spaß und das ist die Hauptsache.« Dabei hat sie gelitten, sich nie verwirklichen zu können.

Von meinen Eltern habe ich gelernt, mich wie ein Chamäleon zu verhalten. Diese Fähigkeit setzte ich später bewusst ein – aus Gier auf alles Neue. Egal, wo ich hinkomme, ich habe keine Schwierigkeiten, mich einzugewöhnen. Zunächst beobachte und registriere ich die Umgangsregeln, studiere Reaktionen und Floskeln, übernehme sie und gebe sie so perfekt wieder, als kämen sie allein aus mir. Ich passe mich meiner Umwelt an und kann mich ihr unterwerfen. Die einzige Schwierigkeit besteht darin sich zu merken, welche Rolle in welchem Freundeskreis zu spielen ist. Aber das fällt mir leicht. Auch hierbei laufen mathematische Denkprozesse ab, so dass mir mein Unterbewusstsein rechtzeitig ein entsprechendes Signal sendet.

Angst vor Aids habe ich nicht. Kein Fick ohne Kondom. Obwohl die Tüten auch keinen hundertprozentigen Schutz gewähren. Ein einziges gerissenes Präservativ genügt, um alle Schutzmaßnahmen zu verhöhnen. Allerdings gerate ich heute erst gar nicht in die Situation überlegen zu müssen, ob ich lieber mit oder ohne Kondom in eine Frau eindringe. Diese Entscheidung nehmen mir die Frauen ab, von denen sich manche nicht mal küssen lassen ohne Ding überm Dödel. Dass ich mir drei Mal einen Tripper eingefangen habe, ist zum einen der damaligen Zeit zu schulden. In der DDR war Aids, auch als es im Westen längst aufwendige Aufklärungskampagnen gab, kein Thema. Auch die Pille machte das Sexualleben im Osten unkomplizierter. Keine Frau, die nicht Hormone schluckte. Zum anderen zahlte ich mein Lehrgeld und wusste nach meinem ersten Tripper, wie ich mit der Krankheit umzugehen hatte. Ich holte mir beim Arzt die nötige Ration Penicillin und durfte 14 Tage keinen Sex haben. Das war das Schlimmste daran. Den Fakt, mit *Tripper* durch die Gegend zu laufen, steckte ich gut weg. Es ist eine Krankheit wie jede andere.

Der erste Gang zum Arzt für Haut- und Geschlechtskrankheiten war schlimm. »Ganz eindeutig, du hast dir einen Tripper eingefangen«, lachte ein Freund höhnisch, als ich ihm flüsternd beichtete, dass mich ein weißer, schmieriger, übelriechender Ausfluss plagte. »Du musst wohl in die Tripperburg.« Die »Tripperburg« war eine »gewisse« Arztpraxis im Bezirk Prenzlauer Berg, in die alle »Getroffenen« geschickt wurden. Zweiter Hinterhof, 1. Etage. Als ich dort auftauchte, kämpfte das Haus mit Baugerüsten, Bauarbeiter klopften an der Fassade herum. In meinem Rücken spürte ich ihr Grienen. Mit hochrotem Kopf stiefelte ich die Stufen hinauf und schob meinen SV-Ausweis durch die Luke. »Ich habe, also, ähm, naja, bei mir …, da läuft …« »Sie wollen sich also untersuchen lassen«, befreite mich die Dame in der Anmeldung von weiteren Offenbarungen. Im Wartezimmer zog ich ein Nummer, alles lief erstaunlicherweise diskret ab. Ich setzte mich in eine dunkle Ecke und blickte vorsichtig durch den Raum. Das Schlimmste wäre, auf ein bekanntes Gesicht zu treffen. Doch ich hatte Glück. So routiniert, wie der Arzt schließlich bei mir vorging, traf ich, als es mich zum zweiten Mal erwischte, in der Praxis ein. Beim dritten Mal hatte ich das Gefühl, als kaufte ich in der Apotheke Halsschmerztabletten.

Ein leicht bitterer Beigeschmack wurde der Sache allerdings beigemengt: Jedes Mal bohrten Arzt und Schwestern nach Namen. Für die Tripper-Kartei. Da war der Osten sorgfältig. Alle Kandidaten mit Neigung zu Geschlechtskrankheiten und deren »Partner« wurden registriert und damit zu HWG-Personen, Menschen mit häufig wechselndem Geschlechtsverkehr. »Und Sie wissen wirklich nicht, wo Sie sich DAS geholt haben?« Am liebsten hätte ich geantwortet: »Fahren Sie sich doch mal mit einer Nagelfeile über den Daumen und sagen mir, welche Zacke sie zuerst berührt hat.«

Meine Frequenz blieb durch die Tripper-Dosen unbeeinträchtigt. Auch meine Praktiken änderten sich nicht. Blasen mit Kondom? Muss wohl sein. Stört die Frauen vermutlich stärker als mich. Ich möchte keinen Gummi kauen. Mit dem Blasen ist das so eine Sache. Die wenigsten Frauen können das. Sie lutschen am Schwanz herum oder versuchen ihre Lippen drüberzustülpen. Meist mit bierernstem Gesicht. Ich glaube nicht, dass sie wirklich Freude daran haben und es genießen. Dann sollten sie es lieber sein lassen.

Bislang hat es nur eine Frau vermocht, mich oral zu befriedigen und mir glauben zu machen, dass es auch ihr etwas bringt. Sie war Pfarrerstochter und mit einem Pfarrer verheiratet. Wir mussten uns heimlich treffen und fuhren im Sommer in den Wald oder suchten einen menschenleeren Platz in einem Park. Einmal verfolgte uns ein Polizist, offensichtlich ein Spanner und Voyeur, der auf seine Kosten kommen wollte.

Wir haben uns richtig ins Zeug gelegt. Vögeln im Schutze der Staatsgewalt.

Merkwürdig finde ich die Position, bei der der Mann auf dem Rücken liegt und die Frau auf ihm sitzt. Ob nun mit dem Rücken oder mit dem Gesicht zum Mann gewandt. Wenn sie sich nach oben und unten wippt, um den Mann zu stimulieren, wirkt das lächerlich. Technisch und pseudoprofessionell. Dieser Stellung fehlt die Körpernähe, die ich als wichtig erachte. Ich mag es, wenn sich Köpfe beim Akt nah sind, ich liebe es, Mund, Nase und Augen zu küssen. Gegen die Missionarstellung, die viele als spießig und altbacken verteufeln, habe ich nichts, im Gegenteil, sie erfüllt mein Bedürfnis nach Direktheit und Kontakt, nach unmittelbarer Berührung. Ebenso schön: von hinten. Ich kann über ihren Rücken streichen, ihn liebkosen und ihr in den Nacken hauchen. Frauen empfinden es als besonders lustvoll, wenn ich ihnen vorher »verrate«, dass ich Rücken reizvoll finde und sie später auf den Bauch drehe, um sie von hinten zu sehen und zu nehmen.

Vögeln kann ich überall: im Bett, in der Küche, auf dem Fußboden, im Wald, im Auto. Die Nummern im Auto sind mir fast die liebsten, weil sie spontan und damit am ehrlichsten sind. Keine Vorbereitung, kein Entrinnen, keine Möglichkeit sich vorher zu verzaubern. Der nackten Realität darf ins Auge geblickt werden. Unabdingbar für guten Sex sind verstehende und gebende Hände. Ich liebe und genieße insbesondere über Finger, Innenflächen und Knöchel. Wenn sie meinen Körper erkunden wie die Zeichnungen einer Landkarte und ich mich mit meinen auf Entdeckungsreise begeben kann. Je schöner die Hände, desto mehr dürfen sie an mir berühren. Kämen Schaufelbagger daher und ich müsste fürchten, von ihnen begraben zu werden, würde augenblicklich alles bei mir zusammenschrumpfen.

Einmal habe ich mit einer Frau geschlafen, die glich einem Traum aus geometrischer und arithmetischer Formvollendung: Haare bis zu den Hüften, Beckenknochen, die mit jedem Schritt tanzten, zwei Drittel des Körpers Bein. Sie war Turnerin und obendrein nicht dumm. Sie hatte nur einen Makel: Sie knabberte an ihren Fingernägeln. Bis hinter die Grenze des Schmerzerträglichen waren die Nägel abgekaut. Das hervorquellende Fleisch schien über den Rest des Nagels zu wachsen. Ihre Finger auf meinem Bauch, ihre Hände um meine Taille, ihr Daumen an meiner Nase, jede ihrer Berührungen – ein unangenehmer Stich mit einer Nadel.

Wenn ich Sex nicht genießen kann, muss ich die Frau schnell wieder aus meinem Bett werfen. Damit habe ich überhaupt kein Problem. Das nächste Angebot läuft bereits über die Straße oder fährt U-Bahn. Ideale Orte, Frauen kennen zu lernen, sind Schulen: Sprachschulen, Tauchschulen, Musikschulen. Man sieht sich regelmäßig und verfolgt ein gemeinsames Ziel. Für Gesprächsstoff ist automatisch gesorgt, für feste Termine sowieso. Es entsteht ein Vertrauensverhältnis, das die Grundlage für jeden Spontansex bildet.

Ich umgarne Frauen nicht, das habe ich nicht nötig. Sie mögen mich so, wie ich bin. Vielleicht weil ich charmanter daherkomme als andere Männer, öfter lächle und Frauen das Gefühl gebe, etwas Besonderes zu sein. Mein Geheimrezept: das Herstellen einer vertraulichen Verbindlichkeit. Die Frauen müssen sich angenommen und begriffen fühlen und glauben, dass mich nichts stärker drängt als die nächste Verabredung mit ihnen.

Ich mache die Frauen immer ein wenig verliebt in mich. Das brauche ich, um mit ihnen schlafen zu können. Das möchte ich, um mir selbst einen Gefallen zu tun. Man möge mich einen Narziss und die Eitelkeit in Person nennen, aber bislang habe ich noch jede Frau gekriegt.

Nur einmal traf ich eine, die genau das gleiche vorhatte wie ich: Vögeln. Sie sagte nicht: »Ich will nur Sex mit dir, mehr nicht.« Aber ich durchschaute alsbald ihr Spiel, das mir von diesem Moment an keinen Spaß mehr bereitete. Ich will, dass mich die Frauen lieben. Auch wenn ich sie nicht liebe.

Seit ich Mitte 30 bin, lässt mein Drang, Frauen zu besitzen, allmählich nach. Ich verspüre keinen so starken Druck mehr sie aufzulesen. So wie der Privatdedektiv Max Müller in der Filmkomödie von Nicki List »Müllers Büro« Damenpumps hortet. Aber ich würde mich nie als Jäger und Sammler bezeichnen, sonderlich stolz auf meine Vielweiberei bin ich nicht. Ich gebe damit nicht an. Ich kann den Verlockungen einfach nur nicht widerstehen. Inzwischen betrachte ich Sex und Frauen mit einem schmunzelnden Auge. Zusehends macht sich ein tiefes Gefühl der Gelassenheit und der Genugtuung in mir breit, wenn ich die Aufregung betrachte, mit der Sex gewöhnlich behandelt wird. Jürgen von der Lippe sagte einmal einen Satz, der mein Gefühl exakt widerspiegelt: »Sex ist wie ein Fußball. Wenn er auf mich zurollt, stoppe ich ihn und verwandle.« Den Ball in ein Tor. Ich bin nicht mehr so stark auf der Pirsch. Nichtsdestotrotz bleiben ausreichend Erlebnisse, die mich zeitlich und körperlich in Form halten.

Nach dem Baumhoroskop der Kelten bin ich eine Kiefer. Die Kelten beschreiben Charaktere nicht nach Tierkreiszeichen, sondern nach Bäumen. Es gibt Weiden, Nussbäume, Kastanien, Eschen, Linden, Eichen, Buchen, Feigen. Insgesamt 22 Bäume. Den Kiefern wird nachgesagt, sie seien gesellige Menschen und Organisationstalente. Sie finden sich überall zurecht und sind unbefangen in allen Lebenslagen. In der Liebe begeistern sich Kiefern zwar sehr rasch für einen Partner, doch erlischt ihre Verehrung wie ein Strohfeuer, wenn sie verborgene Schwächen des anderen kennenlernen. So erleben sie viele herbe Enttäuschungen, bis sie den Partner fürs Leben gefunden haben.

Es beruhigt mich zu wissen, dass ich noch immer die gleichen Chancen habe wie vor 15 Jahren, dass mein Alter und mein Aussehen keine Rolle spielen. Ich kann Frauen in meinen Jahren haben oder Mädchen, die gerade 17 geworden sind. Wenn ich über den Hof meiner Agentur schlendere, renken Damen anderer Firmen ihren Hals aus dem Fenster. Wenn ich am Zeitungskiosk meine Zigaretten kaufe, liegt im Blick der Verkäuferin eine sehnsüchtige Wehmut. Wenn ich mittags im Bistro um die Ecke einen Espresso trinke, bedient mich die blonde Schönheit aus Norwegen vor den anderen Gästen. Das gibt mir die Versicherung, eine begehrte Ware von hoher Qualität zu sein. Und ich kann am Ende meines Lebens mit Zufriedenheit sagen: Ich habe alle meine Chancen genutzt.

Ich freu' mich auf die nächste Nummer

Claudia L. (37 Jahre), Kieferchirurgin in Köln, geniesst nach einer gescheiterten Ehe einige Liebhaber

Hätte mir vor zwei Jahren jemand gesagt, dass es mir heute wieder gut geht, hätte ich ihn als unsensibel und oberflächlich bezeichnet. Dass mein Leben jemals wieder in geordneten Bahnen verlaufen wird, dass ich Spaß daran habe, auf der Welt zu sein, dass ich Lust auf Männer und Sex verspüre, all das hätte ich damals nie geglaubt.

Vor zwei Jahren schien für mich die Welt unterzugehen. Damals hat mein Mann mich verlassen. Mit einem Schlag sollte nichts mehr so sein, wie es wahr. Alles, was wir uns zusammen aufgebaut, gemeinsam erlebt und genossen hatten, was an Plänen in unseren Köpfen schwirrte, sollte plötzlich nichts mehr zählen? Ich fühlte mich von einem Tag zum anderen um mein Leben betrogen. Mit seinem Fortgehen wischte er unseren perfekten Lebensentwurf vom Tisch, in dem wir uns eingerichtet hatten wie in einem Kuschelsalon. Ich war glücklich, mir fehlte nichts in der Ehe: Intellektuell, emotional und sexuell fühlte ich mich bestätigt und ausgelastet. Wortlos verstanden wir uns, uns verband eine Nähe, die ich sonst nirgendwo spürte. Genauso gut konnten wir ausgiebig miteinander lachen und brauchten für unseren Spaß keine weiteren Personen. Wir genügten uns selbst. Unsere Freunde bezeichneten uns als ein Ganzes, das durch nichts umzustoßen sei. Immer sahen sie uns Hand in Hand, auch bei Partys saßen wir beieinander. Niemand von uns beiden wäre auf die Idee gekommen, allein in den Urlaub zu fahren oder ohne den anderen auf Festen zu erscheinen. Vermutlich wirkten wir wie siamesische Zwillinge. Wie trügerisch doch manchmal ein Bild sein kann.

Aber das ist nur die halbe Wahrheit. Die volle ist noch bitterer: Heiner hat mich nicht wegen einer anderen Frau verlassen, oder weil ihm unsere Ehe zu eng und zu einseitig wurde. Im Gegenteil, er wäre – trotz Trennung – gern bei mir und unserer Tochter geblieben, die Familie wollte er nicht aufgeben. Heiner ist schwul. Zehn Jahre lang lebte er zwei Leben: eines mit mir und unserer Tochter, und das andere, das mit Männern. Zehn Jahre lang wechselte er täglich sein Gesicht, seinen Körper, seine Gefühle, seine Bedürfnisse. Zu Hause war er der Familienvater, Ehemann, Geliebte und Schwiegersohn. Draußen der streunende Wolf, immer auf der Suche nach der homoerotischen Erfüllung.

Niemand hat es gewusst. Ich habe es nicht einmal geahnt, ausgerechnet ich nicht, die ich ihm am nächsten war und ihn am besten kannte. Zumindest glaubte ich das bis dahin. Jede seiner Stimmungen wusste ich zu deuten, jede Regung zu werten, ich verstand ihn wie sonst keinen Menschen. Wir lebten eine ausgeglichene, leise und erfüllende Beziehung. Wir vertrauten einander und liebten uns innig. Für Heiner hatte das eine, wie ich später begriff, mit dem anderen nichts zu tun. Ich war seine Frau, die er liebte. Aber da gab es noch all die Männer, die er begehrte. Beides konnte er streng voneinander trennen, beides hatte nichts miteinander zu tun.

Er hat sich perfekt inszeniert und organisiert. Er vermochte es ausgezeichnet, zwei Rollen zu spielen, ohne die Figuren auch nur andeutungsweise miteinander zu vermischen. Heute sage ich, er hat all die Jahre schizoid gelebt.

Köln ist eine anonyme Großstadt, in der man leicht untertauchen kann. Aber sie ist wiederum klein genug, um »spektakuläre« Ereignisse ins Rampenlicht zu rücken. Dass Heiner schwul ist und sich in der Szene herumtreibt, wäre eine solche Sensation gewesen. Wäre Heiner nur der geringste Lapsus unterlaufen, er wäre *das* Stadtgespräch gewesen. Dann hätte er nichts mehr verheimlichen können.

Aber er beging keinen Fehler. Keinen einzigen. Jeden Abend blieb er zu Hause, Verdacht konnte ich nie schöpfen. Zwar kam er ab und zu später, aber das hatte, wie er begründete, dienstliche Gründe. Ich glaubte ihm. Heiner ist Rechtsanwalt und leitet eine Kanzlei mit fünf Angestellten. Als er sie aufbaute, leisteten wir uns zwei Jahre lang keinen Urlaub. Eine eigene Kanzlei, das sind ständiger Termindruck, enormer Papierkram und häufig abendliche Konferenzen. Ich vertraute ihm und bin mit keinem Gedanken auf die Idee gekommen, dass nicht alle Termine nach Feierabend oder Dienstreisen beruflich bedingt sein könnten. Eifersucht und Misstrauen waren für mich zwei Fremdwörter. Er lieferte mir nie einen Grund, ihm irgendetwas zu unterstellen. Oft genug kam er erst nachts, wenn ich längst schlief, vom Schreibtisch in seinem Arbeitszimmer los, die Aktenberge schienen ins Unermessliche zu wachsen. Außerdem war er ein liebevoller Ehemann. Er war immer für mich und die Familie da.

Erst später wurde mir klar, warum er abends stets viel zu tun hatte. Sex kann man nicht nur in der Nacht bekommen, sondern ebenso gut am Tage. Wie oft er sich aus der Kanzlei mit der Begründung verabschiedet hatte, einen Außentermin wahrzunehmen oder zum Gericht zu müssen, weiß ich nicht. Aber er suchte er keine Klienten auf, sondern traf Männer. In ihren Wohnungen, in Kneipen, in Hotels. Als die Geschichte aufflog, erinnerte sich eine Freundin der Familie, dass sie Heiner an einem späten Vormittag in einem offenen Cabriolet mit einem Mann am Steuer gesehen hatte. Natürlich machte sie sich keine Gedanken und empfand das zufällige Treffen eher als unwichtig, um es mir brühwarm aufzutischen. Vermutlich hätte ich damals auch nicht gewusst, warum er nicht mit einem Mann durch die Kölner Innenstadt fahren sollte. Alle seine Klienten besitzen ein Auto, viele ein Cabriolet.

Dass Heiner schwul ist, empfinde ich als schlimm für mich und uns als Paar, aber nicht in gesellschaftlicher oder moralischer Hinsicht. Für seine Neigungen kann schließlich niemand etwas. Furchtbar für mich ist, ihn als Partner verloren zu haben. Ebenso, dass er mich all die Jahre über betrogen hat. Mit »Betrug« definiere ich nicht »Fremdgehen« oder »Seitensprung«, sondern den Fakt, dass er zehn Jahre lang zwei Leben lebte. Und dabei offensichtlich zielgerichtet und vorsätzlich vorgegangen ist. Heute weiß ich, dass er es auch aus Liebe zu mir und unserer Tochter tat, dass er uns nicht verletzen und nicht verlieren wollte. Vielleicht wartete er auch ab, ob sich seine Bedürfnisse verstärkten oder sich im Nichts verlören. Im letzten Falle wäre eine Offenbarung in seinen Augen nur töricht gewesen.

Sein Betrug an mir war, dass er mich zehn Jahre lang hintergangen, dass er mich aus einem nicht unwichtigen Teil seines Lebens ausgeschlossen hat und dennoch mein Partner sein wollte. Und es war. Sein Betrug war Schweigen. Das vermag ich nicht zu entschuldigen. Hierbei geht es nicht allein um Sex, sondern um missbrauchtes Vertrauen. Eine Wunde, die vermutlich nie richtig heilen wird.

Wie ein Donnerschlag brach es über mich herein. Eines Abends erhob er sich vom Schreibtisch, kroch zu mir auf die Couch und blickte mir ins Gesicht: »Ich muss dir etwas sagen.« Zuerst glaubte ich, falsch verstanden zu haben: Heiner und schwul? Das kann nicht sein. Erst Minuten später begriff ich, was ich da hörte. Ich war geschockt, wie gelähmt. Weinen aber musste ich nicht. Erst viele Stunden später brach es aus mir heraus. Es war, als erhielt ich eine Todesnachricht.

Rein physiologisch laufen dabei ähnliche Prozesse ab: Jemand, der vom Ableben eines geliebten Menschen erfahren hat, schüttet zunächst körpereigene Morphine – Endorphine – aus, die im ersten Moment des Schocks wie ein Opiat wirken: Der Körper wird in einen Trance-Zustand versetzt. Diese »chemischen Opiate« schirmen den Körper von physischen und psychischen Schmerzen ab. Wenn die tödliche Diagnose feststeht, bewirken die Endorphine einen Blackout, der zu einer Seelennarkose führt. Sobald der trauernde Mensch wieder etwas zu sich kommt und in der Lage ist, der Wahrheit ins Auge zu blicken, lässt die Wirkung des inneren Schutzes nach. Der Schmerz ist unerträglich.

Die folgenden Monate waren schlimm. Ich wollte nicht mehr leben und stand oft am Fenster im zweiten Stock: Wenn du springst, ist alles vorbei, dann musst du das alles nicht mehr ertragen. Mehrere Wochen war ich unfähig zu arbeiten, von mir existierte lediglich meine äußere Hülle, innen war ich tot. Ich fühlte mich wie seelisch amputiert. Tagelang lag ich apathisch auf dem Sofa, starrte ins Nichts und stand nur auf, wenn ich auf die Toilette musste. Wären nicht meine Tochter und Freunde gewesen, die mich aus dem tiefsten Loch meines Lebens heraushievten, ich wäre jämmerlich eingegangen. Julia war damals 11 Jahre alt. Fast noch ein Kind. Zu jung um zu verstehen, was vor sich ging, aber schon zu alt, um die negativen Stimmungen nicht zu spüren.

Heute besucht sie ihren Vater und dessen Freund an jedem zweiten Wochenende. Seit einigen Monaten lebt er mit einem Mann zusammen. Ich weiß nicht, wie es ihr geht, wenn sie bei den beiden Männern zu Besuch ist, habe keine Ahnung davon, wie sie zu dritt die Stunden verleben, was sie anstellen. Julia ist ein verschwiegenes Mädchen. Durch die Scheidung und den unmittelbaren Verlust des Vaters ist sie noch stärker in sich gekehrt. Ich dringe nicht in sie, mir von ihren Erlebnissen mit Heiner in seiner neuen Rolle als schwuler Vater zu erzählen. Ich möchte vermeiden, dass sie glaubt, ich würde sie aushorchen wollen. Ohnehin verteidigt sie ihren Vater, sobald sie nur einen leicht verletzten Unterton in meiner Stimme bemerkt: »Aber er kann doch nichts dafür«, faucht sie mich an. Ihre Liebe will ich ihr auf keinen Fall nehmen.

Durch die Trennung habe ich mich gänzlich in Frage gestellt. Ich habe an mir als Partnerin und als Frau gezweifelt. Besonders als Frau. Genüge ich ihm nicht? Warum muss er sich bei anderen holen, was er bei mir hätte auch kriegen können? Hat er jedes Mal gelogen, war es eine Show, wenn wir miteinander geschlafen haben? Bin ich hässlich und verabscheuenswert, ein einziger Komplex aus Makeln und Fehlern?

Seine Homosexualität war wie ein Schlag ins Gesicht. Dabei haben wir so lange so gut miteinander funktioniert, hämmerte es in meinem Hirn. Später wurde mir klar, dass wir uns nie auf einer sexuellen Ebene kennen gelernt und getroffen haben, sondern auf einer intellektuellen. Und auf der sind wir schließlich ein Paar geworden. Schon als Mädchen war ich burschikos, jungenhaft-jugendlich, immer trug ich kurzes Haar, noch heute bin ich schmal und zart und habe nicht sonderlich üppige Brüste. In meiner Ehe betonte ich nie meine Weiblichkeit. Zwar legte ich großen Wert auf mein Äußeres, pflegte mich und trug exklusive Kleidung. Aber nie feierte ich meinen Körper, der schließlich der einer Frau war, nie achtete ich auf weibliche Attribute. Selbst als ich schwanger war und die Geburt durchlebte, das »Urereignis« jeder Frau, die Weiblichkeit pur, habe ich die Frau in mir nicht gespürt. Im Gegenteil, ich habe sie unterdrückt und verleugnet. Jedoch nie bewusst. Mein Unterbewusstsein hat sich selbstständig seinen Weg dahin gebahnt.

Erst jetzt, nachdem ich wieder zu mir gefunden habe, erkenne und lebe ich das Weib in meinem Körper, entdecke meine femininen Seiten und hebe sie bewusst hervor. Ich trage enge, kurze Röcke, schmale Kleider, lege Ketten um und bewege mich weicher. Früher kannte mein Kleiderschrank lediglich Hosen und hohe, geschlossene Kostüme. Erst jetzt, mit 37 Jahren, habe ich eine Reise zu meinem Ich angetreten. Insofern bin ich fast dankbar dafür, dass alles so gekommen ist, wie es passierte. Womöglich wäre ich nie aus meinem Dornröschenschlaf erwacht und mir wären wunderbare Seiten des Daseins verborgen geblieben. Zum Beispiel die körperliche Liebe.

Das erste Mal in meinem Leben entwickle ich ein sexuelles Bewusstsein: Ich begehre und ich werde begehrt. Ich erfahre, dass ich über einen Körper verfüge, der anderen gefällt und Lust bringt. Männliche Leiber erregen in mir ein sinnliches Verlangen. Erotische Gedanken huschen in meinen Kopf und beharren auf Nähe und Ertastbarkeit, wo einst nur Geist platziert war. Ich will berühren, entdecken, erschmecken, erriechen. Und mich berühren, entdecken, erschmecken, erriechen lassen. Sex gehört endlich wieder zu meiner Lebendigkeit.

Nach und nach tauchen Erinnerungen aus meiner Jugendzeit auf. Damals genoss ich es, mit Männern zusammen zu sein, mochte ihre Schale auf meiner Haut, ihre Münder an meinem Hals. Doch mit 20 war ich zu jung um sagen zu können, dass Sex, Begierde und Sucht zu einer Persönlichkeit gehören, dass es ohne sie nicht geht. Damals habe ich über Sex nicht gesprochen, ich war wie eine Knospe, die nicht aufgegangen ist.

Die Zeit mit Heiner war geprägt durch Sanftheit, Zärtlichkeit, Bewegungsarmut. Wildheit, Härte, Verrenkungen und Triebhaftigkeit fanden in unserem Ehebett keinen Platz. Erotische Phantasien und sinnliche Spiele, die sich aus den Phantasien entwickeln können, schienen für uns so fern wie Sex auf dem Jupiter. Irgendwann fand ich mich mit meiner sexuellen Inexistenz ab. So muss es wohl sein, redete ich mir ein. Und vermisste fortan nichts. Sinnliches

Begehren bindet sich bei mir an eine bestimmte Person. Damals war es Heiner. Und Heiner befriedigte mich intellektuell und damit indirekt auch sexuell.

Der erste Mann nach Heiner wurde mir förmlich zugeschoben. Freunde von mir belegten gerade einen Tanzkurs und überredeten mich, ebenfalls mitzumachen. Es kostete mich Überwindung, unter Menschen zu gehen, die ausgelassen, fröhlich und sorglos erschienen. Durch die Trennung und den tiefen Schmerz hatte ich jegliches Interesse an Männern verloren. Und einen Mann, den brauchte ich schließlich für einen Tanzkurs. Das Freundespaar stellte mich einem ihrer Freunde vor, den ich nicht kannte und auf den ersten Blick ablehnte. Nie wird er an Heiner heranreichen, hielt mich eine arrogante Abwehrhaltung davon ab, mich diesem Mann vorbehaltlos zu nähern. Er könnte die Welt auf den Kopf stellen, es würde mich nicht beeindrucken. Glaubte ich.

Wir tanzten Tango, Cha-Cha-Cha, Salsa, Walzer und Rondo. Beim ersten Mal schlich ich steif wie ein Brett über die Tanzfläche. Fremde Hände auf meinem Rücken, an meiner Schulter, um meine Hüften – alles in mir sträubte sich gegen die Berührungen des unbekannten Mannes. Doch ich ermahnte mich, nicht so zickig zu sein und mich umzustellen und endlich anzuerkennen, dass ich Heiner nie wieder zurückbekommen werde. Und dass mit ihm zwar ein Teil gegangen ist, aber ich dadurch nicht unvollständig, sondern einfach ich bin, so, wie ich vor Heiner existierte. Wäre ich nicht so verkopft, wäre mir die »Gehirnwäsche« vermutlich nie so gut geglückt. Doch sie gelang, für mich ebenso überraschend wie positiv. Ich weiß nicht, welches Moment das auslösende war, aber an einem Abend entdeckte ich die Sinnlichkeit des Tanzens. Ich spürte sie in meinen Körper dringen, mich in Besitz nehmen und mich verwandeln. Mit einem Mal war ich eine andere, heute würde ich sagen, seit Jahren zum ersten Mal wieder die »echte« Claudia. Dass Tanzen betörend und erregend sein kann, war für mich in diesem Maße neu.

Plötzlich schaute ich mir mein männliches Gegenüber genauer und vor allem vorurteilsfrei an und erkannte einen liebenswerten Menschen, mit dem ich mehr als nur tanzen wollte. Das körperliche Verlangen, das in mir hochkroch und mir zuflüsterte »Fass ihn an, küss ihn, greif ihm in die Haare« war unbekannt, aber wohlig. Die Abende mit Heiner waren intellektuell, die Nächte mit Peter wollüstig. Mein Leib war nicht nur eine Ummantelung meiner Knochen, Muskeln, Blutbahnen und Organe, er war das Leben selbst. Zum ersten Mal mochte ich meine Hüften, die leichten Rundungen, die einen weiblichen Unterleib ausmachen, zum ersten Mal liebte ich meine Brüste und fand es nicht katastrophal, dass sie größer und voller waren als eine knochige Männerbrust, zum ersten Mal entdeckte ich die Faszination von weichem Fleisch. Früher setzte ich alles daran, knabenhaft zu wirken. Mir wurde klar, dass mir mein Unterbewusstsein eingeredet hat, dass ich Heiner keineswegs mit Fraulichkeit beeindrucken und schon gar nicht erregen kann. Eine Unterebene in meiner Seele hat von Anfang an gewusst, was los ist.

Die Zeit mit Peter hatte ihre Grenzen. Wir waren verliebt ineinander, schafften es aber nicht, unsere Emotionen auf eine tragende Grundlage zu stellen. So sehr ich die Sinnlichkeit genoss, die mir Peter gab, so sehr ich erkannte, dass eine brennende Gier nach der körperlichen Verschmelzung mit dem anderen zu einer Beziehung gehört, so sehr vermisste ich die intellektuelle und seelische Nähe, die ich mit Heiner gewohnt war. Peter ist ein kluger Mann, Wissenschaftler in einem anerkannten Institut, aber das mir bekannte wortlose Verständnis, das die Ehe zwischen Heiner und mir ausmachte, suchte ich bei Peter vergebens. Er ist ein Eigenbrötler und kann nur begrenzt Menschen neben sich ertragen. Kein Fakt, den er als seine Lebensmaxime auserkoren hat. Er ist einfach nur nicht in der Lage, engere Partnerschaften zu führen. Oft schaut er nicht nach links und nach rechts, wenn er in etwas vertieft ist, dann interessiert ihn nicht, was um ihn herum geschieht. In solchen Momenten bemerkt er auch nicht die Gefühlsregungen ihm nahestehender Menschen. Manchmal hatte ich das Bedürfnis, ihn mit der Nase direkt darauf zu stoßen, stoppte mich aber: Er ist kein Kind, er ist ein erwachsener und schlauer Mann, der sein Tun zu reflektieren vermag.

In all unseren Auffassungen und der Art und Weise, das Leben zu begreifen und zu formen, drifteten wir auseinander. Wenn Singledasein einen Namen hat, dann »Peter«. Ich nenne mich nicht Single-Frau, ich bin eine geschiedene Frau. Heute impliziert die Bezeichnung Single die ausschließliche Orientierung auf die eigene Person, die sich mit sich selbst einrichtet. Ich möchte mich nicht auf mich allein konzentrieren, meine Gedanken und Sinne sind auch darauf ausgerichtet, mit jemandem zusammen zu sein. Das heißt jedoch nicht, dass ich mit jemandem zusammen wohnen möchte. Einen Liebhaber kann ich ebenso und womöglich intensiver genießen, wenn er nicht nur ein Zimmer weiter zu finden ist, sondern mehrere Kilometer entfernt seine eigenen vier Wände besitzt. So bleibt trotz eines Wir-Gefühls ein Abstand gewahrt.

Peter hat sich zu mir nicht bekannt. Ich wusste, er ist in mich verliebt, aber er konnte es nicht nach außen tragen. Genau das verlangte ich aber von ihm. Ich kannte es nicht anders. Wer zusammen ist, kann es auch zeigen. Erst im Laufe der Monate habe ich begriffen, dass Peter ein anderer Mensch ist, einer, der sich erheblich von Heiner unterscheidet, mit dem die meisten Dinge nie so laufen werden wie mit Heiner. Wie ein drohender Kraftprotz baute sich die Erkenntnis vor mir auf, dass ich an jeden Menschen, an jeden Mann neu herantreten muss, dass jeder anders und jeder eigen ist. Peter wollte ich nach meinen Vorstellungen formen, ich wollte ihn in einen Rahmen pressen, der mir vertraut war. Einen anderen kannte ich nicht. Aber Peter ließ sich nicht hineindrücken. Er beharrte auf seinen Plänen.

Wir trennten uns. Schmerzlich vermisste ich den Sex mit ihm, vielleicht sogar mehr als die Person Peter. Später las ich in einer Fachzeitschrift für Psychologen und Psychotherapeuten, dass die erste Beziehung nach einer in die Brüche gegangenen langjährigen Partnerschaft ohnehin nicht gut gehen kann. Automatisch und unbewusst werden Ansprüche an den neuen Partner herangetragen, die eigentlich an den alten gerichtet oder von ihm erfüllt worden sind. Bekannte Strukturen sollen wieder aufleben, bewährte Modelle funktionieren. Doch mit einem anderen Menschen läuft dies nicht. Oft erfüllen neue Partner auch den Part des Trösters. Hat man sich nach einer schweren Enttäuschung wieder gefangen und geht gestärkt und gerade durch den Alltag, wird einem der Tröster zu viel. Mitunter weil er nun Dinge einfordert, die man nach dem

Crash gar nicht (mehr) geben will. Peter und ich waren nicht nur ein ungleiches Paar, sondern auch eines mit verschiedenen Voraussetzungen. Die Beziehung wäre, ehrlich gesagt, immer unfair geblieben. Aber sie hat mir eines klar gemacht: dass ich durchaus in der Lage bin, allein zu leben und sogar Spaß daran habe, dass ich schöne Stunden ohne Ewigkeitsanspruch genießen kann. Ich spürte, vermutlich zum ersten Mal in meinem Leben, was es heißt, unabhängig zu sein. Früher war es für mich ein Wort ohne große Bedeutung. Ich war verheiratet, fühlte mich aber nie gegängelt, kontrolliert oder beobachtet. Ich war frei und unabhängig – in meinem begrenzten Rahmen. Nie wäre ich auf die Idee gekommen, aufregende, verlockende, ergreifende Erlebnisse für mich allein zu bekommen, ich hätte sie stets mit Heiner teilen wollen. Nun war alles anders. In mir begannen sich Gelassenheit und die Erkenntnis auszubreiten, alle Zeit der Welt zu haben und mich durch nichts drängen zu lassen. Glück ist nicht an andere gebunden, hängt nicht von ihnen ab, sondern einzig und allein von mir selbst.

In dieser Stimmung beschloss ich, das Leben ab sofort ungeniert auf mich regnen zu lassen. Und nie einen Schirm zu benutzen. Es soll auf mich einprasseln, mit dicken Tropfen und – wenn es sein muss – auch mit Hagelkörnern. Ich bin gespannt auf jede Bewegung am Himmel, neugierig auf jede Wetteränderung. Die Sonne wird immer wieder für mich durchbrechen, dessen bin ich mir sicher.

Fortan konnte ich mich vor Männern nicht mehr retten. Mein Terminkalender platzte vor Verabredungen. Manchmal war es mir sogar etwas zu viel. Den ganzen Tag in der Praxis, manchmal schaffte ich nicht einmal, Pause zu machen. Abends wollte ich nur meine Beine hochlegen, ein Entspannungsbad nehmen und mich vielleicht vor dem Fernseher ausstrecken oder ein gutes Buch lesen. Aber das Telefon stand nicht still. Es ist erstaunlich, was eine positive Ausstrahlung bewirken kann.

In diese Stimmung hinein platzte Arnold. Wir lernten uns auf einem Fasching kennen. Er ist ein interessanter, gut aussehender Mann, er gefiel mir. Doch nicht so stark, dass ich bestrebt war, aus der Zufallsbekanntschaft mehr werden zu lassen. Aber Arnold ließ nicht locker. Er rief an, schickte Blumen, besorgte Theaterkarten. In seiner Hartnäckig- und Zielstrebigkeit imponierte er mir. Er schaffte es, alle meine Verehrer abzuwimmeln. Um ihn zu treffen, sagte ich verschiedene Termine ab. Obgleich ich ahnte, dass er nicht der Mann ist, mit dem allein ich die kommenden Monate verbringen wollte, zog mich an ihm etwas an. Dann erkannte ich, was es war: Sex.

Auf Arnold habe ich mich eingelassen, weil ich ihn körperlich begehrte. Er strahlte Erfahrung, Einfühlungsvermögen und Beharrlichkeit aus. Meine Sensitivität flüsterte mir zu, dass mich bei ihm etwas erwartet, was ich nicht kannte. Und so war es.

Fast unbemerkt schlüpfte ich in eine passive Rolle und genoss sie ungeheuer. Tagsüber bin ich Ärztin und Chefin, die Anweisungen gibt und anordnet. Und Mutter, die dafür sorgt, dass das Kind wohlbehütet durch die Pubertät wächst. Aber nachts streifte ich Arztkittel und Mutterrock ab und gab mich einfach hin. Noch nie hatte ich mich beim Sex anders verhalten als im täglichen Leben, immer mimte ich die Aktive, Agierende, Ausführende. Mit Arnold erlebte ich eine Metamorphose: von der aktiven zur passiven Liebhaberin.

Mit meinem jetzigen Wissen ist mir klar, dass ich mich bei Heiner nie hätte anders verhalten können als fordernd. Arnold habe ich meinen Körper angeboten, habe mich bedienen und verwöhnen lassen. Er liebkoste mich, bedeckte mich mit seinen Händen, seinem Gesicht, seinem Oberkörper. Ich selbst habe jedoch nichts getan, ich ließ es einfach nur geschehen: Nie hätte ich geahnt, dass Passivität so inspirierend, dass sich Lust im Körper steigern kann, auch wenn man nur empfängt und nicht gibt, wenn die eigenen Tastorgane nicht am erotischen Spiel teilhaben. Ebenso bei der »Werbung«: Arnold sendete eindeutige Zeichen aus, sagte mir, dass er mich begehre, aber ich wartete ab und ließ seine Wünsche unbeantwortet. Für mich war es wie ein Spiel: Mal schauen, wie lange er durchhält.

Später las ich bei John Gray, einem amerikanischen Bestseller-Autor von Partnerschaftsbüchern, dass diese Methode ihre Berechtigung hat, weil sie auf dem altbewährten Geschlechterverhältnis beruht: Der Mann will der Frau etwas bieten, er will sie beschützen, ihr die Welt zu Füßen legen. Die Frau soll die Angebote auflesen und als Geschenk betrachten. Grays Theorie ist zweifelsohne sehr fragwürdig, weil sich dahinter die Forderung nach der Wiederbelebung eines Rollenklischees verbirgt, das längst überholt und nicht mehr praktikabel ist. Ideologisch lehne ich Gray ab, aber in sexueller Hinsicht sind seine Schriften eine Bereicherung.

Der Sex mit Arnold war freier, lustvoller, offensiver als mit anderen Männern. Dennoch genügte er mir als Partner irgendwann nicht mehr. Auch wenn die körperliche Ebene vorhanden ist, bleibt eine Leere, wenn die Seelenschwankungen konträr verlaufen. Arnold liebte mich und engte mich dadurch ein. Er war eifersüchtig, oft völlig grundlos, und gebärdete sich als Herrscher. Er verlangte von mir, weniger zu arbeiten und mehr für ihn da zu sein. Offensichtlich hat er mich nie begriffen. Meine Arbeit ist für mich kein Broterwerb allein, sondern eine Lebensaufgabe, mein Lebensinhalt. Liebe und mein Mann gehörten früher ebenso dazu. Das ist jetzt anders. Männer und Sex schmücken mein Leben, malen es aus und bereichern es, aber sind keineswegs die Grundlage für meine Existenz.

Arnold wollte planen und weiterdenken. Das nahm allen unseren Erlebnissen die Spontaneität und Lust. Und er wollte diskutieren, alles ausdebattieren. Er gehört zur 68er-Generation und setzt in seiner Streitkultur auf »Basokratie«: Jede Handbewegung wird begutachtet, erörtert, die Ursachen werden erforscht und von allen Seiten beleuchtet. Ständig befand ich mich im Argumentationszwang. Dauernd darüber nachdenken zu müssen, mit welchem Beleg ich am besten aufwarte, dass ich beispielsweise lieber im Baggersee bade und nicht im Freibad, zerrt an den Nerven und den Kraftreserven. Aber das Schlimmste: Es raubte der Beziehung jede Leichtigkeit. Anstrengungen bietet das Leben oft genug, die brauche ich nicht in meinem Liebesleben.

Während Arnold für mich nie mehr als nur ein temporärer Liebhaber war, betrachtete er unser Verhältnis ernsthafter. Das machte es so schwer, es zu lösen. Arnold hat mich so stark umklammert, dass ich kaum Luft bekam. So wie er nicht verstanden hat, dass ich Zeit für mich benötige, so wenig begriff er, dass ich ihn nicht dauerhaft zu lieben vermag. Mit Heiner hatte ich viel Zeit für mich, konnte lesen und nachdenken, musste nicht reden. Arnold sprach pausenlos, er wollte sich mit mir auseinander setzen. Wenn ich nach einem anstrengenden Tag in der Praxis, an dem ich mich auf unzählige Patienten einstellen muss, abends keine Lust auf Kommunikation verspürte, empfand das Arnold als persönliche Beleidigung. Manchmal hatte ich ein schlechtes Gewissen, ihn abgewiesen zu haben, aber mir im Nachhinein an die Stirn gegriffen: Wenn wir in dieser Frage keine Einigung finden, werden wir sie in schwierigen Situationen erst recht nicht bekommen.

Zur Zeit genieße ich die »freie« Zeit ohne dauerhaften Liebhaber. Hin und wieder treffe ich Männer, drossele aber rapide die Anzahl der Dates. Ich lasse alles auf mich zukommen und bin froh gestimmt. Als Motto müsste über meiner Tür prangen: »Ich freu' mich auf die nächste Nummer.«

Ich bin neugierig auf jeden Mann, den ich kennen lerne, ich schaue mir Männer mit anderen Augen an als früher. Ich schaue überhaupt erst richtig hin. Oft horche ich in mich hinein: Könntest du mit dem schlafen, der da neben dir die Rolltreppe hochfährt? Oder mit dem, der das Brot unter seinen Arm klemmt, als sei es eine Aktenmappe? Die erotische Komponente liefert nicht selten eine Einstiegsebene für eine Bekanntschaft, in der Körperlichkeit findet man am schnellsten eine Sprache. Doch ebenso schnell wie sie auftaucht, kann sie sich wieder verflüchtigen.

Solche vordergründig auf Lust ausgerichteten Gedanken kannte ich bislang nicht. Nie hatte ich das Bedürfnis, mir irgendeinen Mann für eine Nacht zu suchen. Das habe ich auch noch nicht getan. Mein sexuelles Verlangen ist stets an eine bestimmte Person gekoppelt. Vielleicht erlebe ich irgendwann einen feurigen One-Night-Stand, ich lecke Blut und will nicht mehr zurück. Kann sein. Kann aber auch nicht sein.

Ob Heiner der wichtigste Mann in meinem Leben bleiben wird, vermag ich nicht zu sagen. Er nimmt nach wie vor großen Raum ein. Trotz des Schmerzes, den er mir zufügte, erinnere ich mich gern an die tiefe und enge Liebe, die uns verband, an das Gefühl der Geborgenheit und des wortlosen Verstehens. Vielleicht kann er im

Laufe der nächsten Jahre so etwas wie ein guter Freund für mich werden, der mein Leben bereichert.

Nicht ein einziges Mal in unserer Ehe habe ich ihn gefragt, ob er mit anderen Frauen schläft oder sich Liebhaberinnen hält. Wenn ich mich seiner vergewissern wollte, fragte ich, ob er mich noch liebe. Stets bejahte er. Und das genügte mir. Durch den Bruch bin ich ein Stückchen über mich selbst hinausgewachsen. Um mich wohl zu fühlen, benötige ich nicht unbedingt eine zweite Person an meiner Seite, sondern erfreue mich an Kleinigkeiten, die andere vielleicht nicht so intensiv wahrnehmen: Blumen, Vögel, schöne Fassaden, einen Windstoß, die Gegenwart eines liebenswerten Menschen. Ich atme den Duft eines Waldes intensiver und lausche den Geräuschen des Unterholzes. Für jeden Tag, den es mir gut geht, bin ich dankbar. Das klingt furchtbar pathetisch, aber es kommt mir vor, als sei ich durch die Hölle gegangen und stärker und lebensbejahender wieder auf meinen Füßen gelandet. Inzwischen kenne ich viele Paare, von denen der Mann schwul ist. Diese Paare leben weiter wie bisher. Aber nicht, weil sich die Partner abgöttisch lieben und nicht aufeinander verzichten wollen, sondern weil die Frauen zu schwach sind zu gehen.

Eine große Gelassenheit ist in mir eingetreten, mich kann nichts mehr so leicht umstoßen. Wenn ich Stress erlebe, beruhige ich mich: Gut, dass es so ist, das ist das Leben, das du da merkst. Trotzdem verspüre ich das Bedürfnis nach einer längerfristigen, harmonischen Beziehung. Nicht sofort, sondern irgendwann. Wenn die Zeit dafür reif ist. Mein Leben allein ist schön, aber meine Freude möchte ich nicht in jedem Fall nur mit mir selbst genießen, sondern teilen.

Außerdem würde ich meiner Tochter gern wieder einen festen Partner »präsentieren«. Es verunsichert sie sehr, glaube ich, dass inzwischen verschiedene Männer am Frühstückstisch gesessen haben. Das kennt sie nicht von mir, sie war durch die Ehe Kontinuität gewohnt. Manchmal frage ich mich allerdings, ob das, was sie momentan erlebt, nicht die beste Lebensschule ist, die sie je bekommen kann. Zumindest eine weitaus bessere, als ich sie erfahren habe. Meine Eltern haben mir eine partnerschaftliche Idylle vorgeführt, in der Konflikte nicht offen ausgetragen wurden. Ein ganzes langes Leben voller gleichbleibender Liebe? Ich hoffe, dass meine Tochter durch die vergangenen und aktuellen Erlebnisse krisensicherer geworden ist, als ich es bislang war. Sie bekam vorgeführt, dass der beste Elfenbeinturm keinen Schutz bietet, wenn er auf keinem festen Fundament steht. Und sie erlebt ihren Vater in einer Beziehung zu einem Mann, wodurch sie eine Toleranz mitbekommt, die sie hoffentlich nicht an einen einzigen Lebensentwurf klammern lässt.

Ihr gegenüber verstecke ich meine Sexualität nicht. Wenn Männer bei mir übernachten, weiß meine Tochter, warum sie bleiben. Ich schränke mich nicht ein. Meine Sexualität ist losgelöst und unabhängig von ihr. Sie soll sehen und mitbekommen, dass Sex Spaß macht, dass er dem Körper und der Seele gut tut. In ähnlicher Form erlebt sie es auch bei ihrem Vater. Noch nie bin ich auf die Idee gekommen, mir meine Liebesnächte so zu organisieren, dass meine Tochter davon nichts mitbekommt. Nur einmal im Urlaub, da war es etwas peinlich. Meine Tochter hatte zwar ein eigenes Zimmer, aber das Bett von mir und meinem Liebhaber quietschte so laut, dass sich fast die Balken bogen. Gesprochen habe ich mit ihr darüber nicht. Das Thema Sex blieb in unseren Gesprächen bislang ausgespart. Zum einen möchte ich sie nicht dazu drängen, sie wird mir ein Zeichen geben, wenn sie über Sex reden will. Zum anderen wickeln Mädchen in ihrem Alter darüber viel in der Schule und mit ihren Freundinnen ab.

Aber ich setze alles daran, ihr deutlich zu machen, ihr vorzuleben, dass Lebenskraft nicht versiegt, wenn man an sich glaubt, dass Lebensfreude nie immer nur an einen Menschen geknüpft sein darf. Und dass man sich von Partnern lösen kann, ohne Schaden zu nehmen. Trennungen werden immer schmerzen, doch sie müssen niemanden umbringen. Man geht leichter mit ihnen um, wenn man sich selbst nicht in Frage stellt. Und wer weiß, was man sich vergibt, hält man lediglich an einer Lebensphilosophie und einem einzigen Mann fest.

Der Puff ist mein Wohnzimmer

Oskar R. (37), Drucker in Potsdam, lebt seine Sexualität bei Prostituierten aus

Es fing an, als ich Kind war. Bereits als vorpubertärer Knabe bemerkte ich in mir etwas, das ich nicht benennen konnte. Es kam von tief unten und durchdrang meinen gesamten Körper. Ein intensives und forderndes Gefühl, es beherrschte mich, es hatte mich fest gepackt. Bis ich meinen ersten Samenerguss bekam und Erleichterung spürte. Es war wie eine Explosion, obwohl ich noch immer nicht genau wusste, was eigentlich passiert war. Danach habe ich mehrmals täglich masturbiert. So hat mein Sexualtrieb mein Leben in den Griff genommen. Und mich geprägt.

Als ich 13 war, starb meine Großmutter. Der leere Platz im riesigen Ehebett aus massiver Eiche neben meinem Großvater wurde mir zugeteilt. Nachts, wenn er schnarchte, onanierte ich. Ich wusste nicht, wie man es richtig macht. Aber ich fühlte diesen Druck und dachte nur eines: Er muss raus, der Druck, *es* muss raus. Meine Lenden verspannten sich, mein Glied stellte sich auf. Aber ich nahm es nicht in die Hand, das wagte ich nicht. Um mich herum baute ich eine Phantasiewelt auf, in der die Bettdecke eine Frau war und meinen Körper von oben bis unten bedeckte. Das Kopfkissen, das Gesicht einer Frau, küsste und liebkoste ich. Meinen Unterleib rieb ich am Laken. Manchmal wackelte das Bett heftig und Großvater wurde wach.

Als Jugendlicher verschmähten mich die Mädchen. Ich war kein Typ, den sie anschauten: klein, picklig, mit Brille. Doch das Begehren, das in mir mächtiger und mächtiger wurde, wollte gestillt werden. Ich sann nach einem Ausweg – und wurde Mitglied im Buchklub. Ich verschlang jede Menge erotischer Literatur. In anderen, »normalen« Büchern suchte ich gezielt nach den »Stellen«. Unbewusst kam ich in den Genuss jeder Menge wunderbarer Romane, die ich vermutlich sonst nie gelesen hätte. Am stärksten beeindruckte mich Jorge Amado. Seine frivol-lebenslustigen Beschreibungen von Liebe und Sexualität regten mich an. Nach ihrer Lektüre masturbierte ich.

Mit 18 durfte ich zum ersten Mal ein gleichaltriges Mädchen anfassen und mit ihm schlafen. Jede Menge Alkohol war im Spiel. Ein Alptraum. So hatte ich mir das nicht vorgestellt, so wollte ich keinen Sex: Ein kurzes, ruckartiges Raufrutschen, einige harte Stöße und alles war vorbei. Ohne Romantik, ohne Gefühle. Dieser Sex widerte mich an.

Kurz darauf wurde ich zur Armee einberufen. Unzählige junge Männer auf einem Haufen, mit dem Wissen im Kopf, die kommenden Wochen eingesperrt und ohne irdische Freude zu sein – das ist die Hölle. Beim ersten »Ausgang« stürmten die Männer die Kneipe im nahe gelegenen Dorf und griffen nach den Mädchen, die dort schon bereit saßen. Manche stürzten ein Bier hinunter und nahmen an der Hauswand ein Mädchen im Stehen. Es ekelte mich, wie die Frauen als Besitz verstanden wurden, es ekelte mich, wie sich Sex abspielte, es ekelte mich das gesamte Ambiente. Meine Sinne zogen mich woanders hin.

In Hermann Hesses »Spaziergang in Berlin« hatte ich vom Straßenstrich in der Friedrich- und in der Oranienburger Straße gelesen. Hesse beschreibt in der Erzählung die blühende Zeit der zwanziger Jahre. Das Scheunenviertel – ein Ort, an dem heftig geliebt wurde, ein Mekka für Künstler und Dichter, für Strauchelnde, Huren und Tagediebe. Dieses Flair reizte mich, ich wollte eintauchen in den verruchten Nebel der käuflichen Liebe. Das Rotlichtmilieu, das ich in den literarischen Vorgaben fand, zog mich magisch an. Mein nächster Armeeurlaub führte mich geradewegs nach Berlin.

Damals war die Stadt noch geteilt, ich wuchs in der DDR, in Thüringen, auf. Als suchte ich nichts, schlenderte ich durch die Oranienburger. Sie versprühte einen spröden, morbiden Charme. Nichts von dem ist durch die Sanierungen nach der Wende erhalten geblieben. Ich tat ahnungslos und unwissend, aber insgeheim huschten meine Augen von einer Ecke in die nächste, um ein bekanntes Detail zu erhaschen oder gar auf eine Prostituierte zu treffen.

Nichts deutete auf das hin, was ich zuvor in den Romanen und Erzählungen gelesen hatte. Dann plötzlich stand sie vor mir: *Die* Frau. Sie trug einen weißen Pelzmantel und hatte rote Haare. Eine ungewöhnliche Kleidung für eine Frau im Osten. Deshalb war sie mir aufgefallen. Eine unsichtbare Kraft zog mich zu ihr hin und ließ mich mechanisch, aber mutig fragen: »Wollen wir zusammen Sex haben?« Sie war etwa fünfzig Jahre alt. Wir kauften eine Flasche Schnaps und gingen in ihre Wohnung. Sie kam mir unendlich alt vor. Ihr Gesicht und ihr Hals waren faltig, ihre Haare verfranzt. Doch ihre Brüste so fest wie die einer Zwanzigjährigen. Für zehn Mark durfte ich mit ihr schlafen.

Ich schlich noch mehrere Male durch die Straße, die mit dem Fall der Mauer zum bekanntesten Straßenstrich Ostberlins avancierte und sich seitdem »geile Meile« nennt. Meine erste Prostituierte habe ich nie wieder gesehen.

Eines Tages lernte ich im Zug zufällig eine Frau kennen, die in der Oranienburger Straße wohnte. »Wenn du kein Auge für Prostitution hast«, sagte sie, »bleiben dir ihre Zeichen auf ewig verschlüsselte Chiffren.« Den Huren sah man ihre Profession nicht an, sie boten sich nicht offen auf der Straße feil und gaben sich nicht so kaltschnäuzig wie manche Straßenprostituierte heute. In Hausaufgängen warteten die Frauen auf die Freier, unauffällig und leicht verhuscht. Manche Huren liefen auf und ab, einige hatten Zuhälter. Fuhr ein Freier mit dem Auto vor, stieg oft nicht nur die Hure, sondern auch ihr Lude in den Wagen und verhandelte den Preis. Ab 50 Mark gab es Sex ohne Gummi. Die Frauen machten es im Auto, im Gebüsch oder nahmen die Männer mit in ihre Wohnungen. Viele der Huren waren warm und herzlich und suchten – ebenso wie ihre Freier – nach Liebe und Geborgenheit.

An manchen Tagen blieb das Pflaster leer, die Frauen waren finanziell nicht darauf angewiesen, jeden Tag auf der Straße zu stehen. Wie ein gehetztes Tier jagte ich um die Ecken, in der Hoffnung, hinter der nächsten Biegung eine Frau zu treffen. Jede war willkommen. Trabbis drehten ihre Runden, umsonst, der Beifahrersitz blieb leer. An den Tagen der Flaute tuckelten die Autos am Bordstein entlang, manchmal wurden sie von der Polizei angehalten. Die vergebliche Suche nach einem Parkplatz ging im Osten als Argument nicht durch.

Die hygienischen Bedingungen damals waren schlecht. Die Frauen wuschen sich nicht zwischen den Männern, Kondome wurden kaum benutzt, alles trug im Vergleich zu heute einen unprofessionellen Charakter. Anders die Hotelprostitution. Teilweise wurde sie staatlich organisiert, um Devisen ins Land zu holen. Die Gastronomie – der mächtigste Zuhälter im Osten. Jedes Hotel besaß eine Bar, in der für Westgeld gegessen und getrunken wurde. Dort saßen die Frauen am Tresen, nippten am Sekt und warteten auf Kundschaft. Ich besaß Westgeld, aber nicht genug, um mir Sex im Hotel zu kaufen. Die Frauen nahmen utopische Summen: 200 Mark für eine Stunde.

Einmal ging ich mich in die Kamin-Bar im Palast-Hotel. Über ausreichend Ostgeld verfügte ich. Ich wollte ein Gespür dafür bekommen, wie es sein könnte, mit einer Frau auf ein Zimmer zu gehen und dort mit ihr zu schlafen. Für West-Mark kaufte ich mir eine Frankfurter Allgemeine Zeitung und hockte mich an die Theke. Zwischen den anderen Besuchern fiel ich auf: Weder war ich elegant noch dem Ambiente entsprechend gekleidet. Doch ich sog den Duft, das rauschende Gefühl in mir auf, ganz dicht dran zu sein. Wenigstens einmal fast mittendrin sein, sagte ich mir. Für 115 Mark Ost nahm ich mir ein Zimmer für eine Nacht, schlief dort – allein – und frühstückte am nächsten Morgen opulent in der Halle.

An anderen Abenden zog es mich in den Friedrichstadtpalast. Die Frauen dort gehörten häufig zum Hausballett und breiteten ihre Sinnlichkeit in erotischen Tänzen und Striptease aus. Meine Augen konnten die geschmeidigen Körper und hormontreibenden Bewegungen nicht loslassen. Unzählige Male klebte mich eine unglaubliche Erektion an meinen Barhocker. Auch diese Frauen waren für mich so unerreichbar wie der Himmel für den Teufel. Um dem Strudel aus Anspannung und Nichterfüllung wenigstens ein bisschen zu entrinnen, stolperte ich in die nächstgelegene Telefonzelle, um für 20 Pfennig eine jener Nummern anzuwählen, die in den West-Boulevardblättern »heißen Sex an der Strippe« versprachen. Ich ließ mir von der Frau in der Leitung beschreiben, wie sie aussieht und wie sie gekleidet ist. Ich redete mit ihr, solange es meine Zeit erlaubte. Masturbieren konnte ich in der Zelle nicht.

Der Mauerfall weitete die Tore zur Glückseligkeit. Ich wusste genau, wohin ich meine 100 Mark Begrüßungsgeld tragen wollte. Andere kauften sich Levis, Langnese-Eis oder Stones-Platten. Ich stopfte mir die heißen Scheine in die Tasche und suchte eine Frau, deren Adresse mir aus der B.Z. im Gedächtnis haften blieb. Sie nannte sich Yvonne Klein und betrieb ein Erotik-Studio. Es befand sich im ersten Stock eines gewöhnlichen Hochhauses in der Lietzenburger Straße. Sie hatte sich in ihrer Wohnung eingerichtet, die vier oder fünf Zimmer hatte. Vor den Fenstern hingen schwere Samtvorhänge, in den Räumen sammelten sich Plüsch und Tand. Ein sonderbares Bild für einen Ossi, der sich in seinen Klischeevorstellungen von Prostitution uneingeschränkt bestätigt findet.

Für eine dreiviertel Stunde Sex verlangte Yvonne Klein 220 Mark. Ich hatte nur 60. Ich tat ihr wohl leid oder sie mochte mich – keine Ahnung –, aber sie sagte, sie mache eine Ausnahme, für mich. Und massierte mich. Normalerweise zähle die alleinige Befriedigung mit der Hand nicht zu ihrem Repertoire, erklärte sie. Ebenfalls nicht Berührungen durch Männer. Ich durfte sie anfassen und erlag einem sinnlichen Taumel, der mein Einstieg in die Szene Westberlins war.

Am nächsten Tag kaufte ich mir einen »Stadtplan für Männer«, der nicht nur alle einschlägigen Adressen, Verkehrsanbindungen und Preise in den Bordellen und Bars benennt, sondern auch Tipps gibt, in welchem Puff asiatische oder osteuropäische Frauen arbeiten, und wo es härter zur Sache geht. Ebenso verrät der Guide, in welchen Einrichtungen sich die Freier vor überhöhten Preisen und Neppern in Acht nehmen sollen. Der Stadtplan diente mir als erste Orientierung, die Sprache in dem Heft mochte ich nicht. Sie verkörperte eine männliche Macho-Sicht, die mir damals fremd war und es bis heute geblieben ist: Frauen, die sexuelle Dienste anbieten, dienen dem Mann als Ware, er kann mit ihnen machen, was er will. Frauen haben gefügig zu sein.

Ich habe vor Frauen Hochachtung – unabhängig, welchem Beruf sie nachgehen, wie schön, alt oder klug sie sind. Ich könnte mich ihnen gegenüber nicht so verhalten, wenn ich sie nicht als gleichwertige Partnerinnen betrachten würde. Männer, die Frauen schäbig und abwertend betrachten und behandeln, verachte ich zutiefst.

Immer, wenn ich genügend Geld habe, gönne ich mir den Besuch in einem Bordell. Ich kenne sie alle und weiß, welche Frauen dort arbeiten. Mit jedem Puff verbinden sich Erinnerungen. Eine Lieblingseinrichtung habe ich nicht. Mich drängt es nach Abwechslung, mich jagt der Reiz, auf unbekannte Frauen zu stoßen, mich treibt die Angst, etwas zu verpassen: Es kann ja immer noch besser werden. Anfänglich zog es mich jeden Abend in ein neues Haus, weil ich in die Szene eindringen wollte wie ein Agent in den Untergrund. Doch im Gegensatz zum Spion näherte ich mich dem Milieu privat und ohne »Kampfauftrag«. Es gibt zahlreiche Freier, die im Laufe der Zeit in bestimmten Bordellen Stammkunden werden. Ich hege keine spezielle Vorliebe, ich genieße alle Frauen.

Zwischen deutschen und osteuropäischen Frauen gibt es einen Unterschied. Es mag klischeehaft klingen, aber die polnischen und russischen Huren sind liebevoller und zärtlicher. Sie geben für Stunden die Illusion, eine Geliebte im Arm zu halten. In den ersten Jahren nach der Wende arbeiteten in deutschen Bordellen vor allem Akademikerinnen aus Osteuropa. Ich war gleichermaßen irritiert und angetan. Die Frauen verkörperten eine Sanftheit, die mich anzog und mich nicht nur körperlich, sondern auch seelisch befriedigte. Ihre Bereitschaft, sich hinzugeben und aufzuopfern hängt stark mit dem Frauenbild und der Rolle der Frau in Osteuropa zusammen. Die Frauen waren es gewohnt, sich unterzuordnen und Liebe zu geben. Das heißt nicht, dass ich vorrangig Frauen suche, die dieses Klischee bedienen. Mir geht es, nicht darum, Frauen zu unterwerfen. Aber ein realer Fakt löst sich nicht auf, indem man ihn nicht genau so benennt, wie er existiert.

Die meisten Osteuropäerinnen sind hochgebildet und klug. Als Mann aus dem Osten erschien es mir anfangs merkwürdig, auf Frauen zu treffen, die einen akademischen Abschluss haben. Damit möchte ich nicht behaupten, dass andere Prostituierte keine Bildung hätten oder dumm seien und die einzige Möglichkeit, ihren Lebensunterhalt zu verdienen, darin sähen, ihren Körper anzubieten. Doch der Osten propagierte einst ein völlig anderes Bild des

Akademikertums. Akademiker stellten die Vorhut, die Elite der Gesellschaft dar, hieß es immer.

Jedes Mal, wenn ich auf eine osteuropäische Hure traf, stieß mir ein Bild in den Kopf, das ich in einer Fernsehreportage gesehen hatte: ein russischer Professor für Kernphysik, der nach der Wende arbeitslos wurde und in Moskau als Kellner arbeitete. Die Tragik eines Lebens. Plötzlich ist das, was man vorher tat, nichts mehr wert.

Fidel Castro brüstete sich Mitte der neunziger Jahre damit, Kuba hätte die bestausgebildeten Jineteras. Ich habe gesehen, wie die Prostituierten »arbeiten«: Am Strand von Santa Maria, einem Badeort in der Nähe Havannas, liegen sie haarlosen, weißen deutschen Männern zu Füßen und kraulen ihnen den fetten Bauch. Manche Frauen werden mit einem warmen Essen bezahlt. Schöne, hochgebildete Frauen, die sich von dummen, ekligen und prolligen Männern erniedrigen lassen müssen, nur weil diese in Deutschland bei VW beschäftigt sind und gerade so viel verdienen, dass sie sich alle Jahre einen Sexurlaub auf der karibischen Insel leisten können. Zu Hause werden die Männer von keiner Frau angeschaut, auf Kuba tun sie so, als könnten sie alles kaufen. Selbst die Ehre der Frauen.

Ebenso in Südostasien. Europäische Männer mieten sich einen Platz in einem Bumsbomber und glauben, sich in Thailand wie die Schweine benehmen zu können, weil sie mit glänzenden Scheinen wedeln. Die Bilder vom Sextourismus dieser Art sind deprimierend und bitter. Mir ist die Geilheit der Männer, die sich junge Mädchen kaufen und über sie bestimmen, über alle Maßen fremd. Überhaupt stößt mich männliches Denken ab, zielt es allein aufs Abspritzen. Für jene Männer dienen Frauen nur als Samenauffangbecken. Einmal sagte ein Bekannter zu mir, er hätte jetzt eine Freundin, da bräuchte er die Rotlichtszene nicht mehr. Eine feste Freundin sei einfach billiger. Dieser Mann denkt die Frau klein und abwertend. Vermutlich merkt er gar nicht, wie er sich selbst mit solchen Bemerkungen abwertet und disqualifiziert.

Mit den polnischen Frauen hatte ich nicht nur Sex, ich unterhielt mich mit ihnen, vor allem über die Vergangenheit. Als Ossi reiste ich früher viel nach Polen, verbrachte meinen Urlaub in den Masuren oder im Gebirge. Ich glaube, die Frauen waren stets glücklich und erfüllt, wenn sie auf jemanden trafen, der ihr Land nicht nur aus dem Atlas kennt, der ihre Mentalität versteht und ihre Gründe, nach Deutschland zu kommen. Auf diese Weise entstand ein gegenseitiges Geben und Nehmen. Die Hure ist nicht nur Sexarbeiterin, sie ist Therapeutin, Krankenschwester, Psychologin und Freundin. Nicht wenige Männer suchen Aufmerksamkeit, wenn sie ins Bordell gehen, sie möchte einfach nur reden. Sie bezahlen die Prostituierte dafür, dass sie ihnen zuhört.

Ich will beides: Sex und Gespräch. Frauen, die lediglich ihre Beine breit machen und unnatürlich stöhnen, geben mir nicht viel. Ich suche Zärtlichkeit und Nähe. Es ist ein Trugschluss zu glauben, Intimität entsteht vor allem durch körperliches Beieinandersein, sie entspinnt sich hauptsächlich im Kopf und durch eine geistige Verbundenheit.

Einige Male bin ich in Bordells abgewiesen worden. Ich klingelte an der Pforte und wartete, dass die Tür geöffnet wurde. Durch den Spion begutachtete mich der Einlasser und befand mich wohl für nicht ausreichend sympathisch. »Du kommst hier nicht rein«, raunzte er durch den Spalt, den er zwischen sich und mir in der Türfüllung freigab. Das waren meist edle und teure Läden, in denen gern Anzugträger gesehen sind. Andere Puffs sind keineswegs schlechter, auch arbeiten dort keine »niederen« Frauen. In der Regel herrscht im Bordell ein höflicher Umgangston, es wird auf Stil geachtet. Freier und Prostituierte reichen sich zur Begrüßung die Hand und stellen sich einander vor. Oft setzen sie sich an die Bar, trinken einen Sekt oder Whisky und verhandeln über die »Leistung«: Blasen, Französisch total, normaler Verkehr. Immer mit Kondom. Die Huren achten auf ihre Gesundheit, ihr Körper ist ihr Kapital. Sicher, gibt es einige billigere Puffs, in denen junge Mädchen Blasen ohne Kondom und Abspritzen in den Mund anbieten. Neuerdings sammeln sich solche Etablissements verstärkt im Berliner Regierungsviertel ...

Durch den »Stadtplan für Männer« wusste ich, dass auf der Straße des 17. Juni sowie der Kurfürstenstraße Frauen für wenig Geld ihre Dienste anbieten. Sie stehen auf der Straße, weil sie jede Mark brauchen: für den nächsten Schuss, ein bisschen Dope, ein wenig inneren Frieden. Sie tun alles, was Freier von ihnen verlangen. Sie sind Wracks, mehr tot als lebendig. Auf dem Fahrrad strampelte ich mich der Welt der Drogen- und Beschaffungsprostitution entgegen. Dieses Milieu interessiert mich nicht, es ist nicht das, wonach ich suche, wenn ich an Huren denke. Doch ich wollte es gesehen haben.

Die Frauen und zum Teil sehr jungen Mädchen tun mir leid. Nie könnte ich mit einer Frau schlafen, die so weit unten ist. Ich käme mir vor, als würde ich sie benutzen. Wahrscheinlich würde sich dann das Gefühl einstellen, eine Frau *gekauft* zu haben. Gerade das will ich nicht. Ich möchte mit Frauen schlafen, die mir ebenbürtig sind, die nein sagen, wenn sie etwas nicht wollen. Die selbstbestimmt und aufrecht daherkommen und nicht winseln, ich könne mit ihnen alles machen. Es gibt eine Menge Männer, die sich für fünf Mark Erleichterung verschaffen. Ich verachte diese Männer nicht. Sie tun mir leid. Vielfach treibt sie ihre Abscheu vor Kondomen zu den »billigen« Frauen. Dass sie sich dadurch einem gesundheitlichen Risiko aussetzen, sollten die Männer wissen. Oft sind die Frauen wandelnde Todesschützen mit unsichtbarer Munition. Ich benutze immer Kondome.

Berlin nimmt in der Behandlung der Rotlichtszene durch die Politik einen besonderen Stellenwert ein. Sie ist die liberalste Stadt in Deutschland. Städte wie Hamburg oder Frankfurt am Main genießen zwar einen besonderen Ruf, wenn es um Prostitution geht. Doch dieser Ruf entstand vor allem durch Legenden wie St. Pauli und die Reeperbahn. Doch der Geist, der durch die Straßen anderer Städte weht, ist wesentlich moraldozierender als in Berlin. Die Menschen hier sind offener, toleranter und unbefangener als anderswo. Das spüre ich immer wieder, wenn ich in anderen Städten in die Szene abtauche. Von Rostock bis nach Suhl, von Köln bis nach München. Überall gibt es schöne, empfindsame Huren, überall gibt es Freier wie mich und solche, die sich lediglich eine Frau kaufen, weil sie Druck haben. Aber in all den Städten spricht man nicht so offen über die käufliche Liebe wie in Berlin, wird Prostitution nicht als etwas »Normales« behandelt. Männer, die zu Prostituierten gehen, gelten als Schweine, Huren als erbarmungswürdige, nichtsnutzige Geschöpfe.

In Frankfurt am Main arbeiten viele Ausländerinnen, die Küssen auf den Mund erlauben. Normalerweise küssen Huren ihre Freier nie. Ein Kuss ist etwas Intimes, Privates, das nur den Ehemännern und Geliebten der Huren vorbehalten bleibt. Die Begegnung der Münder von Prostituierter und Freier ist widernatürlich.

München ist sehr teuer. Der Taxi-Fahrer, den ich nach einem passablen Bordell fragte, sagte, ich bekäme nichts unter 500 Mark. In der Regel müsse man rund 1000 Mark für den Gang in den Puff berappen. Da sei aber – außer Küssen – alles dabei: Baden und Massieren im Whirlpool, Blasen, Ficken. Aber es macht trotzdem keinen Spaß. Die Häuser sind an den Stadtrand gedrängt, die Frauen distanziert. Einem Mann, der nur abdrücken will, mag diese Art Sex entgegenkommen. Aber darum geht es mir nicht, oft will ich gar keinen Orgasmus bekommen. Ich will die Nähe und die Sinnlichkeit der Frau spüren. Wenn ich sie nicht anfassen darf, gefällt es mir nicht.

Die Hafenstädte – Rostock, Kiel, Hamburg, Lübeck – sind in der Regel mit Eros-Centern ausgestattet, die in der Nähe der Kaianlagen hingeprotzt sind. Seefahrt und Prostitution gehören zusammen wie Rum und heroische Matrosenlegenden. Die Hafenprostitution an sich ist nicht dreckig, aber dort, wo sie stattfindet, wimmelt es vor Schmutz. Die Gebäude der Eros-Center haben meist mehrere Stockwerke mit unzähligen, schäbigen Zimmern auf jeder Etage. Anonyme Großbetriebe, die in erster Linie nackte Befriedigung verschaffen sollen. Die Türen zu den freien Zimmern stehen offen, die Frauen warten auf den nächsten Kunden wie gerupfte Hühner auf dem Tiermarkt. Eine Stunde für 100 Mark.

Prostitution und Puff sind mein Alltag. Andere Männer haben eine Familie, hämmern im Bastelkeller oder spielen Squash. Ich verbringe meine freie Zeit mit Huren. Doch im Gegensatz zu vielen anderen Freizeitbeschäftigungen ist mein Hobby teuer. Ein ägyptisches Sprichwort sagt: »Wer ein Straßenmädchen liebt, dessen Geldbeutel hat an der Seite einen Schlitz.« Ich habe 50.000 Mark Schulden. Vor einiger Zeit waren es noch mehr. Allmählich schufte ich den Berg ab. In einer Nacht mehrere tausend Mark loszuwerden, bedeutet, innerhalb weniger Stunden das Gehalt eines Monats verloren zu haben. Manche Männer – zugegeben die reicheren – wandeln in einer Nacht bis zu 10.000 Mark in Sex um. Der Schauspieler Ben Becker versetzte nach einer Preisverleihung bei der Berlinale seinen Goldenen Bären in einem Puff. Einmal traf ich auf Rolf Eden, der mit seinen Scheinen wedelte. Vermutlich verlässt der kein Bordell, ohne mehrere 1000er-Scheine in die Kasse gesteckt zu haben.

In einige Huren verliebte ich mich. Ich offenbarte mich den Frauen, sie schreckten zurück: »Du darfst dich nicht an mich verschwenden.« Manchmal verbrachte ich ganze Nächte in den Häusern. Am Morgen war ich 2500 Mark los. 200 kostet ein Zimmer für eine Stunde. Wenn ich mit der Frau, die ich anbetete, dort war, konnte ich nicht mehr. Sie konnte mich stimulieren, wie sie wollte, ich kam nicht. Wenn ich Nähe spüre, Übereinstimmung, nach der ich mich am meisten sehne, fühle ich mich glücklich, aber zerrissen. Etwas in mir blockiert mich und hält meinen Samen fest. Ich kann nicht loslassen. Vielleicht hat es damit zu tun, dass die Frau, die ich begehre, für mich heilig ist. Dann bin ich unfähig, ihr das Verschaffen von Befriedigung für mich abzuverlangen.

Oft fragte ich mich, ob ich mit einer Hure zusammen sein und mit ihr leben könnte. Wenn ich mit einer zusammen wäre, wüsste ich, wo sie arbeitet, was sie dort tut und wem sie es macht. Rational sage ich mir, es ist eine Arbeit wie jede andere auch, außer der Tatsache, dass die nicht am Schreibtisch, sondern im Bett stattfindet. Aber ich hätte Angst, meine Frau zu verlieren, ich wäre eifersüchtig auf all die anderen Männer, die zu ihr gehen. Sie könnte mich wegen eines anderen, eines tollen Mannes wegen verlassen! Eine Hure sagte mir mal, dass ein Mann eine Frau immer als Besitz ansieht und über sie bestimmen will. Prostituierte haben jeden Typ Mann kennengelernt, keiner kann sie mehr überraschen. Vielfach haben sie von Männern die Nase voll und wollen unabhängig sein.

Die Frage nach einer Beziehung zu einer Hure berührt bei mir ganz stark die Frage nach meiner eigenen Liebesfähigkeit. Bin ich ein Egoist, der nur an das eigene kleine private Glück denkt, den es stört, wenn seine Frau andere Männer hat, der eine Frau besitzen will? Ich glaube, mich treibt weniger ein Besitzstreben, sondern die Angst vor Verlust von Vertrauen. Seit einem Jahr habe ich eine

Freundin, sie lebt in einer kleinen Stadt in Mecklenburg-Vorpommern. Wir sehen uns an den Wochenenden und im Urlaub. Ich weiß nicht, was sie in der Woche treibt, ich vertraue ihr. Ich liebe sie und möchte, dass sie glücklich ist. Das ist sie nur, wenn ich sie nicht einsperre und nicht kontrolliere. Ich verlange nichts von ihr, sie nichts von mir. Und doch täte es ihr weh, würde ich fremdgehen. »Untreue beginnt im Kopf«, sagt sie und meint die ideelle Beziehung zu einer anderen Frau. Von meiner Vergangenheit weiß sie. Ebenso von meiner Gegenwart. Trotz der Liebe zu meiner Freundin kann ich auf Huren nicht verzichten. Meine Besuche in Bordellen sind seltener geworden. Früher zog ich fast jeden Abend in die Puffs, manchmal von einem zum nächsten, drei in einer Nacht. Heute beschränke ich mich auf zwei oder drei Besuche in einer Woche. Auf den Puff kann ich nicht verzichten. Der Puff ist mein Wohnzimmer.

Manchmal fühle ich mich schlecht und untreu. Jede Hure in meinem Arm – ein Stückchen Fremdgehen. Manchmal trage ich die sexuelle Energie, die ich bei den Frauen im Puff zusammenraffe, mit in die Beziehung. Ob meine Freundin das merkt, weiß ich nicht. Hin und wieder denke ich beim Sex mit ihr an andere Frauen, an jene aus den Bordellen. Ich stelle mir vor, was sie mit mir gemacht, wie sie mich stimuliert haben. Ich versuche mich daran zu erinnern und die Szenen mit meiner Freundin »nachzustellen.« Ich rede nicht darüber. Ich rede überhaupt sehr wenig beim Sex. Im Alltag verhalte ich mich ruhig, warum sollte ich im Bett plötzlich zu einer Redekanone mutieren?

Es ist nicht allein der Sex, der mich zu den Prostituierten zieht. Das gesamte Ambiente übt auf mich eine unbändige Faszination aus, es lockt mich mit all seinen Reizen. Um die Szene in ihrer Ganzheit zu begreifen, klingelte ich bei der Prostituiertenorganisation Hydra an. Von der »Hurengewerkschaft« versprach ich mir mehr Wissen und eine Antwort auf meine Frage, warum ich von dieser Materie nicht loskomme. Ich quetschte die Frauen aus und kaufte Bücher und Broschüren. Eine eindeutige und zufrieden stellende Erklärung erhielt ich allerdings auch dort nicht. Aber ich habe mir eine Formel zurechtgelegt: Huren sind näher am Leben dran, als es je ein Uni-Professor mit seinem intellektuellen Gebrabbel sein wird.

Huren kennen die Straße und das Leid, das auf ihnen entlangrollt, sie wissen um die Abgründe der menschlichen Psyche und sie sind für sie gewappnet. Dadurch werden sie stark und unangreifbar. Und umhüllen sich mit einer magischen und frivolen Aura, die mich mehr anzieht als alles andere auf der Welt.

Die jüngsten Vorstöße der Bundesregierung, Prostitution zu legalisieren und als Beruf anzuerkennen, begrüße ich. Huren haben – wie andere Menschen auch – das Recht auf eine Sozialversicherung. Prostitution ist eine Berufung. Gäbe es keine Huren, wäre die Gesellschaft verrohter, Gewalt und Vergewaltigungen wären an der Tagesordnung. Huren sind wichtig für das Gleichgewicht einer Gesellschaft. Die politische Anerkennung des Milieus ist ein Zeichen von Demokratie und Liberalität. Alles, was getan wird, um Prostituierte gleichzustellen, ist gut. Dennoch beschleicht mich das Gefühl, dass durch die rechtliche Aufwertung der Prostitution der Szene ihr tiefrotes Flair abhanden kommt, dass sie die Verruchtheit verliert, die sie beschreibt und die sie über Jahrhunderte prägte. Wenn der eine positive Schritt einen negativen nach sich zieht, würde mich das sehr betrüben.

Viele Huren wollen zwar die Gleichstellung, aber nicht alle damit verbundenen Regelungen. Sie könnten sich zwar offiziell versichern, müssten aber dazu ihren Beruf offenlegen. Nicht wenige arbeiten »verdeckt« und schwarz. Und wollen dies auch weiterhin tun. Wahrscheinlich gibt es Einigungen, die allen Seiten gerecht werden. Solange Prostitution mit einer bigotten Doppelmoral behandelt wird, bleibt vieles im Verborgenen. Vor den jüngsten Anerkennungsurteilen gingen beispielsweise die beiden Springer-Blätter BILD und B.Z. absurd mit diesem Thema um: Vorn wurden Huren und Freier verurteilt, hinten waren die Seiten gefüllt mit Anzeigen von Bordellen und Nummern für Telefonsex.

Mit den Damen vom »Café Pssst ...« habe ich gejubelt, als das Berliner Verwaltungsgericht ihr Etablissement anerkannte und Prostitution als nicht mehr sittenwidrig einstufte. Mit der Chefin des Hauses, Felicitas Weigmann, verbindet mich ein besonderes Verhältnis. Sie brachte mir bei, wie man eine Frau oral befriedigt. Bis ich auf Felicitas traf, wusste ich nicht, dass das überhaupt geht. Ich hatte davon gehört und es in Pornos gesehen, aber ich hatte keine Ahnung davon, wie man eine Frau leckt. Ich war fast 30, als ich es lernte. Als junger Mann, noch in der DDR, sah ich einmal Pornos. Schwarz-Weiß-Fotos in schlechter Qualität. Wahrscheinlich hatte sie jemand von Originalen abfotografiert und in Umlauf gebracht. Auf einem Bild leckte ein Mann eine Frau, auf einem anderen war eine Frau beim Blasen zu sehen. Mich ekelte das Bild, ich glaubte, es wäre eine Montage. Ich konnte mir nicht vorstellen, dass eine Frau daran Gefallen findet, so einen Pissschwanz in den Mund zu nehmen. Ich nahm ihn nicht mal in die Hand.

Pornos interessieren mich nicht. Ebenso wenig Sexkinos. Nur wenn ich kein Geld für den Puff habe, trotte ich in ein Eros-Cinema. Aber nicht wegen der Filme, sondern wegen der Frauen. Die Bilder sexueller Handlungen erregen mich nicht, ich finde sie meist platt, plump und unerotisch. Es sind immer nur die Frauen, die mich anheizen. Auch Telefonsex lässt mich nicht unruhig atmen. Die Stimmen am Telefon regen mich nicht auf und vermögen es nicht, mich in eine Stimmung zu versetzen, die in Explosion mündet. Manchmal leihe ich mir aus einer Videothek einen Film aus. Dabei interessieren mich nicht die dargestellten Vorgänge, vielmehr suche ich nach neuen Anregungen für meine sexuelle Phantasie.

Ob ich als Callboy arbeiten könnte? Vermutlich nicht. Mein sexueller Drang ist stets auf Suche ausgerichtet, auf Empfangen und nicht auf Geben. Wenn ich als professioneller Sexarbeiter meine Dienste anbieten würde, würde ich die Seite wechseln. Nein, das würde mir keinen Spaß machen.

Oft habe ich mir eine Familie gewünscht. Nach der Armeezeit lebte ich eine Zeit lang mit einer Frau zusammen. Die Beziehung ging nach wenigen Monaten in die Brüche. Wir waren zu jung und unerfahren um zu wissen, wie eine Partnerschaft organisiert und gelebt werden muss, um dauerhaft Bestand zu haben. Auch vom Sex hatte ich keine Ahnung. Ich wusste nicht, wie ich sie befriedigen, sie nicht, wie sie es mir sagen sollte. Wir knallten kolossal aufeinander. Obwohl wir uns trennten, zogen wir nicht auseinander. Kurz zuvor hatten wir uns ein Haus gemietet. Es wäre töricht gewesen, das Grundstück aufzugeben, nur weil wir kein Paar mehr waren.

Das Haus verfügte über genügend Zimmer. Sie bewohnte die oberen Etage, ich die untere.

Sie wusste, was ich tat, wenn ich mich nachts aus dem Haus schlich. Sie tolerierte es und sagte nichts dazu – zu einer Zeit, als Prostitution noch nicht allzu gegenwärtig war. Dafür war ich ihr dankbar. Ab und zu witzelte sie: »Na, setzt du heute wieder auf die Meile?« Wir wurden Freunde und sind es bis heute geblieben.

Danach hatte ich nie wieder eine feste Beziehung. Bis mir vor einem Jahr meine jetzige Freundin begegnete. Mit ihr wünsche ich mir eine enge Partnerschaft, ich kann mir sogar vorstellen, mit ihr Kinder zu bekommen. Darüber reden wir aber nicht. Eine Fernbeziehung zu führen, bedarf es großen Fingerspitzengefühls. In der Woche bleibt uns nur das Telefon, um zusammen zu sein. Doch durch das Telefon lassen sich Gefühle schlecht übertragen. Größere Probleme möchte und kann ich nicht auf diese Weise klären. Um uns richtig nah zu sein, müssen wir auf das Wochenende warten. Im Bett ist sie locker und frei. Aber oft habe ich Schwierigkeiten, mich bei ihr völlig fallen zu lassen. Manchmal bekomme ich keinen Orgasmus. Mir fällt es schwer, mir von ihr einen blasen zu lassen. Ein Bild in meinem Kopf blockiert mich dabei: Eine Frau hockt vor einem Mann und versenkt ihren Kopf zwischen seinen Schenkeln. Er sitzt über ihr und erhebt sich aufgrund dieser Haltung über die Frau. Ich will mich über keine Frau erheben und will sie mir nicht unterwerfen. Rational weiß ich, dass das alles Quatsch ist, aber ich kann dieses Gefühl nicht ausknipsen wie eine Lampe. Sie sagt, wenn ich mich selbst überwunden habe, wenn ich über meinen Schatten gesprungen bin, sind wir ein Paar.

Ich muss lernen, beim Sex vordergründiger zu sein, ich muss mehr fordern und verlangen. Um mehr bei mir zu sein. Das merke ich selbst und das verlangt meine Freundin. Ich bin kein Sohn des Feminismus, aber ich stimme im Gegensatz zu vielen anderen Männern den feministischen Lehren voll zu. Emanzipation ist ein Lebensentwurf, den ich uneingeschränkt mittragen kann. Ich mag es nicht männlich-dominant, sondern zärtlich und gefühlvoll. Womit ich nicht sage, dass Weichheit und Sanftmut weibliche Attribute sind. Doch nur wenige Frauen treten männlich und herrschsüchtig auf.

Mit vielen Männern kann ich nichts anfangen, ich fühle mich von ihnen bedroht.

Mein überstarker Sexualtrieb behinderte mich in meiner Entwicklung. In meiner Jugend hätte ich Hobbys nachgehen oder Sport treiben können. Statt dessen lag ich im Bett und onanierte. Ich glaube, mein Trieb war immer schon heftiger als der anderer Männer. Auch heute fühle ich mich wie ein Alien, wenn ich andere Männer beobachte oder mit ihnen über ihre sexuellen Bedürfnisse und ihre Libido rede. Nie aber ist mir der Gedanke gekommen, mir ungefragt von Frauen zu nehmen, was mir nicht gehört. Nicht wenige Männer schleppen den Gedanken mit sich herum, eine Frau vergewaltigen zu wollen. Eine solche Tat würden sie stark erotisierend und elektrisierend empfinden. Mich widern Gedanken dieser Art zutiefst an. Frauen sind bewunderswerte Geschöpfe und kein Stück Fleisch, auf dem man nach Belieben herumkauen kann.

Als Junge und Jugendlicher befriedigte ich meinen Trieb mit meinen Händen, als Mann zog ich in Puffs. Ich weiß nicht, wie mein Leben mit einem geringeren Trieb verlaufen wäre. Manche meiner Freunde sagen, ich hätte eine Therapie machen können. Vielleicht. Vielleicht aber nicht. Bislang habe ich niemandem etwas getan, ich habe keine Frau missbraucht und keine verletzt. Und werde es nie tun. Aber ich will mich nicht dafür rechtfertigen müssen, dass ich Huren liebe und durch Prostitution Befriedigung empfinde. Die Welt des Rotlichts kann mehr Geborgenheit geben als manche glauben. So, und jetzt muss ich gehen. Ins Bordell.

Irgendwann schlafen die Kinder

Christiane F. (32 Jahre), Heilpraktikerin in Schwerin, hat auch als allein erziehende Mutter von zwei Kindern ein ausgiebiges Sexualleben

Ich bin eine Frau, die gern Sex hat und ihn als Ausgleich braucht. Sex steht auf einer anderen Stufe als das alltägliche Leben: Sex entspannt, Sex gibt Kraft, Sex macht froh. Sex ist notwendig fürs Selbstbewusstsein und baut angestaute Aggressionen ab. Mein Alltag ist so prall wie ein mit Wasser gefüllter Luftballon. Da ist der ständige Trubel in der Naturheilpraxis, in der ich seit zwei Jahren als Heilpraktikerin arbeite. Täglich behandle bis zu acht Patienten, jeden mit seinen ganz speziellen Leiden. Für jeden nehme ich mir ausreichend Zeit, mitunter bis zu einer Stunde. Krankheiten entstehen selten aus dem Nichts, ihre Ursachen liegen nicht allein in der Lunge, Nase oder im Bauch, sondern sind im gesamten Körper zu suchen. Ich betrachte den Menschen ganzheitlich und behandle danach, vor allem mit der Fußreflexzonenmassage in Kombination mit Reiki und chinesischer Körperakupunktur. Um die richtige Heilmethode zu finden, muss ich wissen, was den Patienten ausmacht. Dazu muss ich viel fragen und reden. Das kostet Kraft. Die Arbeit mit der Naturheilkunde ist die Erfüllung meines Traumberufs. Aber ich betrachte mich nicht als große Wunderheilerin, sondern als temporärer Krückstock für die Patienten, bis sie irgendwann wieder allein über die Kreuzung humpeln können.

Nachmittags und abends beanspruchen mich meine Kinder. Seit knapp drei Jahren lebe ich mit ihnen allein. Ihr Vater und ich haben uns getrennt, als der Kleine gerade geboren war. Der Große ist sieben und geht in die zweite Klasse. Er ist drahtig, ungeduldig, wissbegierig und klug. Mit fünf Jahren konnte er Rechenaufgaben lösen, die für die zweite Klasse bestimmt sind. Er will und muss ständig gefordert werden. Ansonsten langweilt er sich und quengelt. Oder stellt das Zimmer auf den Kopf. Er liebt Judo, Karate und Fussball,

Sport braucht er für den körperlichen Ausgleich. Um in die Vereine zu kommen, muss er teilweise die Straßenbahn benutzen. Aus Angst, dass ihm etwas zustößt, begleite ich ihn dorthin. Der Kleine – gerade drei – ist das Gegenteil von seinem Bruder: verträumt, frohgemut, drollig. Er hat immer gute Laune. Wenn der Bauklötzerturm zusammenbricht, den er gerade mit seinen tolpatschigen Fingern schnaufend und mühsam aufgestapelt hat, schmollt er nicht und fängt an zu weinen, sondern sieht belustigt zu, wie sich die Steine ineinander verkanten und herunterpurzeln. Danach steht er auf und watschelt zu seiner Kramkiste.

Jedes meiner Kinder braucht seine eigene Zuwendung. Für jeden Jungen muss ich anders da sein. Zwei unterschiedliche Söhne verlangen es einer Mutter ab, von einer Sekunde zur anderen den Sprachduktus zu verändern und das Denken umzustellen. Der Große darf nicht unterfordert, der Kleine nicht überfordert werden. Mitunter ist das äußerst anstrengend. Doch ich klage nicht darüber wie viele andere Mütter, die ständig jammern, dass sie ihren Alltag kaum bewältigen. Leben soll Spaß machen, vor allem das Leben mit Kindern. Wenn ich dauernd an meinen Kindern und mir selbst leide, bliebe mir nichts anderes übrig, als mir eine Kugel in den Kopf zu jagen.

Ich bin rund um die Uhr beschäftigt und wünsche mir das eine oder andere Mal etwas mehr Ruhe und Zeit. Aber das Leben ist schön. Und Sex ist schön. Wenn ich Sex habe, kann ich völlig abschalten, Sex hat allein mit mir zu tun, er ist nur für mich da. Beim Sex muss ich nicht reden. Wenn ich nicht will. Trotzdem drückt er mitunter mehr aus, als Worte jemals zu sagen vermögen. Er ist für mich eine Art Kommunikation, mit mir selbst und mit anderen. Sie möchte ich ebenso wenig missen wie gute Gespräche oder ein gutes Buch. Beim Sex spiele ich keine Rolle wie sonst im Alltag. In der körperlichen Liebe bin ich authentisch. Da kann ich mich fallen lassen, mich hingeben und genießen, mich wegträumen und ganz woanders sein. Ich kann mich völlig vergessen, Kraft tanken und all meine Sinne spüren.

Der Alltag als Heilpraktikerin ist durch Konzentration und Kommunikation geprägt und lässt nicht zu, für Momente abzutauchen.

Alles, was ich tue, tue ich ganz: Wenn ich behandle, behandle ich, wenn ich esse, esse ich, wenn ich liebe, liebe ich.

Trotz meiner Söhne und meines Daseins als »Alleinerziehende«, will und muss ich auf Sex nicht verzichten. Sex ist Leben, es gehört in vollen Zügen mir. Wenn dem Leben die Luft ausgeht, muss man es wieder aufblasen und darf nicht tatenlos zusehen, wie es platter und platter wird. Vielleicht ist es meine Lebenslust, die mich immer wieder antreibt und nicht aufgeben lässt.

Ich hatte und habe immer Liebhaber. Meinen derzeitigen Geliebten kenne ich seit einigen Jahren. Wir lernten uns kennen, da lebte ich noch mit dem Vater meiner Kinder zusammen. An einem lauwarmen Spätsommerabend saß ich allein an einem Tisch vor meiner Lieblingskneipe. Ein winziges Lokal in einem Eckhaus mit mexikanischen Malereien an den Wänden. Mein Milchkaffee schäumte noch, obwohl er nicht mehr heiß war. Ich rauchte und ließ die Gedanken an mir vorbeiziehen. Die Beziehung zum Vater meiner Kinder war zerbrochen, der Kleine war gerade einige Monate alt. Wir waren jung, Anfang 20, als wir uns kennenlernten. Beziehungen laufen von allein, glaubten wir, und haben uns exzessiv geliebt, gelitten und gezetert. Und uns im Laufe der Jahre zerrissen. Wir wollten den anderen besitzen und hatten uns selbst dem anderen verschrieben. Wie Kannibalen verschlangen wir uns körperlich und straften uns, später, als die ersten Missstimmungen aufkamen, mit Liebesentzug. Dann leckten wir unsere Wunden, konnten uns aber nicht verzeihen. Die Verletzungen, die wir uns während unserer Kämpfe zufügten, waren zu gewaltig, um sie zu überdecken. Um zu begreifen, dass Liebe Größe erfordert, waren wir zu unerfahren.

Die Asche meiner Zigarette bröselte auf den Tisch, als sich Thorsten mir gegenüber setzte. Es waren viele andere Plätze frei. Ich schaute durch ihn hindurch, seine Gestalt nahm ich nur schemenhaft wahr: Ein großer Mann, nicht sonderlich schön. Sein Haar war straßenköterblond, Frauen würde ich den Rat geben zu färben. Seine Haut schimmerte rot und verbreitete den Eindruck, als würde sie keine Sonne vertragen, ohne nach wenigen Minuten Blasen zu schlagen. Ein beachtlicher Bauch arbeitete sich über den Hosenbund. Er blickte mich unentwegt an, das machte mich stutzig. Wir wechselten ein paar belanglose Worte, bis ich mitten im Satz aufstand und ging.

Am nächsten Morgen, als ich den Großen in den Kindergarten brachte, hockte er an der Ecke der Kneipe. Ich grüßte knapp und lief vorbei. Als ich zurückkam, wartete er immer noch. »Wollen wir einen Kaffee trinken«, schlug er vor. Zwei Wochen später haben wir das erste Mal miteinander geschlafen. Es war wie ein Sog, der mich hinab riss in einen unendlichen Strudel, Wellen schlugen über mir zusammen. Ich fühlte mich mit einem Mal leicht und befreit. Seine Hände glitten unmerklich über meinen Körper, seine Glieder schienen mich zu zerteilen und wieder zusammenzufügen. Als er in mich eindrang, bebte ich. Das Leben schlitterte zu mir zurück. Es kam mit Thorsten. Diesen Mann werde ich nie bis ins Letzte lieben können, warnte mein Verstand. Aber begehren bis zur Besinnungslosigkeit, forderte mein Leib. Bis heute habe ich keine Ahnung, warum wir so guten Sex miteinander haben. Vielleicht ist es die Unverbindlichkeit, die Bedingungslosigkeit unseres Verhältnisses, das den Alltag ausspart.

Die nächsten Monate tanzten mit mir einen Rondo in Trance: Mit dem einen Mann lebte ich, mit einem anderen schlief ich. Die Männer wussten voneinander und akzeptierten das. Einmal, nach einem »Familienurlaub«, fuhr mich der Vater meiner Kinder direkt von der Autobahn in Wohnung des anderen.

Als mein Ex-Freund auszog, fühlte ich mich traurig und erleichtert zugleich. Das »Doppelleben« hatte ein Ende. Sein Gehen bedeutete jedoch nicht, nahtlos in die nächste Beziehung zu rutschen. Den frei gewordenen Raum in der Wohnung und in mir beanspruchte ich für mich allein, er sollte vorerst nicht aufgefüllt werden. Noch zwei, drei weitere Liebhaber tauchten auf. Aber ich lebte nicht auf Verschleiß. Die Männer gaben sich nicht gegenseitig die Klinke in die Hand oder trafen aufeinander. Das widerspricht meinem Anspruch an Beziehungen. Egal, wie diese aussehen. Ich möchte mit den Menschen, mit denen ich zu tun habe, eine Partnerschaft aufbauen. Keine im klassischen Sinne von Paarbeziehung, ich will diejenigen kennen, mit denen ich Kontakt habe, ich möchte erfahren, was sie interessiert, was sie denken und fühlen, wohin sie treiben. Egal, ob ich eine platonische Beziehung zu ihnen pflege oder mit ihnen ins Bett gehe. Männer sind für mich keine Sexobjekte, sondern in erster Linie Menschen, die auch eine geistige Bereicherung darstellen können.

Für eine rein sexuelle Beziehung strebe ich nicht die überaus enge Nähe an, die in guten Paarbeziehungen vorhanden ist. Aber ich brauche eine Vertrautheit, die ich spüre, eine Verbundenheit, die Nähe bis zu einem bestimmten Punkt zulässt. Ich möchte ein Band zwischen uns spüren, ohne dass ich alles von dem anderen wissen muss. Um eine körperliche Beziehung aufbauen zu können, muss ich eine seelische Verwandtschaft spüren. Sonst kann ich weder mich noch meinen Körper fallen lassen.

Mit meinem derzeitigen Liebhaber schlafe ich regelmäßig. Nicht nach einem abgestimmten Terminkalender, immer dann, wenn wir Verlangen aufeinander verspüren. Wir haben ein »Abkommen«: Ich rufe ihn an, wenn ich Lust und Zeit habe. Er macht es genauso. Wir treffen uns meist bei ihm oder bei mir zu Hause. Sex auf Abruf. Wegen der Kinder geht es nicht anders. Für guten Sex brauche ich Ruhe und eine entspannte Atmosphäre. Wenn die Kinder im Bett liegen, die Gute-Nacht-Geschichte gelesen und die Einschlafküsse verteilt sind, strecke ich mich mit einem Glas Wein auf dem Sofa aus. Das Telefon auf dem Bauch, wähle ich seine Nummer. Oder es klingelt. Eine halbe Stunde später steht er vor meiner Tür.

Auf dieser Ebene verstehen wir uns ohne große Worte. Wir leben keine Liebesbeziehung, dennoch verstehen wir uns auch außerhalb unserer sexuellen Begegnungen. Wir sind Freunde, können miteinander über alles reden. Diese »Beziehung« möchte ich nicht mehr missen.

Wenn wir uns treffen, ist klar, worum es geht: Sex. Es gibt Tage in der Woche, an denen beide Kinder nicht zu Hause, sondern bei Freunden oder ihrem Vater übernachten. An diesen Abenden sehen wir uns regelmäßig. Aber wenn er »zwischendurch« anruft, finde ich das völlig in Ordnung. Ich bin nicht etwa sauer, weil er »nur meinen Körper« will. Ich betrachte mich nicht als »Objekt«. Es wäre schade, wenn ich mich um ein schönes Erlebnis bringen würde, nur weil ich den Mann nicht liebe, mit dem ich ins Bett gehe. Ohnehin empfinde ich das Gerede unserer Eltern und Großeltern als totalen Quatsch, körperliche Erfüllung immer nur in Verbindung mit der ganz großen Liebe erleben zu dürfen. Viele Menschen wären weniger frustriert, wenn sie Sex, ohne eine Beziehung zu haben, zulassen könnten und würden. Wenn zwei Menschen miteinander schlafen wollen und es gemeinsam genießen können, was ist daran anstößig? Hinter der sogenannten Moral versteckt sich nichts anderes als Verklemmtheit.

Sex mit einem Mann habe ich bei mir zu Hause lieber, wenn die Kinder nicht da sind. Nicht, weil es mir ihnen gegenüber peinlich wäre oder weil sie störten. Meine Sexualität ist losgelöst von meinen Kindern und gehört nur mir selbst. Wenn ich sie nicht im Nebenzimmer weiß, macht es mehr Spaß, weil ich dann so laut sein darf, wie ich will. Manchmal muss ich einfach schreien und heftiger stöhnen. Da passiert es, dass plötzlich eines der Kinder neben meinem Bett steht und fragt: »Was ist denn los, Mama?« Oder einer der Jungs ruft aus dem Kinderzimmer. Dann gehe ich hin und beruhige ihn. Mit Sex läuft nach solchen Situationen allerdings nichts mehr. Solchen »Pannen« kann man vorbeugen, wenn man seine Liebeserlebnisse organisiert. Spontaner Sex kann geheimnisvoller, abgründiger sein. Doch mein Leben zwingt mich dazu, Zugeständnisse zu machen. Und lässt mich kreativer sein: Ich möchte jedes Mal zu einem Ereignis werden lassen, also lasse ich mir etwas einfallen, um mein »Vorhaben« zu verwirklichen. Manchmal sind es kleine »Nebensächlichkeiten«, die den Begegnungen einen besonderen Reiz verleihen: ein Zimmer voller Kerzen, ein Wein mit einer harzigen Note, aphrodisierende Düfte, mein Haar, das ich fallen lasse. Oder spezielle Massagen. Sex begrenzt sich nicht auf den »Akt« allein.

Im Laufe der Zeit hat sich zwischen meinem aktuellen Geliebten und mir eine starke körperliche Vertrautheit entwickelt. Im Bett bilden wir ein Ganzes und geben uns gegenseitig das, was wir brauchen. Er ist der erste Mann, bei dem ich jedes Mal einen Orgasmus bekomme. Ich beobachte mich nicht selbst beim »Akt«, kontrolliere nicht meinen Körper und wie ich mich bewege, höre nicht darauf, welche Laute ich von mir gebe. Unsere Körper spielen miteinander.

Doch es ist nicht nur der blanke Sex, den ich an unseren Begegnungen mag. Oft streichelt er mich einfach nur, manchmal eine ganze Stunde lang. Über den Rücken, den Kopf, die Haare, den Hals. Das ist etwas anderes, als an den erogenen Zonen angefasst zu werden, bei deren Berührung man nach fünf Minuten zu stöhnen beginnt. Diese Sanftheit finde ich wichtig und schön. Sie schafft Nähe, Wärme und Vertrauen. Er betrachtet diese Art von Sexualität nie als einen Dienst, für den er eine Gegenleistung erwartet. Wenn ich einfach nur genießen will, kann ich das tun, ohne ein schlechtes Gewissen oder den Gedanken im Kopf haben zu müssen: Gleich musst du ran.

Trotz der Kinder empfinde ich es nicht als sonderlich kompliziert, mir mein Sexualleben zu organisieren. Ebenso wenig kann ich nachvollziehen, warum manche Mütter dauernd darüber klagen, dass sie durch ihre Kinder in diesem Teil ihres Lebens eingeschränkt sind. Sex beginnt und hört nicht mit dem »Verkehr« auf. Sich als sexuelles Wesen zu fühlen bedeutet ebenso, auf scheinbar unwichtige Dinge zu achten: Wie kleide ich mich? Passen die Klamotten überhaupt zu mir, die ich mir jeden Tag überwerfe? Husche ich mit gesenktem Blick durch die Straßen oder gehe ich offen und selbstbewusst durch den Tag? Pflege ich mich, meinen Körper und meine Seele? Um ein erfülltes Sexualleben zu haben, muss jeder Mensch mit sich selbst etwas anfangen können. Meist sind es nicht die Gören oder die vermeintlich arroganten Männer, die Mütter ablehnen. Es sind die Mütter selbst, die sich im Wege stehen und darauf warten, dass eines Tages der Märchenprinz an der Tür klingelt und sie – bis oben hin zugeknöpft – aus ihrem Dornröschenschlaf wachküsst. Mütter, die sich mit jeder Faser ihres Daseins um ihre Kinder kümmern, sich selbst soweit zurücknehmen, dass von ihnen kaum etwas übrig bleibt, sind oft nur noch Mutter und nicht mehr Frau. Wer kein Signal aussendet, kann keines empfangen. Viele Frauen schreiben ihre Nichtsexualität Männern zu, lieben sich aber selbst nicht. Sie haben Scheu vor ihrem Körper und können sich selbst nicht berühren. Wenn sich eine Frau nicht spürt und sich selbst befriedigen kann, wird sie nicht zur Sexbombe, wenn ein Mann auf ihr liegt. Es ist ein altes Lied: So wie ich mich mag, mögen mich andere.

Man muss die Frau in sich finden und keine Kopie bieten. Durch die Kinder kann ich nicht mehr so spontan sein wie früher und muss darauf achten, ob und wie sie mitbekommen, was gerade abläuft. Wenn ich mit den Kindern zusammen bin, am Nachmittag und Abend oder am Wochenende, und ich verspüre Lust, muss ich diese unterdrücken. Aber das ist nicht schlimm – anderen Eltern geht es genauso, ob sie allein leben oder in einer Partnerschaft. Außerdem weiß ich: Irgendwann schlafen die Kinder. Diese Zeit nutze ich für mich. Schließlich gibt es auch eine Sexualität, die unabhängig ist von einem Mann: Selbstbefriedigung. Ich verstehe nicht, warum sich viele Frauen nichts Sehnlicheres wünschen als einen festen Partner, nur um regelmäßig Sex zu bekommen. Sie verbinden Sex ausschließlich mit einem männlichen Körper.

Durch meinen Beruf lerne ich viele Frauen und ihre Schicksale kennen. In meiner Praxis saßen sie alle: die Traurigen, die Verheulten, die Wütenden, die Resignierten und die, die sich längst aufgegeben haben. Kein Fall, der mir nicht schon mal erzählt wurde. Fast täglich bekomme ich vorgeführt, was mir erspart geblieben ist, weil ich konsequent genug war und mich getrennt habe. Trotz der Kinder. Wie viele Paare bleiben mit der Begründung zusammen, die Kinder sollen nicht leiden. Zweifelsohne ein schlagendes Argument. Doch wo bleibt man selbst? Was tun sich Frauen und Männer mitunter jahrelang an, weil sie keine Kraft und eine scheißende Angst vor einer Trennung und dem Alleinsein haben.

Eine der wichtigsten Therapien, die ich in meiner Heilpraxis anbiete, ist die Fußreflexzonenmassage, bei der bestimmte Bereiche beider Füße rhythmisch bearbeitet werden. Je nach Persönlichkeits- und Krankheitsgeschichte können durch den ausgeübten Druck verschiedene Stellen schmerzen. Dadurch lerne ich die Patienten und ihren Körper über ihre Zehen, Hacken, Ballen, Sprunggelenke kennen. Manche wundern sich, was ich über sie weiß, obwohl sie es mir nie mitgeteilt haben. Einer Patientin habe ich ins Gesicht gesagt, dass all ihre Probleme und Schmerzen, die sie seit Jahren mit sich herum schleppt, in ihrer nicht vorhandenen Sexualität liegen. Sie war empört: »Ich habe einen Mann.« »Aber keinen Sex.« In diesem Moment brach sie in Tränen aus. Seit Jahren betrügt ihr Mann sie mit ihrer besten Freundin. Doch sie behält zum bösen Spiel die gute Miene und fährt beide zum Flughafen, wenn sie angeblich auf eine gemeinsame Dienstreise wollen. Wie verzweifelt und einsam muss man sein, um so etwas jahrelang zu ertragen?

Bei einer anderen Patientin führte ich eine Massage durch, bei der ich über die Oberschenkel streichen musste. Nur ganz sacht, ohne Druck. Als ich an der Außenseite ihres Schenkels entlangfuhr, schrie sie kurz auf: »Bitte, da nicht, das tut weh.« Äußerlich war nichts zu erkennen. Kein blauer Fleck, keine Narbe, keine offene Wunde. Ich schaute sie verwundert an. »Dort hat mich mein letzter Freund immer geschlagen«, erklärte sie. Stets auf die gleiche Stelle. Meist grundlos, wie sie meinte. Einfach, weil ihm danach war. Die Frau war jung, knapp 20, ein Alter, in dem die Aufklärung des Feminismus eigentlich seine Früchte tragen müsste. Wenn Frauen im Alter unserer Mütter ihr Leben lang prügelnde Ehemänner ertragen, ist das zwar auch nicht zu entschuldigen, aber verständlich. Aber eine so junge Frau hält jahrelang stillschweigend ihren Körper für männliche Abreaktionen hin.

Ich bin keine Feministin, so würde ich mich nie bezeichnen, das Wort ist in meinen Kopf negativ besetzt. Eher als emanzipiert und selbstständig, als eine Frau, die ihr Leben nach ihren Wünschen und Facetten lebt und sich von niemandem etwas sagen lässt. Wenn ich über meine Wohnungstür einen Spruch schreiben müsste, der mich charakterisiert, würde ich folgenden auswählen: »Die Geduld der Frauen ist die Macht der Männer.« Wenn das feministisch ist, bitte schön, dann bin ich eine Frauenrechtlerin. Aber das, was bei mir als Ostfrau von der Frauenbewegung hängen geblieben ist, ist eine zur Schau getragene und gelebte Männerfeindlichkeit. Ich hasse Männer nicht, im Gegenteil, ich kann gut mit ihnen umgehen. Aber ich bin Frau genug, um Grenzen zu setzen und auszuwählen, was und wann ich gern etwas mit Männern tun möchte und wann ich lieber nur mit Frauen zusammen bin.

Ich brauche keinen Mann, um mit ihm zusammen zu leben. Seit etwa zwei Jahren möchte ich überhaupt nicht mehr mit jemandem im klassischen Sinne zusammen wohnen – außer mit meinen Kindern. Auch WG's oder Frauenwohnungen kämen für mich nicht in Frage. Im Zusammenleben würde ich mich eingeengt und bedrängt fühlen. Ich brauche meine Ruhe und meine Einsamkeit. Ich genieße das Alleinsein mit mir und möchte nicht jeden Schritt begründen, den ich tue: Warum gehe ich in die Küche oder in dieses Zimmer, warum schalte ich den Fernseher ein, warum aus. Ich will es einfach tun, ohne dafür Rechenschaft ablegen zu müssen.

Auch auf eine Partnerschaft, die auf Zuruf funktioniert, verspüre ich keine Lust. Früher glaubte ich, es sei schön, wenn man sich absprechen kann: »Ich bin heute abend verabredet, könntest du vielleicht die Kinder ins Bett bringen?« Das hat Vorteile: Ich könnte spontaner sein, säße öfter im Kino oder in der Kneipe, um mich mit Freunden auf einen Whisky zu treffen. Trotzdem kommt für mich eine solche Lebensweise momentan nicht infrage. Außerdem möchte ich nicht Sex haben, nur weil ich mit einem Mann zusammen lebe. Viele Beziehungen funktionieren nach genau diesem Prinzip. Das stumpft ab. Die aufregendsten Nächte erlebte ich mit Männern, die ich nicht geliebt habe. Mit einem habe ich mich eine ganze lange, kurze Nacht auf dem Boden herumgewälzt, wir schwitzten als würden wir einen Marathon laufen, und küssten uns, als gelte es, ins Guiness-Buch der Rekorde aufgenommen zu werden. Wir kamen vier Mal in diesen Stunden und brannten dennoch weiter.

Wenn Liebe und Sex zusammentreffen, kann es wunderschön sein. Ein anzustrebendes Ideal. Aus meiner Erfahrung aber weiß ich, dass es das nur selten gibt. Einmal durfte ich dieses Ideal empfinden, damals mit dem Vater meiner Kinder. Aber das Glück währte keine Ewigkeit. Mit diesem Mann spürte ich eine geistige, seelische und sexuelle Verbundenheit, wie ich sie nie wieder erlebte. Ihm fühlte ich mich in vielen Situationen so nah wie bislang keinem anderen Menschen. Es waren nicht die intimen Momente, in denen wir symbiotisch vereint waren, es waren Sekunden voller Geistesnähe und Seelenverwandtschaft.

Alles, was nach der Zeit mit dem Vater meiner Kinder kam, konzentrierte sich entweder auf das eine oder das andere: Sex mit begrenzter Herzenswärme oder Liebe ohne Leidenschaft. Ich ziehe ersteres vor: Ein Mann, mit dem ich ins Bett gehen kann und befreundet bin, ist kein Ersatz für eine Beziehung, aber eine akzeptable Lösung, eine andere Lebensweise. Es gibt keine Alternative zur Freundschaft, alles andere erwächst zu neurotischen Abhängigkeitsverhältnissen. Außerdem ist es mir zu müßig, am Abend loszuziehen und mir einen Mann für die Nacht zu suchen. Sex mit einem Wildfremden – aus dem Alter bin ich raus. Darüber hinaus weiß man bei solchen Aktionen selten, wen man sich da aufgabelt und ob sich der Aufwand überhaupt lohnt. Ich erinnere mich ungern an die Überraschungen am Morgen, wenn ich verschreckt zur Seite schaute und ein unbekanntes Gesicht neben mir entdeckte. Nur schnell weg, dachte ich, am besten unbemerkt, Zähne putzen und duschen. Das möchte und kann ich nicht mehr.

Dann genieße ich lieber meine eigene Sexualität und versorge mich selbst. Seit ich vor etwa drei Jahren den Vibrator für mich entdeckte, erlebe ich sowohl meinen Unterleib als auch den Rest meines Körpers völlig neu. Vor meinem Vibrator habe ich mich nur mit meinen Händen befriedigt. Das war schön, aufregend und entspannend. Doch so ein Vibrator kann Dinge, die meine Finger und Hände nicht vermögen. Er kann rundum tief eindringen, mich von allen Seiten innen berühren und vibrieren und verschafft mir auf diese Weise höchste Erfüllung. Kein Schwanz kann so erzittern.

Dass es diese Dinger gibt, wusste ich zwar schon lange, hatte mich aber nie damit beschäftigt. Das brauche ich alles nicht, sagte mir wahrscheinlich mein Unterbewusstsein. Der Sex mit den Männern, die ich hatte, war meist gut. Eines Tages sah ich im Fernsehen eine Sendung, die nicht so platt und voyeuristisch wie üblich über Vibratoren und Dildos berichtete, sondern beschrieb die Erlebnisse mit diesen »Massagestäben« so eindrucksvoll und lebensnah, dass ich am nächsten Tag in einem Erotik-Shop nach einem Katalog fragte. Zu Hause habe ich die Übersicht verschlungen und war überrascht, was es alles gibt. Vibratoren im Flowerpower-Stil, in verschiedenen Größen – S, M, L und XL wie bei Klamotten –, einfarbig oder gemustert, golden oder schwarz. Selbst an die reisende Geschäftsfrau wurde gedacht: mit einem Reiseset. Die Auswahl an Dildos war noch größer: Delphine, Mäuseohren oder Schlangen, strukturierte, glatte, gebogene. Von Orange und Gelb bis Schwarz und

Beige waren alle Farben vertreten. Ich entschied mich für einen schlichten, einfarbigen Vibrator in normalem Format. Im Unterschied zu einem Dildo kann er Vibrationen leisten, die ein Dildo nicht bietet. Einen Dildo kann man nur hin und her und nach oben und nach unten bewegen, man kann ihn drehen und tief reinschieben, aber er vibriert nicht. Außerdem schnurrt ein Vibrator.

Aber er stellt keinen »Männer-Ersatz« dar. Er ist eine andere Art von Sex, die ich lebe und genieße. Ich könnte keinen Vergleich aufstellen und sagen, Vibrator oder Mann, das eine oder das andere sei besser. Beide fungieren gleichrangig. Auch in der Quantität, in der ich beide genieße. Einen Unterschied zwischen Sex mit einem Mann und Sex mit einem Vibrator sehe ich aber: Zum »Akt« mit einem Mann gehören immer zwei Menschen, die sich aufeinander einstellen. Im besten Fall. Beim Sex mit dem »Spielzeug« gibt es nur mich und dieses Teil. Ich muss keine Rücksicht nehmen auf den Rhythmus einer anderen Person, muss nicht »bedienen« und nicht »ertragen«.

Die Erfahrung mit dem Vibrator machte mich freier beim Sex mit Männern. Weil ich meinen Körper intensiver und in einem anderen Tempo kennenlernte als mit einem Mann oder durch Selbstbefriedigung. Vielleicht klingt es mechanisch und gefühllos, sich auf diese Weise Beglückung zu verschaffen. Doch es ist alles andere als pure Mechanik und Gefühlskälte. Im Gegenteil: Meine Höhepunkte erlebe ich mit dem Gerät länger und tiefer als sonst, sie gehen nicht nur bis in die Fußnägel, sondern bis ins Knochenmark. Teilweise trete ich kurzzeitig weg und sehe Farben und Formen. Dinge, die mit Sex nichts zu tun haben: eine blaue Fläche, undefinierbare Gebilde, Häuserdächer. In mir ist es ruhig und still.

Den Vibrator setze ich immer dann ein, wenn ich Lust auf Sex und Lust auf ihn habe, egal, wie spät es ist. Wenn ich allein bin. Manchmal sitze ich am Schreibtisch – ich arbeite zu Hause, wenn ich nicht in der Praxis bin –, und grüble über ein therapeutisches Problem nach, da überkommt es mich plötzlich. Dann krame ich ihn hervor und entspanne mich. Manchmal dauert es einige Minuten, ein anderes Mal eine halbe Stunde. Danach kann ich weiter nachdenken und finde alsbald die Lösung. Stehe ich kurz darauf

auf der Straße, schmunzle ich oft in mich hinein: Wenn das die Leute gesehen hätten!

Dass ich einen Vibrator benutze, wissen viele meiner Freundinnen. Und von meiner Freude an ihm. Den Frauen habe ich das Teil wärmstens empfohlen. Manche meiner Freundinnen schmunzelten in sich hinein, da wurde mir klar, sie wissen, wovon ich spreche. Andere schauten mich mit großen Augen an, die nächsten schüttelten den Kopf: So etwas brauchst du? Das Kuriose an den Reaktionen war, dass gerade diejenigen, die am erstauntesten taten und meinten, so etwas hätten sie nicht nötig, am frustriertesten wirkten. Schöne, gepflegte und geschmackvoll gekleidete Frauen, die gerade durch den Tag gehen, aber nie richtig entspannt wirken. Ihnen sehe ich an, dass ihr gesamter Körper nach Berührungen schreit. Aber sie wagen es nicht, ihre dürstenden Leiber in ein Meer voller Angebote zu werfen. Sie wollen lieben und geliebt werden. Das verstehe ich. Mir sind Nächte, in denen man vor Seelenschmerz ins Kissen beißt und sich seine Oberarme mit einer Nagelschere aufschlitzen könnte, nicht fremd. Ich weiß, wie weh es tut, abgelehnt zu werden und sich selbst abzulehnen. Zeiten, die wichtig sind, um sich wieder zu finden, wenn man sich verloren hat. In diesem Wochen habe ich auch keine Lust auf Sex. Aber die Kraft muss da sein, aus solchen Krisen heraus zu finden und sich wieder zu öffnen: für sich selbst, die Welt, andere Menschen, Sex.

Ich gehe offen mit meiner Sexualität um und habe kein Problem, über meine Erlebnisse zu reden. Von anderen Frauen allerdings, auch engeren Freundinnen, weiß ich nicht, was sie in ihrem Schlafzimmer treiben beziehungsweise nicht. Dieser Bereich bleibt in unseren Gesprächen ausgespart. Einige von ihnen leben in Beziehungen, einige sind Singles. Wenn über Männer gesprochen wird, dann meist über emotionale Befindlichkeiten, weniger über Sex. Es sei denn, ich spreche sie direkt darauf an. Und bin jedes Mal verwundert, wie verklemmt manche Leute sind.

Nur mit zwei, drei Freundinnen plaudere ich regelmäßig über unsere Abenteuer. Wir treffen uns, gehen essen oder kochen selbst und erzählen uns die Geschichten der vergangenen Wochen. Diese Treffen laufen nicht etwa wie plumpe Stammtischrunden ab, bei denen Männer im Bauarbeiterjargon über Frauen herziehen, als seien sie Putzlappen. Nein, wir sind neugierig auf das Leben und die Geschichten der anderen und freuen uns gemeinsam darüber, wenn eine ein erotisierendes Erlebnis hatte, ihren Körper spürte und alle Sinne rauschen hörte. Sex soll Spaß machen und über Spaß kann man sich freuen, lachen und Scherze machen. Diese Frauen benutzen im übrigen auch Vibratoren und Dildos. Und sie sind entspannt und einfach gut drauf und nicht so stark männerfixiert wie viele andere. Wenn viel mehr Frauen von diesen Teilen Gebrauch machen würden oder sich selbst Befriedigung verschaffen könnten, wären sie nicht so männerhörig.

Die Männer mit denen ich ins Bett gehe, wissen von meinem Vibrator. Bislang hat allerdings noch kein Mann Interesse angemeldet, gemeinsam mit mir und dem Spielzeug Spaß zu haben. Ich glaube, für Männer stellt es ein Problem dar, wenn sie hautnah erleben, was ein Vibrator bewirken kann. Sie sehen ihn als Konkurrenz. Mir gegenüber taten die Männer stets cool, wenn sie von dem Gerät erfuhren und gaben sich betont lässig: »Ich weiß, so etwas gehört heute zu jeder modernen, emanzipierten Frau.« Doch der Gedanke, dass nicht nur ihr Schwanz eine Frau zu einem explosiven Orgasmus treiben kann, verunsichert sie zutiefst.

Sexualität ändert sich, sobald man sich auf die Schnittschnelle 30 Jahre zubewegt. Mit 20 rammelt man wie wild drauf los, will ausprobieren und erspüren, was sich hinter dem ominösen Wort SEX verbirgt – und ist vielfach enttäuscht. Auch ich fragte mich: Und das soll es jetzt sein? Mit den Jahren bin ich weiblicher und fraulicher geworden und weiß, was ich will, was ich mag. Ich sage jetzt auch Nein, wenn mir etwas nicht gefällt. Früher hätte ich das nie getan. Heute habe ich keine Lust mehr auf »Rammel-Sex«, nach dem man sich meist fragt: Was war denn das?

Während ich im Bett inzwischen dominiere, habe ich früher viele Dinge einfach geschehen lassen. Vermutlich rührt dieses Verhalten aus meiner konservativen, lustfeindlichen Erziehung her: Eine Frau hat nicht zu fordern, sie hat sich zu fügen. Das übliche Frauenbild, mit dem unsere Mütter und Väter groß wurden und nach dem sie uns erzogen. Ich habe es geschafft, mich aus diesen Fesseln zu befreien. Ich wünsche es anderen Frauen ebenso. Ich brauche kein Bett, um Sex zu haben. Ich kann ihn überall genießen, wenn er gut ist: im Fahrstuhl, im Heuhaufen, im Wald, in der Küche. Einmal habe ich es mit einem Mann in der Küche vor dem Fenster getrieben und wir wurden durch das gegenüber liegende Fenster beobachtet. Diese Person hatte offensichtlich großen Spaß daran. Zumindest hat sie, wie sie uns später verraten hat, die ganze Zeit über versucht herauszubekommen, wer von uns beiden da an der Scheibe hoch- und runterrutscht. Ebenso liebe ich es, wenn der Fernseher läuft. Ich schaue nicht hin, aber ich empfinde es als angenehm, beim Sex von virtuellen Menschen umgeben zu sein. Vielleicht schlummern in mir leichte exhibitionistische Gelüste.

So leicht sich mein Sexualleben trotz der Kinder organisieren lässt, so schwierig gestaltet es sich hingegen, neue Männer kennenzulernen. Auf der Straße, auf dem Spielplatz, im Kaufhaus – in der Regel sind die Kinder dabei. Kurioserweise glauben die meisten Menschen, die mich kennenlernen, dass ich einen Mann oder zumindest einen festen Partner habe. Vielleicht, weil es ihnen ungewöhnlich erscheint, mit zwei Kindern allein zu sein. Bei einem Kind ist das offensichtlich leichter nachvollziehbar. Vielleicht aber auch, weil ich nicht sexuell frustriert wirke wie andere Frauen, die ausstrahlen, dass sie ohne Mann leben. Diese Frauen würde ich am liebsten wütend anschreien: »Warum, verdammt noch mal, blättert ihr nicht endlich in einem Katalog und bestellt euch den schönsten Dildo, den es gibt? Warum nicht gleich ein ganzes Arsenal?« Mögen unendliche Sexspielzeuge in die weiblichen Schlafzimmer einziehen und alle Frauen in ihrer Schönheit und Sinnlichkeit erblühen lassen!

Die Sehnsucht ist immer groß

Grit F. (34 Jahre) und Christoph D. (33 Jahre) leben eine glückliche Fernbeziehung

Christoph: Es war in einem bitterkalten Winter vor zwei Jahren. Ich besuchte meine Schwester für ein paar Tage in Berlin und war neugierig auf das pralle Hauptstadtleben. Düsseldorf ist zwar auch eine Großstadt, aber mit Berlin nicht zu vergleichen. Berlin erscheint mir quirliger, lebendiger, bunter, die Menschen sind nicht so gleichförmig und abgestumpft wie in Düsseldorf. Geld spielt keine vordergründige Rolle. Es gibt mehr Möglichkeiten auszugehen, man hat die Qual der Wahl. Für jede Szene gibt es verschiedene Lokalitäten und man trifft selten auf dieselben Leute. Zumindest hatte ich stets großen Spaß, wenn ich bei meiner Schwester zu Besuch war. Jedes Mal ein Abenteuerurlaub. Auch dieses Mal sollte ich nicht enttäuscht werden. Denn ich lernte sie kennen: Grit.

Meine Schwester hatte ein Jazz-Frühstück mit ein paar Bekannten in einem kleinen, aber feinen Klub organisiert. Einige der Freunde waren mir bekannt, andere nicht. Zu letzteren gehörte Grit. Von dem Augenblick an, als sie durch die Tür in dem Jazz-Klub trat, war ich von ihr beeindruckt: Sie war groß, trug einen langen, dunklen Mantel, der ihr Seriosität und Größe, aber auch eine gewisse Unantastbarkeit verlieh. Große Frauen haben mich immer beeindruckt. Vielleicht weil ich selbst sehr groß bin.

Erstaunt war ich darüber, wie sie mich anschaute: Ihre Augen blickten neugierig und geradeheraus. Das war ich von Menschen nicht gewohnt. Viele schauen verschämt zur Seite und können dem Blick eines Mannes nicht standhalten. Dahinter verbirgt sich oft Unsicherheit im Umgang mit der Situation – und mit Männern. Grit war da anders, souveräner und gefestigter. Sofort schoss es mir durch den Kopf: Die will ich kennen lernen. Ich war neugierig auf die Frau, die sich so von den Frauen unterschied, die ich kannte.

Keine Lady, aber doch eine Dame. Kein Mädchen mehr, aber doch noch unverbraucht. Keine verruchtes Weib, aber offensichtlich nicht mehr unerfahren. Das alles sah ich an und in ihr, als sie mir ihre Hand reichte.

Vielleicht liegt es daran, dass sie eine Ostfrau ist, überlegte ich, als wir uns vorgestellt wurden. Von Ostfrauen hatte ich als Westmann bereits eine Menge gehört, selber aber noch keine näher kennen gelernt: dass sie mitunter selbstbewusster sein sollen als Frauen aus den alten Bundesländern, eigenständiger und eigensinniger, offener, frecher, mit Krisensituationen erfahrener durch den Bruch der Wende. Vielleicht sind das nur Klischees, aber ich konnte sie weder bestätigen noch widerlegen. Ich hatte keine klaren Vorstellungen, was Ostfrauen wirklich ausmacht. Und ehrlich gesagt, war es mir relativ egal. Diese Unterscheidungen in Ost und West, Alt und Neu empfinde ich als überholt und überzogen. Erst recht so viele Jahre nach der Wende, die inzwischen eine starke Durchmischung mit sich gebracht haben.

Mir jagten aber auch wirre Fragen und Gedanken durch den Schädel: Hat sie einen Mann, hat sie Kinder? Wenn ja, wie viele? Könnte sie glücklich in ihrer Ehe oder Beziehung sein, soweit sie eine führt? Will sie überhaupt etwas von mir? Was macht sie, wofür interessiert sie sich? Ich wollte mich weder blamieren, wenn ich versuchte, an sie heranzukommen, noch mich unnötig in eine Geschichte stürzen, die von vornherein aussichtslos schien. Bei dem Brunch saugte ich jedes Wort von ihr begierig auf.

Grit: Bevor ich zu diesem Frühstück ging, fragte ich mich, wie wohl der Bruder meiner Freundin sein möge. Sie hatte von ihm immer in den schillerndsten Farben gesprochen. Es verbarg sich keine Absicht dahinter wie manchmal bei Freundinnen, die das Single-Dasein der anderen beenden wollen und immer wieder versuchen, Freunde und Bekannte miteinander zu verkuppeln. Meine Freundin war von ihrem Bruder einfach in jeder Hinsicht begeistert.

Das kann nur ein Super-Typ sein, schwante mir. Doch so toll kann kein Mann sein, der mich vom ersten Moment an fasziniert, erwiderten mein Verstand und meine Erfahrungen. Bislang entpuppten sich meine Männer früher oder später als durchgeknallte Psychopathen, Egomanen oder Sexmonster. Leider habe ich stets zu spät mitgekriegt, wen ich da an der Angel hatte. Einer verkam zum Alkoholiker, ein anderer drohte mit Selbstmord, wenn ich ihn verlasse, obwohl unser gemeinsames Leben langweilig und öde und der Sex quälend war. Bei wiederum einem anderen fand ich ständig lange blonde Haare auf dem Kopfkissen, die nicht von mir stammten. Ehrlich war er aber auch nicht. Von solchen Typen hatte ich die Nase voll. Nie wieder unbefriedigende Liebesabenteuer.

Hinzu kommt, dass ich mich nur schwer verliebe. Ich brauche ewig, bis ich so etwas wie ein zärtliches Gefühl für einen Mann entwickle. Eine meiner Freundinnen verliebt sich sehr leicht und weiß fast monatlich etwas Neues zu berichten. Ich höre stets mit aufgestellten Ohren zu, beneide sie um ihre Amouren, ihren unsteten Alltag und ihre Sexabenteuer. Allerdings muss ich in schöner Regelmäßigkeit ihre Tränen trocknen und bekomme vorgeführt, was ich nicht möchte: wechselnde Männer, die mir meine Kraft und mein letztes Fünkchen Glauben an wilde Romantik rauben.

Ich war auf der Suche nach einem Partner, der diese Bezeichnung wirklich verdient. Der mir ebenbürtig ist, dem ich vertrauen und den ich kompromisslos lieben kann, der erwachsen ist und Spaß am Leben hat. Den er nicht darunter versteht, einzig und allein das zu tun, wozu *er* Lust hat und die Frau neben sich nicht bemerkt. Im Grunde hatte ich den Glauben an einen Mann, der zu mir passt, fast aufgegeben. Ich hatte mich damit abgefunden, dass ich vermutlich mein Leben eine Suchende sein werde. Aber ich war nicht frustriert, ich nahm es gelassen hin. Ich kam mit mir allein sehr gut zurecht.

Als ich Christoph gegenüber saß, schoss es mir durchs Hirn: So so, das ist er also. Hätte ich nicht erwartet. Nicht uninteressant, auf den ersten Blick. Er machte nicht den Eindruck, als sei er von der Sorte Mann, an die ich bislang geraten war. Ruhig wirkte er und gelassen, klug und sensibel. Er gefiel mir. Aber wer weiß, welche Macke der hat, versuchte ich mich auf den Boden der Realitäten zurückzubringen. Doch so sehr ich darauf »vorbereitet« war, Dinge aus seinem Mund zu hören, die mein Vorurteil gegenüber Männern bestätigten, so sehr wurde ich »enttäuscht«. Zwei Tage lang haben wir unentwegt gelacht und geplaudert, Geschichten von uns und unserer Vergangenheit preisgegeben. Wir waren tanzen und amüsierten uns prächtig. Von Anfang an war ein Vertrauensverhältnis da. Im Gegensatz zu meinen früheren Männern hatte ich nicht das Gefühl, dass mein Vertrauen von ihm missbraucht werden könnte. Obwohl wir uns gerade kennen gelernt hatten. Christoph hatte es mir angetan. Aber trotzdem war ich vorsichtig: Das kann doch gar nicht sein, dass es auch normale Männer gibt?! Kurioserweise haben wir beide streng darauf geachtet, dass es zu keinen Intimitäten kommt.

Christoph: Als wir uns nach dem Wochenende verabschiedeten, wollte ich ihr etwas Liebes sagen und gleichzeitig mitteilen, dass ich mich Hals über Kopf in sie verliebt hatte. Wie ein pubertierender Pickel-Teenie stand ich vor ihr und meinem Mund entfleuchte der Satz: »Es gibt viele Gründe, Berlin gut zu finden. Du bist ein ganz besonderer.« Als ich die Worte ausgesprochen hatte, hätte ich mich ohrfeigen können: Wie kann man nur so blöd sein und sich solch eine Blöße geben. Mit 38 Jahren! Zumal mit platten Sprüchen, die ich nicht mal als Vierzehnjähriger an meine Angehimmelte geschrieben habe. Ich wollte geistreich klug und intelligent erscheinen – und dann das. Sie wird enttäuscht von mir sein, befürchtete ich.

Grit: Ich wusste, dass ich eine Woche später ins Rheinland reisen würde und führte das an. Ganz nebenbei natürlich. Mein Herz klopfte, als wir uns zum Abschied umarmten, dass ich fürchtete, er könnte es hören. Schließlich hat man sich als erwachsene Frau doch voll im Griff. Und ich besonders. Nach all meinen »Niederlagen« sollte es mir nicht wieder passieren, dass ich in die nächste Katastrophe schlittere. Doch so sehr ich mich gegen mein Gefühl wehrte, ich kam nicht dagegen an. Die kommenden Tage bin ich wie im Koma durchs Leben gestapft. Mechanisch, aber gleichzeitig irritiert. Was war das? Ich konnte und wollte es nicht definieren. Gewöhnlich verliebe ich mich, wie gesagt, erst nach Wochen oder Monaten. Liebe auf den ersten Blick, das war mir zwar nicht völlig unbekannt. Aber ich misstraue diesem Gefühl. Und nun sollte es mich mit Haut und Haaren erwischt haben?

Christoph: Sie ist nicht dein Kaliber, hämmerte ich mir ein, lass die Finger von ihr. Ein so edles Gewächs wirst du nie pflücken können. Wieder zurück in Düsseldorf war ich viel unterwegs, ich musste mich ablenken. Aber meine Aufregung, mein Glücksgefühl mussten raus. Ich erzählte Freunden von Grit und die rieten mir: Sag es ihr einfach. Aber wie? Einfach gestehen, so mir nichts, dir nichts? Plötzlich kam ich mir wie ein verwirrter Jugendlicher vor, der nicht weiß, wohin mit den gewaltigen, ihm unbekannten Gefühlswellen, die ihn überrollen wie ein Dampfwalze. Verliebte sind ja auch immer ein bisschen durchgeknallt und können von ihrer Umwelt in ihrem gesamten Verhalten nicht ganz ernst genommen werden. Manche drehen sich vor Emotionswucht die Haare aus oder knabbern sich ihre Fingernägel ab. Ich habe mir dauernd mein Hemd aus der Hose gezerrt und rannte wie guilloniert durch die Gegend. Wenn mich nicht einmal eine ältere Dame aus der Gemeinde auf der Straße abgefangen und mit einem Handstreich verwundert mein Hemd geglättet hätte – es hätte ein schlimmes Ende nehmen können. »Herr Pfarrer, wo fliegen bloß Ihre Gedanken rum?«, erinnerte sie mich daran, dass es noch andere Menschen gibt, und reichte mir eine Mappe mit wichtigen Unterlagen zurück, die ich offensichtlich irgendwo liegen gelassen und wie wild gesucht hatte.

Grit: Zum ersten Mal spürte ich, dass sich Begehren und Reden gleichermaßen treffen können, dass sie auf eine Person gerichtet sind und ebenso von ihr ausgehen. Mit den meisten Männern, die ich vorher hatte, konnte ich entweder reden oder Sex haben. Beides zusammen erschien mir wie eine Illusion. Christoph verkörperte all das, wonach ich Jahre gesucht hatte. Instinktiv wusste ich: Das ist der Mann, um den ich, wenn es sein müsste, kämpfen würde.

Christoph: Das Wochenende, das sie im Rheinland verbringen wollte, rückte heran. Ich war kein Mensch mehr, zerschepperte Teller, weil sie mir aus der Hand glitten, riss meinen Kontrabass um, dessen Reparatur über 2000 Mark kostete. Ich vergaß Termine oder tauchte zu früh bei einer Verabredung auf. Redete wirr daher, für andere völlig unverständliches Zeug. Ich platzte förmlich, als sie aus dem Zug stieg. Aber ich gab mich natürlich ganz gelassen und cool. Zum einen wusste ich nicht, was mich erwarten würde.

Zum anderen erschien *sie* mir völlig ruhig und gefasst. Ich hatte Angst, das zarte Band zu zerreißen, das sich zwischen uns zusammenzuschlängeln schien. Im Auto hat sie mir offenbart, dass sie sich in mich verliebt hat. Einfach so. Das beeindruckte mich. Wie locker ihr das von den Lippen kam. Ich polterte förmlich heraus, dass es mir auch so geht. Daraufhin haben wir wild geknutscht und mussten schnell zu mir nach Haus fahren.

Grit: Ich hatte zum ersten Mal in meinem Leben einen Menschen kennen gelernt, von dem ich ahnte, dass es sich lohnen würde, alle möglichen Anstrengungen und Leiden auf mich zu nehmen, um mit ihm zusammen zu sein. Mit diesem Gedanken wurde mir aber auch schlagartig bewusst, dass wir etwa 500 Kilometer und fünf Stunden Fahrzeit auseinander wohnen. Das war neu für mich. Zwar hatte ich mal einen Freund, der zu Beginn unserer Beziehung in Bayern wohnte. Aber er zog alsbald zu mir nach Berlin. Mir blieb kaum Zeit, darüber nachzudenken, was ich da eigentlich tue. Ich wollte damals diese Beziehung, ja, aber wollte ich wirklich mit diesem Mann zusammenleben? Ohne mir groß darüber den Kopf zu zerbrechen, bot ich dem Stein, der da ins Rollen kam, keinen Halt. Und hab es alsbald bitter bereut. Es dauerte ein schlichtes halbes Jahr und schon war ich »entliebt«. Er wollte aus mir ein Hausputtelchen machen, das mit ihm abends vor dem Fernseher hockt und nach dem 20.15-Uhr-Film gemeinsam ins Bett geht, um Sex zu haben. Nicht etwa, weil wir uns begehrt hätten, sondern weil es dazu gehört. Das war und ist mir zu wenig. Ich will leben, Freunde treffen, fernsehen, wenn es sich lohnt, ins Kino und Theater gehen, lesen. Hätte ich vorher gewusst, was auf mich zukommt, hätte ich Reißaus genommen. Aber dadurch, dass er so plötzlich und absolut in meinem Leben aufkreuzte, blieb mir keine Möglichkeit zu testen, ob es mit ihm geht.

Durch die Fernbeziehung zu Christoph, die sie auf längere Zeit bleiben wird, ist uns beiden die Chance gegeben, den anderen in all seinen Facetten kennen zu lernen, zu schauen, ob man nicht nur auf dem kleinsten gemeinsamen Nenner zusammenpasst, sondern auf dem höchst möglichen Niveau. Unabhängig davon, dass ich bei Christoph von Anfang an das sicherste Gefühl überhaupt bei einem

Mann habe, tasten wir uns Stück für Stück aneinander heran. Das Wunderbare daran ist, dass der Weg über die Entfernung stets Neuigkeiten bereit hält. Bislang waren sie positiv.

Christoph: Dass ich in den nächsten Jahren aus Düsseldorf nicht wegkomme, wusste Grit von Anfang an. Ich bin evangelischer Pfarrer und betreue meine Gemeinde erst seit kurzem. Ich habe eine Residenzpflicht zu erfüllen, zeitweilig muss ich Tag und Nacht für die Gemeindemitglieder erreichbar sein, sofern mich mein Kollege nicht vertritt. Ich liebe meinen Beruf und habe nicht vor, meiner Gemeinde alsbald den Rücken zu kehren. Pfarrer zu sein, ist mehr als nur ein Job: Kinder zu taufen, Paare zu trauen, Tote zu beerdigen, Menschen in den unterschiedlichsten Phasen ihres Lebens zu begleiten und ihnen Beistand zu geben, das braucht Zeit. Vertrauen muss wachsen. Dazu bedarf es mitunter Jahre.

Gleichwohl erlaubt mir mein Job, flexibler zu sein als beispielsweise andere Arbeitnehmer oder Grit in ihrem Beruf als Lehrerin. Sie muss zu festen Zeiten in ihrer Schule präsent sein, ich kann Termine verschieben, wenn es nötig ist. Glücklicherweise ergibt sich auf diese Weise ein Modell, das wir gut händeln können: Grit arbeitet nie am Wochenende und kann an diesen Tagen hier sein. Ich nehme mir öfter innerhalb der Woche frei, muss dafür am Sonntag in der Kirche predigen. Hinzu kommen Trauungen und Taufen.

Grit: So kommt es, dass wir uns fast jede Woche sehen. Gott sei Dank sind uns durch unsere gut bezahlten Anstellungen finanziell keine allzu engen Grenzen gesetzt. Benzin- und Fahrkartenkosten schlagen zwar zu Buche, aber nicht existenziell. Irgendwann haben wir festgestellt, dass wir es länger als zwei Wochen ohne einander nicht aushalten. Schließlich haben wir es so eingerichtet, dass solch ein langer Zeitabstand nicht unbedingt sein muss. Für mich heißt das unter anderem, weniger zu arbeiten. Ich bin sehr ehrgeizig und mitunter überkorrekt. Viele Stundenvorbereitungen lassen sich aber auch in der Hälfte der Zeit erledigen und Schüler können so manches Arbeitsblatt im Grunde selbst herstellen. Ich habe begonnen, andere Prioritäten zu setzen. Auch meinen Stundenplan habe ich dahingehend geändert, dass der Unterricht für mich Freitagmittag endet und Montag nach acht Uhr beginnt. Sonntagnacht sitze ich meist im Zug oder im Auto. Meine Ferien verbringe ich fast vollkommen in Düsseldorf – außer unseren gemeinsamen Urlaub, den wir in der Regel nutzen, um das Land zu verlassen. Manchmal verschiebt sich unser Rhythmus und es liegen etwa eineinhalb Wochen zwischen unseren Treffen. Aber es gibt Telefone, E-Mails, Briefe, Telegramme, Handys.

Christoph: Ich würde von Grit nie ultimativ verlangen, zu mir nach Düsseldorf zu ziehen. Ich bin stolz darauf, wie sie ihren Job meistert und ihr Leben generell im Griff hat. Würde ich sie drängen, zu mir zu kommen, würde ich ihr einen Teil ihrer Lebensgrundlage entziehen und sie wäre nicht mehr vollständig. Das könnte und möchte ich nicht verantworten.

Grit: Im Gegenzug würde ich von Christoph nicht erwarten, dass er sein Leben total umkrempelt, um mir näher zu sein. Gleichwohl wäre es für mich einfacher als für ihn, meine Stelle aufzugeben und in einer anderen Stadt neu anzufangen. Als Lehrerin für Deutsch und Englisch bieten sich fast überall Möglichkeiten, als Pfarrer weniger. Zumal das Vertrauen einer Gemeinde in einen Seelsorger erst wachsen muss. Und wenn er nach Antritt der Stelle alsbald wieder kündigt, wirft das kein gutes Bild auf einen Menschen, der Verantwortungsbewusstsein und Gemeinschaftsgefühl predigt.

Christoph: Sich auf eine große territoriale Distanz näher und besser kennen zu lernen, lässt zwar zu, sich mehr Zeit dafür zu nehmen, birgt aber einige Tücken. Wenn man unmittelbar beieinander wohnt, kann man Treffen planloser und zufälliger gestalten. Und man kann Unannehmlichkeiten leichter aus dem Weg gehen. Wenn aber alles, wie bei uns, darauf ausgerichtet ist, dass man sich an einem besagten Wochenende trifft, muss man alles in Kauf nehmen. Uns ist bewusst, dass wir nicht einfach so gehen können, als wenn man um die Ecke wohnt, wenn ungeahnt eine negative Situation eintritt. Wir würden es sicher auch nicht tun, weil der Zeitabstand zum nächsten Treffen größer ist. Möglich auch, dass die lokale Distanz zu einem gewissen emotionalen Abstand führt, wenn etwas unausgesprochen bleibt.

Grit: Fernbeziehungen fehlen in der Regel die Alltagserfahrungen. Man kennt nur die Sonnenseiten voneinander, erlebt sich in arbeitsfreien Zeiten und steht nicht unter Druck, soweit man die Arbeit nicht mit nach Hause nimmt. Morgens den Wecker ausschlagen, sich gähnend ins Bad schleppen, in Eile ein gemeinsames Frühstück bereiten, abends geschafft nach Hause kommen und keine Lust haben zu reden – all das fällt weg. Partnerschaft auf Enfernung muss meist nicht jene Routine aushalten, die Liebe so schnell absterben lässt. Auch entfällt, den Partner mit Aufträgen zu nerven, die im Zusammensein auf beide Seiten verteilt werden sollten: Wer geht einkaufen? Wer schafft den Müllbeutel zur Tonne? Wer erledigt den Abwasch?

Christoph: Bei einem unserer ersten Wiedersehen bei ihr in Berlin passierte etwas Kurioses, von dem wir beide nicht wussten, wie wir damit umgehen sollten. Wir kannten uns im Prinzip kaum. Ich bin Kontaktlinsenträger und habe die Angewohnheit, meine Linsen abends, bevor ich schlafen gehe, in irgendwelche Gläser zu tun. Wer mich lange kennt, weiß das und schaut gewohnheitsgemäß in alle Gefäße, die irgendwo herumstehen und eine Wasserneige bergen. Grit hatte davon keine Ahnung und räumte an einem Morgen, als ich noch schlief, just das Glas mit meinen Linsen in den Abwasch. Als ich aufwachte, tastete ich wie in Trance, aber in gewohnter Manier nach dem Glas, aber meine Hand griff ins Leere. Wie von der Tarantel gestochen, schoss ich hoch und blubberte irgendetwas Unverständliches. Grit wusste gar nicht, wie ihr geschieht.

Grit: Ich hatte das Glas, in dem sich, wie ich glaubte, nur Wasser befand, vom Nachtschränkchen in das Spülbecken befördert. Weil es rumstand und ich sowieso gerade das Geschirr vom Vorabend abwaschen wollte. Uns blieb nichts anderes übrig, als das Spülwasser mehrere Male durchzuseien, bis wir die Linsen gefunden hatten. Ist nicht so schlimm, kann jedem passieren, versicherten wir uns gegenseitig. Mit einem Anflug von Ironie, die aber gespielt und nicht echt war. Wir waren beide unsicher, was folgen würde. Christoph konnte die Linsen noch tragen, obwohl diese Dinger durch Spülwasser kaputt gehen können. Ich hatte ein schlechtes Gewissen, dachte aber gleichzeitig: Das mit den Sehhilfen hätte er mir ruhig sagen können. Er wird doch wohl nicht so kindisch oder eitel sein und sich dafür schämen? Heute können wir herzhaft über die

Geschichte lachen. Aber damals war mir ganz und gar nicht zum Lachen zumute. Insbesondere am Anfang ist sicher jeder darauf bedacht, keinen Fehler zu machen, will dem anderen in allen Bereichen gefallen und könnte sich für Missgeschicke selbst schelten.

Christoph: Inzwischen habe ich mir das schönste Glas als Stammkontaktlinsenbehälter reserviert.

Grit: Damals kam zwar Missstimmung auf, aber ich habe gespürt, dass wir keine 20 mehr sind und mit kritischen Situationen besser umgehen können. Anderen mag das Erlebnis vielleicht als unbedeutend erscheinen und sie mögen sich fragen: Mein Gott, warum machen die so ein Drama draus? Es geht auch nicht so sehr um die Linsen, es hätte genauso gut ein anderes Missgeschick sein können. Wichtig für uns war, dass wir erlebt haben, wie der andere Stress bewältigt. Flippt er völlig aus, wird er hysterisch, bockt er rum oder bleibt er ruhig und gelassen und geht das Problem vom Kopf oder vom Gefühl her an? Zu erfahren, welche Seiten der Partner in sich trägt und sie auszuloten zu können, bevor man sich enger aneinander gebunden hat, ist wichtig. Es hilft Fehler zu vermeiden.

Christoph: Wir wissen, dass wir in der nächsten Zeit mit unserer Fernbeziehung so weitermachen müssen wie bisher. Auch wenn sie derzeit gut funktioniert und unserer Liebe keinen Abbruch tut, soll sie kein Dauerzustand sein. Wir wünschen uns, näher beieinander zu sein und grübeln nach handhabbaren Modellen, die uns beiden gerecht werden. Die einfachste Variante wäre, dass einer in die Stadt des anderen zieht. Aus besagten Gründen wäre dies indes nicht die beste Lösung. Noch haben wir keine zündende Idee, wie wir uns räumlich näher kommen können. Deshalb warten wir erst einmal ab und lassen das Leben mit seinen Überraschungen entscheiden.

Grit: Natürlich ist die Sehnsucht immer groß. Aber sie ist auch da, wenn ich gerade in den Zug oder ins Auto gestiegen bin, um nach Berlin zurückzudüsen. Während der Fahrt telefonieren wir dauernd übers Handy. Jeder Anruf bringt uns wieder näher zusammen, auch wenn wir uns lokal voneinander entfernen. Wenn ich zu Hause ankomme, erwartet mich bereits eine E-Mail.

Christoph: Wir haben uns etwas Wunderbares angewöhnt: Immer, wenn wir beim anderen zu Besuch sind, hinterlassen wir in verschiedenen Ecken der Wohnung kleine Aufmerksamkeiten, die nicht gleich ins Auge fallen, sondern die man beim zufälligen Hinschauen entdeckt. So »verstecken« und finden wir winzige Erinnerungsstücke, die den Tag verschönen: gemalte Blumen, deren jedes einzelne Blütenblatt eine Liebeserklärung enthält, kleine Klebchen mit Hinweisen, wo das nächste »Osterei« verborgen liegt, bemalte Steine, Zettel mit Karikaturen und versinnbildlichten Gedanken. Ich habe für Grit in dem Garten vor meiner Pfarrei einen Kirschbaum gepflanzt. Als Geburtstagsgeschenk. Ein Symbol für meine Zuneigung, und weil sie Kirschen so gern isst. Stell ein Glas Kirschen auf den Tisch, es braucht keine halbe Stunde, dann ist es leer.

Grit: Seit ich mit Christoph zusammen bin, habe ich das Briefe- und Kartenschreiben neu entdeckt. Früher, als es weder E-Mail noch Handys gab, wanderten viel mehr Briefe zwischen Freunden hin und her. Diese Kommunikationsart scheint verloren gegangen im technologisierten Zeitalter. Das finde ich schade. Ein Brief kann mitunter sinnlicher und erotischer sein als viele, viele Telefonate. Ein Stück Papier lässt künstlerischen und poetischen Ideen mehr Freiraum. Ich kann es öfter in die Hand nehmen, dadurch wird es erfahrbar, ich kann daran riechen, dadurch rückt der andere dichter heran. Ich kann malen, etwas aufkleben oder etwas in den Umschlag stecken. Mit dem Schreiben kann ich mir Zeit lassen und die Zeilen solange wachsen lassen, bis ich sie gelungen finde. Am Telefon purzeln die Worte nur so heraus, auch E-Mails sind schneller hingetippt.

Christoph: Ich besitze bereits eine ausgedehnte Sammlung von Postkarten ...

Grit: ... die ich immer dann kaufe, wenn mir eine gefällt. Es muss keinen Anlass geben. Auf meinem Schreibtisch stapeln sich unzählige Zettel und Blätter mit erotischen Sequenzen und Gedichten, die Christoph für mich geschrieben hat.

Christoph: Unsere Telefongespräche verstärken eher mein Sehnsuchtsgefühl. Vor allem, wenn wir – jeder in seinem Bett – uns trotzdem zusammen hinlegen. Mit dem Hörer am Ohr. Manchmal greife ich nach dem Unterhemd von ihr, das ich bei einem unserer ersten Treffen aus ihrem Dreckwäschekorb geklaut habe. Wir berichten uns keine Dinge vom Tag, die sind wir bereits in vorhergehenden Anrufen losgeworden, sondern was wir uns vom anderen gerade wünschen: wie ich Grit sehe, sie schmecke, sie erschnuppere. Es ist kein platter Telefonsex, sondern sanfte Liebe auf Entfernung. Sie sagt beispielsweise: »Ich drücke das Kopfkissen auf meinen Bauch, ich wünschte, das wärest du.« »Ich träum von deinem Rücken und streichle dich mit meinen Fingern zwischen deinen Händen. Jetzt küsse ich deinen Bauch, kurz über dem Nabel, meine Zunge fährt in ihn hinein und möchte ihn am liebsten aussaugen. Nun rutscht meine Zunge ein wenig hinab und gleitet immer weiter und tiefer ...« Sie: »Mmmmhhhhh ...«

Grit: Wenn wir aufgelegt haben, drücke ich die On-Taste auf meinem Kassettenrecorder und es erklingt die Musik, die Christoph für mich zusammengestellt hat. Mit den Tönen, einem warmen Gefühl und den Händen in meinem Schoß schlafe ich beruhigt ein. Oder erregt, je nachdem.

Christoph: Durch Grit habe ich erfahren, dass Sehnsucht weh tun kann. Nicht nur seelisch, auch körperlich. Oft geschieht es, dass sich während der Arbeit Gedanken an sie in meinen Kopf schleichen – und schon ist es passiert: Es schmerzt. In den seltensten Momenten kann ich mir Linderung verschaffen, weil ich gerade bei einem Seniorentreff Kaffee trinke oder Christenlehre für Kinder gebe. Wenn ich allerdings allein bin und Zeit habe, erlebe ich meine Inspirationen sehr lustvoll und kann sie ausgiebig genießen. Oft auch abends nach unserem Telefonat.

Grit: Wenn wir uns nach entbehrungsvollen Tagen in die Arme schließen, fallen wir wie ausgehungerte Tiger übereinander her. Das wird meist eine schnelle, heftige Nummer. Unseren angestauten Bedürfnissen müssen wir Luft machen, der erste Akt nach dem Wiedersehen ist wie ein Ventil, das wir schleunigst öffnen, um nicht auseinander zu bersten. Später folgt das Genießen. Insbesondere für mich. Mein Körper kommt später bei Christoph an als meine Seele. Ich bin nicht der Typ, der allein vom bloßen Akt einen Orgasmus bekommt. Dafür brauche ich länger und mehr Zärtlichkeit. Was nicht bedeutet, dass ich es nicht auch heftiger und wilder mag. Aber dazu muss ich einen Raum bekommen, in dem ich mich entfalten kann. Es funktioniert bei Frauen nicht so leicht wie bei Männern: Rauf, rein, raus und schon ist alles erledigt. Schon gar nicht, wenn man liebt.

Christoph: Manchmal, wenn das Wochenende naht, habe ich das Gefühl, ich platze. Dann muss es einfach raus, wenn ich Grit berühre. Ich kann es nicht aufhalten, es wird wild und ekstatisch. Mir selbst vorher Erleichterung verschaffen möchte ich oft nicht, sondern warte bewusst, bis Grit da ist. Um es mit ihr zusammen zu erleben. Dann bedaure ich, dass ich beim Begrüßungssex immer eher komme als sie. Das ist schade, aber ich kann es nicht ändern.

Grit: Ich finde das nicht schlimm, sondern ehrlich. Ich fühle mich weder »missbraucht« noch »benutzt«. Es bestätigt mich als Person und als Frau. Außerdem weiß ich, dass ich danach auf meine Kosten komme. Schließlich sind wir nicht mehr so unerfahren um nicht zu wissen, wie der weibliche und männliche Körper funktionieren. Zumal unsere Begierde aufeinander so groß ist, dass es mit einmal nicht erledigt ist. Wir nehmen uns viel Zeit füreinander, sorgen für kuschlige, romantische Stunden, aber auch für verrückte und lustige Momente. Darin unterscheidet sich unsere Beziehung sicher von keiner anderen, die sich als glücklich bezeichnet. Allerdings hat unser Unterbewusstsein eines ständig gespeichert: Wir müssen kompensieren und alles, was wir dem anderen sagen, geben, zeigen und von ihm bekommen wollen, in weniger Zeit »erledigen«. Auch wenn wir nicht ständig daran denken, es schwingt bei jeder Handlung mit. Ob das gut ist oder nicht, weiß ich nicht. Es geht nicht anders. Sonntagnachmittag beispielsweise: Ob in Berlin oder in Düsseldorf, regelmäßig zur Kaffeezeit beschleicht mich ein trübes Gefühl: Es geht aufs Abschiednehmen zu. Vielleicht haben sich mein Kopf und mein Körper bereits darauf eingepegelt und es läuft so etwas wie ein Pawlowscher Reflex ab. Mir kommt dann stets eine kitschige Abschiedszene aus »Jenseits von Afrika« in den Sinn, als Tania Blixen alias Meryl Streep zu Denis Finch Hatten, der von Robert Redford gespielt wird, sagt: »Ich küsse besser zur Begrüßung.«

Christoph: Abschiedsszenen und das Warten auf dem Bahnhof sind für mich die schlimmsten Momente. Am liebsten würde ich sagen: »Zum Zug möchte ich nicht mitkommen.« Das mache ich natürlich nicht. Dann stehen wir da auf dem Bahnsteig, unsere Blicke schweifen wie von selbst auf die große, runde Uhr: Noch sieben Minuten, noch vier ... Die Unruhe der Bahnhöfe macht sich in uns breit. Wir reden kaum und selbst der Kuss schmeckt gehetzt. Bahnhöfe verbinden sich bei mir generell mit Adieu sagen. Aber auch wiederkommen. Ich sage mir immer: Es dauert nicht lange und sie ist wieder da. Unsere gemeinsame Zeit erlebe ich intensiver und konzentrierter als in jeder anderen Beziehung, die ich vorher hatte. Dennoch habe ich nicht das Gefühl, dass sich dadurch irgendetwas abschleift oder abnutzt. Im Gegenteil: Ich habe das Gefühl, dass eine ständige Spannung erhalten bleibt, die unser Beziehungsleben erst so richtig aufregend macht.

Früher empfand ich Sex als langweiliger. Richtig geil – obwohl ich das Wort nicht mag – ist er erst in den letzten Jahren ab 30 geworden. Ich verstehe meinen Körper und den einer Frau besser, glaube zu wissen, was Frauen möchten, kann mich tiefer fallen lassen und bin weniger egoistisch. Ich kann besser »bedienen« und mir holen, was ich brauche. Darüber zu reden ist mir nicht peinlich, das war es früher auch nicht, aber ich konnte es damals nicht besonders gut verbalisieren.

Grit: Ich fordere mehr als früher, lasse mir nichts vorschreiben oder Dinge mit mir machen, die ich nicht will. Ich nehme mir das, worauf ich Lust habe. Eigentlich mache ich alles mit, es gibt nichts, was ich nicht ausprobieren würde, abgesehen von brutalen und kriminellen Dingen und Verrenkungen, aus denen ich mich nicht selber wieder lösen kann.

Christoph: Grit hat viele Ideen, ist unkonventionell und frei. Ich habe jedes Mal eine neue Liebhaberin.

Grit: Für mich wird Sex besser, wenn er mit Liebe und Nähe gepaart ist. Natürlich kann ich Sex vom Gefühl trennen. Es gab einige Männer in meinem Leben, die ich nicht geliebt, mit ihnen aber hervorragenden Sex gehabt habe. Aber es blieb nichts weiter haften außer der körperlichen Erfüllung. Eine Zeit lang war das gut und schön, sicher auch nötig. Kürzere Zeiten ohne Sex kann ich mir vorstellen, habe sie auch erlebt. Aber länger? Irgendwann aber genügten mir reine Sexabenteuer nicht mehr. Wenn ich mit Christoph schlafe, spüre ich, dass es dabei um uns geht. Das gibt mir Vertrauen und Kraft sowie ein tiefes Gefühl von Liebe, Selbstachtung und Ganzheit.

Christoph: Auch wenn wir nicht gemeinsam den Gipfel unserer Lust erklimmen, erlebe ich etwas vom Zusammengehörigkeitsgefühl und der Innigkeit, die jedes Mal mitschwingt. Das hat sich im Laufe der Jahre nicht geändert.

Grit: Es ist meine erste langfristige Fernbeziehung. Ich wusste nur rational, worauf ich mich einlasse. Emotional betrat ich Neuland. Manchmal leide ich darunter, dass Christoph so weit weg ist. Dann beruhige ich mich und sage mir, andere Paare, die vielleicht in der gleichen Stadt wohnen, sehen sich weitaus seltener. Als bedauerlich und irritierend empfinde ich allerdings, wenn mir bei ganz heftigen Sehnsuchtsanfällen nur das Telefon für den unmittelbaren Kontakt bleibt. Ich kann nicht sagen: »Ich muss dich jetzt sehen, ich bin in einer halben Stunde da.« Oder ich schaue nur für zehn Minuten vorbei, dann gehe ich wieder, weil ich weiß, dass er arbeiten muss und keine Zeit hat. Oder wir sehen uns ganz spontan, weil wir Lust aufeinander haben. Das Verlangen zu stillen muss warten, bis der Tag X naht. Das hätte ich gern einfacher. Klar bleibt mir immer Selbstbefriedigung, aber meine Gelüste richten sich meist auf Christoph und nicht allein auf meinen Körper. Dann finde ich es schade und belastend, mein Gefühl nicht so ausleben zu können, wie ich es gern möchte. Mir einfach einen anderen Mann ins Bett holen, um körperliche Erleichterung zu erfahren, kann ich nicht. Früher konnte ich das, in der Zeit vor Christoph. Ich bin keine Frau, die Treue predigt und einfordert, aber ich kann nicht mit fremden Männern schlafen, wenn ich einen Mann liebe. Meine Lust ist nicht in jedem Fall an einen bestimmten Mann gebunden, aber stark von ihm abhängig, wenn Emotionen im Spiel sind. Und bei Christoph ist es nicht nur irgendein Gefühl, da ist es Liebe.

Christoph: Gottlob sind wir beide in einem Alter, das der Persönlichkeit durch gelebte Erfahrungen und Brüche eine gewisse Reife verleiht. Diese »gestattet« es, eine funktionierende Fernbeziehung zu führen, die mit Hindernissen umgehen kann. Als ich Mitte zwanzig war, steckte ich auch in einer Partnerschaft auf

Distanz. Die jedoch mitnichten das bot, was ich jetzt erlebe. Damals spielten Eifersucht und Misstrauen eine große Rolle. Weil man den anderen nicht »kontrollieren« konnte. Man stellte sich Fragen: Ist das wahr, was sie erzählt? Mit wem war sie gestern auf dem Fest? Mit wem hat sie sich unterhalten? Ist sie wirklich allein nach Haus gegangen? Meiner damaligen Freundin ging es genauso. Sie war stets darauf bedacht, alles ganz genau von mir zu erfahren. Das engt nicht nur ein, das macht klein und krank. Eifersucht wirkt meist zerstörerisch, ist oft jedoch unbegründet. Die Toleranzschwelle und das Vertrauen in die eigene Person wachsen mit jedem Lebensjahr und jeder negativen Erfahrung.

Grit: Wie heißt es doch so schön: Eifersucht ist nur die Angst vor dem Vergleich. Nicht, dass ich mich als konkurrenzlos empfinde. Aber unbedingt wissen zu wollen, was der andere mit der oder der Frau treibt, hat mit dem eigenen Selbstwertempfinden zu tun. Wie schlecht muss ich mich fühlen, um in jeder Frau eine potenzielle Gefahr zu wittern? Ich bin von Natur aus kein eifersüchtiger Mensch. Aber auch aus dem Grund, weil ich Christoph vollends vertraue, würde ich nie auf die Idee kommen, ihn auszufragen, nur um mich zu vergewissern, dass er mich nicht betrügt. Das fände ich kleinlich und infantil. Und wenn er es täte, könnte ich nichts daran ändern. Es wäre schlimm, glaube ich. Für mich auf jeden Fall. Dann müssten wir die Qualität unserer Beziehung überprüfen und daraus Konsequenzen ziehen. Ob wir uns trennen oder aus der Krise ein neues Miteinander entstehen lassen. Solche Spekulationen sind für mich allerdings kein Grund zum Spionieren.

Christoph: Übers Fremdgehen haben wir kurioserweise noch gar nicht gesprochen. Weil es bislang kein Thema war, nicht mal ansatzweise. Um es mal als Theologe zu sagen: Wir sind Menschen, verführbar, mitunter schwach. Das ist normal, macht mir manchmal aber auch Angst. Ich gehe aber davon aus, dass wir beide inzwischen ausreichend Erfahrungen gesammelt haben und über genügend Toleranz und eine gemeinsame Gesprächskultur verfügen. Und wir können nicht nur mit all unseren positiven Seiten vor uns stehen, sondern ebenso mit all unseren Schwächen voreinander bestehen. Das ist ein Genuss.

Ich bleibe, bis die Kinder größer sind

Jochen G. (35 Jahre), Theaterwissenschaftler in Stuttgart, hat eine Frau und eine Geliebte

Paare, die ihr Leben bis in den Tod hinein miteinander verbringen, verdienen eine gewisse Bewunderung. Finde ich. Ihre Beziehungen sind offensichtlich Produkt eines langen Entwicklungsprozesses, an dessen Ende die Belohnung einer eingespielten, harmonischen und befriedigenden Beziehung wartet. Selbst wenn die Gewöhnung aneinander oder die Konvention den Sieg über Liebe, Leidenschaft und Begeisterung für den Partner längst davongetragen haben – ein ganzes Leben miteinander zu verbringen, ist eine erhebliche Leistung.

Den Traum von der Ehe »Bis dass der Tod euch scheidet« träumte ich mit Anfang 20 ebenso wie viele andere meiner Generation. Bis heute leiste ich mir den Luxus, mich noch nicht von diesem Traum zu verabschieden. Obwohl ich längst erfahren habe, dass er aus Wolken zusammengepflückt ist, die bei einem Wettertief als fette Tropfen erbarmungslos auf die Erde hinabprasseln. Ich muss vielen meiner Freunde zustimmen, die schon immer behaupteten, dass Langzeitbeziehungen selbst schuld seien an ihrem Unglück und vermutlich nur zu feige oder zu faul, sich zu trennen. Keine Frau und kein Mann könnten über Jahrzehnte hinweg nur einen Menschen lieben und ausschließlich ihn begehren.

Wer Recht hat? Keine Ahnung. Die Wahrheit liegt wahrscheinlich – wie so oft – irgendwo in der Mitte. Ohnehin ist es müßig zu erörtern, welche Beziehungsform die »richtige« ist. Ich glaube, dass jeder Lebensabschnitt sein eigenes Beziehungskonstrukt fordert, dass verschiedene Lebensphasen verschiedene Partner brauchen. Beides – Lebensabschnitt und Beziehungsart – formen sich kongruent mit dem Alter. Folglich ist das Zusammenleben beider Geschlechter mit mehreren, zeitlich nacheinander folgenden Lebensabschnittspartnern beziehungsweise -partnerinnen ein natürlicher Prozess. Allerdings ist unsere Gesellschaft noch lange nicht so weit, dies als Normalfall zu akzeptieren. Das Ideal der lebenslangen Beziehung wird nach wie vor ungebrochen propagiert. Wenngleich das Gegenteil gelebt wird.

Als ich heiratete, grübelte ich nicht viel darüber nach, wie meine Ehe einmal enden könnte. Ich dachte: Ich liebe meine Frau, wie ich noch nie ein Frau geliebt habe. Wenn ich es unter diesen optimalen Bedingungen nicht schaffe, eine Ehe zu führen, schaffe ich es auch mit keiner anderen Frau. Heute empfinde ich meine Gedanken von damals als naiv.

Dennoch gibt es genug Gründe, nicht sofort nach der ersten Krise auseinander zu rennen. Einer davon sind die Kinder. Ich habe drei. Seit 12 Jahren kenne ich meine Frau, seit 10 Jahren sind wir verheiratet. Unsere Kinder sind elf, sieben und fünf Jahre alt.

Und ich habe eine Geliebte. Seit drei Jahren. Manchmal verschmelzen beide Welten miteinander, das Eheleben und das mit meiner Geliebten. Meine Geliebte ist eine enge Vertraute unserer Familie und die beste Freundin meiner Frau. Dorothee, meine Frau, ist ein stilles, zurückhaltendes Wesen, Katharina, die Geliebte, ein brodelnder Vulkan, stets eine Nanosekunde vor dem Ausbruch. Dorothee und Katharina sind so unterschiedlich, wie Frauen nur sein können. Wahrscheinlich verstehen sie einander deshalb so gut, weil eine in der anderen das gefunden hat, was sie selbst gern hätte oder wäre.

Als ich Dorothee kennen lernte, beeindruckte sie mich durch ihre besonnene, bedachte und kontrollierte Art. Im Gegensatz zu mir schien sie zu wissen, wohin es sie zieht, was sie mit ihrem Leben vorhat. Über mich betteten sich die Tage, irgendwie und ordnungslos. Ich lag darunter und bildete ein wirres Knäuel. Dorothee hingegen streckte sich aus, zupfte an den Ecken der Decke und strich sie glatt. Eine überschaubare Ebene, ohne unüberwindbare Gebirgspässe, ohne Gefahrenzonen. Wir studierten Literatur, Geschichte und Theaterwissenschaften in Moskau. Eine gewöhnliche Studienkombination an einem ungewöhnlichen Ort. Damals beherrschte der Kalte Krieg die politische Welt, die nur selten einen studentischen Austausch zwischen Ost und West ermöglichte.

Ich komme aus einem Pfarrerhaushalt in Stuttgart, Dorothee entstammt einer konservativen und kleinbürgerlichen Familie eines bayrischen Dorfes. An unseren Heimatorten betrachtete man unsere Studienwahl mit gehöriger Skepsis und bedachte sie mit entsprechenden Vorurteilen. Eher zufällig hatte es uns nach Moskau verschlagen. Ebenso gut hätten es Budapest oder Warschau sein können. Gen Osten trieb uns unsere jugendliche Oppositionshaltung, die sich gegen die westliche Welt richtete. In meinen Ohren klang Moskau nach Größe, Historie und wichtigen Schauplätzen, nach Welttheater und Weltkultur. Am Tage hämmerten wir uns russische Vokabeln ein und versuchten, in Vorlesungen über russische Geschichte und Literatur einige Häppchen der Vortragenden aufzuschnappen. Verstanden wir einige Brocken und schafften es, Zusammenhänge zu erkennen, waren wir glücklich. Am Abend saugten wir die Lichter der Großstadt und ihre Kunst- und Kulturwelt in uns auf. Konzerte, Ballett, Theater. Moskau trieb uns an, die Stadt ließ niemanden zur Ruhe kommen. Sie verlangte von ihren Bewohnern und Gästen Eile, wer trödelte, verlor den Anschluss. Um das Leben in Moskau zu erklären, beschreibe ich gern die Metro. Sie ist das Hauptverkehrsmittel der Stadt und verbindet die Metropole mit ihren acht Millionen Einwohnern und vier Millionen täglichen Gästen von Norden nach Süden und von Osten nach Westen. In das unterirdische System, das einem Geflecht eines Hamsterbaus gleicht, führt eine unendliche Rolltreppe. Ich habe keine Stunde des Tages erlebt, an dem der Elevator, die Metroschächte und die Bahnen nicht zu bersten schienen. Die Menschen drängelten, schubsten und schoben. Jeder hatte es eilig. Diesem ermüdenden Tempo musste man sich anpassen, wer nicht Schritt hielt, wurde überrannt. Jedes Mal, wenn ich von einer in die andere Linie umstieg und durch die unterirdischen Gänge hetzte, fühlte ich mich verloren und verschluckt. Dann erschien mir mein Dasein so lächerlich und klein. Jeder Einzelne ist nur ein klitzekleines Rädchen in einem Getriebe, das sich behäbig dreht.

Erst wenn sich die Nacht über die Stadt legte, fanden Dorothee und ich etwas Ruhe. Wir zogen uns in das muffige und verlauste Zimmer unseres Studentenwohnheims zurück und genossen seine

Friedfertigkeit. Hier waren wir allein, hatten nur uns, unsere Liebe und unsere Körper. Die Stadt unter unseren Füßen ließ sich ihr weiteres Tosen nicht nehmen, im Nebenzimmer feierten Afrikaner ohne Unterlass Feste. Es war immer laut in dem bunten Hochhaus an der Metro-Station »Jugosapadnaja«. Einzig die Zimmertür trennte uns vom Trubel vor ihr, sie war unser Schutzwall. Wir kosteten von den Happen romantischer Seligkeit, bis wir uns ermattet auf den durchgelegenen Federn zusammenrollten. Oft hörten wir beim Einnikken die ersten Vögel.

Eines Morgens weckte mich ein merkwürdiges Geräusch, es röchelte, stöhnte und kratzte. Ich griff an die Stelle neben mir, an der ich Dorothee vermutete. Der Platz war leer und kalt. Bis ich begriff, dass es Dorothee war, die die Geräusche produzierte. Sie hockte vor der Kloschüssel, den Kopf tief hineingebeugt, und kotzte. Schlaftrunken hing ich in der durchdrückten Mulde des Bettes und brachte nur drei Worte heraus: »Nein, nicht jetzt.« Fünf Jahre wollten wir in Moskau bleiben, sechs Monate sind es geworden. Überstürzt reisten wir ab, nachdem ein Gynäkologe unsere Vorahnung bestätigte: Dorothee war schwanger.

Erst zu Hause waren wir fähig, einen klaren Gedanken zu fassen. Und der ließ nur einen Schluss zu: Heirat. Ohne dass wir darüber ausführlich reden mussten, war uns beiden klar, dass unsere Familien etwas anderes nicht akzeptiert hätten. So sehr ich mir eine Ehe und Kinder wünschte – der Zeitpunkt dafür kam entschieden zu früh. Ich liebte Dorothee und hätte eine Abtreibung nie verantworten können. Aber ich fühlte mich zu jung und zu unerfahren für eine Familie. Doch ich beugte mich und hatte nicht den Mut, mich dagegen zu entscheiden. Außerdem hatte ich keinen Grund, nein zu sagen. Mit Dorothee wollte ich leben, mir ihr wollte ich Kinder.

Wir heirateten bald, sie war nicht mal hochschwanger. Auf der Hochzeitsfeier begegnete ich ihren Eltern zum ersten Mal, meine kannte Dorothee bereits. Seit unserer Rückkehr wohnte sie bei uns im Pfarrhaus. Während ich in Stuttgart weiterstudierte, blieb sie zu Haus und bereitete sich auf das Kind vor. Ich freute mich auf das Baby, aber zunehmend fühlte ich mich unwohler in meiner Rolle als Ehemann und künftiger Vater. Ich war 23 und erlebte täglich, wie es sein könnte, wenn wir ungebunden und unabhängig wären. Ich pendelte zwischen zwei Welten: Mit dem Bus fuhr ich vormittags in die Welt der Freiheit und Weite, die Unbedarftheit und Spaß verbreitete, nachmittags lief ich zurück in die der Vertrautheit und Geborgenheit, die nach Verantwortung und Erwachsensein rief. Ich lief, als wollte ich die Meter ausmessen, die Schritte zählen, die zwischen beiden Leben lagen. Ich kannte jeden Stein am Wegesrand, jede Biegung und jedes Verkehrsschild. Die Anzahl der Schritte veränderte sich nicht. An keinem Tag.

Ich seh' das Vorfahrtsschild vor mir, und als wäre es gestern gewesen, erinnere ich mich an die plötzliche Eingebung: Ich werde verheiratet sein, aber nie treu. Ich bin der Sohn eines Pfarrers, aber auch Pfarrer und ihre Söhne sind Menschen aus Fleisch und Blut. Ich werde nach anderen Frauen schauen, ich werde sie kennenlernen und mit ihnen flirten wollen. Und mit ihnen schlafen. Meine Sorge für die künftige Ehe war, meine »Freiheit« aufgeben zu müssen. Mein Leben lang nur noch mit einer – meiner – Frau schlafen? Nein! Ich wollte auch außerhalb meiner Beziehung Frauen begehren und mit ihnen ins Bett gehen. Am besten mit dem Einverständnis meiner Frau. Lebenslange sexuelle Treue erschien mir völlig unrealistisch. Heute sehe ich das etwas anders: Es überfordert die Partnerin, zu akzeptieren und womöglich noch zu unterstützen, dass der Mann oder die Frau fremdgeht. Ich weiß, dass es naiv und unreif ist, für aushäusige Liebeleien auch noch eine Absolution zu erbitten.

Aber damals war ich 23 und sah das Leben an mir vorüberziehen. Ich wollte mich nicht mehr fühlen wie als kleiner Junge, der hinter der zugefrorenen Fensterscheibe steht und sich nach dem Schneetreiben draußen sehnt, um herumzutollen. Frauen, Frauen, Frauen, hämmerte es in meinem Kopf. Zu wenige kannte ich bislang, zu viele liefen in den Städten herum. Ich wollte an ihnen riechen, sie berühren, sie schmecken.

Aber du hast eine wundervolle Frau, wies ich mich zurecht. Während der Schwangerschaft war unser Verhältnis besonders intensiv und sinnlich. Fast täglich schliefen wir miteinander, manchmal mehrmals. Ich hatte an der Uni einen Tutorjob, der uns gut ernährte. Oft hielt ich – anstatt mich um die Uni zu kümmern – Dorothee im Arm, wir schmusten und konnten die Welt um uns herum vergessen. Selbst in solchen Momenten sagte eine innere Stimme: Sex und Liebe sind nicht immer dasselbe. Mit einer anderen Frau zu schlafen, muss die Beziehung nicht in Frage stellen. Ich wollte es Dorothee damals immer sagen, aber ich brachte ihn nicht über die Lippen, den Satz: »Ich kann dir nicht versprechen, ewig treu zu sein.«

Ich musste nicht lange grübeln, um an die Wurzel des »Übels« zu dringen: Meine Mutter verstarb früh, nach ihrem Tod ertönte im Haus lange keine weibliche Stimme. Mein Vater war dominant und autoritär, ein Patriarch, ich hatte noch vier Brüder. Ich sehnte mich immer nach Frauen, sie erschienen mir als etwas Besonderes, Wertvolles und schwer zu Bekommendes. Unter dem »Frauenmangel« im Pfarrhaus litt ich stark. Als mein Vater nach Jahren erneut heiratete, stürzte ich mich wie ein Besessener auf die Frau, die meine Stiefmutter wurde. Ich war ein junger Mann, sie hätte es falsch verstehen können. Aber ich glaube, sie begriff mich besser, als meine Brüder und mein Vater je ahnten. Sie verkörperte mein erstes sexuelles Begehren. Doch sie war unerreichbar und damit weit weg. Auch sie starb viel zu früh und viel zu jung. Ebenso wie den Tod meiner Mutter verwand ich den der Stiefmutter nur schwer. Mein Vater hat mir viel gegeben und vermittelt: Wissen, Weisheit, Großzügigkeit und Großmut. Zu einem war er allerdings nie in der Lage: Wärme zu spenden und weich zu sein. Und die Mutter zu ersetzen. Unbewusst prägte mein Vater mein Frauenbild. Zeit seines Lebens war er ein Charmeur, Frauen umschwirrten und umgarnten ihn. Manchmal befürchte ich, Frauen spielen eine zu große Rolle in meinem Leben. Ich hatte nie viele männliche Freunde. Meine engsten Verbündeten sind auch heute Frauen.

Und obwohl die Frau an meiner Seite wunderbar war, zog es mich wie magisch auch zu anderen Geschöpfen der Weiblichkeit. Von ihnen bekam ich nie genug. Wie einzigartig und positiv hätte ich es gefunden, wenn Dorothee meine innere Zerrissenheit verstanden, wenn sie akzeptiert hätte, dass sie mir trotz der Liebe zu ihr nicht genügte. Aber: Leben ist, wenn was dazwischenkommt. Dazwischen kam Dorothees Eifersucht. Sie henkelte sich an jenem Tag mit beiden Armen fest bei Dorothee ein, als ich versuchte, ihr zu erklären, was in mir vorging und damit ein Netz knüpfen wollte, das unsere Ehe vor einem freien Fall bewahren sollte. Seitdem starrte mich die Eifersucht unentwegt und mit kalten Augen an. Grundlos, denn jahrelang blieb ich meiner Frau treu.

Doch wenn erst einmal ein giftiger Gedanke da ist, wenn er sich ausbreitet wie ein unaufhaltsamer Virus, dann wird selbst der gesündeste Organismus irgendwann krank. Schleichend zersetzte der Virus unsere Ehe. Ich suchte Trost in flüchtigen Affären, mit Frauen, die ich von früher kannte. Niemals waren tiefere Gefühle im Spiel, es ging einzig und allein um Sex. Vielleicht wollte ich mir in den Frauen die Bestätigung holen, die mir Dorothee nicht mehr entgegenbrachte, vielleicht mich als Mann beweisen, mich meiner Attraktivität vergewissern. Vielleicht wollte ich auch nur mit ihnen schlafen, weil ich Sex genoss wie andere eine Flasche Rotwein. Nirgendwo fühlte ich mich so wohl wie bei einer nackten Frau.

Stillschweigend machte ich meine erotischen Ausflüge zur Voraussetzung des Fortbestandes unserer Ehe. Das Sexualleben unserer Ehe störten sie kurioserweise nicht. Zumindest nicht am Anfang. Ich hatte das Gefühl, durch die anderen Frauen, durch meine Erfahrungen mit ihnen, zu einem besseren Liebhaber geworden zu sein.

Einmal im Jahr gönnte sich Dorothee Urlaub von mir. Sie schnappte sich die Kinder und fuhr zu ihren Eltern auf den Bauernhof. Wir nannten diese vier Wochen »Ferien von der Ehe« und meinten, danach liefe es besser zwischen uns. Nähe erfordert Distanz. In dieser Zeit hatte ich stets eine Geliebte. Eine kurzzeitige zwar, die aber dafür umso intensiver mein Leben bereicherte. Es waren immer Bekanntschaften und Verhältnisse, die guten Sex versprachen. In keine der Frauen war ich verliebt, keine in mich. Ich genoss die Frauen, ihre Körper und ihre Anwesenheit. Es waren ungefährliche, phantastische Seitensprünge, die geistreiche Gespräche ebenso leisteten wie berauschende, sinnliche Stunden. Es erwuchsen keine Ansprüche aufeinander und keine Abhängigkeiten.

Ich weiß nicht, ob Dorothee wusste oder gar damit rechnete, dass ich ihren Rückzug »missbrauchte«. Ein einziges Mal überraschte sie mich. Sie kehrte früher als verabredet heim und fand das Schlafzimmer voller heruntergebrannter Kerzen vor. Ich hatte ein Tabu gebrochen: mit einer anderen im Ehebett. Dorothee sagte nichts und würgte ihre Wut hinunter. Mich plagte ein schlechtes Gewissen und ich wünschte mir, lautlos und unsichtbar zu sein. Ich wusste, es verletzt sie zutiefst, aber ich konnte nicht anders.

Ihr Schweigen machte es für mich noch schwerer, mit unserer verkrachten Beziehung umzugehen. Wenn sie mich wenigstens angeschrien hätte, wenn sie mir körperlich gezeigt hätte, was in ihr vorging, indem sie mir eine runterhaute. All das hätte ich eher verstanden als ihr anhaltendes Schweigen. Sie ging in die innere Emigration und ich zog mich ebenfalls zurück. Im Bett drehte sich jeder auf seine Seite, ohne ein Wort wendeten wir uns unsere Rücken zu. Das war der Beginn unserer Sexlosigkeit.

Um sich sichtbar von mir zu lösen, begann sie, furchtbare Nachthemden zu tragen. Eines blieb mir besonders im Gedächtnis haften, weil es die Inkarnation des schlechten Geschmacks darstellte. Es war knöchellang, weit abfallend, weiß, mit kleinen roten Herzen darauf. Die Knopfleiste reichte bis an die Taille und war unten mit einer putzigen, roten Schleife verziert. Der Kragen, den man ebenfalls mit einer Schleife zubinden konnte, verschloss den Hals bis zum Kinnansatz. Ein Gehänge des Frustes an der Liebe.

Das Nachthemd erteilte mir die Erlaubnis, ganz ungeniert mit anderen Frauen zu schlafen. Es flüsterte nicht »Du darfst«, es schrie förmlich heraus »Nimm dir alle, die du kriegen kannst.« Das habe ich dann getan. Die erste im Reigen war eine Bekannte, mit der ich einen Tanzkurs belegte. Es war spät, als wir die Schule verließen. Ich brachte die Bekannte nach Hause, bis vor die Tür. Wir plauderten noch einige Minuten, den filmtypischen Satz »Magst du noch auf einen Kaffee mit hinauf kommen?« erwartete ich nicht. In meinen Bewegungen steckte kein Anflug von Zweifel gehen zu wollen. Da griff sie mir plötzlich forsch in den Schritt und presste ihre Lippen auf meine. Sie hatte ein leichtes Spiel. Dieser Direktheit hatte ich nichts entgegenzusetzen. Viel zu wenig Frauen sind so konkret. Wir torkelten die Treppen zu ihrer Wohnung hinauf und ließen auf jedem Absatz ein Kleidungsstück fallen. Sie wohnte im 4. Stock.

Mit Müh und Not erreichten wir ihren Flur und stöhnten uns über den Teppich.

Nächtelang blieb ich von Zuhause weg und bemühte mich nicht einmal um Lügen und Ausreden. Irgendwann verstummten Dorothees Fragen. Ich hatte das Gefühl, sie wollte längst nicht mehr wissen, was ich tue. Außer dem Alltag mit den Kindern lebte jeder sein Leben. Wir entfernten uns immer weiter von- und verbrachten kaum noch Zeit miteinander. Wir redeten wenig und überließen den anderen sich selbst. Während ich auf Partys turnte, pflanzte sie im Schrebergarten Erdbeeren. Oder sie traf sich mit Freunden in unserer Wohnung, die im Dunst erstickender Räucherstäbchen Yoga betrieben oder auf Kissen saßen und entrückter Musik lauschten. Dorothee wurde mir fremd, entglitt mir. Auch ich entfernte mich von ihr.

Die Ferien verbrachten wir fortan getrennt. Erst fuhr sie mit den Kindern an die See, danach kletterte ich mit ihnen in die Berge. Ein unhaltbarer Zustand, dem aber keiner von uns beiden ein Ende zu setzen wagte.

Schließlich überlebte er sich selbst: Ich verliebte mich. In die beste Freundin meiner Frau. Eines Tages stand sie in der Tür, an der Hand ihre beiden Kinder und eröffnete uns, sie habe sich gerade von ihrem Mann getrennt. Das »Schwein« hätte seit Jahren ein Verhältnis mit einer Kollegin, sie sei zufällig darauf gestoßen. Beim Ausräumen seiner Sakkotaschen waren ihr Kinokarten, Kondome und Ketten in die Hände gefallen. Lange Zeit hätte sie nichts bemerkt, vielleicht habe sie es auch verdrängt. Wenn sie die Sakkos nicht hätte reinigen lassen, würde sie noch immer unwissend sein. Das »Schwein« habe es gut vertuscht. Meine Theorie lautet anders: Kinokarten und Kondome aus Jackentaschen nicht zu entsorgen, von denen man weiß, dass sie die Frau durchsuchen wird, ist mehr als töricht. Ihr Mann, den ich kannte, war alles andere als dumm. Meines Erachtens legte er es darauf an, dass sie die »Beweise« findet, um endlich reinen Tisch machen und sich von ihr befreien zu können. Sie wischte meine Argumente weg wie liegen gelassene Krümel, grübelte aber weiter. »Jetzt wird mir einiges klar«, sagte sie schließlich. »Einmal schenkte er mir ohne einen Anlass orangefarbene Tulpen, die garantiert für seine Geliebte bestimmt waren. Ein anderes Mal einen Ring, der ihr vermutlich nicht gefiel. Für die dämliche Ehefrau reicht er allemal.« Meine Frau und Katharina zogen sich zurück und beratschlagten. Gern hätte ich mein Ohr an die Tür geklebt, um zu hören, was meine Frau ihrer Freundin rät. Ich habe nie erfahren, was hinter den Kulissen gelaufen ist, aber Katharina kam von nun an fast täglich. Vorher war sie mir nie aufgefallen, sie war immer die Freundin meiner Gattin, mit einem Mann an der Seite, der sie beherrschte. Jetzt erkannte ich eine wunderbare Frau: kraftvoll, lebenslustig, humorvoll, sinnlich.

Offensichtlich tat ihr die Trennung gut und sie lebte auf. Mit einem Mal beherrschte sie, aber keinen Menschen, sondern die Situation, und das meisterhaft. Sie ergatterte sich eine Wohnung bei uns im Haus, stieg wieder in ihren Beruf als Biologin ein, den sie wegen der Kinder aufgegeben hatte, und organisierte sich ein eigenständiges Leben. Ich bewunderte sie – und verliebte mich. Wenn es bei uns klingelte, raste mein Herz und ich bekam feuchte Hände. Wie enttäuscht war ich, wenn Freunde unserer ältesten Tochter vor der Tür standen. Ich sehnte mich danach, diese Frau in meiner Nähe zu haben, mit ihr allein zu sein, sie zu umarmen und zu küssen. Wenn die beiden Frauen tuschelten und kicherten, wurde ich unruhig, dann glaubte ich, sie bildeten eine Front gegen mich, gegen die ich nicht ankomme.

Katharina bemerkte mein Hingezogensein und meine Unsicherheit, ging aber taktvoll mit beidem um. Als wir das erste Mal allein waren – sie borgte sich ein Ei für den Kuchenteig – flirtete ich hingebungsvoll, offensichtlich eine Nuance zu heftig. »Was willst du eigentlich von mir?«, unterbrach sie mein aufgeregtes Geplänkel. «Wie?«, stotterte ich. »Meinst du, mir fällt nicht auf, wie du dich benimmst.« »Wie benehme ich mich denn?« »Na, so«, gab sie zur Antwort und ahmte einen Gockel nach, der echauffiert mit den Flügeln schlägt. Unser Lachen löste die Spannung. Ich küsste sie. Bis heute frage ich mich, ob das Ei nicht einen guten Vorwand abgab, weil sie wusste, dass Dorothee in der Sauna war.

Ich glaube, ich habe ein gutes Gespür dafür, was Frauen wünschen. Selten irre ich mich, wenn ich ihre Signale und Zeichen interpretiere. Bei Katharina spürte ich, wie sie mein Flirten und meine Anwesenheit genoss.

Für mich begann eine Zeit einzigartiger Glückseligkeit. Seit langem spürte ich wieder, dass ich lebte. Die drei Jahre bis heute vergingen wie im Fluge. Ein positives Zeichen, weil es für Ereignisreichtum und Kurzweiligkeit steht. Wir leben fast Tür an Tür, aber dennoch nicht unter einem Dach. Offiziell gehören wir nicht zusammen, sind es aber. Seit drei Jahren glaube ich zu träumen und manchmal scheint mir mein Glück unwirklich. Irgendwann passiert etwas Schlimmes, warnen meine inneren Stimmen. Oder wie sonst kann es sein, dass es mir so lange so gut geht? Es sind immer Situationen wie jene morgens im Bad mit meiner Frau, die mir ein Warnsignal geben und mir bedeuten, vorsichtig zu sein: Achtung, es ist Dorothee, die neben dir steht und nicht Katharina. Seit ich mit Katharina zusammen bin, hat sich das Verhältnis zu Dorothee entspannt. Mit bester Laune springe ich aus dem Bett und möchte Dorothee am liebsten fröhlich auf den Hintern klopfen, meine mit dieser Geste aber Katharina. So manches Mal musste ich meine Hand zurückziehen.

Katharina ist keine schöne Frau. Ihre Nase ist zu groß und ihre Wangenknochen stechen hervor, ihr Körper erscheint etwas gedrungen. Aber sie ist fraulich, mit großen Brüsten und runden Hüften. Sie wäre gern schlanker, doch ich sage ihr, dass ich sie so, wie sie ist, am liebsten mag. Ihre Ausstrahlung ist phänomenal, ihre Augen blitzen, ihr Körper ist eine einzige Erfüllung. In der ersten Zeit versuchten wir es zu organisieren, uns wenigstens eine Stunde am Tage zu sehen. Ich arbeitete damals bei einer Zeitung und schob Termine vor, um Katharinas Ruf zu folgen. Mein Handy klingelte oder ich bekam eine SMS. Dann sprang ich auf und war weg. Manchmal stahl ich mich mit dem Lastenaufzug im Hinteraufgang fort. Ein Kollege nahm meine Veränderung und die ständigen und »kurzfristigen Interviews, Pressekonferenzen und Theaterproben« mit hochgezogenen Augenbrauen wahr und zog mich auf. Wenn ich in die Redaktion zurückkehrte, empfing mich der Satz: »Na, wieder rote Bäckchen geholt?«

Sehen wir uns heute am Tage, dann meist in Hektik. Dann erfordert auch der Sex Eile. Normalerweise lehne ich es ab, etwas unter Druck zu tun, insbesondere die Befriedigung körperlichen Begehrens. Mit Katharina erlebe ich zum ersten Mal, dass das Wissen um Zeitmangel weitaus mehr Geschlechtshormone freisetzt, als ich bislang annahm. Katharina ist die erste Frau, die ich kenne, die die männliche Schnelligkeit mitträgt. Die meisten Frauen brauchen lange, um sich zu erregen und noch länger, um einen Höhepunkt zu bekommen. Männern kann es bekanntlich oft nicht schnell genug gehen. Bei Männern geht Sex durch den Unterleib, bei Frauen durch den gesamten Körper. Frauen sind sexuell anspruchsvoller und intensiver. Glaubte ich. Stimmt vielleicht auch. Für die meisten Frauen. Katharina aber lehrte mich, dass es auch andere gibt. Frauen, die den Mann übertrumpfen und mit ihm in einen undefinierten Wettkampf treten: Wer wird Erster? Das mag sich nach Sport und Protzen anhören, birgt aber ein starkes erotisches Potenzial. Und ist ungemein zeitökonomisch. Binnen kürzester Zeit, manchmal sind es nicht mal drei Minuten, reißen wir uns die Kleider vom Körper und verleiben uns gegenseitig ein. Mitunter genügt es, sich von Strumpfhose und Jeans zu trennen. Im Sommer trägt Katharina oft keinen Slip. Treffen wir uns dann in der Mittagspause in einem Coffee-Shop, gestatten wir uns einen ungesäumten Gang ins Treffenhaus. Danach trinken wir unsere Gläser leer.

Lange Zeit habe ich mir gewünscht, Katharina nicht nur im Haus zu wissen, sondern mit ihr eine Wohnung zu teilen: Morgens mit ihr aufzuwachen, abends mit ihr einzuschlafen, alles ohne schlechtes Gewissen und als Normalität. Liege ich im Bett, neben Dorothee, stelle ich mir fast immer vor, Katharina läge neben mir, ganz offiziell, als wären wir ein Paar wie jedes andere auch. Aber wir halten unsere Liaison streng geheim. Niemand weiß davon. Ob Dorothee ahnt, was ihre beste Freundin und ihr Ehemann treiben? Wenn sie es weiß, tarnt sie es geschickt. Wenn sie es nicht weiß, dann deshalb, weil sie nichts wissen will und bewusst wegschaut, so als hätten wir ein Abkommen geschlossen: Ich frage nicht und du tust mir nicht weh, wenn du mir nichts erzählst. Auf diese Weise bleibt der Schein nach außen gewahrt und die Familie erhalten.

Die Kinder sind der Grund, der einzige, warum Katharina und ich nie richtig zusammen sein werden. Ich könnte meine Töchter und meinen Sohn nicht verlassen und zu Katharina ziehen, um mit ihr und ihren Töchtern zu leben. Egal, wie eine Trennung von Dorothee aussehen würde, die Kinder würde sie nie loslassen, sie würde um sie kämpfen und sie mir nicht überlassen. Wenn zwischen uns Frieden herrschen würde, könnte ich mich mit ihr vielleicht auf das gemeinsame Sorgerecht einigen. Aber wenn sie erführe, dass ich mit Katharina zusammen bin, wird sie – verständlicherweise – nicht rational entscheiden. Ich würde die Kinder verlieren. Das könnte ich nie verantworten und mir nicht antun.

Am Anfang unserer Beziehung, als Katharina und ich noch hofften, unsere flüchtige Begegnung würde bald einen Abschied zulassen, fragte sie mich, ob ich Dorothee verlassen und zu ihr kommen würde. Selbstbewusst und siegessicher antwortete ich: »Klar«. »Das wirst du nicht tun«, erwiderte sie. »Warum bist du dir da so sicher?«, fragte ich erstaunt, wartete die Antwort aber nicht ab. Heute weiß ich, dass Katharina damals schon einen überschauenden Blick hatte, einen, der ihr die Gewissheit gab, Recht zu behalten. Eine Trennung wäre keine reife Überlegung, sondern unbedachtes Zertrümmern von Lebensentwürfen und sozialen Formen, die ihre Berechtigung haben.

Wenn ich ehrlich bin, gibt es noch einen weiteren Grund, warum ich nie zu Katharina ziehen werde: der Zweifel an mir selbst. Wie lange wird es dauern, bis ich Katharina mit einer Jüngeren »betrüge«? Meine Leidenschaft zu ihr ist unermesslich. Aber auch zu Beginn der Zeit mit Dorothee glaubte ich, meine Sinnlichkeit für sie würde nie verdorren.

Ich bedaure, dass die Ehe zwischen mir und Dorothee nicht funktioniert, ich fühle mich schuldig, meine Frau nicht vollständig glücklich gemacht zu haben. Andererseits ist jeder Mensch für sein Glück selbst zuständig, Dorothee muss sich ihren Glücksanspruch allein erfüllen, sie kann niemanden dafür verantwortlich machen, wenn es ihr nicht so gut geht, wie sie es gern möchte. Wenn ich wüsste, dass sie es ertragen könnte, würde ich ihr von dem Verhältnis zu Katharina erzählen und ihr eine offene Beziehung vorschlagen:

Dorothee, ich und die Kinder bleiben eine Familie, ein sozialer Kern, aber wir beide dürfen unsere sexuellen Amouren haben. Auf diese Weise behalten die Kinder Mutter *und* Vater, und wir sind nicht gezwungen, als Paar aneinander zu kleben und all das zu tun, was Partner gewöhnlich miteinander tun, auch wenn sie nicht mehr viel verbindet.

Die Frage, ob und wie wir unsere Beziehung definieren, beschäftigt auch Katharina. Zwischenzeitlich angelte sie sich einen zweiten Liebhaber. Wie sie mir später erklärte, aus Trotz und der Erkenntnis heraus, dass sie mich nie ganz für sich allein haben wird. Dieser Mann versinnbildlichte den Versuch, sich von mir loszusagen und sich zu bestätigen, mich nicht zu brauchen. Doch ihr gelingt dies ebenso wenig wie mir. Als ich von dem Verhältnis erfuhr, kränkte mich das zutiefst. Mir schossen die Tränen in die Augen, als sie den Kelch der Ehrlichkeit über mir ausschüttete. Eifersucht, Herzschmerz und Betrogenheitsgefühle machten sich in mir breit. Sie zeigte sich erschrocken, als sie sah, welche Reaktionen ihr »Fremdgehen« in mir auslösten. Bis dahin glaubte sie wohl, ich meine es mit uns beiden nicht ernst, weil ich nicht die Konsequenz aufbringe, mich auch räumlich von Dorothee zu trennen. Als sie sah, wie ich litt, taten ihr ihre berechnenden Gedanken leid.

Diese «Prüfung« überstanden wir unbeschadet, jetzt müssen wir darauf achten, uns nicht zu verraten. Vor unseren Freunden und vor Dorothee müssen wir unsere Nähe zueinander tarnen, aber wir genießen im Gegensatz zu anderen Verhältnissen den Vorteil der familiären Freundschaft. Wir können zusammen sein, ohne dass jemand Verdacht schöpft. Wir stecken die Kinder ins Auto – die drei von mir und die zwei von ihr – und erobern das Umland. Fast jedes Wochenende sind wir gemeinsam unterwegs. Im Sommer zum Baden an die umliegenden Seen, im Winter zum Schlittschuhlaufen, im Herbst zum Pilzesammeln. Wir werden als Freunde zu Partys eingeladen und gehen zusammen ins Kino und ins Theater. Oft übernachten ich und die Kinder am Wochenende bei ihr. Wenn die Kids im Bett liegen, gehören die Stunden uns. Dann kann sich Katharina verwandeln wie ein Chamäleon. Mal ist sie Diva, die es genießt, verwöhnt zu werden, mal Vamp, der nimmt und keinen

Widerspruch duldet, mal gefräßiges Monster. Sie ist sich ihrer Wirkung bewusst und setzt sie gezielt ein. Manchmal ist sie nicht zufrieden zu stellen, obwohl sie mehrere Orgasmen hatte. Mir scheint, als ob ihre Lust nach dem ersten Höhepunkt erst richtig angeregt wird. Obwohl wir alle Regionen und Zonen unserer Körper kennen und wie Landkarten nachzeichnen können, ertasten wir uns, als seien wir noch immer unentdecktes, empfindsames Terrain. In der Tiefe ihrer Pupillen spiegelt sich ihre Lust, wenn sie sich über mich beugt und mir ihren erregenden Atem ins Gesicht haucht.

Soweit es die Anwesenheit der Kinder zulässt, weisen wir jedem Ort, jedem Winkel der Wohnung und jeder Stunde des Tages eine eigene erotische Bestimmung zu. Beim Baden im Sommer verkriechen wir uns im Wald, Kneipentoiletten blockieren wir schamlos, die Automatiktoiletten der Stadt probieren wir eine nach der anderen durch. Die Dauer des Automatismus, bis die Tür wieder selbständig öffnet, ist uns in Fleisch und Blut übergegangen. Wenn wir so weitermachen, werden wir uns wahrscheinlich irgendwann umbringen. Um den Verstand scheinen wir uns bereits gebracht zu haben. Einmal fuhren wir mit den Kindern auf der Autobahn. Die Kinder schliefen, wir kamen von einem Ausflug auf einem Öko-Bauernhof. Die Fünf waren völlig erschöpft und versanken vermutlich in den Tiefen ihrer unschuldigen Träume mit Schafen, Wasserschildkröten und Stockbrot. Ich saß am Steuer, Katharina neben mir. Wären wir allein gewesen, hätte uns nichts davon abgehalten, den nächsten Parkplatz anzusteuern und unsere Lust unter einer Laterne oder hinter dem ersten Gebüsch zu stillen. Ein gegenseitiger Blick versicherte uns, dieses Risiko nicht einzugehen, eines der Kinder hätte bei einem Halt wach werden können. Das Drängen unserer Lenden war dennoch zu groß, um es zu unterdrücken. Katharinas linke Hand krabbelte zu mir herüber und rutschte in meine Hose. Fast unmerklich zog sie den Reißverschluss herunter und ließ ihre Finger in meinen Schoß gleiten. Ich brummte wohlig und genüsslich, wollte aber das Steuer nicht loslassen. Meine kühle Hand auf ihrer heißen Haut – das hätte gefährlich werden können. Statt dessen versenkte sie ihren Kopf in meinem Unterleib und bearbeitete mich mit ihren weichen Lippen. Himmel und Hölle schienen über mir zusammenzufallen, ich glaubte zu platzen. »Hör auf, Katharina, hör auf«, stöhnte ich. Obgleich ich alles dafür gegeben hätte, dieses Gefühl immer zu spüren. War es die unglaubliche Situation, die Gefährlichkeit dieser Art von Sex oder einfach Katharina und ihre Fähigkeit, mich meiner Sinne zu berauben? Ich konnte es nicht mehr zurückhalten und entlud mich heftig und schnell.

Wir hatten Glück, wir waren fast die einzigen auf der Straße. Nur in der Ferne war ein weiteres Auto zu erkennen. Ein notwendiges Bremsmanöver hätte den sicheren Tod bedeutet. Ich hatte den Wagen nicht mehr im Griff. Die einzige Sicherung, die ich in letzter Sekunde einbauen konnte, war die feste Umklammerung des Steuers. Die Stelle der Explosion prägte sich mir mit jedem Strauch und jedem Baum ein. Obgleich ich im Moment der Ekstase wegtrat und schier erblindete. Jedes Mal, wenn ich jetzt an der Stelle vorbeifahre, kann ich ein wissendes Lächeln kaum unterdrücken.

Manchmal sind wir auch zu dritt unterwegs: Dorothee, Katharina und ich. Das sind die schlimmsten Stunden für mich. Am liebsten würde ich Katharina nehmen, an den nächsten Baum binden und sie vögeln bis zur Bewegungslosigkeit. Ich würde sie von hinten anspringen und sie nehmen, wie sie vor mir liegt. Aber ich muss meine Hände bändigen, meine Stimme zur Ruhe zwingen und mein Herz auf Lautlosigkeit trimmen. Ich pendle zwischen den Frauen, torkle von einer zur anderen, wage den Versuch eines lockeren Gesprächs zu dritt. Immer wieder erstaunt bin ich über Katharina. Wie sie mit Dorothee plaudert, als sei nichts geschehen, wie sie harmlos mit mir flirtet, als seien wir nur Freunde. Ich weiß nicht, ob sie eine erstklassige Schauspielerin ist oder ob es ihr tatsächlich leicht fällt, die Rollen zu tauschen und für jede Situation die entsprechende Maske aufzusetzen.

Früher glaubte ich, Ehe und Familie und eine Geliebte könne ich nur arrangieren, wenn keine tieferen Gefühle gegenüber der Liebhaberin vorhanden sind. Heute gebe ich freimütig zu: Ich war naiv. Weil ich von einem Denken ausging, das den Besitz in den Vordergrund rückt: Du gehörst mir. Ich will nicht, dass dich auch ein anderer anschaut, ich ertrage es nicht, wenn ein anderer neben dir liegt. Heute bin ich zwar längst nicht frei von diesen Gefühlen, aber ich bekomme eine Ahnung von dem Satz, den mir ein wesentlich älterer Freund vor Jahren mal sagte: »Man kann auch zusammenleben, ohne sich zu lieben.« Damals zeigte ich ihm einen Vogel, schließlich wollte ich meinen gesamten Glücksanspruch in vollen Zügen ausleben. Heute weiß ich, dass sich Glück nicht über dauerhafte Nähe definiert und sich nicht zwangsläufig daraus entwickelt. Heute weiß ich aber auch, dass Sex über den Tod oder die Weiterexistenz einer Beziehung entscheidet.

Seit kurzem schlafen Dorothee und ich wieder ab und zu miteinander. Aber es macht mir keinen Spaß, in Gedanken bin ich bei Katharina. Der Sex mit Dorothee ist langweilig und mechanisch. Eben langjähriger Ehe-Sex mit durchlebten Krisen und verloren gegangener Leidenschaft. Könnte ich heute noch mal wählen, würde ich eine andere Frau als Dorothee nehmen, eine, die pulsierender und souveräner ist, eine wie Katharina. Eine, die mich intellektuell fordert und mir meine Grenzen zeigt. Mit meiner Ehe habe ich innerlich abgeschlossen. Und für meine Lügen habe ich mir ein zeitliches Ultimatum gesetzt: Ich bleibe solange, bis die Kinder größer sind.

Frauen sind wie Nusskuchen, Männer die Tortilla

Katja G. (35 Jahre), Drehbuchautorin in Köln, lebt trotz Ehe offen bisexuell

Ich besitze ein Bild, in dem ich manchmal versinke. Minutenlang betrachte ich es, und entdecke immer wieder ein neues Detail. Das Bild stellt eine ägyptische Gottheit dar, die von vorn wie ein Mann und von hinten wie eine Frau aussieht. Das Bild habe ich in Kairo gekauft. Beim Schmökern in einem Antiquitätengeschäft nahe des Ägyptischen Museums entdeckte ich es im entlegensten Winkel des dunklen, muffigen Raumes. Es lugte unter den bekannten Papyrusbildern mit Darstellungen der Pyramiden, der Nofretete und des Tutanchamun hervor.

Den Fuß sah ich zuerst. Ein Fuß, in einer Haltung, die ungewöhnlich ist in den Abbildungen der ägyptischen Gottheiten. Geschmeidig strecken sich die Zehen aus, Spann und Knöchel in jugendstilhaften Linien, um das Fußgelenk schlängelt sich eine Kette. Ein einzelner linker Fuß, losgelöst von seinem Bruder. Gewöhnlich kennt die ägyptische Malerei Fußpaare, Doppel mit plattem Ballen, die Bodenhaftung und Kraft symbolisieren. Dieser Fuß war leicht und zerbrechlich. Erotisch.

Die darüber liegenden Bilder flatterten in den Verkaufsraum, als ich den Fuß hervorzog. Das Wesen steht nackt vor einem Spiegel und betrachtet sich. Ein schöner Mann, androgyn und zart. Ich verliebte mich in diesen Anblick. Es brauchte einige Minuten, bis ich den Unterschied zwischen der Person und ihrem Spiegelbild bemerkte. Das Spiegelbild war ein Mann, die Person, die sich betrachtet, eine Frau. Ihr Hintern zeichnet jene Rundungen, die einen weiblichen Unterleib ausmachen. Sie besitzt einladende Hüften und eine schmale Taille. Die Taille gibt das Spiegelbild nicht wieder. Die Rückgradlinie ist weiblich, gebogener als die eines

Mannes, so als würde ein unsichtbares Band ihren Bauch nach vorn ziehen. Männer stehen gerade wie ein Stock.

Zu Hause ließ ich das Bild rahmen, es hängt in meinem Arbeitszimmer über dem Klavier. Wenn ich mich an das Instrument setze, fällt mein Blick immer wieder auf die Person mit den zwei Körpern, den zwei Geschlechtern. Ein Wesen, das sowohl weibliche als auch männliche Körpermerkmale besitzt, sich Frauen und Männern hingeben kann. Dann sehe ich mich. Ich erkenne mein Verlangen nach weiblichen und männlichen Reizen: nach großen, runden Brüsten und nach flachen, behaarten Brustkörben, nach kreisrunden, geformten Pobacken und nach knochigen, geradlinigen Hinterteilen. Ich begehre Frauen und ich begehre Männer. Ich bin bisexuell.

Als ich 14 war, merkte ich, dass ich »anders« ticke. Ich konnte nicht benennen, was mit mir los war, was sich in meinem Inneren abspielte. Aber ich spürte, es war komplizierter als alles, was ich von meinen Freundinnen erzählt bekam und an ihnen beobachtete, wenn es um die Liebe ging. Von einem Coming-out war ich damals meilenweit entfernt. Die Erkenntnis, bisexuell zu sein, ereilte mich nicht als Coming-out, wie es die meisten Lesben und Schwulen erleben. Sie erfahren ihr Coming-out oft nach ersten sexuellen Erfahrungen mit dem anderen Geschlecht. Weil sie keinen Spaß daran finden und sich zum gleichen Geschlecht hingezogen fühlen, drücken sie die Gefühle weit weg und verstecken sie im Keller ihrer Seele. Manche Lesben und Schwule erkennen erst später, wenn sie mitten im Leben stehen, eine Familie haben, Kinder, einen Beruf mit viel Anerkennung, dass sie sich zu gleichen Geschlecht hingezogen fühlen. Andere führen ihr Leben lang ein Doppeldasein, aus Angst vor Stigmatisierung und Ausgrenzung.

Kinder werden in der Regel heterosexuell erzogen, Eltern kommen nicht auf die Idee, dass ihre Töchter und Söhne »anders« sein könnten als sie selbst. Für Mütter und Väter oft eine grausige Vorstellung, keine Schwiegertochter oder keinen Schwiegersohn und keine Enkelkinder zu bekommen. Dazu die Schande und die Scham, die sie in der Nachbarschaft und gegenüber den Verwandten verspüren. Viele beschuldigen sich, in der Erziehung versagt zu haben, manche Mütter graben ihr Leben lang nach »schlechten Einflüssen«

während der Schwangerschaft. Auch wenn Wissenschaft und Medien an Aufklärung und Emanzipation der Betroffenen arbeiten, wenn es zahlreiche Vereine und Organisationen gibt, wenn Bürgermeister und einige wenige Politiker offen homosexuell leben, schmecken die Begriffe »schwul«, »lesbisch«, »trans-« und »bisexuell« auf den Zungen vieler Bürger noch immer nach Abartigkeit, Fehlentwicklung, Neurose. Die alten Ägypter betrieben einen regelrechten Kult um Hermaphroditen, Wesen, die weibliche und männliche Geschlechtsmerkmale aufwiesen, die sowohl Männer als auch Frauen liebten. Hermaphroditen, auch Zwitter genannt, waren in ihren Augen besonders vollkommen, sie wurden als Götter verehrt. Einordnungen in hetero-, homo-, bi- und transsexuell kannten sie nicht.

Viele bisexuelle Menschen spüren in sich eine Zerrissenheit, weil sie nicht imstande sind zu »entscheiden«, auf welcher Welle des Verlangens sie ruhig und erfüllt dahingleiten können. Sie wollen sich eindeutig definieren, wollen klar und deutlich erscheinen. Über Jahre hinweg fühlen sie sich wie von Hunden gehetzt: Friss aus dem Napf mit Rindfleisch oder aus dem mit Schweinefleisch, aber futter' endlich, entscheide dich für eine Schüssel.

Es war bei einer Familienfeier, die in überdimensionalem Rahmen abgehalten wurde. Ich wurde in einer Kleinstadt geboren, deren Bewohner großen Wert darauf legten, zu jedem Anlass sämtliche Verwandten und Bekannten einzuladen. Ein Grund zu feiern fand sich immer, aus allen Gassen strömten die Partylustigen herbei. Auch dieses Mal. Die Tische schienen vor Tonnen von Kuchen, Salaten, Puddings, Fleischplatten, Wursttellern, Fischspießen zu bersten. Feierlichkeiten dieser Art waren mir stets ein Grauen. Menschenaufläufe, die später alkoholisiert und ausgelassen in die Niederungen der Kleingeistigkeit aufbrechen, verabscheue ich zutiefst. Doch dieses Fest sollte anders werden, sollte mir einen Horizont eröffnen, der meine Lebenslinie kennzeichnete. Ich saß neben einer Tante, die ich sehr verehrte. Sie bewegte sich nicht in den vorgegebenen gesellschaftlichen Normen, sondern war ausgebrochen aus der Enge und Beschränktheit, die Kleinstädte ausmachen. Vor kurzem war sie geschieden worden und blühte seitdem förmlich auf.

Wir unterhielten uns lange und ausführlich, bis sie mir offenbarte: »Man kann Frauen auch sexuell betrachten.« Das saß, das war mein Aha-Erlebnis. Ich war 19 und glaubte, mich mit einem Mal begriffen zu haben. Plötzlich konnte ich mir meine Verwirrungen erklären, meine undurchsichtigen Gedanken und Gefühle, meine flatterhaften Ängste. Die Frauen um uns herum, im Saal und draußen auf der Terrasse, erschienen mir von einer Sekunde zur anderen schöner, runder, deutlicher, näher als zuvor.

Wie Schuppen fiel es mir von den Augen, purzelte aus meinem Kopf, was mir eine meiner engsten Freundinnen all die Jahre über zu erklären versuchte: Sie war lesbisch und in mich verliebt. Ich habe es nie bemerkt. Aber ihre Gegenwart und ihre Nähe verzauberten mich auf eigenartige Weise. Annemarie war frech, frecher als Mädchen damals sein durften, vorlauter in der Schule, und es war ihr egal, was andere Leute über sie sprachen. Oft wurde sie verspottet und verhöhnt, weil sie nie Röcke, sondern immer nur Hosen, weil sie ihr Haar nicht geflochten, sondern raspelkurz trug. Ihre Andersartigkeit, ihre Natürlichkeit, ihre unangestrengte Selbstbehauptung zogen mich an wie der Fliegenfänger die surrenden Störenfriede in unserer Küche. Mit meinem »neuen« Wissen und der leuchtenden Freundin an der Seite stieß ich das Tor zur Selbstverständlichkeit einer Existenz auf, die ich später als erfüllend und abwechselnd erlebte, die tolerant genug war und alles akzeptierte.

Fortan waren die Bilder von Frauen, die sich in meinem Kopf formten, auch sexuell geprägt. Ich fand sie alle schön und erotisch und begehrenswert: die Großen und Kleinen, die Schlanken und Kräftigen, die Schönen und die Speziellen. Sie fuhren unter meiner Schädeldecke Karussell und rissen mich mit. Auch heute, wenn ich durch die Straßen laufe, entdecke ich an jeder Ecke Frauen, die mich anziehen.

Doch es waren nie allein Frauen, die ich berühren, küssen und liebkosen wollte, die ich zu erfahren gedachte. Schon als Jugendliche schlief ich mit Frauen und mit Männern. Eine Selbstverständlichkeit für mich. Ich habe alles ausprobiert und die Blumen gepflückt, die ich bei meinen Wiesenspaziergängen fand. Nie hätte ich sagen können, das eine oder das andere sei besser, intensiver, erfüllender. Ich genoss weibliche und ich genoss männliche Körper. Das ist bis heute so geblieben. Nie hatte ich das Bedürfnis mich zu entscheiden, nie verspürte ich einen Druck, es tun zu müssen. Im Gegensatz zu anderen Bisexuellen fühle ich mich in meiner »gespaltenen« Haut wohl, ich möchte keine meiner Regungen und Empfindlichkeiten missen. Das verdanke ich unter anderem der Freundin aus den Kinder- und Jugendtagen: Sie hat mich Offenheit und Toleranz gelehrt und mir ihr »Anderssein« glücklich vorgelebt.

Die Frage nach der »eindeutigen Identität« stellt sich ohnehin nur, wenn sie den Betroffenen von der Gesellschaft abverlangt wird. Stets war ich mit offenen, weltzugewandten Menschen zusammen, niemand wollte mich in eine Schublade packen und damit in eine bestimmte Richtung »normen«. Jeder, der mich kannte und kennt, weiß: Ich bin bisexuell.

Mit 22 war ich in meine Mitbewohnerin verliebt. Wir waren Studentinnen und teilten uns eine WG mit einem schwulen Mann. Eine ekstatische, lebenspralle, wunderbare Zeit. Monate voll geistiger und körperlicher Höhepunkte. Wir fraßen das Leben mit Haut und Haaren, als gelte es, am nächsten Tag in den Hungerstreik zu treten. Die Intensität, mit der wir unsere Begierde aufeinander stillten, war es wohl, die unserer Beziehung ein jähes Ende setzte. Glaubte ich damals, legte ich mir als Erklärung zurecht. Einen »richtigen« Anlass, einen Grund gab es nicht.

Eines Tages war es einfach vorbei. Eva kam in mein Zimmer geschlichen, schob sich auf meine Matratze, zog die Beine an und umschlang sie mit ihren Armen. Mit dem Kinn auf den Knien sagte sie: »Ich muss dir was sagen.« Ich tippte auf meinem Computer. »Das mit uns, das geht nicht mehr. Ich kann das nicht. Ich will auch nicht mehr.« Die nächsten Wochen litt ich wie ein Fisch, der aus dem Wasser gezogen wird und erstickt. Ich fühlte mich, als sei ein Teil meiner Seele angeschossen und tödlich verletzt worden. Aber ihr Entschluss schien endgültig.

Diese Frau liebe ich noch immer. Erst sehr viel später begriff ich, warum sie sich von mir lossagte: Während ich offen bisexuell lebte, keine Hemmungen und keine Ängste verspürte und es genoss, von beiden Geschlechtern begehrt zu werden, setzte sie alles daran, ihre

Neigungen zu verstecken. Überall traten wir im Doppelpack auf: auf Partys, in der Uni, in der Mensa – ein normales Bild für Freunde und Bekannte. Ich begleitete sie zu Proben und Auftritten – Eva sang im Chor –, aber niemand kam auf die Idee, dass uns mehr als nur platonische Freundschaft verbindet. Unsere Leidenschaft entfaltete sich in unseren WG-Zimmern, dort und nur dort, durchlief Eva eine Metamorphose, die der Entwicklung einer Raupe zu einem wunderschönen Schmetterling gleicht. Ihr Körper tanzte auf meinem, er bedeckte mich und zog mir zugleich die Haut ab. Wenn sich die Spitzen unserer Brüste begegneten, trafen sich zwei Pfeile, die die Möglichkeit Lügen straften, einander zu verpassen. Wenn sich zwei Frauen lieben, sei es stets kuschlig und friedlich. Glauben viele. Frauen liebten Blümchensex. Sie explodierten, wenn sie nur ihre Schöße aneinander rieben. Ein Märchen aus dem Reich der viel beschworenen Einfachheiten. Um eine andere Frau zu befriedigen, muss eine andere Frau ihre Finger, ihre Zunge, ihre Nase kunstvoll spielen lassen. Kunstvoller als es ein männlicher Schwanz je vermag. Sex mit einer Frau ist mehr als nur ein schwitziges Übereinanderliegen und Hin-und-hergeruckle. Sex mit einer Frau ist eine Herausforderung.

Heute lebt Eva ausschließlich heterosexuell. Sie hat einen festen Freund. Und betrügt ihn. Mit Männern. Eva und ich sind nach wie vor gut befreundet. Mich durchdringt ein wohliges Gefühl, wenn ich an sie denke. Über die Wunden, die sie mir durch die Trennung zugefügt hat, ist Gras gewachsen. Vielleicht auch, weil mich die Gewissheit besänftigt, für sie etwas Besonderes gewesen zu sein: die einzige Frau in ihrem Leben.

Obwohl ich Eva damals sehr liebte, war ich ihr nie »treu«. Eva strahlte einen ganz besonderen Reiz aus, dennoch konnte ich auf Männer nicht verzichten. Eva war wie ein Kuchen, süß und sättigend. Aber mein Bedürfnis nach einem anderen Geschmack, weniger schokoladig und haselnussig, sondern würzig und salzig, ist nie gewichen. Meine Sinne standen mir nicht nach einer Torte, vielleicht mit Walnüssen gespickt, ich wollte in eine Tortilla beißen oder aromatische Nachos in eine scharfe Soße dippen.

Ich zog los, um Männer zu suchen. Ich habe viele probiert, von vielen gekostet. Es war wie an einem riesigen Büfett: Erst fallen die Blicke auf das Schüsselchen mit den Oliven, ich nasche, dann entdecke ich Mozzarella, ich angle mir ein Stück, Vorsicht, das Basilikumblatt nicht vergessen, daneben bietet sich mir der Teller mit den eingelegten Tomaten an, hm, das Öl ist köstlich, es verleiht dem Gemüse erst die richtige Note. Oh, dahinten, das Mousse von der Gänseleber, es sieht verlockend aus, und erst die Lachspastetchen ... Von jedem erlaubte ich mir ein Häppchen, nie zuviel, stets eine Kostprobe, die ich mir auf der Zunge zergehen ließ. Nie musste ich mich übersättigt von der Tafel schleichen. Ich genoss und hatte immer wieder Appetit.

Der Glaube an sexuelle Treue ist mir frühzeitig ausgetrieben worden. Von einem schwulen Freund. Anfangs wusste ich nicht, dass ihm für seine Sinne eine Frau nicht genügte, und war stürmisch in ihn verliebt. Wir saßen oft zusammen, mitunter fast jeden Abend. Doch kaum, dass die Uhr 22 geschlagen hatte, schob er mich vor die Tür. Auch nach intimen Momenten. Er war anschmiegsam und zart, hatte weiche Züge und biegsame Glieder. Ein Knabe mit »weiblichen« Ornamenten, der meinen Geschmack gegenüber Männern prägte. Seitdem bevorzuge ich feminine Männer.

Erst später begriff ich, dass ihm eine Frau keine Befriedigung brachte. Nicht bringen konnte. Die volle Erfüllung suchte er bei Männern, die er in Parks traf. Anonymer Sex in der Sicherheit der Dunkelheit. Kreisen um Unbekannte, Stöhnen in fremde Gesichter, Entleerung ohne Ziel, außer sich erleichtert zu fühlen. Es geht nur um Sex, erklärte er mir, nur um den Körper, die Seele bleibt zu Hause. Der Park – das Exil der »Anderen«.

Es befremdete mich nicht, im Gegenteil, die Art, die eigene Haut zu spüren, ohne Herz und Hirn hingeben zu müssen, erschien mir verlockend. Wie oft hatte ich selbst das Verlangen verspürt, von einem Mann oder einer Frau nur den Körper zu bekommen. Bis heute bin ich dankbar, dass mir der schwule Freund durch seine Offenheit und durch seinen präsentierten Lebensstil einen Weg geebnet hat, den die meisten Menschen nur mit großen Schmerzen betreten können: sich sexuell auszuprobieren und das zu tun, was man glaubt, tun zu müssen.

Monogamie und Treue gibt es nicht, kann es nicht geben. Wer lebt, wer wirklich lebendig und innerlich nicht vertrocknet ist, den ziehen ständig Menschen an, denen er begegnet. Man möchte sie anfassen, mit ihnen verschmelzen, sie riechen, ihr Begehren erwidern. Sie innerlich berühren, ja, auch das. Aber nicht für die Ewigkeit, auch nicht für Jahre, sondern oft nur für Minuten oder Stunden.

Fortan spielte Monogamie für mich keine Rolle. Der Stoff, aus dem Konflikte sind. Für mich war es irgendwann selbstverständlich, mit anderen ins Bett zu gehen, auch wenn ich in einer Beziehung lebte. Daran habe ich nichts Anstößiges gefunden. Es gibt nur wenige Menschen, die dies akzeptieren und sich dadurch nicht selbst in Frage stellen. Oft bin ich erschrocken, wie groß Verletzungen sein können, die durch sexuelle Eifersucht entstehen.

Natürlich kenne ich auch Eifersucht. Aber nicht im Zusammenhang mit körperlicher Liebe, sondern stets mit tiefen Gefühlen. Wenn man jemanden innig und aufrichtig liebt, möchte man von ihm nicht verletzt werden und ihn nicht teilen. Doch während sich dieses Nicht-teilen-Wollen, hinter dem sich ein gewisser Besitzanspruch verbirgt, bei vielen einzig und allein auf die sexuelle Seite konzentriert, blicke ich über den Tellerrand hinaus. Sex ist Sex und Liebe ist Liebe. Ich fühle mich verletzt, wenn jemand Szenen, Rituale und Erlebnisse verrät, die nur ihn und mich etwas angehen, die wir teilen und durch die wir zu einem Gebilde verschmelzen. Diese »Forderung« ist sowohl an Frauen als auch an Männer gerichtet.

Mein Verlangen wechselt temporär. Welches überwiegt, hängt vom jeweiligen Menschen ab, auf den sich all meine Sinne konzentrieren. Es entsteht jedes Mal neu, und es ist jedes Mal anders. Nur einmal kam ich leicht ins Strudeln. Mehrere Jahre lebte ich in Mexiko, ich studierte dort Literatur und Sprachen. Ein Land, das mich schon als Kind faszinierte und mich als Erwachsene vereinnahmte. Mexiko, das sind nicht einfach nur Tequila und Gitarrenspiel, das sind vor allem Menschen, die in ihrer Schlichtheit und

Ungeschütztheit leichtlebiger und poetischer, feinsinniger und lebensfroher erscheinen als jeder Europäer.

Immer, wenn ich in Mexiko mit Frauen zu tun hatte, glaubte ich, nie mehr mit Männern zusammen sein zu können. Wenn ich Männern begegnete, glaubte ich, keine Frau mehr zu begehren. Eine leise verwirrte Rastlosigkeit trieb mich und ließ mich in mich hineinhorchen: Wer bin ich? Für Momente sagte mir mein Kopf, ich könnte mich entscheiden. Aber dann: Wollte ich mich wirklich endgültig zu einem Geschlecht bekennen? Wollte ich künftig auf all die Sinneswahrnehmungen verzichten, die mein Dasein so erfüllend, so auflockernd gestalteten? Klar und deutlich musste ich schließlich verneinen. Meine Suche nach meinem vermeintlichen Ich wurde zudem durch die Frauen erschwert, mit denen ich zusammen war. Sie selbst lebten in Männerbeziehungen, hatten aber engen Kontakt zu mir. Sie schliefen auch mit anderen Frauen. Offensichtlich wusste keine von uns, wohin wir mit unseren geteilten Gefühlen sollten. Heute bin ich froh darüber. Ich möchte mir nicht ausmalen, was geschehen wäre, hätte ich mich ausschließlich in eine Richtung orientiert.

Es ging immer hin und her. All die Jahre. Bis heute. Obwohl ich inzwischen einen Ehering trage. Ich liebe meinen Mann und bin dankbar, ihm begegnet zu sein. Wir kennen uns seit sieben Jahren, vor wenigen Monaten haben wir geheiratet. Wir brauchten die Zeit um zu erkennen, dass wir füreinander bestimmt sind. Unsere Liebe ist weniger gekennzeichnet durch eine entfesselte Leidenschaft, sondern beruht auf einem Fundament tiefer Zuneigung, Achtung, Wertschätzung und Vertrauen. Wir haben uns füreinander entschieden und unser eigenes Schicksal damit in die Hände des anderen gelegt. Wir fühlen uns verantwortlich füreinander und würden ums Verrecken für den anderen kämpfen. Mein Ja zu Francisco war keine Besinnung, keine Entscheidung für Männer und gegen Frauen, sondern einzig und allein für diesen einen Menschen. Francisco ist etwas Besonderes. Wenige Jahre älter als ich, besonnen und erwachsen. Vielleicht suchen wir im anderen, was wir selbst nicht sind, und bilden erst gemeinsam eine Vollkommenheit, eine Komplexität, wie sie nur selten in Paarkonstellationen existiert. Natürlich ist jeder von uns beiden eine individuelle Einzelperson, aber vielleicht jemand, dem die Jacke des anderen fehlt, um sich richtig warm zu fühlen. Francisco befriedigt mich in allen Bereichen: Geist und Intellekt, Gefühl und Selbstwert, Körper und Sinnlichkeit. Und er ist ein wunderbarer Vater unserer vierjährigen Tochter. Wenn wir ruhige und besinnliche, fröhliche und abenteuerliche Stunden zu dritt erleben, möchte ich die Welt zum Stehen bringen und laut ausrufen: Glück, das ist meine Familie. Glück, das bin ich.

Dennoch: Meine Leidenschaft ist nicht begrenzt auf Francisco. Er fordert wenig und giert nicht nach Sex. Ich giere danach. Auch Frauen gegenüber ist mein Verlangen nicht erloschen. Und ich weiß, es wird nie verschwinden. Immer werden mich Gelüste nach sexuellen Abenteuern treiben, ob mit Männern oder mit Frauen. Francisco weiß das. Er wusste es von Anfang an. Er ist tolerant und klug genug, um zu verstehen und zu vertrauen, darauf zu setzen, dass meine Umtriebigkeit unsere Beziehung nicht berührt. Vielleicht ist er einer der wenigen Männer, die eine solche Größe besitzen.

Als wir uns kennen lernten, hockten wir nächtelang um einen Kneipentisch und boten dem anderen unsere Vergangenheit wie ein Kartenspiel dar. Nach und nach deckten wir unsere Buben, Damen und Könige auf. Schließlich spielten wir mit dem offenen Blatt und schoben es dem anderen ungeniert zu. Francisco war der erste Mann, den es nicht abschreckte, dass ich bisexuell bin und in unzähligen Betten gelegen hatte. Auch er kannte die Liebe auf fremden Laken. Das Einzigartige an unserem Zusammentreffen war, dass wir nach unseren »Geständnissen« diese vielversprechende Beziehung wollten. Ein seltener Fall, denn häufig ist es so, dass sich Menschen gegenseitig frivole Geschichten »beichten« und in diesem Moment ein tiefes Verständnis füreinander hegen. Am nächsten Morgen sind sie aber doch froh, nicht länger und näher miteinander verkehren zu müssen. Es könnte ja passieren, dass man früher oder später selbst einer der »Abgelegten« wird.

Kurioserweise bin ich diejenige von uns beiden, die Erfahrungen mit anonymen Sex hat. Gewöhnlich wird Männern nachgesagt, dass sie Liebe und Sex kaufen, und Frauen sich eher keusch verhalten. Wer sich aber als Frau in der Lesbenszene bewegt, wird unweigerlich mit anonymem Sex konfrontiert. Es ist ein Mythos, dass Frauen nach sexuellen Abenteuern nicht wortlos auseinander gehen können. In der Szene gibt es genügend Lokalitäten und Orte, an denen klar ist: Hier geht es ausschließlich um die reine Begierde. Sehen und gesehen werden, kurze, aber deutliche Absprachen, klare Verhältnisse. Nicht anders als auf den Klappen schwuler Männer. Nur mit dem Unterschied, dass sich Frauen nicht im Freien treffen und keine Parks und Wälder frequentieren.

Solange ich mich in der Szene als Lesbe ausgegeben habe, wurde ich akzeptiert und angenommen. Doch stets, wenn ich mich outete, auch mit Männern ins Bett zu gehen und dies mit Vergnügen zu tun, erlosch häufig das Interesse der Frauen. Frauen, die es (auch) mit Männer machen, sind Lesben in der Regel ein rotes Tuch. Bisexuelle Frauen gelten als Verräterinnen, als Abtrünnige, als »Unsaubere«. Diese Intoleranz empfand ich schon immer als einengend und kleinkariert.

Trotzdem habe ich mich in der Szene wohl gefühlt. Der Umgang unter Frauen trägt einen anderen Ton, einen ehrlicheren, emotionaleren. Als Frau fühle ich mich von anderen Frauen besser verstanden und muss mich nicht erst erklären. Allerdings schwand dieser Bonus, als ich schwanger wurde. Kinder gelten in der Homo-Szene als Tabu-Bruch, obwohl das durch die Debatten zur Eingetragenen Partnerschaft allmählich aufbricht. Ich wurde zwar nicht »ausgestoßen«, fühlte mich aber nicht mehr »zu Hause«. Unabhängig von teilweisen Diskriminierungen, die die Szene rigoros und unerbittlich gegenüber »Abtrünnigen« austeilt und die ich heftig zu spüren bekam, war meine Welt aus den Fugen geraten und erhielt ein neues, ein anderes Fundament. Meine Gedanken drehten sich monatelang nur um das Baby, für andere Dinge fand ich kaum Muße.

Meinen neuen Lebensstil lehnten vielen Szene-Lesben ab. Eine Mutter, die zu Hause ihr Kind hütet, Windeln spült und Flaschen zubereitet, die tanzt nicht mehr mit im unverbindlichen Reigen aus Umtriebigkeit, Spontaneität und Abwechslung. Beziehungen und Freundschaften brachen auseinander, ich verlor Kontakte. Das befremdete mich und machte mich traurig. Als schlimmer empfand ich aber, den Zugang zu den Orten verloren zu haben, die meine Gelüste befriedigten. Ich fühlte mich amputiert, beraubt um die Genüsslichkeiten mit Frauen. Frauen strahlen eine andere Sinnlichkeit aus als Männer. Sie sind vielfach verführerischer und tiefgründiger. Sex ist, auch der anonyme, nicht so vordergründig hart und hektisch. Frauen können intensiver empfangen. Und leise Zärtlichkeiten eher annehmen als Männer.

Stundenlang kann ich es genießen, wenn mir eine Frau die Haare schneidet. Wie ihre Finger auf meiner Kopfhaut entlanggleiten und sanften Druck ausüben, wie sie meine Schläfen massieren und meine Nackenhaare aufstellen. Eine Kraft, die von keinem Mann ausgehen kann.

Ohnehin ist der Umgang zwischen Frauen und Männern stärker durch Regeln geprägt, als es zwischen Frauen der Fall ist. Ebenso die Kontaktaufnahme und sexuellen Erlebnisse. Wenn sich eine Frau und ein Mann begegnen, hangeln sie sich an eingeübten Stereotypen entlang. Dadurch, dass unsere Gesellschaft heterosexuell orientiert ist, spulen sich im Unterbewusstsein bekannte Mechanismen ab, die in der Regel nur allseits Bekanntes zu Tage fördern. Wir sehen es täglich im Fernsehen, im Kino, auf Werbeplakaten, lesen es in Zeitungen und Büchern. Wir versuchen, Vorgegebenes zu imitieren und empfinden erfolgreiche Abläufe nach, manchmal in leichten Variationen. Mit Frauen ist das anders. Es gibt keine »Vorlagen«, nichts, woran man sich »festhalten«, sich »vorarbeiten« kann. Oft hatte ich Bekanntschaften mit Frauen, bei denen wir beide miteinander ins Bett wollten, aber keine wagte sich, dies zu verbalisieren. Meine Träume folgten diesen Frauen, klammerten sich an ihre Brüste, hefteten sich an ihre Hintern, versanken in ihren Halsbeugen.

Bei Frauen wünsche ich mir, mutiger und draufgängerischer zu sein. Es ist kurios: Einem Mann kann ich sagen, dass ich Lust verspüre und wie ich es gern hätte.

Männer sind robuster und direkter, sie erlauben es, konkreter zu sein. Bei Frauen lässt mich eine merkwürdige Scheu zurückhaltender und vorsichtiger vorgehen. Vielleicht ist es die Empfindlichkeit, die viele ausstrahlen.

Wenn ich auf eine Frau zugehe, fahren meine Gedanken Kettenkarussell, sie kommen nicht zum Stehen und springen nicht als ein perfekter Satz der Anmache aus dem Sitz. Ich bin Frauen gegenüber nicht unsicher, aber ich will bei ihnen nichts falsch machen. Wie und wo fasse ich sie beim ersten Mal an? Darf ich sie küssen und wohin? Wie viel Freizügigkeit lässt sie zu? Solche Fragen stelle ich mir bei Männer nicht.

Im sexuellen Erleben mit Frauen und Männern treffen Welten aufeinander. Frauen besitzen eine weichere und anschmiegsamere Haut, Frauen riechen süßlicher und frischer. Streiche ich über eine Frauenwange, überrollt mich ein völlig anderes Gefühl, als wenn ich über ein bärtiges Kinn fahre. Ich kann nicht sagen, das eine oder andere ist besser, schöner. Beides ist inspirierend, weil es unterschiedlich ist. Ich begehre den zarten Frauenhintern ebenso wie die starke Männlichkeit.

Männern fehlt oft Sachtheit und Zärtlichkeit, die wiederum Frauen verkörpern. Wenn Männer mit ihren Tellerpranken zugreifen, kann ich lange auf vorsichtige, kaum spürbare Berührungen warten. Dafür aber packen sie zu und nehmen sich mitunter Dinge, ohne danach gefragt zu haben. Männer legen los, einfach so, aber wissen gar nicht, ob es mir Spaß macht. Sie wollen es gar nicht wissen. Sie bekommen einen »Gesamteindruck« von meinem Körper, aber vermögen nicht, Details zu erhaschen. Frauen haben kleine Hände und ertasten sich jeden Knochen, jeden Hügel, jede Beuge im Körper. Männerfinger sind für viele Öffnungen zu groß und zu rabiat.

Müsste ich auf einer Erotikskala Punkte verteilen, würden ein runder weiblicher Hintern und pralle Brüste oben bei der Zehn landen, während ein Männerhintern in seiner Knochigkeit und Härte bei der Fünf ankommen würde. Wenngleich ich ihn ebenso begehre. Aber in einen Männerhintern kann ich mich nicht einkuscheln. In einem Busen kann ich versinken. Wenn ich mein Gesicht zwischen den weißen, unerschöpflichen Hügeln berge, erlebe ich häufig einen Rausch. Sex mit Frauen gleicht einer Symbiose, ich kann in weibliche Körper eintauchen und mich einem beruhigenden Geborgenheitsgefühl ergeben, das Männer mir nicht zu bieten vermögen.

Weibliche Geschlechtsorgane demonstrieren nicht, was sie wollen, sie präsentieren ihre Lust indirekt. Sie sind nach innen gekehrt, man muss sie erspüren und verspielter reizen. Ein eregierter Penis spricht eine vordergründige, eine deutliche Sprache. Ich muss nichts erahnen, ein einziger Blick, ein Griff genügen, um Gewissheit zu bekommen. So, wie ich weibliche Zurückhaltung genieße, kann ich in vollen Zügen männliche Aggressivität genießen, ich liebe es, penetriert zu werden. Obgleich ich bei Männern nie weiß, ob sie – völlig dem Rausch erlegen und auf dem Höhepunkt – mitbekommen haben, wie ich meinen Orgasmus erlebe.

Bei Frauen ist das anders. Selten geschieht es, dass zwei Frauen gleichzeitig zum Höhepunkt gelangen. Meist erklimmen sie nacheinander die Zugspitze, kämpfen sich abwechselnd hinauf und reichen sich dabei einander die Hände. Ich kann sehen, hören und spüren, was in der anderen Frau vorgeht, sie kann jede meiner Regungen nachempfinden. Ich brauche mich nur um mich selbst zu kümmern.

Bin ich mit Frauen zusammen, übernehme ich gern den aktiven Part. Männer lassen weibliche Aktivität nur ungern zu, sie wollen nicht auf die passive Rolle festgelegt werden und immer alles im Griff haben, sie wollen lenken und leiten und bestimmen. Bei Männern lasse ich oft einfach nur geschehen und gebe mich hin. Trotzdem erkläre ich vielen zunächst, wo sie mich berühren, wo sie mich streicheln sollen und können. Einigen muss ich sagen, dass es noch so etwas wie ein Vorspiel gibt. Frauen wissen selbst, was Frauen animiert. Sie kennen ihren Körper. Mit Frauen erlebe ich längere Phasen der Erotik und Zärtlichkeit: durch Massieren, Eincremen, Streicheln. Eine »sinnliche Versorgung«, die in Sex übergehen kann, aber nicht muss.

Sexuell lebe ich mich aus, ich habe nichts versäumt. Blicke ich zurück, erfüllt mich ein beruhigendes Gefühl der Zufriedenheit. Ich möchte nicht als frustrierte Ehefrau auf mein Leben schauen und bedauern, dass ich erotisch auf dem Standstreifen entlanggeschlichen bin. Ich will mit Volldampf voraus. Obwohl sich dieses Bedürfnis langsam abschwächt. Vielleicht, weil ich meine alles erlebt zu haben, was mir meine Phantasie weismacht, und alles ausprobiert habe, was ich mir vorstellen kann. Aber ich lasse mich überraschen und bin neugierig auf alles, was da noch kommen könnte.

An sexuellen Begegnungen mit vielen verschiedenen Personen bin ich heute nicht mehr so stark interessiert. Durch die Beziehung zu Francisco habe ich intensive und tiefe Gefühle und Begegnungen, die den Moment überdauern, schätzen gelernt. Guter Sex braucht Vertrauen, egal, ob mit einem Mann oder einer Frau. Wichtig ist, wie man sich trifft. Meine Zufallsbekanntschaften werden weniger, weil ich an ihnen immer mehr den Spaß verliere. Mit meiner Ehe hat das vordergründig nichts zu tun. Wenngleich die innigliche Verbindung zu Francisco etwas sehr Wertvolles ist, das ich keinesfalls aufs Spiel setzen möchte.

Trotzdem habe ich ihm nie vorgegaukelt, ihm mit dem Tag unserer Hochzeit treu zu sein. Ich werde nie monogam leben. Das weiß Francisco. Dennoch hat sich sein Denken in dieser Frage seit unserer Trauung verändert. Obwohl er früher nicht anders lebte und meine Promiskuität akzeptierte, würde es ihn heute verletzen, wenn ich fremdginge. Warum, konnte er mir nicht ausgiebig begründen. Vielleicht schwingt in seinem Denken die überholte Vorstellung mit, eine Ehefrau gehört ihrem Mann. Er besitzt sie und bestimmt über sie. Eine Ehe fordert Verbindlichkeiten und Ausschließlichkeiten ein, auch in sexueller Hinsicht. Solange wir noch nicht verheiratet waren, konnte er keine »Grenzen« setzen. Doch das würde er nie so formulieren und ebenso nicht vordergründig leben. Dessen bin ich mir sicher.

Weil ich aber weiß, dass ihm »Seitensprünge« weh tun, erzähle ich ihm nie von ihnen. Nein, ich lüge nicht, ich würde nichts abstreiten, wenn er mich fragte. Ich biete ihm nicht das Bild einer treuen Gattin und schleiche mich später heimlich durch die Hintertür hinaus. Andererseits ist Francisco klug und »reif« genug, mich nicht auszupressen wie eine Zitrone. Er will nicht alles von mir wissen, ich nicht alles von ihm. Würde er mir nachstellen, würde unsere Beziehung bröckeln und sich ins Nichts verlieren.

Meine Abenteuer gestalte ich diskret. Ich habe nie das Gefühl, Francisco zu betrügen. Bei »Seitensprüngen« geht es nicht mehr als um unverbindlichen Sex. Ich achte darauf, dass es zu keinen Verletzungen und keinen Konfrontationen kommt. Geraten Emotionen ins Spiel, auch leichte – egal, ob ich sie hege oder mein Gegenüber –, nehme ich Abstand und verzichte auf das erotische Abenteuer. Um meine Beziehung nicht zu gefährden. Es gab Situationen, da habe ich mit meinem Mann geschlafen, war aber in Gedanken bei einer anderen Person. Er spürt das. Ich kann mich vor ihm nicht verstecken. Auch Francisco blockt jegliches Gefühl in Seitensprüngen ab. Das verleiht mir Sicherheit und gibt mir Geborgenheit. Vor unserer Ehe hatte er öfter sexuelle Abenteuer. Ob er sie in unserer Ehe weiterführt, weiß ich nicht. Ich frage ihn nicht danach, ich möchte es nicht wissen. Würde er mit anderen Frauen schlafen, würde ich das akzeptieren. Ich kann von ihm nicht etwas verlangen, was ich selbst nicht leiste.

Wer ehrlich ist, vor allem sich selbst gegenüber, wird gestehen müssen, dass »aushäusiger« Sex zu jeder Beziehung gehört, dass es immer passieren kann, dass man sich von einem anderen Menschen magisch angezogen fühlt. Es gibt keine Alternative zur pragmatischen Akzeptanz, dass es immer wieder zu erotischen Abenteuern kommen kann. Jemand gehört nicht zu einem anderen Menschen, weil er mit ihm Sex erlebt, sondern weil man (auch) andere Dinge miteinander teilt und eine tiefe seelische Verbundenheit gegeben ist.

Wenn ich sage, ich gestalte meine Abenteuer diskret und unterdrücke jedes Gefühl bei ihnen, geht es mir nicht darum, meine Familie per se zu schützen. Ich will Francisco nicht verletzen, will unser Verhältnis nicht gefährden, weil ich ihn liebe. Mit ihm möchte ich dauerhaft zusammen sein. Er ist der erste Mensch, bei dem ich dieses Bedürfnis verspüre. Außerdem braucht unsere Tochter eine feste Familie. Das Kind hat mich darauf gebracht, dass beständige Beziehungen schön und erfüllend sein können. Mit meinem Mann verspüre ich das erste Mal so etwas wie Neugierde, wie es wohl sein wird, mit jemandem zusammen älter zu werden.

Vielleicht hat es mit meinem zunehmenden Alter zu tun, vielleicht aber auch mit meiner Beziehung zu Francisco – seit kurzem erlebe ich, dass Menschen, mit denen ich kurze sexuelle Erlebnisse habe, die mich sinnlich anziehen, nicht mehr bis in meine Seele vordringen. Bin ich geistig immun, aber körperlich angreifbar? Bin ich verführbar, ohne verführt zu werden? Eine Antwort habe ich noch nicht gefunden.

Bislang gab es stets Momente der körperlichen und seelischen Vereinigung, eine intellektuelle Brücke, auch bei flüchtigen Begegnungen. Jetzt bleibt nach dem Sex oft nichts als Leere. Das promiske Spiel ist allmählich ausgereizt. Und dennoch: Es wird immer wieder »Ausbrüche« geben, mit Frauen und mit Männern.

Die Ästhetik des Verfalls

Markus O. (36 Jahre), Flug- und Fallschirmsprunglehrer in Leverkusen, liebt ältere Frauen

Es begann vor vier Monaten, aber eigentlich vor einer halben Ewigkeit. Vor vier Monaten lernte ich Sonja kennen, vor einer halben Ewigkeit Tanja und Susanne. Alle drei Frauen weisen eine Besonderheit auf: Sie sind älter als ich. Tanja acht, Susanne zehn und Sonja dreizehn Jahre.

Seit vier Monaten bestimmt Sonja mein Leben. Sonja ist jetzt 49, ich bin 36. Diese Frau verkörpert eine exklusive Art von Intellekt, Witz, Charme, Sinnlichkeit, Weisheit und Weiblichkeit, nach der ich immer gesucht habe. Auch andere Frauen sind intelligent, schön, humorvoll und begehrenswert. Aber Sonja garniert diese Eigenschaften mit dem Bonus der Lebenserfahrung, die Frauen in meinem Alter nicht in dieser Form aufweisen. Sonja ist eine wahrhaft reife Frau, die sich selbst begriffen hat und dadurch andere Menschen versteht. Sie reflektiert sich intensiver und mit ironischem Abstand, dadurch nimmt sie sich selbst nicht so ernst und kann über sich lachen.

Auch Tanja und Susanne sind Frauen, die mitten im Leben stehen und wissen, wohin sie wollen. Jetzt. Denn als ich sie kennen lernte, waren sie – ebenso wie ich – jünger. Tanja war 28, als ich ihr begegnete und ich 20. Susanne traf ich, als ich 27 und sie 37 war. Beides waren wunderbare Frauen, ich hatte mit ihnen schöne Jahre. Aber damals habe ich nur »geübt«.

Heute ist Sonja für mich eine Offenbarung. In jeder Hinsicht. Sie ist die erste Frau, die meine Rast- und Ruhelosigkeit versteht. Sie vermag es nachzuvollziehen, wenn ich mich nachts um vier aus ihrem Bett winde, mich anziehe und gehe. Sie fragt nicht: »Wo willst du denn jetzt hin?« Sie fühlt sich nicht verlassen, wenn ich mich davonschleiche. Ebenso wenig fragt sie, wann ich wiederkomme. Sie möchte nicht wissen, was ich treibe, wenn wir uns nicht sehen.

Sie weiß, dass ich wieder bei ihr anrufe oder spontan vor ihrer Tür stehe, entweder Stunden oder Tage später. Im Gegensatz zu anderen Frauen, Frauen in meinem Alter, kann sie warten, bis ich ihr die Dinge erzähle, die für mich, für sie und für uns von Bedeutung sind. Sie drängt nicht nach Verbindlichkeiten und versucht nicht, unsere Beziehung zu definieren. Das, was uns verbindet, benötigt keinen Rahmen.

Sie lässt mich sein, wie ich bin und gräbt in meiner Biographie nicht nach anderen Frauen und fragt Geschichten ab, die Geliebte gewöhnlich hören wollen. Wenn ich Sonja mit einer einzigen Eigenschaft charakterisieren müsste, würde ich sie als Selbstverständlichkeit bezeichnen. Diese Frau lebt aus sich heraus und macht ihr Glück nicht von anderen abhängig, schon gar nicht von Männern. Wenn ich da bin, freut sie sich, dann geht es ihr gut. Wenn ich nicht da bin, geht es ihr auch gut, zumindest nicht schlechter. Sie nimmt die Dinge, wie sie kommen und will sie nicht nach ihrem Willen biegen und dadurch zerstören. Sie hat einfach Spaß am Leben. Trotz oder besser vor allem aufgrund ihres Alters.

Andere Frauen setzten mich stets unter Druck, auch Tanja und Susanne. Mit beiden Frauen lebte ich zusammen, beide betrachteten mich als Teil ihres Lebens. Zwar gehöre ich auch zu Sonjas Leben, allerdings bedingungsloser. Sie betrachtet mich nicht als zugehörig, sondern als zusätzlich. Teil eines Lebens zu sein, hat zur Folge, sich permanent Gedanken machen zu müssen: um die Beziehung, um die andere Person, um deren Gefühle und Überlegungen. Das schränkt ein. Wenn ich weiß, ich muss als Teil eines Beziehungsgefüges in einer bestimmten Weise funktionieren, weil es sonst zu knirschen beginnt, stehe ich mich unter Druck. Und verliere früher oder später den Spaß daran.

Früher fühlte ich mich in fast jeder Partnerschaft unfrei, obwohl ich nicht gefangen war. Aber es gab immer Rituale und Eigenheiten, an die ich stets zu denken hatte. Vergaß oder missachtete ich bestimmte Regeln, folgten Auseinandersetzungen, die zum Teil entsetzlich und in jedem Fall unnötig waren. Susanne beispielsweise wollte, dass wir täglich zusammen zu Abend essen. Ihr Argument: Die Genügsamkeit und Ruhe am Tisch entspannt, trägt zur Paarbindung bei und lässt sowohl Gespräche über den Tag als auch über größere Probleme zu. Manchmal hatte ich keinen Hunger oder keine Lust, zu einer bestimmten Zeit am Tisch zu sitzen. Oder ich wollte einfach mal nicht reden und in dieser Stimmung Susanne nicht schweigsam gegenüberhocken. Egal, wie ich mich verhielt, ich provozierte ihren Widerspruch. Und Fragen nach der Liebe. Bekundet sich Zuneigung einzig durch das Einhalten einer bestimmten Ordnung? Wird eine Beziehung verletzt, wenn man neben dem Partnerleben ein Recht auf die eigene Welt einfordert? Festigen sich die Gefühle zweier Menschen füreinander, wenn sie sich über festgelegten Normen als Paar definieren?

Mit Sonja ist das anders. Sie fordert nichts und geht ihren Weg. An ihrer Seite fühle ich mich frei. Das Leben mit dieser Frau ist unkompliziert und sorgenfrei. Das mag nach Bequemlichkeit und Reibungslosigkeit klingen, so, als ruhe ich mich in Problemlosigkeit und Einfachheit aus. Es mag ein Bild von Sonja entstehen, nach dem sie zu einer Frau wird, die keine Ansprüche stellt. Aber dieses Bild ist falsch. Sonja ist alles andere als anspruchslos, vor allem dem Mann gegenüber, der mehr Zeit als andere Menschen mit ihr verbringt. Aber sie stellt keine Bedingungen, mit denen ich meine Liebe zu ihr beweisen müsste und fordert keine Normen, in denen ich mich zu bewegen habe. Dadurch schwebt unsere Beziehung auf einer Wolke aus Toleranz, gegenseitigem Verständnis und Ebenbürtigkeit. Sonja nimmt das Leben und die Liebe gelassen. Ohne große Aufgeregtheit betrachtet sie die Welt, sich selbst und mich. Szenen und Auseinandersetzungen über Dinge, die es nicht einmal wert sind erwähnt zu werden, kennt sie nicht. Sicher, sie kannte sie früher und rieb sich an ihnen teilweise wund. So manche aufgerissene Stelle ist verschorft, andere sind vernarbt. Nichts bringt Sonja heute leicht aus der Ruhe. Sie hat ihre Mitte gefunden und lässt sich nur schwer verunsichern.

Von Freunden werde ich oft gefragt, warum es ausgerechnet Sonja sein muss. Es gäbe sicher auch Frauen in meinem Alter, die intellektuell und mental das bieten, was Sonja vorweist. Aber Sonja reizt und befriedigt mich nicht nur vom Kopf her, sondern auch körperlich. Meine Freunde wundert das. Ob ich nicht das Gefühl habe, mit meiner Mutter zu schlafen, möchten sie wissen. Jedes Mal, wenn einem der Freunde diese Frage auf den Lippen liegt, er die Stimme senkt und den Satz mit einem Räuspern, einem »Naja, weißt du ...« oder »Sag mal ...« beginnt, möchte ich ihm am liebsten eine runterhauen. In jenen Momenten liefern mir meine gleichaltrigen Freunde das beste Argument für die Beziehung zu Sonja.

Hinter der Neugier meiner Freunde verbirgt sich allerdings auch das Wissen um meine bisherige Vorliebe für Schönheit und körperliche Ästhetik. Normalerweise reizen mich glatte, zerbrechliche, makellose Frauen. Je dürrer, desto besser. Zu schlank kann keine Frau sein. Brüste so klein, dass ich sie in meinem Handteller kaum spüre, ein Hintern lediglich seine eigene Ahnung, Schenkel wie Gerten. Sonja ist keineswegs fett und unansehnlich, sondern eine Frau, die ihre 49 nicht übertünchen und unter einem weiten Pullover verstecken kann.

Sonjas Augen zeigen die berühmten Krähenfüße, ihr Bauch und ihre Brüste sind weich und rund, von ihren Oberschenkeln arbeitet sich die Zellulitis allmählich hinab zum Knie. Das sehe ich und das sieht Sonja. Für sie kein Grund, sich nicht erotisch zu finden. Und für mich keiner, sie nicht heiß zu begehren. Der Modemacher Wolfgang Joop sagte einmal in einem Interview, in dem er nach seinem Empfinden beim Betrachten des eigenen Spiegelbildes gefragt wurde: »Mit dem Alter musst du dich mit der Ästhetik des Verfalls anfreunden.« Sonjas selbstverständlicher und natürlicher Umgang mit ihrer Nicht-mehr-Jugend und ihrem Körper trägt erheblich zu ihrer anziehenden Ausstrahlung bei. Sie sagt immer: »Ich sehe nicht mehr aus wie 20 und ich will es auch nicht. Ich bin keine 20 mehr.« In der Befreiung vom Zwang zum Vergleich liegen die Würde und der Triumph des Alters.

Sonja ist vielleicht nicht schön, aber attraktiv. Aber weil ich sie liebe, empfinde ich ihre kleinen »Makel« nicht als Einschränkung, im Gegenteil: Ich schaue sie mir noch schöner.

In ihrem ganzen Wesen, in ihrer Art zu lieben und sich hinzugeben ist Sonja so sinnlich wie keine Frau, mit der ich bisher zusammen war. Beim Sex ist sie ganz bei sich. Sie genießt die Nähe und die Erregung, sie kann sie leben und in ihr aufgehen. Ich beobachte gern, wie sie unter meinen Händen zerschmilzt, wie sich die Röte des sexuellen Taumels langsam auf ihren Wangen ausbreitet, wie ihre Arme und Hände im Moment der höchsten Erregung nach einem Halt suchen. Als sie das erste Mal auf mir saß und ich in ihren Bauch griff, durchzuckte mich eine Welle der Leidenschaft, die mich noch härter machte, als ich ohnehin war. »Ich liebe deinen Bauch«, brummte ich erregt und fasziniert zugleich.

Wir lernten uns an einer Currywurstbude am Bahnhof kennen. Es war an einem Donnerstag morgen, gegen halb sechs. Ich frühstückte mit zwei Freunden an einem Stand, der rund um die Uhr geöffnet ist. Wir waren die ganze Nacht um die Häuser gezogen. Noch im Alkoholrausch und mit schwerem Kopf stopfte ich zwei Würste in mich hinein und verbrannte mir die Zunge am plürrigen Kaffee im braunen Plastikbecher. Egal, wovon mir schlecht wird. »Scheiße, ist das eine Scheiße hier«, vernahm ich mit halbem Ohr eine weibliche Stimme. Die Person dazu muss ziemlich sauer oder mit dem falschen Fuß aufgestanden sein, waberte es durch mein Unterbewusstsein. »Total zum Kotzen«, meckerte sie erneut. Ich versuchte meinen Körper zu einer halben Drehung zu bewegen, um herauszufinden, welche Frau am frühen Morgen so herzerfrischend fluchen kann. Ich erwartete den Anblick einer kruden Nachtgestalt. Die Stimme klang unausgeschlafen und rauh. Doch da stand keine Schnorrerin, die mit ihren verkrusteten Fingern armselige Groschen zusammenklaubt. Da versuchte eine Frau, die ich Mitte 40 schätzte, mit einem Hundertmarkschein eine Fahrkarte zu kaufen. Der Schalter öffnete erst um sechs, die beiden Automaten verlangten den Preis für die Fahrkarte passend und in Münzen.

»Können Sie vielleicht wechseln?«, wedelte sie ihren Schein zu uns hinüber. Konnten wir nicht. »Versuchen Sie es doch mal am Imbissstand«, riet ich. »Hab' ich bereits. Der Verkäufer kann nicht rausgeben.« »Und auf dem Bahnsteig?« »Alles zu.« »Am Zeitungskiosk?« »Noch nicht offen.« Einige Sekunden blickten wir uns geradewegs an. »Wie viel brauchen Sie denn?« »12,80.« Ich kramte in meinen Taschen und förderte ein Fünf-Mark-Stück und einen Zwanzig-Mark-Schein zutage. Die beiden Freunde hatten ihr letztes Kleingeld für die Currywurst gegeben. »Was würden Sie tun, wenn ich Ihnen eine Fahrkarte zauberte?«, wedelte ich mit meinem Schein. »Mit Ihnen Currywurst essen?« konterte sie schnippisch und ohne mit der Wimper zu zucken auf meine plumpe Anmache. »Single oder mit Pommes?«, wollte ich nicht hinterherhinken. »Natürlich mit Pommes«, schmunzelte sie. »Pommes Rot-Weiß.« »Das heißt Pommes Schranke«, korrigierte ich. Sie lachte laut und herzlich: »Aber leider habe ich jetzt keine Zeit. Wie Sie sich vielleicht denken können, treibe ich mich nicht freiwillig um diese Zeit auf dem Bahnhof rum.« »Wann?« »Wann immer Sie wollen. Aber zuerst will ich meine Fahrkarte.« Ich drehte mich um, steuerte auf die Wurstbude zu und orderte einen Kaffee. »Der ist für Sie, und das hier auch.« Ich drückte ihr den Becher und das Kleingeld in die Hand. »Wo und wann treffe ich Sie?«, fragte sie, während sie am Kaffee nippte. »Wo, das ist eigentlich schon geklärt: Hier am Stand. Wann, dazu bedarf es noch einiger Klärungen.« »Sagen wir übermorgen gegen 19 Uhr«, schlug sie vor. Ich überlegte kurz und nikkte: »Gut.«

Ich hatte nicht damit gerechnet, dass sie auftaucht. Einen Moment lang überlegte ich, ob ich mich überhaupt an einem Samstagabend neben einer Currywurstbude platzieren und auf eine Frau warten sollte, von der ich nichts wusste, deren Namen ich nicht einmal kannte, und die mich wahrscheinlich ohnehin versetzen würde.

Sie kam. In einem schwarzen Mantel, umschlungen von einem roten Schal. Auf die Minute pünktlich. »Na, schon da?«, begrüßte sie mich. Wenn sie kommt – spielte ich in Gedanken die bevorstehende Begegnung mit der großen Unbekannten durch –, wenn sie wirklich kommen sollte, werden wir nicht an der Imbissbude stehen und Fastfood essen. Doch sie wollte allen Ernstes hier Currywurst mit Pommes Rot-Weiß futtern. Ich muss sie wohl recht erschrocken angesehen haben. »Haben Sie keinen Hunger?«, fragte sie verdutzt. Sie verwirrte mich. Einerseits, weil sie sich tatsächlich auf das Spiel eingelassen hatte, andererseits, dass sie bereit gewesen wäre, mit mir an der Imbissbude zu stehen und ein Büchsenbier zu knacken. Wir landeten schließlich in einem arabischen Restaurant, in dem man auf dem Boden sitzt und zwischen Decken, Kissen, Tüchern versinkt. Man muss sich die Schuhe ausziehen. Als sie ihre edlen

Lackschuhe abstreifte, überraschte sie mich erneut. Ihre großen Zehen guckten aus beachtlichen Löchern. Sekundenlang konnte ich meinen Blick nicht von ihren Socken abwenden, sie bemerkte es, schien sich aber kein bisschen zu genieren. So ist sie: Einen Fehler oder eine Peinlichkeit versteckt sie nicht, sie kultiviert sie. Und erhebt sich damit über die Dinge.

Sonja ist eine richtige Frau, aber keineswegs eine Dame. Souverän und stark und dann wieder trotzig und kindisch. Geschmackvoll, aber auch völlig verkitscht und peinlich romantisch. Nach und nach nahm ich viele solcher Ungereimtheiten und Widersprüche an ihr wahr. Perfekt zu sein, glaube ich, wäre ihr ein Greuel. Diese Frau bringt mich völlig durcheinander. Zuerst war ich erschrocken über die Verwirrung, die sie in mir auslöste, jetzt genieße ich die Irritation.

Seit vier Monaten kennen wir uns. Keine lange Zeit und doch scheint es mir, als würden wir Jahre hinter uns haben. So dicht und vertraut bin ich ihr. Mit ihr kann ich mir plötzlich Dinge vorstellen, die ich früher komplett ablehnte. Beispielsweise Kinder. Eigentlich empfinde ich Kinder als anstrengend und nervig. Dauerhaft könnte ich Kinder um mich herum nicht ertragen. Kurioserweise mögen mich alle Töchter und Söhne meiner Freunde. Weil ich mit ihnen all jene Spiele spiele, für die sich die Eltern oft zu albern oder zu alt vorkommen: Ich tobe, fahre mit ihnen Einrad, jage sie beim Einkriegen und laufe mit ihnen um die Wette. Ein oder zwei Stunden macht das Spaß, aber dann möchte ich wieder meine Ruhe haben. Das Feuer ist eine Sache – gut kochen eine andere. Den Kindern meiner Freunde kann ich sagen, dass sich ihr Vater da drüben auf der Bank langweilt oder gleich aus dem Keller mit dem Drachen zurückkommt. Dem eigenen Nachwuchs kann man solche Alternativen nicht anbieten. Kinder fordern permanente Aufmerksamkeit.

Familiäre Erfüllung zählte nie zu meinen Prioritäten. Familie schränkt ein, Familie fordert Aufopferung, Familie raubt Kraft, Familie frisst Zeit. Ich bin alles andere als ein »Vater-Typ«. Trotzdem fungierte ich lange Zeit als solcher. Tanja und Susanne hatten Kinder, Tanja einen Sohn, Susanne eine Tochter. Beide Kinder habe ich eine Zeit lang mit großgezogen. Die Kinder sah ich fast täglich, aber ich versuchte stets, mich aus ihrem Leben herauszuhalten. Auch die Erziehung überließ ich den Müttern. Tanja tolerierte das, ich glaube, sie war froh, dass ich mich nicht einmischte. Die Streitereien mit dem Vater des Kindes setzten ihr ausreichend zu. Susanne hätte es gern gesehen, wenn ich mich beteiligt und auf diese Weise ihren Wunsch nach der heilen Familie erfüllt hätte. Doch mit allen Kräften sträubte ich mich dagegen, den inneren Kreis zu schließen.

Ich dachte viel und oft darüber nach, warum ich keines der Kinder vollständig annehmen konnte. Es waren liebenswerte und entzückende Kinder, aber etwas in mir widerstand. Bis ich zugeben musste, dass es mir Probleme bereitete, dass die Kinder, die da neben mir und der Frau, mit der ich zusammen bin, aufwachsen, nicht meine eigenen sind. Man mag mich Chauvi, Macho und Ignorant nennen, aber diese Unbehaglichkeit kann ich nicht einfach abstreifen und fröhlich sagen: »Es macht gar nichts, dass der Samen von einem anderen Mann stammt. Kind bleibt Kind.« Eine narzisstische Störung? Verletzte männliche Eitelkeit? Oder der Drang, die eigene Potenz unter Beweis stellen zu müssen?

Und plötzlich könnte ich mir vorstellen, mit Sonja ein Kind zu haben. Unglaubwürdig? Gewiss, eine absurde und unrealistische Vorstellung. Ihre »Kinderzeit« ist längst abgelaufen. Und ich mit einem Kinderwagen? Würde komisch wirken. Trotzdem: Wenn ich an Sonja und ein Kind denke, sehe ich ein bestimmtes Bild. Sonja und das Kind sitzen am Meer in einer Düne und schauen aufs Wasser. Dieser Anblick wird von einer unendlichen Ruhe und Ausgeglichenheit getragen und verströmt gleichermaßen Innigkeit und Zufriedenheit. Es gab Situationen in meinem früheren Leben, die bargen ein ähnliches Gefühl von Glückseligkeit. Vielleicht kann ich den Gedanken an Kinder und eine Familie mit Sonja auch frei laufen lassen, weil ich weiß, dass er jeglicher Realität widerspricht. Auf die Wirklichkeit zurückgeworfen, bin ich letztlich doch froh, mich nicht teilen zu müssen. Dann weiß ich, dass ein Leben ohne Verpflichtungen und ohne festgelegten Rhythmus mir wie auf den Leib geschrieben ist. Meine Spontaneität will ich so lange wie möglich auskosten. So wie Sonja lebt, so liebt sie: selbstbestimmt und direkt.

Sie zeigt mir ungeniert, wie ich sie nehmen soll. Anfangs glaubte ich, empfindsam mit ihr umgehen zu müssen. Sie äußerte sich nicht und war wenig forsch. Sie wollte abwarten, was ich tue, fand ich später heraus. Und erst nach und nach ausprobieren, wie weit ich gehe. Sex mit Sonja ist wie ein leichtes Spiel, bei dem zu Beginn nicht klar ist, wie es verläuft und ob nicht unerwartet daraus ein anderes Spiel entspringt. Solange die Hand die Mikadostäbe fest umklammert, ist alles eindeutig und kontrolliert. Sobald sie fallen, behält nichts mehr seine Ordnung. Jedes Mal – eine Reise in unsere Körper. Und jede Reise die Entdeckung Amerikas und aller anderen Kontinente.

So stießen wir auf ein Verlangen, das in uns schlummerte wie ein ruhender Vulkan. Wir trafen nicht plötzlich darauf, wir näherten uns dem Schritt für Schritt, auf einem feucht-weichen Weg, der nach einem milden Platzregen im Sommer riecht. Die Finger meiner rechten Hand krochen in die Mitte ihrer Schenkel, mein linker Daumen steckte zwischen ihren Zähnen. Genussvoll biss sie auf ihm herum. Ihr Unterleib kreiste um meine Hand und stemmte sich dagegen. Sie stöhnte wohlig. Ihre Lust zu sehen und zu hören, macht mich fast atemlos. Langsam schob ich meinen Daumen in sie hinein, tief, tiefer, so weit es ging, meinen Mittelfinger ließ ich in ihren Anus gleiten. Ein dunkler wollüster Laut, etwas heiser, fast wie ein Schrei, entglitt ihren Lippen. Ich zog mich zurück. »Nicht aufhören?«, japste sie. Sie griff nach meinem Finger und führte ihn in die Enge ihrer Lust zurück. Von beiden Seiten drang ich in sie ein, sie bewegte sich heftiger. Mein Schwanz vibrierte, ich griff nach ihm und half ihm, einen Weg zu finden, der für ihn unbekannt war. Dieses Verlangen, in eine Frau von ganz hinten einzudringen, hatte bislang nur wenige Male von mir Besitz ergriffen. So selten, dass mein sexuelles Gedächtnis es längst verworfen hatte. Das letzte Mal lag Jahre zurück. Ich hatte vergessen, wie sich ein Hintern von innen anfühlt, wusste nicht mehr, wie unterschiedlich sich eine Frau anfasst. Sonjas Möse ist weich und warm und groß, immer ganz naß. Ihre Schamlippen stülpen sich über mich wie eine Glocke aus feuchtem Schaumstoff. Ihr Anus ist eng und spröde und bietet Widerstand. In ihrem Hintern spürte ich sie mit meinem Schwanz, vorn mit meinen Fingern. In der Mitte treffe ich auf mich selbst. Ein eigenartiges Gefühl: Ich berühre mich im Körper einer Frau. Das erste Mal, als wir auf diese Weise zusammenstießen, war ich völlig irritiert. Einige Male musste ich aus ihr heraus, meinen vibrierenden Schwengel betrachten und mich fragen, ob wir da gerade nicht eine große Schweinerei veranstalten. Das ist Sex für Schwuchteln, hetzten mich meine konventionellen Gedanken. Doch ich kam nicht dazu, sie zu Ende zu denken, Sonja griff nach mir und forderte Befriedigung.

Sonja riecht immer gut. Ob sie aus dem Büro kommt oder durch den Park joggte, ob sie gerade duschte oder morgens aufsteht. Sie verströmt einen Duft, der mich fast rasend macht. Sie ist die Inkarnation meiner irdischen Lust. Sie mag es, wenn ich ihre Brüste fester knete. Nicht viele Frauen, die ich kenne, mögen es härter. Sonja ist eine wohltuende Ausnahme.

Ich habe Sonja nie gefragt, ob wir ein Paar sind. Vermutlich würde sie laut lachen. Zuzutrauen ist ihr alles. Wir müssen unsere Beziehung nicht definieren. Wenn wir uns sehen wollen, treffen wir uns. Wenn wir eine Pause benötigen, räumen wir uns eine Auszeit ein. Dazu bedarf es keiner Absprachen. Ich fürchte sogar, ich würde Sonja verlieren, verlangte ich Verbindlichkeiten.

Ihre Ehe ist nach knapp 20 Jahren geschieden worden. Ihr Mann gab den notorischen Fremdgänger. Oft fand sie Zettel mit Liebesbotschaften, Briefe und Fotos von Frauen, mit denen er im Bett war. Die Beweisstücke lagen offen herum, er gab sich keine Mühe, sie zu verstecken. Wahrscheinlich wollte er, dass sie all das liest und weiß.

Anfangs fühlte sich Sonja verletzt und betrogen, doch mit der Alltäglichkeit seiner Jagdinszenierungen stumpften die Liebe und Sonja ab. »Wenn du jahrelang mit ansiehst, wie die Augen deines Mannes an den Brüsten fremder Frauen hängen«, sagte sie, »wenn du darunter leidest, dass seine Hand zuckt, wenn sich die Kellnerin umdreht und ihm ihren Arsch zuwendet, wenn du weißt, dass du nie die einzige und wichtigste Person in seinem Leben sein wirst, dann verliert sich irgendwann jegliches Gefühl für das, was man einst als Liebe kennen lernte. Dann kommt dir nicht nur dein Mann, sondern jeder lächerlich vor. Dann nimmst du kein männliches Wesen mehr ernst.«

Ihr Mann muss ein besonderer Trottel gewesen sein. Es mag wenig überzeugend und Sonja gegenüber uncharmant klingen, wenn ich das sage. Doch Seitensprünge nicht zu verheimlichen und irgendwann sogar brutal offen auszuleben, ist die eine Sache. Eine andere, obendrein auf der Seele der Ehefrau herumzutrampeln, indem man den Computer mit einer Liste von Frauennamen starten lässt. Am Ende des Bildschirms, nach der Nennung von rund 30 anderen, war der von Sonja genannt. Sie beging den Fehler und scrollte auf die folgende Seite: Es folgten weitere 30. In diesem Augenblick schloss Sonja mit ihrer Ehe ab. Warum sie so lange in der Folterkammer ausharrte, weiß sie selbst nicht. Vermutlich aus Angst vor dem Alleinsein, Furcht vor dem, was kommt, ohne zu wissen, was es sein könnte. Das Ungewisse lässt uns ausharren und warten. Sinnlos vertane Zeit. Viele Menschen wären glücklicher, würden sie sich leichter aus Beziehungen lösen, die längst zu neurotischen Gefängnissen wurden und nicht mehr geben als das Gefühl der Melancholie, nicht geliebt zu werden. Die Etappen der Schmach können unzählbar sein, man nimmt sie dennoch Stufe für Stufe und fühlt sich nicht mehr imstande umzukehren. Weil Liebe nichts weiter ist als ein Krampf unserer Vorstellung, im anderen das Ideal gefunden zu haben, das man zu finden glaubte, als man sich zusammentat.

Heute weiß Sonja, dass sie eines ganz gewiss nicht mehr möchte: mit jemandem auf engem Raum zusammenzuleben. Dass sie auf Liebe und Sex nicht verzichten muss, erlebt sie. Dass sie auch ohne gemeinsames Quartier glücklich sein kann, beweist ihr unsere Beziehung. Sie hat erfahren, dass in der täglichen Nähe Lust erstickt. Erstickte Lust tötet die Beziehung. Davor will sie sich schützen und uns bewahren.

Damit ist Sonja anderen Frauen, Frauen in meinem Alter, weit voraus. Bislang wollten alle meine Liebhaberinnen, dass ich mit ihnen zusammenziehe. Sie verstanden nicht, wenn ich auf eigene vier Wände schwor. Dem Drängen von Tanja und Susanne gab ich schließlich nach. Tanja liebte ich, mit ihr hatte eine gemeinsame Wohnung ihre Berechtigung. Warum ich mit Susanne mehrere Jahre zusammenblieb, weiß ich mir heute nicht mehr zu erklären. Streitereien und heftige Auseinandersetzungen gehörten zu unserem Alltag. Manchmal flogen halbvolle Ketchupflaschen durch die Küche, unsere Wohnung glich der Topographie unserer Leidenschaft. Bereits am Tag unserer Bekanntschaft standen wir voreinander wie zwei Kampfhähne. Eigentlich hätten wir uns nie zusammentun dürfen. Aber ich fühlte mich von ihrer Schönheit und Sinnlichkeit heftig angezogen. Susanne war Cellistin und spielte in einem Orchester. Uns verband unsere Nähe zur Musik. Doch sie verstand nicht, dass es mich immer wieder wegzog, dass ich Zeit für mich brauchte, die ich unabhängig von ihr lebte. Sie strebte die völlige Symbiose an: Alles sollten wir zusammen tun. Doch sie erlebte schmerzhaft, dass ihr Modell nicht umzusetzen war. Nicht mit mir. War ich mit meinen Freunden unterwegs, wollte sie dabei sei. Einige Male nahm ich sie mit. Sie fühlte sich wie das fünfte Rad am Wagen – und litt darunter. Nach solchen Abenden forderte sie stärker meine Anwesenheit ein. Ich fühlte mich unter Druck gesetzt und irgendwann so weit weg von ihr, dass ich abends nicht mehr nach Hause ging. Nach der Arbeit trieb ich mich bis in die Morgenstunden in Kneipen und Bars herum, dass ich sicher sein konnte, Susanne schläft tief und fest, wenn ich durch die Wohnungstür trete. Mit Susanne lebte ich meine »Putzphase« aus: Susanne war sauber, der Sex mit ihr rein. Bevor ich zu ihr durfte, musste ich mich waschen. Anfangs störte es mich nicht. Doch schon nach einem Jahr fragte ich mich, warum ich das tue, vor jedem Koitus meinen Schwanz unter den Wasserstrahl halten? Für Sex brauchte Susanne absolute Ruhe und Konzentration. Unangekündigt und »mental unvorbereitet« vögeln, das konnte Susanne nicht. Sie musste sich darauf »einstellen«. Wie bei vielen anderen Dingen, die um Susanne kreisten. Susanne strebte ein bürgerliches Leben an: mit geregeltem Alltag, mit gemeinsamen Erlebnissen, mit versichernden Absprachen. In solch ein Leben passe ich nicht hinein.

Mit Tanja war das anders. 24 Stunden und sieben Tage in der Woche klebten wir aneinander. Wir lebten und arbeiteten zusammen. Im Gegensatz zu Susanne klagte Tanja meine Präsenz nicht ein, sie ergab sich. Vielleicht macht dies den Unterschied aus: Tanja bedrängte mich nicht. Sie war einfach da und immer gut gelaunt. Unser Alltag war geprägt durch eine besondere Art von Nichtalltäglichkeit. Unsere einzigen Verpflichtungen bestanden aus dem Gang zur Arbeit und der Sorge ums Kind. Tanjas Sohn war unkompliziert und lechzte nach sensationellen Erlebnissen. Wir nahmen ihn immer mit, zu allen Partys und Festen. Damals war er fünf. Wenn es ihm zu langweilig oder er müde wurde, legten wir ihn in ein Nebenzimmer. Wir verzichteten auf nichts, genossen unser Leben in vollen Zügen. Sex and Drugs and Rock 'n' Roll. Zahlreiche Musiker zählten zu unseren Freunden, es verging kein Wochenende ohne Konzert und anschließender Party. In diese Zeit fielen meine ersten Drogenerfahrungen. Damals kokste ich, angesteckt von Tanja. Drei Tage hintereinander blieben wir wach, den vierten und fünften schliefen wir durch. Als ich das erste Mal eine »Überdosis« Marihuana rauchte und obendrein Tee mit geraspeltem Stoff trank, kotzte ich meine Seele auf den Teppich. Der dunkle Beweis meines Martyriums auf dem hellen Flusenstoff ließ sich nie richtig auswaschen.

Meine Freunde akzeptierten sowohl Tanja als auch Susanne als meine Frauen. Erst jetzt bei Sonja fragen sie vorsichtig nach, ob ich es ernst meine. Diejenigen, die mich begriffen haben, schweigen.

Schon als Jugendlicher fühlte ich mich zu älteren Frauen hingezogen. Sie mussten ein paar Falten mehr haben als andere, man sollte ihnen ansehen, dass sie das Leben in all seinen Facetten kannten. Mädchen in meinem Alter interessierten mich nie. Ich hatte nie Zeit, Kind zu sein. Meine Eltern waren Botschafter und immer unterwegs. Als Junge lebte ich mit ihnen in Afrika und Australien. Als ich zur Schule kam, steckten sie mich in Internate. Ich bin mehrfach abgehauen. Bis mich meine Großmutter zu sich nahm. Eine kluge und belesene Frau. Sie führte mich früh an anspruchsvolle Literatur heran. Mit 13 las ich Tolstoi, Dostojewski, Puschkin. In mir wurde eine Neugier für Dinge geweckt, die anderen in dem Alter unbekannt waren. Aus Neugier wurde Ehrgeiz, und diesen projizierte ich auf ältere, lebensbejahende Frauen. Ich wollte sie »enträtseln« und von ihnen als gleichberechtigter Partner angenommen werden. Fast alle meine Frauen verglich ich mit Literaten.

So war Susanne der Dostojewski in meinem Leben, Tanja der Döblin.

Für Sonja habe ich noch keinen Autor gefunden. Vielleicht wird es Peter Hoeg, der Meister der schwunghaften, intellektuellen Erzählkunst, dessen Geschichten durch unerwartete Überraschungen gebrochen werden. Oder Bernhard Schlink. In seinem »Vorleser« erkenne ich mich wieder: Ein Junge liebt eine um viele Jahre ältere Frau. Sie ist rätselhaft und seine erste Leidenschaft. Eines Tages ist sie spurlos verschwunden und er will hinter ihr Geheimnis kommen.

Ich weiß nicht, wie lange es Sonja und mir noch miteinander gut gehen wird. Solange es läuft, läuft es, sagt mir mein Kopf. Rational. Emotional bin ich ihr mehr verfallen, als mir lieb ist. Ich habe Angst davor, von ihr verlassen zu werden. Ertappe ich mich bei solchen Gedanken, fühle ich mich jämmerlich. Aber ich werde ihr das nie sagen. Manchmal versuche ich das Gefühl von Schwäche zu überdecken, indem ich unterkühlt und extrem autark auftrete. Doch Sonja kann man nichts vorspielen. Ich glaube, sie hat mich längst durchschaut. Trotzdem würde ich mir als Versager vorkommen, wenn sie bestätigen würde, dass sie weiß, dass ich das ahne. Es ist komisch, wir befinden ins mitten in unserer Geschichte, aber ich denke bereits an das Ende. So sehr ich den Moment genießen kann, so sehr versuche ich, ihn festzuhalten, streift er mich existenziell. Dann fallen mir die Schlusszeilen des Gedichts »Die Dusche« von Charles Bukowski ein: »Linda, du hat es mir gegeben; / wenn du mir's wieder nimmst, / tu es langsam und mach mir's leicht, / als würde ich sterben im Schlaf / und nicht im Leben. Amen.«

Irgendwann werde ich ihn pflegen

Petra Z. (34 Jahre), Augenärztin in Potsdam, hat einen älteren Mann

Es war in der Zeit der großen Ausreise. Im Frühsommer 1988 lichteten sich überall Büros und Werkhallen, dünnten sich Freundeskreise aus und verschwanden Nachbarn. Auch mein Bekanntenkreis verkleinerte sich zusehends. Ausreiseanträge wurden genehmigt, andere kamen von Westreisen nicht mehr zurück, die nächsten verschwanden auf obskuren Wegen. Am Ende blieben nur einige wenige übrig. Wir fühlten uns wie die letzten Überlebenden auf einer Party, die den Zeitpunkt verpasst hatten, das Fest zu verlassen. Wenn es am schönsten ist, soll man gehen, heißt es.

Unser Kreis schrumpfte und machte keinen Spaß mehr. Vorher war er ein großer Haufen, einem Bienenstock gleich, der ständig surrte und durch seine Flugbewegungen lebte. Durch den Sog des Westens, dem viele folgten, verstummte er und verlor an Lebhaftigkeit. So konnte das nicht bleiben. Für jeden Ausgereisten musste ein neuer her, beschlossen wir eines Abends beim Bier. Wir hatten Rituale: montags Kultur, mittwochs Schwimmen, am Wochenende Feiern. Bernhard lernte ich an einem Mittwoch kennen. Aus der Schwimmhalle zogen wir direkt in die nächste Kneipe. Unangekündigt stand er im Raum, an der Seite einer unserer Freunde. Ein eindrucksvoller Mann: groß, athletisch, intellektuell. Jeder, der ihn nur einmal sah, erinnert sich ewig an ihn. Ich erblickte ihn und dachte: ein Bär.

Der Bär war gerade geschieden und auf der Suche nach Ablenkung. Er hatte Zeit und Lust auf Neues. Sport war gut, Schwimmen erst recht, der Bär war Segler. Wenn ich heute ein Bild für ihn finden sollte, würde ich das eines hünenhaften Wikingers nehmen, der sein Schiff mit allen seinen Kräften verteidigt.

Es gibt Leute, denen gelingt alles, die wissen alles, die können alles. Bernhard habe ich noch nie den Satz sagen hören: »Das weiß ich nicht.« Er trägt stets ein Lächeln auf dem Gesicht. Und weil er dieses Lächeln und die Mentalität eines Siegers sein Eigen nennt, sehen auch alle anderen Leute in ihm den Gewinner. Ihm traut man keinen Verlust, keine Schwachstelle zu. Das wiederum führt dazu, dass ihm tatsächlich alles glückt. Ein beneidenswerter Kreislauf.

Ich nahm Bernhard wahr und bestaunte ihn, aber ich verliebte mich nicht. Damals hatte ich einen Freund und war nicht darauf aus, ihn zu verlassen. Erst ein Jahr später sollte mein Gefühl ins Kippen geraten. Der Freundeskreis feierte ein großes Fest auf Rügen. Ein Konvoi von Trabbis, Wartburgs und Ladas kroch gen Norden. Bernhard wurde dem Trabbi von meinem Freund und mir zugeteilt. Auf halber Strecke versagte uns der Wagen seine Dienste. Er heulte noch einmal kurz auf, ein letztes Zucken durchzog seine Papphülle und blieb wie ein trotziges Kind im Straßengraben liegen. Es war Winter und eiskalt, die anderen wollten nicht warten. Außerdem schien klar zu sein, dass Bernhard für solch läppische Probleme wie streikende Autos eine Lösung kennt. Innerlich schmunzelte ich und hoffte auf einen der DDR-typischen Schäden: gerissener Keilriemen. Ich wollte mit eigenen Augen sehen, wie Bernhard aus einer Strumpfhose einen Ersatzriemen bastelt. In Russland hatte ich erlebt, wie die Lichtmaschine mit einem Kaugummi repariert wurde. Freunde und ich waren nachts in einem Waldstück liegen geblieben. Plötzlich tauchte aus dem Nichts ein junger Mann auf, versenkte sich im Motorraum, ruckelte an einem Kabel, zuckelte an einem zweiten, tauchte wieder auf und deutete auf meinen Mund. Als ich begriff, dass er einen Kaugummi wollte, holte ich einen frischen aus der Tasche. Er schüttelte den Kopf, lachte und deutete erneut auf meinen Mund. Ich drückte ihm die zerkaute Masse aus meinem Mund in die Hand, er rollte sie zwischen seinen Fingern genüsslich hin und her, knetete erneut und rollte wieder. Schließlich drückte er ein formvollendetes Kügelchen mitten in den Motor. Dann setzte er sich ans Steuer und startete. Perfekt. Der Wagen fuhr. Die einzige Gegenleistung, die er verlangte, war, ihn ins nächste Dorf zu seinen Eltern zu bringen.

Während sich Bernhard über den Trabbi hermachte, grübelte ich, wie ich hinkriegte, mit ihm allein zu sein. Es war der Moment, als

Bernhard sagte: »Wäre doch gelacht, wenn wir das nicht hinkriegen.« Da spürte ich: Den will ich haben. Diesen und keinen anderen. Doch da war noch mein Freund. Und der hüppelte mit gequältem Blick von einem Fuß auf den anderen und fluchte. »Warum fährst du nicht einfach mit der Bahn weiter und ich bleibe hier bei Bernhard und warte, bis das Auto wieder fährt?«, fragte ich. »Nee, das wäre gemein, euch hier allein zu lassen.« »Ooch, das macht gar nichts. Aber wenn wir hier alle drei rumsitzen, geht's auch nicht schneller.« Ich gab ihm noch einen Kuss, als ich ihn ins nächste mitleidige Auto setzte, das ihn bis zum nächsten Bahnhof bringen wollte. Von Greifswald fuhr ein Zug.

Als ich die Wagentür zuschmiss, fragte ich mich, was ich da eigentlich tue. Ich konnte es nicht erklären, es war nur so ein Gefühl. Und das sagte: Er muss weg, er muss so schnell wie möglich weg. Es dauerte keine zwei Stunden und das Auto lief wieder. Mit einer siegessicheren Geste klappte Bernhard die Motorhaube herunter und blickte mich an: »Mal sehen, ob's geklappt hat.« Es hatte geklappt. Ein paar Jahre später, bei einer anderen Autopanne, verschwand er ohne ein Wort im Gebüsch und kam mit einer Blechbüchse wieder heraus. »In jedem Gebüsch an der Straße findet man Büchsen«, erklärte er und bastelte eine Schelle, um ein Teil im Motor zu befestigen, das sich während der Fahrt gelockert hatte.

Die Fahrt nach Rügen genoss ich wie ein kleines Mädchen, das endlich neben seinem Filmidol sitzen darf. Vor lauter Aufregung klemmte sich meine Gurgel zu, mein Puls raste. Das ist doch nicht normal, tönte es in mir. Was soll ich nur machen?

Die ganze Zeit auf dem Fest war ich bemüht, mich von Bernhard fern zu halten. Wie wild tanzte ich mit anderen, hing am Tresen und trank Cola-Wodka. Mein Kopf fuhr Karussell, in meinem Bauch hatte ich keine Flugzeuge, sondern Mähdrescher, die drauf und dran waren, alles über den Haufen zu fahren. Im Bett lag ich wach, mein Freund grunzte neben mir. Leise stand ich auf und schlich mich an die Zimmertür von Bernhard. Als Single bekam er ein Einzelzimmer. Ich klopfte, er wollte gerade ins Bett. Er starrte mich an. Erstaunt über mich selber und unfähig, auch nur ein Wort über die Lippen zu bringen, stieg ich in sein Bett. Ich war 22, er 53.

Gegen eine Beziehung zwischen uns wehrte er sich lange. Ich war die Generation seiner Kinder. Die Vorstellung, mit einer Frau zusammen zu sein, die jünger war als seine Tochter, das passte nicht in sein Lebenskonzept. Aber ich war hartnäckig. Weil ich wusste: So soll mein Mann, so soll der Vater meiner Kinder sein. »Wir haben keine Perspektive«, erwiderte er stets, wenn ich laut ausmalte, wie es sein könnte. Stoisch und stetig besetzte ich nicht nur sein Herz, sondern vertrieb all seine Bedenken. Ein Leben hatte er bereits hinter sich, eines mit Familie, Kindern und beruflichem Erfolg. Er wollte in eine zweite, eine ruhige Phase einlaufen, sich zurücklehnen und nicht erneut die Segel setzen. Ein zweites Mal Steuermann sein, das stand außerhalb seines Vorstellungsvermögens.

Fast unbemerkt verabschiedete er sich von seinen Ängsten. Ich war einfach da und wir waren zusammen. Über sein Alter und unseren Unterschied an Jahren machte ich mir keine Gedanken. Ebenso wenig konnte ich seine Befürchtungen nachvollziehen, dass er (noch) älter werden wird, dass er ein Pflegefall sein könnte. Mit Anfang 20 steht die Welt offen, die keinen Gedanken an Rente, Versicherung und Ruhe verschwendet. Und wenn es nur zehn Jahre sind, die schön werden, sagte ich mir, auch dann wäre es gut, auch dann hätte es sich gelohnt. Andere Frauen mit 22 mögen sich wie Girlies geben. Ich war nie ein Girlie-Typ und frühzeitig erwachsen und reif. Mit 22 stapelte sich hinter meinem Rücken bereits ein ganzer Packen Lebenserfahrung. Auf den Märchenprinzen, der auf einem Schimmel dahergeritten kommt und mich im Fluge in den Sattel hievt, auf den wartete ich nicht mehr. Meine Sehnsucht segelte nicht orientierungslos auf dem offenen Meer, sondern war vertäut: Ich wünschte mir eine Familie und einen Hafen, in dem Boote mit Namen segelten wie »Verlässlichkeit«, »Stärke«, »Vertrauen«, »Geradlinigkeit«, »Stolz«, »Persönlichkeit«. Das alles fand ich in Bernhard.

Seit zwei Jahren sind wir verheiratet. Unsere Kinder sind neun und drei Jahre alt. Bernhard wollte nicht früher heiraten. »Ich kann es nicht verantworten, dich an mich zu binden und dich zur Pflege zu verpflichten«, sagte er immer. Unsere Heirat stellt heute eher eine Verpflichtung unseren Kindern gegenüber dar. Bernhard ist jetzt 65. Langsam zeigt sich in seinen Knochen das Alter, allmählich kriechten ein Bedürfnis nach Ruhe und der Drang nach Abgeschirmtheit in ihm hoch. Andererseits will er sein Alter nicht annehmen und springen und hüpfen wie ein 30-Jähriger. Die Kinder halten ihn auf Trab und fordern seine Energie und Kraft. Allmählich begreife auch ich, dass sein Leben endlich ist, und dass ich eine junge Witwe sein könnte. Bei solchen Gedanken verspüre ich ein dumpfes Gefühl, das sich um meine Brust legt und sie einschnürt. Ich will keine Bilder des Todes vor mir sehen und schiebe sie schnell weg. Obwohl ich mir genauso gut vorstellen kann, dass er mich mit seiner enormen Lebenskraft, seinem Willen, am Leben festzuhalten, überlebt. Eines aber weiß ich gewiss: Es wird mir nichts ausmachen, die Kranken- und Altenpflegerin meines Mannes zu sein.

Als sich unsere Beziehung festigte und ich mir sicher war, mit diesem Mann eine Familie und Kinder haben zu wollen, wagte ich es anfangs nicht, ihm meine Gedanken mitzuteilen. Sein Kindersoll hatte er erfüllt, die Familienplanung war abgeschlossen. Seine Antwort auf meine Fragen nach Reproduktion hätte ich mir selbst geben können. Als ich schließlich schwanger war, konnten wir dieses schwierige Gewässer nicht mehr umschiffen. Entgegen meiner Erwartungen verblüffte er mich mit dem Satz: »Ich verstehe den Wunsch einer jeden Frau, Kinder haben zu wollen.« Bernhard sieht den Sinn des Daseins einer Frau im Muttersein. Gleichzeitig aber stellte er klar, dass er nicht gewillt ist, zurückstecken und seine schwindenden Kräfte einzig und allein der Familie und den Kindern zu opfern. »Den Hausmann spiele ich nicht«, ließ er keinen Zweifel an seiner Entschlossenheit. Der Erziehungsurlaub blieb ausschließlich mir vorbehalten.

Dadurch manifestierte er sein ausgeprägtes Rollenverhalten. »Die Mutter ist die wichtigste Bezugsperson im Leben eines Kleinkindes«, dozierte Bernhard. »Nicht allein durch die Schwangerschaft wird ein ganz besonderes Verhältnis zwischen Mutter und Kind hergestellt, sondern auch in den ersten zwei Lebensjahren des Kindes.« Sprach's und schaute mich strahlend an. Wenn Bernhard davon überzeugt ist, dass er Recht hat, duldet er keinen Widerspruch. Abgesehen davon, dass ich ohnehin nicht vorhatte, mein Anrecht auf ein Jahr Babyurlaub an ihn abzugeben, blieb mir kaum etwas anderes übrig, als mich in die zugeteilte Rolle zu fügen. Bis heute ist das so geblieben. Zwar unausgesprochen und stärker, als mir lieb ist, aber der Verteilungsplan ist geschrieben: Ich versorge die Kinder, erledige Haushalt und Einkauf, bin für die Wochenendideen und Planungen zuständig. Ich bereite den Kindern das Frühstück und bringe sie abends ins Bett. Bernhard hält sich raus.

Abends, nach dem Essen, stehe meist ich mit den Mädchen im Bad, putze mit ihnen Zähne, ziehe ihnen die Schlafanzüge an und bringe sie ins Bett. Diese Minuten gehören uns, sie vollenden einen Tag und runden ihn ab. Das Geschichtenvorlesen bleibt Bernhard vorbehalten – soweit er zu Hause ist. Er verleiht jeder der Figuren eine individuelle Note, indem er ihnen eigene Stimmen gibt. Damit beschert er den Mädchen regelmäßig Gänsehaut und Atemstillstand. Er ist der perfekte Vorleser.

Wenn ich die Kinder an Bernhard übergebe und ins Wohnzimmer und in die Küche zurückkehre, bekomme ich fast jedes Mal schlechte Laune: Der Abendbrottisch sieht noch genauso aus, wie wir ihn verlassen haben. Bernhard sitzt auf der Couch, liest oder schaut Nachrichten. Wie fast alle Männer übersieht er Geschirrberge und Wurstreste, die sich grün verfärben und an den Rändern hochrollen. Er übersieht, dass es Arbeit macht, nach dem Essen Teller und Tassen abzuräumen, die Milch in den Kühlschrank zu stellen und den Geschirrspüler zu füllen. Ein wenig ist es auch meine Schuld, ich weiß. Von Anfang an hätte ich darauf achten müssen, dass die Hausarbeiten nicht zu meiner Selbstverständlichkeit erklärt werden. Doch was einmal eingeschliffen ist, lässt sich nur unter Mühen wieder beheben. Wenn ich es Bernhard sage, versteht er meine Einwände und sieht, wie verzweifelt ich manchmal bin. In jeder Beziehung will ich absolut korrekt sein: als Frau, als Mutter, als Hausfrau, als Ärztin. Mein Perfektionsanspruch an mich selbst wird mich irgendwann zugrunde richten. Niemand verfügt über ein unbegrenztes Kräftereservoir. Wenn es aufgebraucht ist, lässt es sich schwer wieder auffüllen. Ständig stehe ich zwischen Baum und Borke, dauernd plagt mich ein schlechtes Gewissen: wenn ich arbeite, meinen Kindern gegenüber, wenn ich mit ihnen zusammen bin, dass der Haushalt vor sich hindümpelt. Ein unendlicher Kreislauf, der vermutlich nur durch eine größere Gelassenheit und Entspanntheit zu durchbrechen ist.

Zu Hause liebe ich Ordnung und Sauberkeit. Mich macht es wahnsinnig, wenn überall Klamotten rumliegen, der Tisch vollgepackt ist und sich Geschirr im Abwasch stapelt. Oft schaffe ich es nicht, in jedem Raum für Ordnung zu sorgen. Aber wenn es nicht sauber ist, fühle ich mich nicht wohl. Es ist zwanghaft, ich weiß, aber in diesem Fall kann ich nicht aus meiner Haut. Wenn ich in solchen Momenten Bernhard den Spiegel vorhalte und ihm einen Lappen in die Hand drücke, sagt er: »Du musst mir sagen, wenn ich etwas machen soll.« Und ich denke: Warum sieht er nicht, dass es jede Menge zu tun gibt?

Jüngere Männer engagieren sich weitaus mehr im Haushalt und erledigen anfallende Arbeiten, ohne großes Gewese. Mit einem jüngeren Mann hätte ich diese Probleme bestimmt nicht, denke ich dann immer. Andererseits verbirgt sich hinter der sogenannten Haushaltsfrage weitaus mehr als nur der Anspruch auf eine gerechte Arbeitsteilung. Männliche Faulheit im Haushalt empfinden Frauen oft als Missachtung ihrer Person. Und das ist es auch. In einer vor drei Jahren veröffentlichten Studie der beiden Sozialwissenschaftler Rainer Volz und Paul M. Zulehner, die sich intensiv mit dem gegebenen Männerbild und ihrem Rollenverhalten beschäftigt haben, kam heraus, dass Männer in vier Kategorien zusammengefasst werden können: die Traditionellen, die Pragmatischen, die Unsicheren und die Neuen. Der traditionelle Typ ist im höheren Alter und lebt ein konservatives Rollenmodell: der Mann als Ernährer, die Gattin als Mutter und Hausfrau. Beim Pragmatiker ist dieser Lebensentwurf ein wenig aufgeweicht, aber nur dahingehend, dass die Frau arbeitet. Zu ihrem Unglück zählt unter anderem die Mehrfachbelastung. Der unsichere Typ ist jünger, die Generation zwischen 30 und 40, und schwankt zwischen tradierten und modernen Mustern. Nur mit dem neuen Mann ist nahezu Gleichberechtigung zu erreichen. Der Mustermann der Zukunft ist zu 70 Prozent jünger als 46, nimmt Hausarbeit relativ regelmäßig und oft auch ohne Aufforderung wahr, pflegt Kontakte mit Freunden, auch gern ohne die Partnerin, und ist sexuell aktiv. Wobei sich Sexualität hauptsächlich in der Partnerschaft abspielt. Wogegen der pragmatische Mann sein Engagement im Haushalt beschönigt und für den kleinsten Handschlag gelobt werden will. Die besten Chancen auf gleichberechtigte Partnerschaften mit neuen Männern hat die Generation der jetzt 20jährigen.

Bernhard ist offensichtlich eine Mischung aus Tradition und Pragmatismus. Aber ich will mich nicht beklagen: Ich habe einen Mann, der zu mir passt und jünger wirkt als die meisten in seiner Generation. Wenn Bernhard von Treffen mit seinen Freunden zurükkkommt, stöhnt er: »Mein Gott, ist das ein alter Haufen.« Regelmäßig ist er entsetzt, wie langweilig Frauen und Männer sein können, die ebenso alt sind wie er. In solchen Momenten fragt er sich, ob sein Leben genauso öde und uninteressant wäre, hätte er nicht zum zweiten Mal geheiratet und eine junge Familie, die ihn herausfordert und trimmt. Eine Antwort kennt er nicht, sie wäre ohnehin spekulativ. Selbst jüngere Männer staunen, wenn sie hören, dass er Rentner sein könnte: »Der macht uns noch was vor.«

Ich glaube, er würde seine Tage vielleicht ohne kleine Kinder, aber möglicherweise mit einer anderen Frau verbringen. Das wäre der einzige Unterschied. Ansonsten lebt er so unkonventionell, wie es ein Mann in seinem Alter nur tun kann. Mit dem Segelboot unternimmt er Touren, die würde sich ein Jüngerer kaum zutrauen. Mehrere Male im Jahr verbringt er längere Zeit auf See. Zu seinem »Segelklub« gehören fünf weitere Männer, einige Male bin ich mitgesegelt. Seit unsere jüngste Tochter auf der Welt ist, habe ich mich allerdings zurückgezogen. Mit ihr auf dem Boot, das wäre zu anstrengend und zu gefährlich. Sie ist ein munteres und quirliges Kind, sie müsste angebunden werden, damit sie nicht von Deck rutscht.

Bernhard ohne Boot, das ist wie Weihnachten ohne Tanne. Statt in ein Flugzeug zu steigen, segelte er einmal zu einer hoch angebundenen Konferenz der Europäischen Union nach Kopenhagen. Allein. Seine Kollegen kennen seine ungebremste Hingabe und ließen ihm die Freude. Er legte morgens im Stadthafen an, krempelte sich aus seinem Gummianzug und verschaffte sich durch Anzug und

Krawatte die Illusion, ein gewöhnlicher und unauffälliger Dienstreisender zu sein.

Meine Mutter würde vom Alter her genau zu Bernhard passen. Aber wenn ich beide betrachte, muss ich gestehen, dass beide so viel miteinander verbindet wie Goethe mit Andy Warhol. Gegen Bernhard wirkt meine Mutter alt. Obwohl sie äußerst aktiv und eine »junge« 65-Jährige ist, aber eben eine »Oma«. Bernhard ist zwar auch »Opa«, aber ihn prägt – im Gegensatz zu meiner Mutter – ein jugendliches Dasein. Sein ausgeprägter Abenteurerinstinkt führt ihn stets an Orte, an denen es keinen Komfort gibt. Sich mit kaltem Salzwasser zu waschen, nicht täglich frische Wäsche über den Körper zu streifen und auf steinigem Boden zu schlafen, stört ihn keineswegs. Meine Eltern würden das nie tun.

Mein Vater ist nur vier Jahre älter als mein Mann, aber auch er schneidet weitaus schlechter ab. Ich erkläre es mir durch die verschiedenen Lebensentwürfe, die alle drei leben. Bernhards Leben ist durch Jugendlichkeit und Frische geprägt, allein durch die Kinder. Auch wenn er sich anfangs dagegen sträubte, jetzt erfüllt es ihn mit Freude und Genugtuung, wenn er um die Ecke biegt und zwei kleine Kinder im Garten von der Schaukel rufen: »Hallo Papi.«

Manchmal springt mich ein merkwürdiges, undefinierbares Gefühl an, wenn eine seiner Töchter mit ihren Kindern bei uns zu Besuch ist. Seine Enkelkinder sind genauso alt und sogar älter als unsere Kinder. Da ist die Tante ein Jahr jünger als die Nichte. Einmal fragte mich Julianes Lehrerin, wie es denn komme, dass Jule so viel mit ihrer Tante spiele. Als ich antwortete, ihre Tante sei jünger als Jule, guckte die Lehrerin erst ungläubig, bis sie begriff und schließlich herzhaft lachte.

Jule ist bewusst, dass ihr Papa wesentlich älter ist als andere Väter. Aber das ficht sie nicht an. Im Gegenteil, die Kinder bekommen – neben seiner unendlichen Vaterliebe – von ihm Dinge geboten, nach denen sich ihre Schulfreundinnen mit jüngeren Vätern vermutlich nur sehnen: Radfahren, Rodeln, Schwimmen, Holzhäuser bauen, Paddeln, Zelten. Oft kommen Jules Freundinnen zu Besuch, weil sie es bei uns so spannend und lustig finden. Zu ihrer ersten Zeugnisausgabe wollte Jule unbedingt Bernhard dabei haben. Angst, dass ihr Vater als ihr Opa angesehen werden könnte, hat sie nicht. Er wirkt so viel jünger, als er ist. Körperlich ohnehin, aber auch intellektuell und seelisch. Oftmals bin ich überfordert von seinen Ideen und seiner Kraft. Er braucht wenig Schlaf, manchmal nur drei oder vier Stunden in der Nacht.

Dennoch machen sich allmählich Alterserscheinungen bemerkbar. Doch im Gegensatz zu greisen Leuten, die einen enormen Altersstarrsinn entwickeln können, produziert Bernhards geriatrische Entwicklung genau das Gegenteil: Je faltiger sein Gesicht und je grauer sein Harrschopf werden, desto gelassener, ruhiger und toleranter wird er. Das empfinde ich als sehr angenehm. Früher wollte Bernhard mit dem Kopf durch die Wand, wollte die Welt mit seinen Gedanken füllen und sie davon überzeugen, dass allein er Recht hat. Er wollte die Erde vom Übel befreien und die Natur retten. Nun überlässt er sich der Bewusstheit, dass er niemals Atlas sein wird und seine Schultern zu schmal und schwach sind für die Last des Universums. Er betrachtet das Dasein durch die positive Brille, während ich manchmal jammervoll dazwischenschiele. Er nimmt leicht, was mich belastet.

Wenn er nach einem langen Tag oder einer beanspruchenden Dienstreise – er arbeitet als Entwicklungsingenieur und führt oft Verhandlungen mit der EU – nach Hause kommt, sinkt er erschöpft in die Kissen. Er füllt seinen Tank, doch nur kurz. Ruckartig steht er auf, nein, er springt hoch, murmelt etwas in Richtung Küche und verschwindet im Keller. Der Keller, das ist sein Spielplatz. Dort sammeln sich Handwerksgeräte, Metallplatten, Holzleisten, Nägel, Schrauben, Objekte. Ja, Objekte. Oft beginnt er ohne Idee und Sinn an einem Metallstück zu feilen oder zu drehen. Ein besonderes Stück soll nicht daraus werden. Er braucht diese Form von Ablenkung und Beschäftigung: etwas tun, ohne einen Sinn darin zu sehen. Manchmal entwickelt er eine unerklärliche Leidenschaft für einen verbogenen, nichtsnutzigen Metallstreifen, er ist neugierig darauf, wie der Stoff in seinen Fingern und unter der Drehmaschine die verrücktesten Formen annimmt, ohne sie mit einem sinngebenden Inhalt zu füllen. In solchen Momenten ist Bernhard aus dem Keller nicht rauszuholen. Das macht ihn für mich unter anderem so liebenswert. Andererseits ärgere ich mich über seine Stunden im Keller. Es gibt so viel zu tun im Haus. Vor einigen Jahren kauften wir es in einem jämmerlichen Zustand. Nach wie vor verharrt der Verandaanbau in deprimierender Unfertigkeit, wimmern der Garten vor Wildheit und die Elektrik im Haus vor Dilettantismus. Sein Anspruch, alles selbst zu machen, liegt meist im Streit mit seinem Zeitbudget. Seit wir im Haus wohnen, klettern wir über eine behelfsmäßige Holzerhöhung, die mehr eine Ahnung aus Treppe und Baustellenauffahrt ist als sichere Eingangstür, von hinten direkt in die Küche. Schlage ich Bernhard vor, Handwerker kommen zu lassen, versteht er dies als offene Kritik. Das Haus, das ist seine Rolle, sein Metier, da lässt er niemanden ran. Es kratzt an seiner Ehre, wenn jemand anderes *seine* Öfen abreißt, *seine* Decken behandelt, *seine* Wände weißt. Dann prallen seine Genügsamkeit und meine Wohnansprüche heftig aufeinander und verkeilen sich in antagonistischer Unvereinbarkeit.

Früher versuchte ich, ihn zu ändern. Je enger wir zusammenrücken, je länger wir miteinander auskommen, desto leichter fällt es mir heute, ihn so zu lassen, wie er ist. Das hat weniger damit zu tun, dass ich ihn nicht gern auch anders hätte, aber bei Bernhard beißt sich jeder die Zähne aus, der in ihn zu dringen und ihn umzustülpen versucht. Das Zusammenleben mit ihm kann auch sehr anstrengend sein. Immer dann, wenn seine schwarze Seite die Oberhand gewinnt und seine Liebenswürdigkeit besiegt: seine Besserwisserei, die oft in grenzenloser Arroganz gipfelt. Ich platze schier vor Wut, wenn er ansetzt, um sich mit mir über Medizin zu streiten. Ungeachtet seines immensen Allgemeinwissens, seiner Belesenheit und seiner geistigen Regsamkeit – die Medizin ist mein Fachgebiet. Ich kann sie nicht mehr hören, seine Sätze, mit denen er mir weiszumachen versucht, dass die Medizin keine Wissenschaft, sondern nichts weiter als eine banale Unkorrektheit sei. Ausgehend vom philosophischen Ansatz, dass es keine absolute Wahrheit gibt, überträgt er seine Gedankenzirkel auf die Naturwissenschaft und reizt diese in einer Endlosspirale aus. Inzwischen reagiere ich nicht mehr, wenn er über Ärzte schimpft, weil sie sich in seinen Augen als Wissende gebärden und Patienten entmündigen. Medizinisches

Wissen verändert sich ständig, was gestern richtig war, kann heute falsch sein. Das stimmt, ja, aber wer kennt sich hierin besser aus als die Mediziner selbst? Als Patienten möchte ich ihn nicht vor mir haben: Jeden Handgriff hinterfragt er, jede Tablette klopft er nach ihren Inhaltsstoffen ab, jeden Tropfen Medizin erklärt er für unbrauchbar. Und das Schlimmste: Er will stets alles besser wissen als der Arzt und debattiert um jede Diagnose, um jede Therapie. Es gibt Ärzte, die behandeln ihn nicht mehr.

Oft streiten wir bis aufs Messer. Mitunter stundenlang. Je nach Schärfe und Härte der Kollision lassen Versöhnungen auf sich warten. Aber spätestens am nächsten Morgen finden wir miteinander Frieden. Dann nimmt einer den anderen wortlos in den Arm. Meist derjenige, der glaubt im Unrecht oder besonders beleidigend und verletzend gewesen zu sein.

Ich habe Bernhard noch nie gesagt, dass ich ihn liebe. Liebe, was ist das? Woran misst sich ein Gefühl, das verklärt-romantisch und hinlänglich als Liebe bezeichnet wird? An der Dauer einer Beziehung? An der Fähigkeit einzustecken? An der Toleranz, den anderen mit all seinen Eigenheiten zu ertragen? Geht es um Liebe, wähle ich meine Worte bedacht und vorsichtig. Gefühle sind zum Fühlen da, nicht zum Zerreden.

Definitionen gehören in die Wissenschaft. Erzähle ich anderen von Bernhard, versichern sie: »Natürlich liebst du ihn.« Ist er nicht da, schlüpfe ich in sein Nachthemd und kuschle mich an seine Stelle im Bett.

Der Sex mit Bernhard als »altem Mann« ist nicht anders als der mit einem jüngeren. Männerhände sind Männerhände, egal, ob sie sich 20, 40 oder 60 Jahre durch die Welt schufften. Körperlich erlebe ich nie das Gefühl, einen »Alten« auf mir zu haben. Im Gegenteil: Seine Lust und seine Intensität liegen weit über meiner. Sein Leib ist zäher und fester als der von so manchem Mann meiner Generation. Bernhard ist der lebendige Beweis, dass Libido und Frequenz nichts mit dem Alter zu tun haben müssen. Seine Leidenschaft erscheint mir fast ungebremst, während ich oft nicht die geringste Lust verspüre. Allmählich sinkt sein Drang nach Sex, allmählich gleichen wir uns in unseren Bedürfnissen an.

Dass ich seltener Lust verspüre, hat nichts mit ihm zu tun, sondern allein mit mir. Es begann mit der ersten Schwangerschaft. Sie raubte mir das Rasen und die Munterkeit meines Schoßes. Meine Sinne wurden auf das Baby gelenkt, das Kind saugte Kraft und Energie aus mir heraus. Das wenige, das blieb, musste ich für mich aufsparen. Heute bin ich oft gestresst und erledigt, wenn die Kinder im Bett und die Hausarbeiten erledigt sind. Dann sehne ich mich eher danach, meine müden Glieder ausstrecken zu dürfen und nicht noch einmal aktiv zu sein. Ich bedaure nicht, dass wir seltener als früher miteinander schlafen. Ich vermisse nichts.

In der ersten Zeit nach der Geburt litt Bernhard unter meiner Unlust. Er war deprimiert darüber, dass das Baby *ihm* etwas genommen hatten. Anfänglich war er geneigt, meine minimierte Hitze mit geschrumpftem Gefühl gleichzusetzen. Erst später begriff er, dass Sex und Liebe nicht in jedem Fall eine Einheit bilden, dass das eine auch ohne das andere vorherrschen kann. Einmal sagte er mir, dass er erst durch mich begriffen habe, dass eine Partnerschaft nicht an der Häufigkeit sexueller Kontakte zu messen sei. Bis dahin sah er die Frequenz als Maßstab der Intensität von Liebe an.

Mit Sicherheit kann ich es nicht sagen, aber ich glaube, Bernhard schläft trotz der seltenen Momente der geschlechtlichen Zweisamkeit nicht mit anderen Frauen. Er sagt, er habe kein Bedürfnis nach anderen Leibern. Und fragt sich, ob es an unserer Ehe oder seinem Alter liegt. In seiner ersten Ehe ging er häufig fremd.

Sex ist nach wie vor nicht an bestimmte Zeiten gebunden. Allerdings schränken die Kinder unsere Möglichkeiten erheblich ein: Tagsüber oder ganz spontan geht es nicht mehr. Für guten, entspannten Sex brauche ich Ruhe. Ich könnte nicht mit Bernhard ins Bett gehen, wenn die Kinder draußen spielen oder im Haus herumtoben. Außerdem möchte ich nicht, dass sie etwas von unseren fleischlichen Gelüsten mitbekommen. In dieser Frage bin ich nicht offen.

Eifersucht spielt bei uns keine Rolle. Früher verstieg ich mich hin und wieder in einem Gefühl von Argwohn und Besitzanspruch, damals, als wir uns kennen lernten, und später, als unsere erste Tochter geboren war. Jule hatte Geburtstag und hatte ihre ein Jahr ältere

Nichte eingeladen. Bernhards Tochter kam mit ihren Kindern und Bernhard beschäftigte sich die gesamte Zeit über mit seiner Enkeltochter. Er fotografierte sie, schmiss sie in die Luft, tollte mit ihr herum. Seine Tochter wurde fünf, aber er hatte nur Augen für sein Enkelkind. Als ich ihn darauf ansprach, tat es ihm leid und er kümmerte sich schließlich um sein »Geburtstagskind«. Aber er sagte auch, dass er seine Enkelkinder so selten zu Gesicht bekäme und deshalb froh gewesen sei, sie einen ganzen Tag lang um sich zu haben. Weh tat es, als Bernhard mir Urlaubsfotos mit seiner ersten Familie zeigte und in Erinnerungen schwelgte. Dann hätte ich mich am liebsten wie ein störrisches und bockiges Kind in die Ecke geschmissen und geschmollt. Missgünstige Gedanken durchzogen mein Hirn: Ich wäre gern seine Primärfrau gewesen, ich hätte ihn gern von Anfang an besessen. Eifersucht in ihrer dunkelsten Farbe.

Die Begegnung mit seiner Ex-Frau gestaltete sich erwartungsgemäß schwierig. Wir standen uns gegenüber, reichten uns unterkühlt die Hände und starrten uns schweigend an. Die Rivalität zwischen uns kroch wie eine Laus über unsere Mantelkrägen. Wir mochten uns nicht, aber das ist vermutlich normal. Insbesondere, wenn die »Nachfolgerin« um so viele Jahre jünger ist. Leicht entsteht in solchen Situationen ein Gefühl, einzig wegen des jüngeren Fleisches verlassen worden zu sein. Doch diesen »Vorwurf« musste ich mir nicht machen lassen – Bernhard und ich lernten uns kennen, als er bereits geschieden war.

Bernhard ist nicht mein erster reifer Mann. Mit gleichaltrigen Männern vermochte ich noch nie etwas anzufangen. Mein erster Freund war fünf Jahre älter als ich, der zweite 15, Bernhard über 30 Jahre. Die Beziehung zu dem zweiten Mann in meinem Leben war die intensivste, leidenschaftlichste und schmerzlichste. Er war verheiratet und ich glaubte an seine Versprechen, sich im kommenden Monat scheiden zu lassen. Drei Jahre hielten mich seine Worte aufrecht, drei Jahre klammerte ich mich an eine trügerische Hoffnung, die mich schließlich wie eine weiche Welle in der Brandung zerschmetterte.

Mit Männern in meinem Alter konnte ich nie etwas anfangen, sie erschienen mir stets zu unfertig, zu unerfahren, zu täppisch. Mich treibt eine Sehnsucht nach Stärke, Stabilität und Standhaftigkeit. Ich fühle mich erst dann richtig aufgehoben und geborgen, wenn ich mich anlehnen kann. Oft suchte ich nach einer Erklärung für mein Begehren. Eine Antwort fand ich in meinem Vater. Er ist ein dominanter Mann und eine mächtige Persönlichkeit. Gegen sein Charisma konnte ich mich nie durchsetzen. Vielleicht suche ich in Bernhard den Beweis, mit meinem Vater fertig werden zu können. Vielleicht gehe ich über Bernhard die ersten Schritte zur Abgrenzung gegenüber meinem Vater. Beide Männer – Bernhard und mein Vater – sind sich sehr ähnlich. Beide wollen auch in unangenehmen Situationen immer das Ruder in der Hand halten, sie pochen darauf, stets Recht zu behalten und alles besser zu wissen. Beide sprechen das letzte Wort, einmal zu unterliegen liegt fern ihres Horizonts. Beide sind sachliche Menschen, die vor allem Fachliteratur und Wissenschaftssendungen im Fernsehen verschlingen. Sie lesen keine Romane, schauen keine Spielfilme, aber vertiefen sich in Biographien und Abrisse über Geschichte und Geographie. In Diskussionen zeigen sie keinerlei Gefühl, sondern debattieren sachlich und rational. Mit meinem Mann fechte ich viele Machtkämpfe aus und erlebe sie als Fortsetzung meiner Kindheit. Ich trug meine Kindertage mit in meine Ehe. Erst nach und nach bin ich imstande, mich davon zu distanzieren und mich zu emanzipieren. In Bernhard liebe ich zwar nicht meinen Vater, aber die Verbindung zwischen beiden als Brücke zu mir ist unübersehbar. Der einzige auffällige Unterschied zwischen beiden Männern liegt in ihrer Toleranz: Mein Mann geht gelassener und offener durch die Welt, mein Vater dagegen engstirniger und zugeknöpfter. Bernhard spricht Menschen direkt an, ist kontaktfreudig und sofort in Gespräche verwickelt. Er kennt keine Verklemmungen, während mein Vater im Umgang mit anderen unsicher und scheuer ist.

Weil ich Bernhard kenne, und ihn schon damals, als wir uns kennen lernten, begriff, verstand ich von der ersten Minute an seine Kinder. Sie schleppten ähnliche Gedanken, Gefühle und Grausamkeiten mit sich herum, wie ich sie gegen meinen Vater hegte. Über Jahre fühlte ich mich seinen Kindern manchmal enger verbunden als ihm. Ich verstand ihre Ängste und ihre Welt, zu der der Vater keinen Zugang bekam. In Bernhards Kindern erkannte ich mich als Tochter meines Vaters. Gab es Probleme, schlug ich mich meist auf die Seite der Töchter und fand Bernhards Reaktion oft falsch. Ich saß zwischen den Stühlen und fühlte mich hundsmiserabel. Für ihn war die Situation noch schwieriger: Befand ich mich auf der Seite seiner Kinder, fühlte er sich einsam und unverstanden. Im Film werden Verschwörungen zwischen Kindern und einer neuen Frau des Vaters meist komödienhaft inszeniert. Aber jeder, der solche Erfahrungen sammeln durfte, wird sich womöglich nicht mit Humor an sie erinnern. Jede Frau wird bestrebt sein, sich nicht in die alte Familie des Mannes einzumischen und womöglich noch eine Front aufzubauen.

Ein zweites Mal werde ich nicht heiraten. Wenn die Kinder aus dem Haus sind und ich vielleicht Witwe bin, soll es ein zweites nach meinem jetzigen Leben geben: in Form einer Frauen-WG. Die Erfüllung eines Traums. Mit Frauen habe ich mehr Spaß als mit Männern. Frauen sind echt und unkompliziert. Mit ihnen kann ich mehr lachen als mit Männern. Zwar kenne ich auch Männer, mit denen ich ähnliche Erlebnisse wie mit meinen Freundinnen habe. Aber zu ihnen fühle ich mich weder sinnlich hingezogen, noch spielt Sex in irgendeiner Weise eine Rolle. Sie sind für mich auch »Freundinnen«. Die meisten Männer sind nicht imstande, authentische Freundschaften zu führen. Ohne erotische Spiele kommen sie nicht aus. Das aber schafft Unruhe und Rivalität. Beides erachte ich nicht als Sinnstiftungen meines Lebens. Liebhaber werde ich mir gönnen, aber keinen zweiten Mann. Mit dem Tod meines Mannes beende ich meine Phase, die da heißt: Ehe, Familie und Kinder.

Ich bin ihr »Wohlfühlpullover«

Max Paul K. (36 Jahre), Industriedesigner in Berlin, fühlt sich in einer sozialen Beziehung mit sporadischem Sex, aber ohne Liebe wohl

Wenn man Kinder bekommt, krempelt sich das Leben komplett um. Wenn man dazu allein erziehend ist, erhöht sich der Schwierigkeitsgrad um einiges, das Leben so zu organisieren, dass es nicht einfach nur an einem vorüberzieht, sondern dass man es mit beiden Händen packt.

Ich gehöre der Gruppe der sogenannten temporär erziehenden Väter und Mütter an. Meine Ex-Freundin und ich wechseln uns mit der Betreuung und der Erziehung unserer gemeinsamen Tochter ab. Hannah ist jetzt sieben und geht in die zweite Klasse. Ulrike, meine Ex-Freundin, und ich teilen Aufgaben und Pflichten so auf, dass jeder davon etwa die Hälfte trägt. Das ist auch zeitlich klar abgesteckt: Die Woche ist gerecht aufgeteilt.

Hannah hat zwei Kinderzimmer, zwei Schreibtische, zwei Kleiderschränke. An mehreren Tagen pendelt sie zwischen Ulrikes und meiner Wohnung hin und her. Das ist relativ unproblematisch. Wir wohnen nicht weit voneinander entfernt. Nur wenige Straßenzüge trennen uns. Wenn Hannah größer ist, kann sie allein von einem Haus zum anderen laufen. Jetzt holen wir und bringen wir sie noch. Unsere Angst, dass ihr irgendetwas zustößt ist, ist zu groß. Zumal auf dem Weg zwischen unseren Wohnungen zwei größere Kreuzungen liegen, beide ohne Ampeln.

Zwischen Ulrike und mir gibt es klare Absprachen, wer wann für das Kind zuständig ist. Gibt es Verschiebungen aufgrund unserer Jobs – ich bin Industriedesigner, Ulrike ist Theaterwissenschaftlerin –, sprechen wir uns ab und regeln das flexibel. Im Gegensatz zu anderen temporär Erziehenden haben wir kaum Probleme damit. Von anderen höre ich oft, dass sie sich entweder nicht einigen können oder der Mann unzuverlässig ist. Ich bin zuverlässig. Ulrike kann sich immer auf mich verlassen. Will es der Zufall so, dass Ulrike und ich zeitgleich einen wichtigen und großen Auftrag bearbeiten müssen, springt meine Mutter ein. Sie reist aus Thüringen an und wohnt in dieser Zeit bei mir. Nicht in jedem Fall eine glükkliche Lösung, aber in jedem Fall besser als die Organisation verschiedener Schlaf- und Unterbringungsmöglichkeiten. Außerdem ist Hannah, wenn meine Mutter in Berlin ist, zu Hause und muss sich nicht wie auf der Durchreise fühlen. In den Jahren, als sie noch in den Kindergarten ging, hätte ich das nicht als so problematisch empfunden. Aber die Schule fordert viel Konzentration und Ruhe. Diese bekommt Hannah am besten zu Hause.

Es kommt oft vor, dass Hannah mehrere Wochen hintereinander bei mir wohnt. Ulrike ist viel unterwegs und nimmt oft Aufträge an Theatern oder für Filmproduktionen in anderen Städten an. Wenn sie wieder in Berlin, kann ich mich zurücklehnen oder intensiv arbeiten, weil Hannah dann längere Zeit bei Ulrike ist. Unser Modell hat sich bewährt. Ich empfehle es allen anderen Eltern, die sich in einer ähnlichen Situation befinden. Natürlich bedarf es detaillierter Absprachen und übereinstimmender Vorstellungen in der Erziehung. Sonst lässt man sein Kind nicht los und hat stets ein schlechtes Gewissen, wenn man es dem anderen Elternteil überlässt. Auch Ulrike und ich haben zwei oder drei Jahre gebraucht, um dahin zu kommen, wo wir jetzt sind. Anfänglich haben wir uns heftig gestritten, mitunter wegen banaler Kleinigkeiten: ob Leggings bequemer sind als Jeans, wie viel Schokolade ihr erlaubt wird, ob sie Fleisch essen darf oder nicht. Manchmal flogen die Fetzen, selbst im Beisein anderer. Einmal haben wir uns gestritten, weil Hannah eine Barbie geschenkt bekam. Ulrike plädierte dafür, dass Hannah die Puppe behalten darf, weil es ein Geschenk war. Ich bestand darauf, dass dieses platt-sexistische Monster auf den Müll fliegt. Wir stritten uns und Hannah stand heulend zwischen den Fronten.

Heute passiert uns so etwas nicht mehr. Vermutlich verbargen sich hinter solchen Streitereien anhaltende Verletzungen aus der Zeit, als wir noch zusammen, aber längst kein Paar mehr waren. Damals verbissen wir uns in pubertären Hahnenkämpfen, immer auf der Hut, selbst so wenig wie möglich abzubekommen und stets darauf bedacht, so viel wie möglich auszuteilen. Unsere einst tiefe Liebe war umgeschlagen in abgründigen Hass.

Als Hannah knapp zwei Jahre alt war, haben wir uns schließlich getrennt. Die einzige Lösung, um uns vor einem gegenseitigen Mord zu bewahren. Heute lachen wir über unsere Attacken von einst. Ich würde sogar behaupten, wir sind gute Freunde geworden. Keine, die sich Geheimnisse anvertrauen und zusammen in den Urlaub fahren. Aber immerhin reicht unsere Freundschaft so weit, dass Ulrikes aktueller Freund und ich mal ein Bier zusammen trinken. Wenn Ulrike länger unterwegs ist und ich an einem Tag nicht für Hannah da sein kann, springt Ulrikes Freund ein und holt Hannah bei mir ab. Es gibt keine Eifersucht und keine Besitzansprüche. Manchmal treffen wir uns zu dritt auf dem Spielplatz. Im Sommer und an den wärmeren Tagen im Frühjahr und Herbst will Hannah fast täglich auf den »Kolle«. So wird der Kollwitzplatz, wo sich der Spielplatz befindet, von den Berlinern kurz und bündig genannt. Ein Ort mit Geschichte. In der Mitte des Platzes prangt ein Denkmal der berühmten Malerin. Doch keines, vor dem man andächtig und vor Ergriffenheit zu Boden sinkt. Die Kinder klettern auf Käthe Kollwitz herum, Eltern lehnen am Sockel und rauchen oder schwatzen. Während die Kinder spielen, sitzen manche Mütter und Väter gegenüber in einem der zahlreichen Cafés. Am liebsten liege ich auf der Wiese und lasse mir die Sonne auf den Bauch scheinen. Auch wenn ich Hannah nicht betreue, strecke ich mich oft auf dem Rasen aus. Meist bleibe ich nicht lange allein. Auf dem »Kolle« kennen sich die meisten Eltern. Ohnehin ist der Kollwitz-Kiez ein eigenständiges Biotop, das dem eines kleinen Dorfes ähnelt: Jede Bewegung wird registriert.

Seit der Trennung von Ulrike lebe ich allein. Als Single würde ich mich nicht bezeichnen, ich habe immer mal wieder kurze oder mittelfristige Beziehungen. Mitunter sehr schöne Affären, an die ich mich gern erinnere. Aber keine war so prägend, dass ich deswegen mein Leben geändert hätte. Ich bin sehr anspruchsvoll, wenn es um Frauen geht. Viele mögen es als arrogant empfinden, aber ich kann mich nur für schlanke Frauen begeistern. Sie müssen keine Grazien und Gerten sein, aber doch einen gestreckten, sehnigen

Körper besitzen. Ich weiß, dass diesen Anspruch viele Männer haben und ihn sich eigentlich nicht leisten dürften. Weil ihnen selbst der Bierbauch über die Hose hängt, ihr Hintern breit gesessen und ihre Beine fleischig sind und von Krampfadern gezeichnet. Es mag erneut arrogant klingen, wenn ich behaupte, die Ästhetik, die ich verlange, drücke ich selbst aus: Ich bin drahtig und wiege kein Gramm zu viel, mein Körper ist durchtrainiert und athletisch.

Einmal hatte ich eine Freundin, mit der ich intellektuell gut zusammenpasste. Sie schleppte nur einen Fehler mit sich herum: mindestens fünf Kilo zu viel. Auf den Hüften, am Hintern, an den Oberschenkeln. Als ich sie kennen lernte, war ich fasziniert von ihrem Geist und ihrem flinken Hirn und sagte mir: Wenn es im Kopf stimmt, klappt es auch im Bett. Doch ich musste passen. Es ging nicht. Nach und nach verkrampfte ich, wenn ich sie dort berühren wollte und sollte, wo es mich fast anwiderte hinzufassen. Mich überfällt ein unangenehmer Schauer, wenn ich in weiches Fleisch greife, sich unter meinen Fingern Orangenhaut entrollt und ich Zellulitis in meinen Händen halte. Eine Bekannte bezeichnete mich mal als »Körperfaschisten«.

Zusammengezogen bin ich seit der Trennung von Ulrike mit keiner Frau. Einerseits wollte ich es nicht, andererseits hat es sich nicht ergeben. Seit Ulrike trat keine Frau mehr in mein Leben, mit der ich dieses auf engerem Raum teilen wollte. So, wie es ist, ist es gut. Ich genieße meine Ruhe und dass ich mich in meiner Wohnung ausbreiten kann, wie ich will. Niemand ist da, der sagt: »Räum doch mal deine Pullover zur Seite. Wie sieht denn das Bad schon wieder aus? Hier kann man ja nicht mehr treten.« Frauen haben eine schlechte Angewohnheit: Sie verstehen keine sortierte Unordnung. Schreibtische ohne Papierberge sind keine richtigen Schreibtische, Büros ohne Wirrwarr auf dem Fußboden keine Kreativagenturen. Bei mir sieht es oft aus wie auf einem Schlachtfeld. Ich arbeite viel zu Hause. Meine Wohnung ist unterteilt in einen privaten Teil und in einen Arbeitsbereich.

Andere Menschen mögen den Sinn ihres Daseins vorrangig in engen Beziehungen sehen. Ich fühle keinen Druck in mir, mich in absehbarer Zeit fester zu binden. So wie Frauen ab einem bestimmten Alter Torschlusspanik bekommen, wenn sie sich noch nicht reproduzieren konnten, quälen sich zahlreiche Männer durch schlaflose Nächte, weil sie die »Frau ihres Lebens« noch nicht getroffen haben. Kein Traum, der mir die Sternstunden um die Ohren haut. Um ehrlich zu sein, fühle ich mich in meiner gegenwärtigen Lebenskonstellation sogar wohler, als mit einer Frau unter einem Dach zu wohnen. Ich muss mich nicht einschränken und fülle meine Freiräume mit Dingen, die ich nicht rechtfertigen muss. Trotzdem verfüge ich über zahlreiche soziale Kontakte und kenne unendlich viele Frauen. Auf Sex verzichte ich nicht. Manchmal ist es mir geradezu peinlich, wenn ich mit einer Frau in meinem Lieblingscafé sitze und ständig gegrüßt werde. Oft von Männern, aber meistens von Frauen. Wegen einer neuen Bekanntschaft in ein anderes Café zu wechseln, erscheint mir zu müßig. Außerdem bin ich eitel genug, um meinen Bekanntheitsgrad nicht auch ein wenig zu genießen. Fast jeden Morgen nehme ich dort meinen Tee und esse mein Croissant. Wenn ich hereinkomme, brüht die Kellnerin ohne Bestellung den grünen Tee auf. Ich habe den Eindruck, dass sie mein Kommen bereits erwartet.

Vielleicht liegt mein Erfolg bei Frauen an meiner Aura und meinem Auftreten. Ich gehe fröhlich und entspannt durch den Tag, Freunde und Bekannte bewundern stets meinen Humor und mein ständiges Lächeln. Leben empfinde ich als leicht und schwebend. Zieht mal eine Wolke vor die Sonne, setze ich einiges daran, diesen beklagenswerten Zustand zu ändern. Das ist oft leichter, als die meisten glauben, und bedeutet auch nicht, ein Traumtänzer zu sein. Was braucht es schon, um glücklich zu sein? Ich sage: Nicht viel. Materielle Güter erleichtern das praktische Leben, aber machen sie das Glück aus? Es muss kein Mercedes sein, mir reicht ein Kleinwagen, der mich bis in die Uckermark oder an die Ostsee bringt. Ich besitze keinen Fernseher und nur eine billige Anlage. Ich gehe kaum essen und horte keine unerschwinglichen Delikatessen im Kühlschrank. Meine Devise: Weniger ist mehr.

Ich bin nie vordergründig auf der Suche nach einer neuen Partnerin. Vielmehr gehe ich pragmatisch an die Sache heran: Entweder sie läuft mir über den Weg oder nicht. Vielleicht ist das eine

Antwort auf die Frage, warum ich immer so entspannt wirke: Ich bin nie auf der Jagd. Wer krampfhaft sucht, dem ist das Bindungsbedürfnis anzusehen. Frustrierte Singles wirken neurotisch und gehetzt. Sie gieren nach fremdem Fleisch, jede neue Bekanntschaft wird nach partnerschaftlichen Möglichkeiten abgeklopft. Darüber kann man richtig krank werden. Vor solchen Auswüchsen menschlicher Schwächen konnte ich mich bislang bewahren.

In dieser gelösten »Verfassung« passierte eines Tages etwas sehr Schönes. Ich war mit meiner Tochter gerade auf dem Spielplatz. Sie tobte auf dem Klettergerüst herum, ich saß auf einer Bank und las Zeitung. Da wurde ich einer Frau gewahr und dachte: Die interessiert dich, mit der würdest du gern mal schlafen. Sie sah gut aus und wirkte athletisch und natürlich. Sie war mit ihrem Sohn auf dem Spielplatz. Ich hatte sie noch nie vorher hier gesehen. Die meisten Eltern kenne ich, und wenn nicht persönlich, dann zumindest vom Sehen. Sie war erst vor kurzem hierher gezogen, wie ich später erfuhr.

Als wir uns das erste Mal begegneten, dachte sie offensichtlich ähnlich wie ich. Zumindest konnte sie ein Interesse an meiner Person nicht verhehlen. Irgendwann begannen wir uns zu grüßen, selbst wenn wir uns nicht auf dem Spielplatz, sondern zufällig woanders trafen. Eines Tages sprach sie mich einfach an. Das war der Beginn einer wunderbaren Freundschaft.

Jana ist Schauspielerin, vier Jahre jünger als ich. Wie ich lebt sie getrennt und ist temporär allein erziehend. Zunächst nahmen die Kinder den größten Raum in unseren Gesprächen ein: Wie hoch darf das Taschengeld sein, welches ist die gesündeste Ernährung, wie wird Fieber am besten ohne chemische Keule bekämpft. All das, was Eltern untereinander besprechen, wenn es um ihren Nachwuchs geht. Allmählich entwickelte sich ein »freundschaftliches Bekanntschaftsverhältnis«.

Erstaunlicherweise war Jana keine von den abgehobenen Filmtussies, die nur mit einem reden, wenn man selbst »am Set« engagiert ist. Im Gegenteil, sie zeigte eine Natürlichkeit, die selten ist bei erfolgreichen Frauen, die in der Öffentlichkeit stehen. Es war diese angenehme Art von Anderssein, die mich von Anfang an angezogen hat. Sie mochte, glaube ich, von Anfang an meine Fröhlichkeit und meine spezielle Art von Humor, der mitunter sehr schwarz sein kann. Vermutlich habe ich sie auch mit meiner Uninteressiertheit an Publicity verblüfft. Als sie mir erzählte, dass sie Schauspielerin ist und in bekannten TV-Produktionen mitgewirkt hat, ließ mich das unbeeindruckt. Sie ist es gewohnt, dass alle Welt »A« und »O« schreit, sobald sie irgendwo auftaucht. Jana ist bekannt. Als meine Mutter und Jana sich kennen lernten, rutschte meiner Mutter nicht etwa ein »Guten Tag« heraus, sondern es kam wie aus der Pistole geschossen: »Sie kenne ich doch aus dem Fernsehen.«

Nur ich wusste nicht, wer sie ist. Ich habe keinen Fernseher und kenne ihre Filme nicht. Bis heute habe ich kaum einen gesehen. Ich bin kein Kultur- oder Filmmuffel, aber Fernsehen ist ein Medium, das mich nicht interessiert. Eher verschlinge ich alles Gedruckte, angefangen bei den Tageszeitungen über diverse Wochenblätter und Monatszeitschriften bis hin zu Fachlektüre. Vermutlich bin ich der einzige unter Janas Freunden, der nur an ihr als Frau und Freundin, aber nicht an der Schauspielerin interessiert ist.

Ebenso gelingt es ihr, mich immer wieder zu überraschen. Heute noch genauso wie damals, kurz nachdem wir uns kennen lernten. Als wir einmal zum Baden an einen See außerhalb der Stadt fuhren, packte sie eine Thermoskanne mit Kamillentee aus. Andere Frauen hätten vielleicht Milchkaffee oder Cappuccino mitgenommen. Was eben so im Trend liegt. Jana trank Tee, Kamillentee. In diesem Moment habe ich sie gefragt, ob sie mich heiraten wolle. So ironisch mein Satz gemeint war, so ehrlich war er auch. Ich hatte das Gefühl, wir stimmten in so vielen Dingen überein, die die Grundlage für eine harmonische, zufrieden stellende, erfüllende Beziehung bilden.

Sofort dachte ich darüber nach, ob sie das ähnlich empfindet. Aber mir wurde schnell klar, dass ich nicht der Typ bin, den sie hemmungslos begehrt. Dazu passe ich denn nun doch nicht in den Rahmen, den eine Schauspielerin um ihr Bild baut. Dazu bin ich viel zu wenig mit der Filmbranche verhaftet, dazu hege ich ein zu geringes Interesse für das ganze Drumherum. Mit mir kann sie sich nicht auf Premieren und Filmfestivals nicht sehen lassen, ich bin kein bekanntes Gesicht. Auf der Erfolgsleiter kann ich sie weder weiter nach oben hieven, noch sonst irgendwie »Kontakte« spielen lassen. Außerdem würde ich mich in Filmkreisen vermutlich immer danebenbenehmen. Ich bin bekannt dafür, kein Blatt vor den Mund zu nehmen und alles auszusprechen, was mir durch den Kopf geht. Diplomatie ist nicht meine große Stärke. Auf Banketten und Partys könnten die Fettnäpfe noch so groß sein, sie könnten sogar in meinem Blickfeld stehen – und ich würde dennoch mitten hineintappen. So einen kann Jana an ihrer Seite nicht gebrauchen.

Weil ich das rechtzeitig begriff, verliebte ich mich erst gar nicht in sie. Vielleicht hätte ich mich in sie verschossen, wenn mein Kopf versichert hätte: Da passt alles, und zwar auf beiden Seiten. Dass es nie dazu gekommen ist, habe ich nie bedauert. Ich habe mir die Situation verdeutlicht und danach mein Gefühl ausgerichtet. Das ist nicht schwer. Es bedarf nur eines starken Willens. Außerdem schützt es vor Enttäuschungen. Es werden doch immer nur diejenigen enttäuscht und verletzt, die von anderen etwas erwarten, was sie letztlich nicht bekommen. Insofern liegt die »Schuld« nicht beim »Sender«, der nicht das Erwartete gibt, sondern beim »Empfänger«, der nicht das Erwünschte bekommt. Aber nur, weil er es nicht vermochte, die Situation richtig einzuschätzen. Es ist immer die eigene Fehlleistung, die uns leiden lässt.

Jana und ich mögen uns, sehr sogar. Wir empfinden eine tiefe Achtung voreinander, aber von Liebe war nie die Rede. Und das ist gut so. So, wie sich unser Verhältnis schließlich entwickelte, hätte alles andere in einer Katastrophe geendet. Ich möchte nicht sagen, dass ich die jetzige Situation sogar als besser empfinde. Aber mir genügt, was geblieben ist. Ich fühle mich erfüllt und bestätigt. Wir sind füreinander da – wie man so schön sagt –, in guten und in schlechten Zeiten.

Wir teilen unseren Alltag und verbringen gemeinsame Urlaube. An den Wochenenden fahren wir oft in die Uckermark. Dort habe ich ein Haus, mitten in der Natur, weit und breit nichts als Wald, Felder und Wiesen. Ein herrliches Stück romantischer Natur. Die Kinder spielen, wir müssen keine Angst um sie haben und können sie sich selbst überlassen. Kindern heute bleibt zu wenig Freiraum, etwas ohne Beobachtung der Eltern zu tun. Mütter und Väter sind immer irgendwie anwesend, auch wenn sie nicht im Raum sind. Für die kindliche Entwicklung können Eltern mitunter ein Störfaktor sein. Auf meiner »Ranch« können Hannah und Konsti toben, auf Bäume klettern, sich im Wald verstecken. Sie entwickeln eine starke Nähe zur Natur. Für Stadtkinder unerlässliche Erlebnisse, wollen und sollen sie in einem »natürlichen« Lebensraum aufwachsen.

Auf diese Weise sehen wir uns mehrmals in der Woche. Wir kochen zusammen, mal in der einen, mal in der anderen Wohnung, und übernachten spontan dort, wo wir uns gerade befinden. Jana kennt sich in meinem Kühlschrank besser aus als ich. Beschließen wir zu kochen, weiß sie, was wir noch einkaufen müssen. Wir reden viel miteinander, besprechen unsere Tage, Vorhaben, Erfolge und Misserfolge. Füreinander sind wir Vertraute und Verbündete. Im Grunde genommen führen wir eine Beziehung, aber keine im herkömmlichen Sinne, sondern eine von zwei Menschen, die zusammen sind, aber nicht zusammen leben. Eine Zeit lang haben wir nicht nur unsere Betten miteinander geteilt, sondern auch zusammen geschlafen.

Das war nicht eingeplant, es hat sich eher zufällig ergeben. Wir waren an der Ostsee, ohne die Kinder. Spontan beschlossen wir an einem Freitagabend im Frühsommer, das Wochenende am Meer zu verbringen. Ohne Ziel und Unterkunft fuhren wir los und fanden ein kleines Häuschen auf dem Darß. Zu jener Zeit gab es viele freie Zimmer, die Saison hatte noch nicht begonnen. Es war eines jener windschiefen Häuschen, mit Ried gedeckt und blauen Fensterrahmen, die im Sommer durch Vermietung und Verpachtung ihren Jahresetat einfahren. Wir waren die einzigen Gäste, hatten freie Wahl und entschieden uns für ein Zimmer mit Fernseher. Die Sonne schien, die Luft war frisch und hinterließ einen leicht salzigen Geschmack auf der Zunge. Der Strand lud zum stundenlangen Spaziergang ein. Im Sommer, wenn die Strände vor dicht an dicht gelagertem weißen Fleisch zu bersten scheinen, ist mir das Meer ein Greuel. Aber einsame sandige Weite, die nur durch die Brandung gestört wird, fasziniert mich immer wieder. Der einzige Grund, nicht an der See zu leben, sind touristische Sommer.

Jenseits der Saison grüßen sich die Spaziergänger am Strand. Wir nickten hin und wieder älteren Paaren zu, die ihre Hunde oder ihre weißen Turnschuhe ausführten. In die Pension zurückgekehrt, langten wir durch das schäumende Meer aufgeputscht unsere Arme nacheinander, suchten unsere Münder die anderen Lippen. Im Hintergrund lief der Grad Prix de la Chanson. Die Musik nahmen wir nicht wahr, aber sie gab der Situation einen bizarren und skurrilen Anstrich. Noch nie zuvor hatte ich zu Schlagern gevögelt.

Ich genoss die andere Art von Nähe, die durch die Aufhebung der physischen Distanz entstand, ich versank in ihrem Leib und ihrer hitzigen Leidenschaft. Das Salz von unseren Zungen breitete sich auf unseren Körpern aus. Auf einem Floß aus Speichel schickte es sich selbst auf die Reise, um sich schließlich in den anderen Flüssigkeiten aufzulösen.

Meine Sinne schwanden für einen Moment, nur einen kurzen Augenblick, denn ein leicht mulmiges Gefühl behielt die Oberhand: Was, wenn tiefere Gefühle ins Spiel kommen, wenn Emotionen entstehen, die nicht vorgesehen sind? Kippt unsere Freundschaft, wenn das Wort »Liebe« fällt? Ich fragte mich das, obgleich ich Sex nicht mit Liebe gleichsetze und ohnehin wenig gefühlsduselig an den Fakt Liebe herangehe: Sie ist nichts anderes als eine biochemische Reaktion, die in der Regel völlig überbewertet wird. Die meisten Menschen bauschen leicht vorhandene Gefühle auf und reden sich etwas ein, das nicht vorhanden ist. Und machen sich damit abhängig: von Emotionen, anderen Personen, bestimmten Umständen. Wenn ich meine Theorie ausbreite, ernte ich oft den Vorwurf, ich würde mich damit nur selbst schützen wollen, das seien alles nur Ausreden. Mag sein, dass ich mich damit schützen will. Aber im Gegensatz zu anderen gelingt mir dieser Selbstschutz und ich bin emotional nicht angreifbar. Im Gegensatz zu anderen bin ich in der Lage, Emotionen zu abstrahieren. Mir gelingt es problemlos, mit Beziehungsgeschichten rational umzugehen – wie immer sie auch aussehen.

Der Drang, über mich und Jana nachzudenken, wich allerdings ohnehin recht schnell der Gewissheit, dass es ohnehin nicht gut gehen würde. Plötzlich sah ich Dinge, die mir vorher nicht in dieser extremen Form auffielen, und ich fragte mich: Willst du tatsächlich mit dieser Frau zusammenleben, bis du alt und grau bist? Willst du mit ihr alle künftigen Erlebnisse und Misserlebnisse teilen? Soll sie – neben deiner Tochter – der wichtigste Mensch in deinem weiteren Leben werden? Mich trieb nicht die Angst, andere Frauen zu verpassen, aber mich beschlichen Zweifel, dass Jana diejenige war, die mich fortan »begleiten« sollte. Hinzu kamen »Kleinigkeiten«: Wollte ich es wirklich ertragen, jeden Morgen neben einer Frau aufzuwachen, die sich, noch bevor sie die Augen aufschlägt, eine Zigarette in den Mundwinkel schiebt? Hielt ich ihre Verschwendungssucht aus und ihre manchmal arrogante Art selbstgerechter Zufriedenheit? In unserem »Freundschaftsverhältnis« stört mich das nicht. Bis zu unserer »Bettgeschichte« habe ich all diese Dinge nur marginal wahrgenommen. Man ist Menschen gegenüber automatisch toleranter, wenn man mit ihnen keine enge sexuelle Beziehung führt. Verschiebt sich ein Verhältnis hin zu mehr Verbindlichkeit und Verantwortlichkeit, ändern sich hier nicht selten Prioritäten.

Der Sex mit Jana war gut, aber trotz ihrer Anziehung, die sie noch immer auf mich ausübt, und ihrer Schönheit war es nur Sex. Sex übermannt mich nicht. So wie andere, die herumlaufen wie ein weidwundes Tier, wenn sie einmal einen bestimmten Frauenleib probiert haben und nur diesen einen präferieren. Das halte ich, wie gesagt, für gefährlich und selbstzerstörerisch.

Auf die Körperlichkeiten mit Jana kann ich ebenso gut verzichten. Auch aus einem weiteren Grund: Wir haben uns gut ergänzt, aber nicht hundertprozentig übereingestimmt. Ich bin ein ausdauernder Typ und habe Energie für die Ewigkeit, ich ziehe sinnliche Mußestunden kurzen Nummern vor. Jana wird unruhig, wenn sie sich all zu lange bei einer Tätigkeit aufhalten soll. Sie drängt es ständig weiter, zieht es voran. »Kann es nicht auch mal ein Quickie sein?«, forderte sie öfter. Sie braucht diesen kurzlebigen Kick, so wie ihr Leben und ihr Beruf auf Schnelligkeit und Treiben angelegt sind. Manchmal kommt sie mir wie ein rasantes Auto vor. Ich versuche ihr klar zu machen, dass sie getrost auch einmal ein Fahrrad oder eine Fußgängerin sein darf. Dass sie beim Schlendern nichts versäumt, sondern bestimmte Dinge am Wegesrand erkennen und pflücken kann.

Beim Vorbeifliegen kann sie sie nicht einmal erahnen. Aber Jana gibt nicht nur ein übermäßiges Tempo vor, ebenso wenig nimmt sie sich in ihrer Lautstärke zurück. Sie schreit den gesamten Hinterhof zusammen, wenn ihr danach ist, ohne Rücksicht darauf, ob die Fenster offen stehen, die Kinder im Nebenzimmer spielen oder jemand Zweifel an uns hegt. Manchmal befürchtete ich, im nächsten Moment verhaftet zu werden, weil die Front von gegenüber glaubt, ich vergewaltige eine Frau.

Ihre eigene Intonation der Topographie der Leidenschaft genügte ihr nicht, sie wollte auch mich schreien und stöhnen hören, über meine Lust ihre Sinnlichkeit spüren. Ich sollte den Mittler spielen, über den sie Zugang zu sich selbst fand. Die Rolle mochte ich nicht einnehmen, ich konnte ihr nicht alles bieten, wie sie es erwartete und einforderte. Im Gegensatz zu anderen Frauen, die dahin streben, dass sie »bedient« werden, verlangte Jana, dass ich mich weniger auf sie, sondern auf mich konzentriere. Darauf bin ich jedoch nicht »gepolt«. In erster Linie kümmere ich mich um die Frau, achte darauf, dass sie ihren Spaß hat und Erfüllung findet. Erst an zweiter Stelle geht es um mich. Ich versuche zu erfühlen, was die Frau mag, frage nach, ob es die richtige Stellung ist, ob ich mich stimulierend genug bewege und das, was ich gerade tue, inspirierend wirkt. Andere Männer sind egoistischer. Sie wuchten drauflos, ohne an die Frau zu denken, ihnen geht es nur um den eigenen Spaß. Wenn sie kommen, kommen sie. Ich halte meine Ejakulation so lange zurück, bis die Frau ihren Orgasmus hat.

Das alles interessierte Jana nur mäßig. Sie will genommen werden, oft auch härter. Im Bett will sie einen Egomanen, der sich nimmt, was er braucht. Der bin ich nicht und will es nicht sein. Emanzipierte Frauen stehen sich oft selbst im Weg und widersprechen ihren eigenen feministischen Grundsätzen: Sie wollen unabhängig und selbstständig sein, sich von keinem Mann etwas sagen lassen und weisen sie dauernd ab. Beim Sex aber wollen sie beherrscht, gegriffen und okkupiert werden, so als hätte es die Frauenbewegung nie gegeben.

Als Jana mir einen neuen Liebhaber vorstellte, beendete ich unser Verhältnis auf erotischen Abwegen. Ich sagte zu ihr: »Gut, dann lassen wir das mit dem Sex einfach. Ist ja nicht so schlimm.« Es machte mir wirklich nichts aus. Ich mache nicht solchen Wind um Sex wie andere. Sexualität ist für mich etwas von der Natur Gegebenes: Jeder hat sie, jeder erlebt sie, nur auf seine eigene Weise.

Wichtiger empfinde ich, was sicher hinter den Kulissen abspielt. Die meisten Männer kriegen einen Ständer, wenn ein geiler Rock an ihnen vorbeiläuft. Sex ist nur für Minuten gedacht. Ein gutes Gespräch hingegen dauert länger und bringt letztlich mehr Erfüllung. Vögeln kann jeder, reden nicht. Rhetorik muss gelernt werden. Und manche werden nie begreifen, wie wahre Kommunikation funktioniert.

Außer flüchtigen Begegnungen baut Sex nichts auf. Das ist mir zu wenig. Ich strebe Tiefgründigkeit an und vermeide, soweit es geht, Oberflächlichkeit. Klar höre ich auch gern den Satz: »Ich liebe es, mit dir zu schlafen!« Es bestätigt mich als Mann und als Liebhaber. Aber ich bin nicht davon abhängig wie andere Männer, die sich über ihren Trieb definieren. Männer, die ständig den Hengst spielen, ringen mir nur ein müdes Lächeln ab. Sex ist wichtig, aber nicht vordergründig, Sex ist nicht das Leben, sondern eine Bereicherung wie ein edles Gewürz in einem sättigenden Essen. Ich muss beim Sex in der B-Note keine Eins bekommen. Wenn eine Frau sagen würde: »Du bist scheiße im Bett«, würde ich zwar schlucken und mich fragen, was ich falsch gemacht habe. Aber ich würde mich nie deswegen in Frage stellen. Dazu ist der Kern, der meine innere Mitte ausmacht, viel zu fest. Ich fühle mich rundum wohl. Ich habe einen anspruchsvollen und erfüllenden Beruf und erledige meine Jobs gut, ich habe ein tolles Kind und ein ausgefülltes, friedvolles Leben. Für manche mag dies langweilig und kleingeistig klingen. Aber wozu all die Aufregung und der gesamte Aktionismus, wenn andere dadurch doch nicht glücklicher werden?

Ich bevorzuge kein Sforzato, sondern Sfumato, keine stark akzentuierte Vordergründigkeit, sondern die duftige Verschwommenheit der Subtilität. Wenn eine Frau spitzfindige Verführungstechniken beherrscht, animiert mich das stärker als angebrüllt zu werden. Ich kannte mal eine Frau, die war eine wahre Meisterin im Zurückweisen von Avancen, die sie sich später in doppelter Münze rückerstatten ließ. Vor Jahren war sie meine Geliebte. Wir sahen uns sporadisch, immer dann, wenn es unser Zeitbudget zuließ.

An eine Szene mit ihr erinnere ich mich besonders gern. Wir waren an der Nordsee, es stürmte, der Wind war kalt und rauh. Nach einem ausgiebigen Spaziergang durchs Watt suchten wir die umarmende Wärme der Dusche. Wir stiegen zusammen in die Kabine. Die heißen Wasserstrahlen auf unserer fast blau gefrorenen Haut, die Hitze, die sich von außen nach innen vorarbeitete, produzierte eine bizarre Erotik. Allein das rauschende Wasser genügte, um uns hochzupeitschen und mich heftiger als gewöhnlich fordern zu lassen. Doch sie wies mich ab, immer wieder. Es schmerzte, aber die Abwehr einer Frau akzeptiere ich. Als ich die Kabinentür zur Seite schob, um mich nicht weiter den Qualen auszusetzen, zog sie mich vorsichtig wieder hinein.

Solche Erlebnisse vergesse ich nicht. Aber ich jage ihnen nicht hinterher. Wenn ich entscheiden sollte zwischen einem Abend mit Jana und einem erotischen Strohfeuer, würde ich mich für Jana entscheiden. Verzicht auf Sex zugunsten der sozialen Beziehung.

Unser Verhältnis baut auf Vertrauen, Zuverlässigkeit, Harmonie und Spaß. Wir kümmern und sorgen uns umeinander. Jana bezeichnet mich als ihren »Wohlfühlpullover«. Nach ihm greift sie, wenn sie ihn braucht. Er liegt immer im Schrank, sorgsam zusammengefaltet. Normalerweise ist sie die typische Trägerin eines Gucci-Kostüms. Und wenn sie beim Schlendern durch die Einkaufspassage einen neuen, sündhaft teuren Fummel sieht, will sie auch diesen haben. Meistens bekommt sie alles, was sie will. Sobald aber die Saison vorbei ist, erinnert sie sich des kuschligen »Wohlfühlpullovers« und stülpt ihn sich über. Dann ist alles wieder gut. Natürlich kann man in diesem abgewrackten Teil nicht zum Filmfestival nach München fahren. Da muss Jil Sander mit oder Versace. Aber wenn sie nach Hause kommt, wartet das gute, alte Stück.

Andere mag es verletzen, wenn sie hören, dass ein nahestehender Mensch über einen spricht, als würde man nur dann gerufen, wenn man gebraucht wird und wenn es dem anderen schlecht geht. Mir macht das nichts aus. Im Gegenteil: Die Psychologie würde mich als den typischen Fall eines Charakters mit Helfer-Syndrom bezeichnen. Ein Freund behauptete mal, ich wäre ein »sozialer Callboy«: Wenn sie es verlange, sei ich da. Zumal sie mich öfter zum Essen einlädt oder mir Geschenke macht. Kurioserweise haftet einer solchen Beziehung automatisch ein Makel an, das Wort »Prostitution« bleibt nicht lange unausgesprochen. Aber Jana hat mich nie bezahlt, weder fürs Tränentrocknen noch für einen Orgasmus. Jana und ich pflegen kein Abhängigkeitsverhältnis, sondern eine bilaterale Beziehung. Ich bin auch nicht der kostenlose Baby-Sitter, den man kurzfristig anrufen kann, wenn sie keine Betreuung für ihren Sohn gefunden hat. Aus heiterem Himmel bekomme ich manchmal eine SMS: »Ich vermisse dich!« und »Du fehlst mir.« Oder ich komme nach Hause und es steht Bier in meinem Kühlschrank oder ein edler Rotwein auf dem Tisch. Einfach so, obwohl wir nicht verabredet waren.

Jana zählt zu den wichtigsten Personen in meinem Leben. Ich bin froh, dass unser sexuelles Intermezzo keine Wunden hinterließ, wie das vielfach bei intensiven Freundschaften passiert. Im Gegenteil: Vielleicht wurde unser Verhältnis dadurch noch näher. Ich schätze Jana als Freundin, als Mensch und nach wie vor als Frau. Wir reden über alles, insbesondere über unsere Liebhaber und Liebhaberinnen. Manchmal beschleicht mich das Gefühl, als sei unsere Beziehung wertvoller als die zu unseren Geliebten. Einmal lag Jana eine Woche lang im Krankenhaus. Das Klinikessen war miserabel und sie rief mich und nicht ihren Freund an, ob ich ihr einen Döner in die Charité bringen könnte. In solchen Momenten fühle ich mich nicht geehrt oder wertvoller, es ist eine unausgesprochene Selbstverständlichkeit, an ihrer Seite zu sein, wenn es ihr schlecht geht. Von ihr würde ich das Gleiche verlangen. Abgeholt werden wollte sie auch von mir.

Alt werden möchte ich mit ihr aber nicht. Weil mir dazu dann doch die eine oder andere Komponente fehlt. Aber ich bin froh, dass es Jana und diese Freundschaft gibt. Im Grunde leben wir eine moderne Form des Zusammenseins, die sich an den gesellschaftlichen Entwicklungen orientiert und nicht an tradierten, längst überholten Familienformen festhält. In den Feuilletons und auf den Sozialpolitik-Seiten der Tageszeitungen zerfetzen sich die Gesellschaftskritiker, wie künftige Lebensmodelle aussehen sollen und könnten. Die Ehe hat sich überholt, Single will aber auch niemand sein. Es ist wie mit der Schreibmaschine: Sie wurde vom Computer abgelöst, weil das moderne technische Gerät zahlreiche Vorteile birgt und diverse Erleichterungen mit sich bringt. Aber die Nutzung des Computer hat ihren Preis: Elektrosmog, Augenkrankheiten, Virenangriffe.

Unsere Gesellschaft wird zunehmend zu Einpersonenhaushalten tendieren. Schon jetzt leben 30 Prozent aller Menschen in den Großstädten allein. Spätestens seit der »Ausweitung der Kampfzone« und den »Elementarteilchen« des französischen Schriftstellers Michel Houellebecq befassen sich die Medien verstärkt mit Lebensformen, die die soziale Komponente beinhalten und Sex als »aushäusiges« Vergnügen ansehen. Houellebecq wird als nihilistisch und fatalistisch angesehen, aber er beschreibt lediglich den Zustand unserer Gesellschaft. An diesem kommen wir nicht vorbei, auch wenn wir den Kopf noch so weit in den Sand stecken. Nach dem Terroranschlag am 11. September in New York und Washington fühlten sich viele Frauen und Männer einsam und allein. Plötzlich bemerkten zahlreiche Alleinlebende, dass ihr so überaus positiv gepriesenes Single-Dasein in einem teuren Apartment mit einem Mal nichts mehr wert ist. Was zählt, ist die Gemeinschaft. Auch der Sänger Herbert Grönemeyer sagte unlängst in einem Interview – befragt nach dem kurz hintereinander erfolgten Tod seiner Frau und seines Bruders –, das Schlimmste sei, allein zu sterben. Davor kann man sich bewahren. Nur muss die Ehe nicht einzige Lösung dafür sein.

Ich lebe zwei Leben

Lilli S. (33 Jahre), Lektorin in Frankfurt am Main, hat einen Mann und einen Liebhaber

Eigentlich geht es mir gut. Ich habe alles, was sich eine Frau wünschen kann: einen verlässlichen Mann, eine bezaubernde Tochter, einen erfüllenden Beruf. Meine Familie und ich wohnen in einem großen Haus in einem Villenviertel am Stadtrand von Frankfurt am Main. Zwei Mal im Jahr fahren wir in den Urlaub. Durch meinen Job im Verlag bin ich ständig von interessanten Leuten umgeben. Ich treffe Schriftstellerinnen und Dichter, lese als eine der ersten ihre Manuskripte und bespreche mit ihnen, an welchen Stellen die Texte nachgebessert werden sollten. Viele Bücher, die über meinen Schreibtisch wanderten, sind Bestseller geworden. Häufig werde ich zu Ausstellungseröffnungen geladen, zu Empfängen gelockt und ins Kultusministerium gebeten. Ich sehe nicht schlecht aus und bin noch immer schlank. Mein Haut gleicht der einer 25-Jährigen, mein Haar ist voll und glänzend. Ja, es geht mir gut, ich fühle mich wohl. Wenn da nicht eine Sache wäre: Mein Leben ist auf einer Lüge aufgebaut.

Mein Mann ist nicht der einzige Mann in meinem Bett. Ich habe einen Liebhaber. Seit sechs Jahren. Jedes Mal, wenn wir uns sehen, nehme ich mir vor, unser Verhältnis zu beenden. Doch jedes Mal verlieren sich meine Versuche der Trennung im Nichts. Vielleicht hätte ich ihn nie wieder treffen sollen, damals, als es die Chance einer schmerzlosen Aufgabe dieses Verhältnisses gab. In jenen Tagen im Frühsommer, kurz nachdem unsere Geschichte ihren Anfang fand und wir noch nicht in den unentwirrbaren Verstrickungen komplizierter Verhältnisse eingebunden waren.

Mein Mann ist Mathematiker. Naturwissenschaftlern sind ein trockener Charakter und Humorlosigkeit angeboren. Im Laufe ihres Lebens verstärken sich ihre immanenten Züge und sie werden ihrer in der Regel stupiden Tätigkeit immer ähnlicher. So wie

Hunde und ihre Herrchen, die auf der Straße auf hundert Meter unschwer als Paar zu identifizieren sind. Hans leitet in einem kleinen Privatinstitut für Windkraftenergie die Forschungs- und Entwicklungsabteilung. Von morgens bis abends hockt er vor dem Computer und rechnet Lösungen für neue Technologien durch. Gehen sie auf, friemelt er im Labor an Konstruktionen aus Plastik, Metall, Drähten und kleinen Rotoren herum. Seit neun Jahren kennen wir uns, seit acht Jahren sind wir verheiratet. In dieser Zeit besuchte ich ihn einmal in seinem Institut. Normalerweise bekommt kein Fremder Zugang zu dem Gelände. Man benötigt besondere Papiere und Passierscheine mit genauen Minutenangaben. Das Institut ist gesichert wie amerikanische Flughäfen. Hans' Büro hinterließ bei mir einen chaotischen Eindruck. Das Bild überladener Schreibtische, verschmutzter Kaffeetassen und Teller mit knochentrockenen Kuchenkrümeln passte nicht zu meinem Mann und nicht zu meiner Vorstellung von wissenschaftlicher Arbeit. Er habe nie Zeit, Ordnung zu schaffen, entschuldigte sich Hans. Und die Putzkraft käme nur jeden zweiten Tag.

Sein Institut ist Hans heilig. Egal, was passiert, sein Job geht vor. Das verstehe ich. Ich brenne ebenfalls für meine Arbeit und schleppe oft kiloweise Papier mit nach Hause. Wenn ich in einen Text versunken bin, fällt es mir schwer, ihn einfach zur Seite zu legen und zum Alltag überzugehen. Die Figuren schwirren durch meinen Kopf und lassen mich nicht mehr los. Manchmal fesseln sie mich so stark, dass ich nicht mit Julia rede, wenn ich sie bei der Kinderfrau abhole. Julia ist jetzt fünf und wird täglich sechs Stunden von einer Frau betreut, die in ihrer Privatwohnung professionell eine Art Kleinkindergarten betreibt. Jeden Tag kommen drei Kinder zu ihr ins Haus, zwei Mädchen und ein Junge. Deren Eltern haben alle das gleiche Problem: einen Job, aber keinen Kitaplatz. Die ausgebildete Erzieherin spielt mit den Kleinen, kocht für sie, legt sie mittags schlafen. Eigens dafür hat sie ein Zimmer ausgeräumt und zum »Kinderzimmer« umfunktioniert. Für diesen Job musste die Frau bei der Verwaltung eine Art Gewerbeschein beantragen. Jetzt nennt sie sich soziale Unternehmerin. Ihren Dienst lässt sich die Frau nicht schlecht vergüten: Fast 1500 Mark zahlen wir monatlich für Julias

Betreuung. Die Aussicht auf einen »normalen« Kitaplatz ist in Frankfurt sehr gering. Während ich das alles erzähle, kommt mir dieser Teil meines Lebens unwirklich vor: sicher, wohlbehütet, eindeutig. Ich möchte diesen Teil festhalten und die Ordnung darin nicht zerstören. Auf das Leben in graden Bahnen bin ich angewiesen. Gerade jetzt. Denn da ist noch die andere Seite meiner Existenz: die exotische Liebe zu meinem Liebhaber. Sporadisch zerrt mich der Mann, den ich bedingungsloser liebe als meinen Ehemann, von der schnurgeraden Strecke ins heilige Dasein herunter und zeigt mir die Feuer, die am Wegesrand lodern. Ich wandle ständig auf einem schmalen Grat zwischen Verankerung und Absturz. Leben ist Gehen auf dem Drahtseil – alles andere ist Warten.

Meinen Mann Hans lernte ich bei einer Freundin kennen. Es war die sogenannte Liebe auf den ersten Blick. Meine Freundin hatte Geburtstag und gab eine laute, gut besuchte Party, die bereits am späten Mittag mit einem Brunch begann. Die Musik dröhnte, die Gäste lamentierten, der Sektvorrat schien unerschöpflich. Ein wirres und wildes Treiben, durchtränkt von der Bedeutungsschwere, die jungen Intellektuellen jedem ihrer Worte vorausgeht, die in jedem Fingerzeig steckt und mit jedem Kopfnicken untermauert wird. Heute nerven mich solche Partys und ich verlasse nach spätestens einer Stunde gelangweilt den Saal. Damals aber lebte ich inmitten dieser Wichtigkeit, durch sie wertete ich meine eigene Person auf. Ich stand am Anfang meiner Karriere und hielt Feste dieser Art für notwendig und fördernd. Wie alle Anwesenden. Nur einen schien das übertriebene Gehabe und demonstrierte frisch erworbene Uni-Wissen ziemlich kalt zu lassen. Hans saß in einer Ecke des Sofas, blickte gelangweilt in die Runde und verzog, wenn er »schlaue« Wortfetzen aufschnappte, spöttisch seine Mundwinkel. Das aufgeregte Geschnatter überschritt offensichtlich die Grenze des für ihn Erträglichen. Warum sitzt der eigentlich hier, wenn ihn die Party langweilte, fragte ich mich. Warum tut der so arrogant? Aber wenn er aufstehen und sich zur Tür hinausschleichen würde, fände ich es auch wieder schade, gestand ich mir im selben Moment ein. Dieser Mann, der sich von der üblichen Partybestückung abhob wie eine Scheibe Bündner-Fleisch von einer

Spar-Salami, weckte meine Neugier. Mich interessieren immer Menschen, die gegen den Strom schwimmen. All meine Männer und Liebhaber zeichnen sich durch eine inspirierende Art von Anderssein aus. Mit dem Mainstream laufen, das kann jeder. Doch bewusst gegen etwas zu steuern, und das zielgerichtet und begründet und nicht einfach aus einer Laune und Oppositionshaltung heraus, dazu bedarf es einigen Mutes.

Ich schlenderte zu Hans. Warum er allein säße, fragte ich. Er mag kein Smalltalkgesabbel und schon gar keine Menschen, die sich in den Vordergrund bugsieren und seidenes Halbwissen präsentieren. Ich amüsierte mich auf der Party zwar prächtig, aber in dem Moment erschien mir Hans weise und reif. Ihn umgab ein Hauch von überfliegender Abgeklärtheit. Den willst du kennen lernen, von dem willst du mehr wissen, klopfte mein Herz. Ob wir nicht gehen wollten, fragte ich. Wohin?, wollte er wissen. Zu mir, fiel meine Antwortet kurz und knapp aus. Den Rest des Tages und die gesamte Nacht hockten wir in meiner Küche und sparten an einer Flasche Prosecco. Als der Morgen dämmerte, bot ich ihm mein Bett an. Aber er mochte sich nicht in meine Decke kuscheln, lieber wollte er sich neben mich auf die Erde legen. Mir erschien der harte Schlafplatz als zu grausam. Außerdem drängte mich das unbändige Bedürfnis, ihn zu berühren und von ihm geküsst zu werden. Ich wagte nicht, ihn anzufassen, als er neben mir lag. Stunden stellte ich mich schlafend, aber mein Herz klopfte so laut, dass ich glaubte, das Pochen dringe wie durch ein Megaphon an seine Ohren. Die Schlaflosigkeit machte aus meinem Bett eine Folterkammer. Wahrscheinlich erging es ihm ähnlich. Als seine Finger zart und vorsichtig nach mir griffen, wurde mein Körper steif, kalter Schweiß schoss aus meinen Achseln. Ich kann nicht, zuckte ich zurück. Ich bin nicht geduscht, ich habe mir nicht die Zähne geputzt, ich dünste die Angst vor der Liebe aus. Seine Hände arbeiteten sich fordernd weiter vor, bis sie schließlich von mir Besitz ergriffen und ich ihn gewähren ließ. Ich hätte ihm alles gegeben in diesen Minuten, doch mein Unterleib schien taub, meine Glieder lahm. Ich wollte ihn fühlen, spüren, in mir aufnehmen, doch alles, was auf mich herniederprasselte, war ein flüchtiger Moment versteinerter Liebe.

Oft habe ich erlebt, dass das erste Mal völlig danebengeht, wenn alle Sinne auf Empfangen und Senden ausgerichtet sind, wenn sich der Körper vor Verlangen spannt und verholzt und jede Berührung gleichermaßen zur schmerzvollen Qual und zur feinsinnigen Verführung wird. Die Aufregung erlaubt nicht, die angestaute Spannung loszulassen. Sie umklammert die Erregung wie eine Mutter ihr Neugeborenes.

Jetzt hast du alles verpatzt –, ich fühlte, wie Angst meine Kehle füllte. Nach einem unruhigen und betretenen Espresso schob ich ihn zur Tür. Ich hätte heulen können. Ja, ich wollte diesen Mann. Er versprach Beständigkeit, Sicherheit und Souveränität. All das konnten meine bisherigen Freunde und Liebhaber mitnichten aufweisen. Stets umringte ich mich mit Musikern, Schauspielern, Lektoren, Literaten. Doch mit ihnen hatte ich kein Glück. Nach wenigen Wochen heftiger Leidenschaft entrannen sie mir wie einer geöffneten Wabe der Honig. Ich wollte endlich einmal ankommen und Ruhe finden, der Jagd nach Männern war der Reiz und Spaß längst abhanden gekommen. Mit Hans glaubte ich mein Glück zu riechen. Und nun das!

Zwei Tage später stand er vor meiner Tür. Mit allem hatte ich gerechnet, nur damit nicht. Wie ein unschuldiges Kind stupste er mich: »Warum hast du nicht angerufen?« Hans machte mich sprachlos. Ich war es gewohnt, dass sich »meine« Männer lange, quälende Tage gar nicht meldeten und ohnehin viel zu tun hatten. In den meisten Fällen war ich diejenige, die die Beziehungen mit Futter versorgte und regelmäßige Essenszeiten organisierte. Und plötzlich klopft da jemand an meine Tür, der mir das Zepter aus der Hand nimmt und meint, dass es so, wie es ist, gut ist. Der mir nach wenigen Wochen sagt, dass er mich liebt und mit mir leben will. Nach drei Monaten suchten wir eine gemeinsame Wohnung.

Meine Freundinnen erklärten mich für völlig verrückt und orientierungslos. Ohnehin hielten sie Hans nicht für den »richtigen« an meiner Seite. Als Lektorin bräuchte ich einen Künstler oder Dichter, aber doch keinen Naturwissenschaftler! Nur die Freundin, bei der ich Hans kennengelernt hatte, riet mir zu: »Hans, das ist was Solides.«

Wir fanden eine kleine Drei-Zimmer-Wohnung, etwas abseits vom Zentrum. Nordseite, etwas düster und kühl, dafür im fünften Stock, mit einem kleinen Balkon, der von der Küche abging. Bevor wir mit unseren Möbeln, Büchern und Aktenschränken einzogen, weihten wir die Zimmer ein. Jedes einzeln und jedes in einer besonderen Art. Im größten schliefen wir auf dem Boden miteinander, wir wählten die Mitte des Raumes. Er lag auf mir. Ohnehin mag ich die »stinknormale« Missionarsstellung am liebsten. In dieser Position bekomme ich am einfachsten und schnellsten einen Orgasmus. Ich muss beim Sex nicht »Basic Instinct« spielen, ich bin nicht Sharon Stone. Viele Stellungen sind für Frauen einfach ungeeignet, die Lust bleibt aus, weil die Stimulation fehlt. Nur geben es viele Frauen nicht zu.

Im zweiten Zimmer, in dem sich Hans einrichten wollte, machten wir es in seiner Lieblingshaltung: Ich saß auf ihm und wiegte mein Becken über seinen Lenden. Im letzten Zimmer, das meines werden sollte, stellten wir uns ans Fenster. Im Stehen gibt es zwischen uns immer Probleme. Hans ist fast einen Meter neunzig groß, ich messe gerade eins sechzig. Kopulationen im Stehen gelingen nur, wenn der Mann der Frau gerade bis zum Schulterblatt reicht. Oder er trägt sie auf Händen. Alles andere verkommt zum peinlichen Versuch, beim Sex besonders aberwitzig auszusehen.

Zwei Jahre ging es gut mit uns. 24 Monate voller Spaß, Aufregung und wildem Sex. Aber unbemerkt schlichen sich die beiden Damen Langeweile und Tristesse mit an unseren Tisch. Sie stopften sich die Münder voll und verschlangen alles, was sie auf ihre Teller füllen konnten. Hans fand offensichtlich großen Gefallen an ihnen und mästete sie. Er war für nichts mehr zu begeistern: kein Kino, keine Kneipe, keine Kultur. Er hockte nur noch zu Hause. Einmal hatten wir einige Tage hintereinander frei, es war Pfingsten. Ich freute mich wahnsinnig, die Stadt endlich mal wieder verlassen zu können. Die Arbeit im Verlag war anstrengend, als Paar benötigten wir dringend einen Tapetenwechsel. Ich ging davon aus, dass wir ein paar Sachen in den Kofferraum schmeißen und uns in irgendeiner kleinen Pension einmieten. Wie wir es oft taten, einfach so, spontan, egal wohin. Weil uns danach war. Mit Schwung und Vorfreude flog ich nach Hause. Hans schaute mich ungläubig an: »Wegfahren? Nee, das geht gar nicht. Ich habe eine Menge zu tun.« »Dann lass uns wenigstens ausgehen. Auf eine Party oder in die Kneipe oder einfach nur essen. Aber lass uns die Hütte verlassen«, bettelte ich. Hans blieb stur, ich setzte mich allein ins Auto und klingelte alle Freundinnen an, von denen ich nicht ganz sicher wusste, wie sie die freien Tage nutzen wollten. Aber alle waren weg. Ich fühlte mich um meine hart verdiente Freizeit betrogen. Plötzlich fiel mir eine Vernissage ein, für die ich eine Einladung erhalten, aber nicht in meinem Kalender notiert hatte, weil ich nicht hingehen wollte. Na gut, tröstete ich mich, dann eben eine Ausstellungseröffnung, so ist wenigstens der Abend nicht verschenkt.

Ein junger Fotograf stellte seine Bilder aus, die er in einem leer stehenden Fabrikgebäude aufgenommen hatte. Mit einem Weichzeichner hatte er die Motive verfremdet und ihnen auf diese Weise einen surrealen Charakter verliehen. Mich beeindruckten die Fotos nicht sonderlich. Diese Art zu inszenieren, ist weder neu noch selten. Aber mir gefiel der Mann. Es verkörperte jene Virilität, die mich bei Männern magisch anzieht: Feinheit in den Gesichtszügen, Sanftheit im Körper, Geschmeidigkeit in den Bewegungen. Eine sinnliche Kühle, und gleichzeitig eine demonstrierte Sexualität. Unnahbarkeit und Undurchsichtigkeit umgaben ihn. Er schien nicht konkret und nicht greifbar zu sein.

Die Vernissage war nicht gut besucht, ich stand allein an einem Pfeiler und betrachtete eines seiner Fotos. Er schlenderte zu mir herüber und stippste sein Sektglas gegen meines. Er war nur wenige Zentimeter größer als ich, sein dunkles Haar wuselte in seine Stirn. Wir redeten über seine Art Motive auszusuchen und Ideen technisch umzusetzen. Ich langweilte mich in der Galerie. Die Gewissheit jedoch, dass der Abend einen aufmunternden Ausklang finden würde, ließ mich ausharren. Schließlich landeten wir in einer Bar, einige Straßenzüge weiter. Bis morgens um sieben schütteten einige der Ausstellungsbesucher, vermutlich Freunde des Fotografen, der Fotograf selbst und ich Wein, Cocktails und Bier in uns hinein. Benjamin war, wie ich schließlich erfuhr, nicht nur Fotograf, sondern Allround-Künstler. Er malte, machte Musik und montierte Schrottkunst zusammen. Monumentale Gebilde aus Altmetall waren zu jener Zeit der letzte Schrei in der alternativen Kunstszene. Nur selten kann ich den Ergebnissen phantasievollen Zusammenschweißens etwas abgewinnen. Auch die Exponate von Benjamin hinterließen in mir keinen bleibenden Eindruck, ich konnte sie mir nicht erklären, sie erschienen mir bedeutungslos.

Während wir sprachen, gaben wir uns betont reserviert und distanziert. Aber in unseren Blicken lag bereits eine Ahnung, dass es nicht bei dieser einen Begegnung bleiben würde. Ich gab ihm meine Telefonnummer aus dem Verlag. Einige Tage später rief er an. Obwohl mein Kopf drängte, mich nicht auf eine Affäre einzulassen, sagte mein Gefühl etwas anderes. Noch am selben Abend trafen wir uns, tranken einen Anstandswein in dem Café in seinem Haus und verschwanden danach in seiner Wohnung.

Benjamin wohnte unter dem Dach und hatte alle Wände der Wohnung herausgerissen. Bis auf eine, die das Badezimmer abtrennte. Es war ein riesiger Raum, zugleich Küche, Schlafraum und Atelier. Das Dach war schräg und reichte bis an den Boden. Kein Platz für Fenster in der Seitenfront. Durch die Luken jedoch, die sich im First dicht an dicht reihten, drang genug Licht. Der Einfall der Sonnenstrahlen verlieh der Mansarde einen besonderen Glanz. Doch er hatte eine weitere Überraschung parat. »Komm mit«, führte er mich über die Haustreppe an den Rand des Himmels. Normalerweise ist es verboten, das Dach zu betreten, weil es keine Absperrungen besitzt. Aber Benjamin widersetzte sich diesem wie auch anderen Verboten, wenn sie ihm sinnlos erscheinen. Er breitete eine Decke aus, im gelb-roten Schein der untergehenden Sonne tranken wir Sekt, unser Blick fiel auf die Skyline von Frankfurt. Aus dieser Perspektive erschien mir die Stadt regelrecht romantisch. Die Höhe schien die Hektik und die Lautstärke geschluckt zu haben.

Er küsste mich, seine schmalen, aber kräftigen Lippen waren weich und feucht. Ein Schauer durchzuckte meinen Körper, meine Nackenhaare stellten sich auf, über meine Haut rieselte eine Wohligkeit, die ich bei den Berührungen von Hans bereits vermisste. In mir kämpfte es: Ich will nicht, ich darf nicht, ich bin verheiratet. Ich liebe meinen Mann. Aber ein Sog längst verebbter Sehnsucht, eine vergessene Gier ließen mich nicht aufhören. All meine körperlichen Sinne schrien nach Berührung, nach Erfüllung. In diesen Sekunden spürte ich, wie ausgehungert ich war. Hans und ich lebten in den vergangenen Wochen nebeneinander her, wir hatten lange nicht mehr miteinander geschlafen. Benjamins Hände in meinem Schoß, sein Mund auf meinem Bauch, seine Zunge in meinem Nabel, seine Haarspitzen auf meiner nackten Brust brachten mich um den Verstand. Die Erde unter mir erbebte, alle Flüssigkeiten in mir waren in Aufruhr und bahnten sich mit Druck einen Weg an die Luft.

Die Zerrissenheit in mir siegte, der Verstand bekämpfte erfolgreich das Gefühl. Unangekündigt stieß ich Benjamin von mir weg, zog mich an und ging. Mit einem schlechten Gewissen wollte ich weder leben noch vögeln. Ich darf diesen Mann nie wiedersehen, hämmerte es in meinem Schädel. Doch er ließ mir keine Chance. Zwei Tage später klingelte mein Telefon. Er verlangte eine Erklärung, zumindest einen Versuch des Begreiflichmachens, warum ich ihn wie ein Stück angestochenes Wild blutend liegen ließ. Obwohl ich mir vorgenommen hatte, auf all seine Angebote nicht einzugehen, mich auf keine Einladung einzulassen, seine Worte zurückzuweisen, zog es mich wie fiebernd zu ihm hin.

Die nächsten Male, die wir uns sahen, achtete ich streng darauf, dass wir uns an »neutralen« Orten trafen. Aber es war verhext: Mein Körper brannte, ich zitterte am ganzen Leib, meine Kehle schnürte sich zu. Ich stotterte und stammelte etwas zusammen, das nicht den geringsten Sinn ergab. Es war wie Sex ohne Sex, wie Berühren ohne Anfassen. Wenn sich seine Augen in meinen Pupillen versenkten, erwärmte sich mein Unterleib, ich hatte das Gefühl auszulaufen. Sein Blick schien mir durch meine Kleidung hindurch meine Haut zu versengen. Es drängte mich, ihn zu verschlingen, aber ich verbot es mir. Bis ich vor Verlangen fast platzte und meinem Sehnen nachgab. Das war der Beginn einer aussichtslosen Verstrickung.

Fortan war ich viel unterwegs. In jenen Wochen staunte ich über meine Kreativität im Erfinden von Ausreden. Mit Dienstberatungen und im Büro wartenden Manuskripten brauchte ich Hans erst gar nicht zu kommen. Dazu kannte er mich zu gut, als dass er diese

Vorhaben nicht durchschaut hätte. Einmal gab ich ein Essen mit dem Verlagsdirektor vor, ein anderes Mal eine Dienstfahrt mit der Abteilung, viele Male mussten Freundinnen herhalten. Einige waren eingeweiht und gewarnt, falls Hans anrufen würde, andere nicht.

Es war eine ekstatische und schlaflose Zeit. Benjamin und ich setzten uns oft in mein Auto und fuhren ziellos und wie blind durch die Straßen. Wir hielten irgendwann an und vollbrachten einen Quickie im Auto. Schneller Sex hebt die Stimmung. Und ist ideal für ungewöhnliche Orte. Einmal landeten wir unbemerkt im Rotlichtviertel von Frankfurt. Der einzige freie Parkplatz weit und breit. Nachdem wir erschöpft in die Polster sanken, bemerkten wir unseren Fauxpas. Nur wenige Zentimeter von der Autoscheibe entfernt wandelten Freier und Huren, auf der Suche nach Angebot und Nachfrage.

Manchmal kam ich erst morgens nach Hause, putzte mir die Zähne, zog mich um und stiefelte in den Verlag. Übermüdet, aber glücklich. Und mit einem Gefühl, das mich höher ansiedelte als meine Kollegen. Wie sie da in der Frühkonferenz so ausgeruht und wach vor sich hinplanten, Texte besprachen und neue Autoren planten, das rang mir lediglich ein müdes Lächeln ab. Was haben die nicht alles wieder versäumt in der letzten Nacht! Die haben ja gar keine Ahnung vom Leben, von der Wildheit, die dem Dasein erst den richtigen Geschmack gibt. Die kennen nur ihre Familie, das Verlagsgebäude und die neueste Taschenbuch-Ausgabe auf ihrem Bildschirm. Was sich im richtigen Leben abspielt, erfahren sie doch nur aus den Zeilen ihrer Autoren.

Viele Frauen mit Liebhaber behaupten, dass ihre Verhältnisse ihre Beziehungen und Ehen beleben würden, dass Schwung in eine eingetretene Langsamkeit käme. Und dass sie wieder Lust verspürten, mit ihren Männern zu schlafen. Die sexuelle Energie, die sie draußen sammelten, entfalte sich im eigenen Schlafzimmer in besonderer Weise. Ich habe immer darauf gewartet, dass dieses Phänomen auch auf Hans und mich abfärbt, dass die Sprühkraft, die einst von unseren Körpern ausging, erneut an Stärke gewinnt. Vergebens. Das Band zwischen uns schien zerrissen. Ich fühlte nichts mehr, wenn ich neben Hans im Bett lag, ich brannte nicht nach seinen Lenden, es züngelte nicht mal ein zartes Flämmchen. Nie aber wäre ich auf den Gedanken gekommen mich zu trennen. Dazu waren wir uns zu vertraut, zu sehr aneinander gewöhnt. Ich hielt an Hans fest.

Und verbrachte mit Benjamin meine Ferien. Schamlos log ich Hans an. Ich fahre mit Freunden weg, sagte ich. Das stimmte und stimmte wieder nicht. Die Freunde waren tatsächlich unterwegs, Benjamin und ich begleiteten sie ein Stück. Dann setzten wir uns ab. Eine Woche voller Seligkeit, Sinnlichkeit und Sex. Wir versprachen uns nie etwas oder verbalisierten, dass wir ein Paar sind. Natürlich wusste Benjamin von Hans, ich glaube, er ist ihm sogar ein oder zwei Mal begegnet. Ich wollte Benjamin nie besitzen, so wie ich Hans bekommen wollte. Benjamin genügte mir als Liebhaber. Mit ihm zu leben, hieße Chaos pur. Keine Regelmäßigkeiten, keine Sicherheiten, keinen Alltag, in dem auch Ruhe ihre Berechtigung findet. Benjamin ist Künstler, der das unstete Leben braucht wie die Luft zum Atmen. Ich begehre ihn, mich erfüllt seine Gegenwart, mein Leben aber möchte ich nicht mit ihm teilen. Dazu bin ich zu sehr das Bürgerkind.

Streng achteten Benjamin und ich darauf, dass nichts passierte. Keine Nummer ohne Kondom. Einmal trennten wir uns zu spät voneinander, Benjamin war erschlafft – und das Kondom weg. Wir durchwühlten das Bett, rissen das Laken hoch, die Kissen, krochen unter das Bett. »Du hast keins genommen«, bellte ich ihn an. »Natürlich, das hast du doch selbst gesehen«, wurde er wütend. »Aber es ist nicht mehr da.« »Vielleicht hängt es noch in dir?« Benjamin schob seine Nase und seine Finger in mich hinein. Noch vor wenigen Minuten wäre ich dabei explodiert, jetzt verkrampfte ich. Das erste Mal in meinem Leben glaubte ich an einen Zauber. »Es muss noch in mir drin stecken, wo soll es denn sonst sein«, jammerte ich. Ich ging auf die Toilette, um unbeobachtet in mir graben zu können. Ich hatte Recht. Das Kondom saß weit oben am Rande des Muttermundes. Mit meinem Fingernagel bekam ich es zu greifen und zuckelte es vorsichtig Stück für Stück heraus. Chirurgische Feinarbeit. Ich schwitzte und zitterte. In diesem Augenblick wurde mir klar: Jetzt bist du schwanger. Es war kein körperliches Wissen, auch keine mathematische Sicherheit, ausgezählt und berechnet hatte ich meinen Zyklus nie. Eine tiefe seelische Gewissheit breitete sich in mir aus, deren Ursprung ich bis heute nicht erklären kann. Gleichzeitig ergriff mich eine Panik, die das Schicksalspielen nicht mehr zu verhindern vermochte.

Ein Kind, um Gottes Willen jetzt kein Kind. Irgendwann ja, aber nicht zu diesem Zeitpunkt. Und schon gar nicht unter diesen Umständen.

Wie sollte ich das Hans erklären. Mit einem Mal fühlte ich mich schuldig und wollte alles wieder gutmachen. Was hätte ich darum gegeben, um mich von meinem schlechten Gewissen zu befreien und das Geschehene rückgängig zu machen.

Benjamin mochte ich für eine Weile nicht sehen, um Hans bemühte ich mich wie ein Teenie um einen angebeteten Star. Ich blieb zu Hause und kochte, ließ geduldig seine mathematischen Tiraden über mich ergehen und kuschelte mich an ihn. Wir schliefen miteinander, nach langer Zeit auch wieder lustvoll. Mein Verstand gab mir die Anweisung für mein Handeln. Ich habe mich nicht vorsätzlich in Hans' Arme gelegt, ich wollte das Kind in meinem Bauch nicht legitimieren. Vielmehr war es eine tiefe Sehnsucht nach dem Heil unserer Ehe, nach einer unschuldigen Unversehrtheit.

Wenige Woche später hielt mir meine Gynäkologin die Bestätigung meiner Befürchtungen weiß auf schwarz unter die Nase. Auf dem Ultraschallbild sah ich zwar nichts außer einer verschwommenen grauschwarzen Masse, in deren Mitte ein klitzekleiner weißer Punkt zu erkennen war. Es machte eher den Eindruck einer Masse Roter Grütze als Polaroid-Nachtaufnahme. Genauso gut hätte es eines von Benjamins Verfremdungsfotos sein können. Ich glaubte diesem Bild nicht, ich fühlte mich nicht schwanger. Doch meine Frauenärztin riet mir, »die Sache« nicht auf die leichte Schulter zu nehmen und gründlich zu überlegen: Ich könnte immer noch abtreiben. Doch ein Schwangerschaftsabbruch kam für mich nicht in Frage. Noch nie in meinem Leben war ich schwanger, bislang musste ich nicht darüber nachdenken, was wäre, wenn ... Vor dem Gespräch mit Hans drückte ich mich. Benjamin erzählte ich sofort davon. Er sah mich schweigend an, füllte sein Weinglas und zündete sich eine Zigarette an.

Hans umarmte mich, die Freude stand ihm im Gesicht. Ich weiß nicht, ob er von Benjamin und meinem Verhältnis zu ihm wusste. Gefragt hat er nie. Er hat die Zeit, in der ich öfter mit meinem Liebhaber als mit meinem Mann zusammen war, stillschweigend hingenommen. Vielleicht hat er verdrängt, was er vermutete, vielleicht hat er aber auch großzügig darüber hinweggesehen. Liebe habe mit Loslassen zu tun, predigte er stets. »Leben und leben lassen« war sein Motto. Manchmal glaubte ich allerdings Anzeichen zu erkennen, dass er sich nur kulant und ohne Eifersucht gab, weil er ahnte, mich auf anderem Wege zu verlieren. Menschen sind mitunter merkwürdig: Plötzlich ertragen sie Unerträgliches mit der Illusion eines glücklichen Endes.

Ich war völlig zerrissen. Schwanger und verheiratet zu sein, aber zu wissen, das die Frucht im Leib nicht vom Ehemann, sondern vom Liebhaber stammt, ist nichts, was man einer Frau wünschen kann. Ohnehin befinden sich schwangere Frauen in einem irrationalen Ausnahmezustand. Die Hormonumstellung bringt eine stärkere Emotionalität und Gereiztheit mit sich, die Frauen heulen ständig und sind zu nichts zu gebrauchen. Im besseren Falle können sie auch lachen und sich über die bevorstehende Lebensumstellung freuen. In meinem runder werdenden Bauch sah ich alles andere als Freude oder Glück. Der Bauch verhieß Zweifel, Schuldigkeit und Verrat. Und Karriereknick, Häuslichkeit und Eingesperrtsein. Ich sah mich mit gerissenen Brüsten, ausgeleierten Hüften und herunterhängenden Bauchfalten, tiefen Ringen unter den Augen und einer unendlichen Leere im Kopf. Andere können glücklich sein! Warum ich nicht?

Seelische Höllenqualen ertrage ich nicht lange. Linderung konnte nur ich selbst verschaffen. Rational redete ich mir zu, verordnete mir einen Automatismus in meinen Handlungen, eine Emotionslosigkeit, verschanzte mich zu Hause. Kam ich von der Arbeit nach Hause, legte ich mich aufs Bett und stand nicht mehr auf. Gegenüber Hans täuschte ich körperliche Ermattung vor. Gewiss, erschöpft war ich endlos, aber in meiner Seele. Ich ging nicht mehr aus, ich traf keine Freunde, ich sah Benjamin nicht. Warum ruft er nicht an, forderte ich seine Stimme ein.

Für Hans war die Situation wie geschaffen. Er blühte regelrecht auf und entdeckte die Hausfrau in sich. Tee aus selbst gesammelten Blüten und Saft aus frischen Früchten zu pressen, gehörten nun zu seinen Lieblingstätigkeiten. Er wollte, dass es mir gut geht. Vielleicht hat er intuitiv genau das Richtige getan. Ich genoss dieses Umsorgtsein sehr, sog seine Anwesenheit in mir auf – und verliebte mich neu. In meinen eigenen Mann. Vorsichtig und langsam, fast unbemerkt. Dass unsere Beziehung eine neue Qualität erreichte, verdeutlichte mir eine Dienstreise, die Hans von einem Tag zum anderen antrat. Für drei Wochen flog er nach Israel. Nach vier Tagen schien meine Sehnsucht unendlich groß. Ich hatte das Gefühl, dass ihm wesentliche Entwicklungsstadien desFötus durch seine Abwesenheit verloren gingen. Am liebsten hätte ich täglich mit ihm telefoniert.

Das Schönste an unserem neuen Verhältnis war, dass Hans seine Vorliebe für die besondere Erotik schwangerer Frauen entdeckte. Fast täglich schliefen wir miteinander. Eine Renaissance unserer Anfangszeit.

Nach und nach fand ich meine Mitte wieder und kam zur Ruhe. In den sechs Wochen vor der Entbindung blühte ich richtig auf. So gut ging es mir schon lange nicht mehr. Ich schlief bis Mittags, saß stundenlang in Cafés und las Zeitung, ging ins Kino und schlenderte durch Einkaufszentren auf der Jagd nach Babysachen. Jetzt sind wir auf dem Wege eine Familie zu werden. Ich war glücklich. Benjamin hatte ich nicht vergessen, er war nur ganz weit weggerückt. Wenn Hans über meinen Bauch strich, spürte ich nicht einmal eine Sinnestäuschung. Das Kind darin hätte ebenso gut von ihm sein können.

Dass Hans bei der Entbindung dabei ist, war für uns keine Frage. Obwohl er die Geburtsvorbereitungskurse mied wie die Pest, die ein Frauenzentrum anbot, war er begierig auf das Erlebnis der Geburt. Ich ging auch viel lieber allein zu den Kursen. Ich fand es albern, wenn Männer Hecheln und Auflegen salbender Hände übten. Die Männer, die ihre Frauen zu den Kursen begleiteten, kamen mir vor wie aus einer vergessenen Zeit. Und immer eine Nuance zu lila.

Mitten in der Nacht ging es los. Um drei, als die Schmerzen unerträglich wurden, weckte ich Hans. Im Kreißsaal sollte es nicht mehr lange dauern, mein Muttermund hatte sich ein erhebliches Stück geöffnet. Als das Köpfchen kam, lag ich auf dem Rücken und stützte mich mit den Ellenbogen auf. Über meinen aufgeblasenen Bauch konnte ich trotzdem nicht blicken. Die Schmerzen waren unerträglich, ich bewegte mich an der Grenze zur Bewusstlosigkeit. Im Unterbewusstsein aber war ich sauer, dass Hans mir immer einen Blick voraus war. Plötzlich jubelte er: »Es kommt, es kommt. Ich sehe schon den Kopf. Das Baby hat schwarze Locken.« Schwarze Locken? Ich bin blond, Hans ebenfalls, sogar mit einem leichten rötlichen Schimmer. »Ich mach' nicht mehr weiter. Ich gehe jetzt nach Hause«, schrie ich. Und heulte wie ein Schlosshund. Für den Arzt, die Hebamme und Hans waren meine Tränen sicher nichts weiter als ein Ausdruck unermesslicher Qualen. Eine Freundin pflegt immer zu sagen: »Jedes Mal, wenn eine Frau ein Kind zur Welt bringt, sollte ein Mann einen Ziegelstein scheißen.«

Spätestens in einer entspannten Sekunde nach den Strapazen der Geburt wäre ich selbst stutzig geworden über das Aussehen meiner Tochter. Aber ich wäre mit mir allein gewesen und hätte die Situation in der Hand gehabt. Doch der Schrei von Hans, dieser unerwartete Schlag ins Gesicht, lähmte mich für die nächste Zeit. Das Baby war der lebende Beweis für Benjamins Potenz. All die Jahre, seit Julia da ist, frage ich mich nun schon, ob Hans in dem Moment, als er das Unfassbare aussprach, überhaupt begriff, was er da sagte. Wenn ich in das unschuldige Gesicht von Julia blicke, sehe ich Benjamin. Seine weichen, aber charismatischen Züge, seine tiefen Augen, seinen schmalen Kopf. Und seine dunklen Locken. Seit kurzem erschrecke ich jedes Mal heftig, wenn Julia einen Stift in die Hand nimmt. Sie malt und schreibt nicht mit rechts. Benjamin ist Linkshänder. Berührt mich Hans in solchen Momenten der Versunkenheit, weil er mein verspanntes Gesicht bemerkt, zucke ich wie vom Stromschlag getroffen zusammen. Dann formen sich seine Hände zu Folterinstrumenten, die wie gehemmt-agressiv auf mich einprügeln. Wenige Tage, nachdem ich aus dem Krankenhaus entlassen wurde, schleppte ich mich mit dem Baby im Arm zu Benjamin. Unangekündigt. Er entwickelte Fotos und bastelte an neuartigen Verfremdungseffekten herum. Stumm drückte ich ihm das Bündel in seine Handschalen. Unfähig irgend etwas von uns zu geben, legten wir uns auf seine Matratze, das Baby zwischen uns. Unentwegt starrten wir an die Decke, als ahnten wir, dass jeder Blick, den wir zu schenken hatten, eine Lawine lostreten würde. Mit unabsehbaren und unwiderruflichen Folgen.

Danach haben wir uns zwei Jahre nicht gesehen. Meine Gedanken kreisten ohne Unterlass um mich, Julia, Benjamin und Hans. Ich betäubte mich mit Arbeit, selbst während des Erziehungsurlaubes. Wenn Julia schlief, las ich Manuskripte, die ich mir vom Verlag schicken ließ. In dieser Zeit förderte ich eine französische Lyrikerin, die Ende der neunziger Jahre einen Erfolg in Deutschland feierte. Ich stand nicht unter Druck, musste zu keiner bestimmten Zeit ein Manuskript gelesen haben und ein Urteil abgeben. »Die Kunst des Lebens besteht hauptsächlich im Verzicht auf Eile ...«, schrieb schon der Philosoph Vittorio de Sica. Der Spruch hängt an meinem Spiegel, jeden Tag fliege ich über Sicas Weisheiten.

Zufällig traf ich Benjamin wieder. Ich schob Julia im Buggy vor mir her, als mein Blick hinter die offen stehende Tür einer Kneipe fiel. An einem kleinen runden Tisch saß Benjamin. Neben ihm eine schöne Frau, mindestens zehn Jahre jünger als er. In einem Hochsitz strampelte ein etwa eineinhalbjähriges Kind, auf dem Boden lag eine Autobabyschale mit einem Neugeborenen. Mit klopfendem und erwartungsvollem Herzen trat ich an den Tisch. »Oh, Lilli, was suchst du denn hier?« Benjamin nestelte an einer Serviette herum, wischte mit seinem Handballen Brotkrümel vom Tisch. Seine Augen huschten zwischen mir und der jungen Frau hin und her. Seine Stimme blieb im Gegensatz zu meiner fest. Meine Kehle schnürte sich zu: »Ich wusste ja gar nicht, dass du inzwischen ...« »Bernadette, meine Frau, Luis und Leander, meine Kinder.« Ich muss wohl einen merkwürdigen Eindruck gemacht haben, als mein Blick von einem Kind zum anderen, zu seiner Frau und ihm und wieder zu den Kindern kreiste. Als ich schwanger war, hat er bereits die nächste angeknallt, dröhnte es in mir. Wie kann er so dreist sein? Wie konnte er es wagen, unsere Liebe so zu verraten? Oder war das zwischen uns nur ein Spiel, nichts weiter als eine Lüge? Habe ich mir die ganze Zeit über etwas vorgemacht? Wer ist hier eigentlich die Betrogene? Halbe Entschuldigungen stammelnd, schob ich Julia hinaus.

Vor der Kneipentür knickte ich zusammen. Ein Mann fing mich im Vorbeigehen auf und setzte mich auf eine Bank. Benjamin hatte das Schauspiel von einem Fenster aus gesehen und kam herausgerannt. »Lass uns reden, in Ruhe. Es gibt viel zu besprechen. Es ist alles so kompliziert.« Wie in Trance willigte ich ein. Ich wollte die Wahrheit wissen. Frauen wollen immer ergründen, was vor sich geht. Werden ihnen Antworten auf Fragen verweigert, bohren sie mitunter so lange, bis sie die Wahrheit erfahren.

»Du hast mir nie eine Chance gegeben«, sagte Benjamin später. »Du hast dich ohne ein Wort zurückgezogen, du hast dich nicht einmal von mir verabschiedet.« Er habe nicht gewusst, was los ist, die Zeit sei für ihn die Hölle gewesen. »Aber es war deine Entscheidung«, schob er hinterher. »Dagegen konnte ich nichts tun.« »So einfach machst du es dir?« fragte ich zurück. »Ist das alles, was Männer können: Entscheidungen von Frauen akzeptieren, die sie nicht bewusst getroffen haben?« Er ließ sich nicht beirren: »Hättest du etwas anderes gewollt? Hättest du deinen Hans verlassen? Hättest du dein geordnetes, bürgerliches Dasein aufgegeben, um mit mir zu leben? Im Chaos, in Unsicherheit?« Seine Worte trafen mich mitten ins Herz. Doch er hatte Recht. Um Hans und meine abgerundete, geklärte, geebnete Welt zu verlassen, war ich viel zu feige und zu wenig risikobereit. Außerdem ahnte ich instinktiv, dass wir uns zerfleischt hätten, wären Benjamin und ich näher zusammengerückt. Es ist erstaunlich, was wir erdulden, wenn wir bereit sind, uns zu belügen.

Dieses Treffen mit Benjamin kam der Erlösung nach quälenden Monaten gleich, stellte aber zugleich einen Neubeginn unseres Verhältnisses dar. War es die Bestätigung unserer Liebe oder allein die Gewissheit, dass er mich nicht »verlassen« hatte? War es einfach nur mein Gefühl, das all die Jahre über nicht erloschen war? Ich habe ihm alles verziehen, ich habe uns verziehen. Nur wenige Male brauchte es, die wir uns sahen, und es schien alles wie früher zu sein. Wenn wir uns sehen, treten wir jedes Mal eine neue Reise an, die in unseren Augen beginnt und in unseren Körperöffnungen endet. Manchmal sind es nur Minuten, die uns gegönnt sind, doch in diesen kurzen Momenten spiegelt sich die Ewigkeit. So vertraut wir uns sind, wir erfinden uns immer wieder neu.

Natürlich ist es schwieriger geworden, sich zu treffen. Unser Vorrat an Ausreden und Vorwänden wird nicht ewig reichen. Im Gegensatz zu Hans, der keinen Verdacht geschöpft hat oder wenigstens so tut, als wisse er von nichts, hat Benjamins Frau am Tage unserer ersten Begegnung gebohrt: »Ist das Kind von dir?« Benjamin verneinte wohl. Vielleicht ahnt sie etwas von unserem Verhältnis, vielleicht weiß sie es gewiss. Aber damit will ich mich nicht belasten. Das mag gefühlskalt und egoistisch klingen, vielleicht ist es das auch. Aber die Situation von Benjamin, seiner Frau und den Kindern geht mich nichts an, das ist seine Privatangelegenheit. Ebenso ist meine Familie meine Privatsache. Darin hat Benjamin nichts zu suchen.

Ich lebe zwei Leben: eines mit Hans, unserer Kleinfamilie und meinem Job, und das andere, das mit Benjamin und den ganz besonderen Stunden. Hans ist ein liebevoller Vater. Obwohl er eher mit seinem Institut fremdgehen würde als mit einer anderen Frau, hat er sich auf die Bedürfnisse der Familie eingestellt. Anders würde es nicht gehen. Sonst müsste ich aufhören zu arbeiten. Doch das kann Hans nicht von mir verlangen. Er tut es auch nicht. Nie könnte ich es übers Herz bringen, ihn seiner Tochter zu berauben. Ebenso wenig schaffte ich es, ihn zu verlassen. Ich weiß nicht, ob es Liebe ist. Ich brauche ihn als Vertrauten, Ehemann, Vater, Freund und – neben Benjamin – wichtigsten Menschen in meinem Leben. Hans erzähle ich alles, nichts bleibt ihm verborgen. Ich will ihn nicht verlieren.

Benjamin liebe ich. Anders als Hans. Ihn begehre ich, mit Haut und Haaren. Als beginne der Boden unter mir zu schweben, fühle ich mich, wenn ich ihm begegne. Manchmal treffen wir uns mit den Kindern. Dann haben wir Mühe, unsere begierigen Münder und Hände einander nicht zu nah kommen zu lassen. Ich weiß nicht, wie lange ich das noch durchhalte. Ich weiß nicht, ob Benjamin und ich eine Zukunft hätten, ob wir überhaupt je eine hatten. Ich weiß nicht, ob ich mit Hans bis ans Ende unserer Tage zusammenbleiben werde. Im Moment weiß ich ohnehin nichts. Nur eines: Die Liebe ist ein einziger Trugschluss. Aber mit Blindheit ist fast alles zu ertragen.

Wir sind beim anderen angekommen und wollen bleiben

Hannah C. (33 Jahre) und Matthias F. (36 Jahre) haben sich nach persönlichen Krisen getroffen

Hannah: Nie hätte ich geglaubt, dass mir so etwas wie Matthias noch einmal passiert, dass es mir überhaupt passiert. Matthias macht mich glücklich und gibt mir Dinge, nach denen ich mich immer gesehnt habe. Bei ihm fühle ich mich zu Hause und aufgehoben. Ich bin ein ernsthafter Mensch, mit einer starken Neigung zur Melancholie. Ich war viel allein, auch einsam. Oft fanden meine Sehnsüchte keinen Halt und flogen ins Nichts. Erst Matthias fing sie auf und gab ihnen eine Form. Mit ihm kann ich alle Seiten in mir ausleben: meinen Humor und meine Lebendigkeit und eben meine Melancholie. Meine fröhliche Seite ist genauso stark wie meine traurige. Wenngleich ich selten zum Übermut und zur Übertreibung neige, sondern meist in meiner Gefühlswelt statt in Exzessen lebe. Intensiv und kräftig.

Das Leben hat mich nie verwöhnt. Ich wollte immer studieren, aber ich durfte kein Abitur machen. Die politische Einstellung meiner Eltern traf sich nicht mit der des Staates. Wir wohnten damals in Neubrandenburg, einer mittleren Stadt im Norden der ehemaligen DDR. Meine Eltern waren mitnichten Dissidenten oder Provokateure, aber allein die Tatsache, dass sie sagten, was sie dachten und damit den Staat kritisierten, genügte, mich von Bildung auszuschließen. Mit 13 stand mein Entschluss fest: Ich will in den Westen. Fortan kreisten meine Gedanken um diese Idee. Ich lebte weder hier noch dort. Ich bewegte mich im Niemandsland, hatte keinen Boden unter den Füßen und fühlte mich völlig zerrissen. Als ich ein Jahr vor dem Mauerfall schließlich nach Westberlin ausreiste, nahm ich es in Kauf, mich von meinem damaligen Freund zu trennen. Er war meine Jugendliebe und wichtig für mich. Wir waren zusammen, seit ich fünfzehn war. Ich mochte ihn sehr, aber die Ausreise war mir wichtiger als alles andere. Der Beziehungsbruch tat weh, aber ich konnte und wollte nicht anders. Unsere Zeit war schön und sinnlich, aber immer spannungsgeladen. Mein Wunsch, das Land zu verlassen, schwebte wie ein Damoklesschwert über uns. Das Wissen, keine gemeinsame Zukunft zu haben, prägte unsere Beziehung.

Die Ankunft in Westberlin war traumatisch. Ich hatte mir alles anders vorgestellt. Kein Paradies, das schleckt und schlemmert, nein, mir schwebte ein freies Land vor, in dem sich jeder entfalten und entwickeln kann, wie es ihm vorschwebt, ohne Reglementierungen und Beschneidungen – eben anders als die DDR war. Mich empfingen Verhöre und Kontrollen, Untersuchungen und erneute Befragungen. Der BND ist ja wie die Stasi, dachte ich. Ich wollte nicht bleiben, aber auch nicht zurück. Mir fehlten meine Freunde und meine Familie. In meiner Ohnmacht wollte ich eine Freundin in Frankfurt/Oder besuchen. An der Grenze wurde ich abgewiesen. Ich war enttäuscht und entsetzt zugleich. Ein Zeichen für meine Naivität. So stürzte ich in meine erste Lebenskrise.

Matthias: Zunächst sah ich den Hund, erst danach die Frau, die dazu gehörte. Ich fand sie interessant und schön. Aber sie bemerkte mich nicht. Sie schien irgendwo zu sein, nur nicht an dem Ort, an dem wir uns gerade befanden. Sie strahlte etwas Unnahbares aus, etwas, das mir zuflüsterte: Sei umsichtig und vorsichtig mit ihr! Aber auch: Sie interessiert dich! Sie zieht dich an!

Hannah: Meine Großmutter, bei der ich aufwuchs, war gerade gestorben. Neben meiner Trauer beschäftigte mich die Frage, wohin mit all den vielen alten Möbeln aus ihrer Wohnung. Ich liebte die Schränke, Kommoden und Tische, wie ich meine Oma geliebt hatte. Ich konnte sie nicht einfach weggeben. Ein Freund schlug vor, sie vorübergehend bei sich unterzustellen. Nun sah ich fremde Menschen, die auf Großmutters Stühlen saßen ...

Matthias: Auch wenn Hannah nicht so traurig gewesen wäre, hätte ich nicht gewusst, wie ich mich ihr nähern sollte. Seit knapp drei Jahren lebte ich als Single und hatte fast verlernt, wie man an eine Frau herankommt. Damals brauchte ich keine Freundin und keine Liebhaberin. Ich wollte auch keine. Ich hatte genug mit mir selbst zu tun: Da war die Trennung von meiner Frau und meinen beiden Kindern, mein großer Freundeskreis forderte mich ein, ich wollte mir endlich die Zeit für mein Hobby, die Fotografie, nehmen, die ich in meiner Ehe nicht hatte. In meiner Ehe hatte ich schlecht für mich gesorgt.

Meine Frau trennte sich nach einer Urlaubsaffäre von mir. Sie wolle sich selbst verwirklichen, war ihre Antwort auf meine Frage nach der Trennungsursache. Den wahren Grund werde ich wohl nie erfahren. Einige Monate vor der Trennung spürten wir beide, dass unsere Ehe nicht mehr stimmte. Meine Frau flüchtete sich in eine Esoterik-Welt, in der sie heute noch lebt. Für mich ein Zeichen, dass sie mit der gesamten Lebenssituation unzufrieden war. Ich stellte Fragen, bekam aber keine Antworten. Ich selbst fand keine. Ein Vierteljahr vor dem Bruch zogen wir in eine WG: zwei schwule Männer und wir als Paar mit unserer vierjährigen Tochter. Heute ist sie acht. Die beiden Männer waren Freunde von uns. Der Umzug in die WG war der bewusste Versuch, unsere Ehe zu retten. In der neuen Lebensform suchten wir einen Energieschub für unsere Beziehung, eine Wiederbelebung vergessener Gefühle. Eine Wohngemeinschaft, dazu mit zwei schwulen Männern, erweitert das Lebenskonzept, hofften wir. Wir brachen aus unserer bürgerlichen Welt mit Ehe-Wohnung aus und betraten neue Räume. Durch die WG waren wir nicht ausschließlich auf uns als Paar konzentriert, sondern öffneten uns auch für andere Menschen in unmittelbarer Nähe. Aus dem engen Partnerleben sollte ein distanzierteres Mitbewohner-Dasein werden. Außerdem wollten wir das Angenehme mit dem Praktischen verbinden. Meine Frau studierte noch, und wir setzten durch die WG auf Erleichterung bei der Kinderbetreuung. Doch unsere Bemühungen fruchteten nicht, wenige Wochen nach dem Umzug gaben wir uns geschlagen und gestanden uns ein, kein Paar mehr zu sein. Zu allem Unglück »beschenkten« wir uns noch einmal: Wir zeugten unseren Sohn. Heute ist er vier.

Lange Zeit litt ich sehr unter der Trennung. Alles in mir war aufgewühlt und durcheinander. Da ich von meiner Frau keine Antworten auf meine Fragen bekam, suchte ich selbst nach Erklärungen. Ich wollte verstehen, was passierte, wollte begreifen, wie wir funktionierten und was wir »falsch« machten. Vor allem wollte und will ich den Kindern eine Antwort geben können, wenn sie später einmal fragen sollten, was geschah. Sie haben ein Recht darauf zu erfahren, warum ihre Eltern nicht mehr zusammen sind. Mit seinen Kindern muss man ins Gespräch kommen, sollte ihnen seine und ihre Geschichte erzählen und erklären können, wenn sie danach fragen. Das ist wichtig für die Beziehung zwischen Eltern und Kindern. Wenn die Auseinandersetzung mit den Kindern ausbleibt, geht viel verloren. Für alle Seiten.

In die Zeit der Trennung fiel ein Erlebnis, das mich lange festhielt und stark beschäftigte. Es prägte mich und mein weiteres Verhalten, ich rutschte in eine Lebenskrise. Ich arbeitete als Sozialpädagoge und betreute eine Wohngemeinschaft mit Jugendlichen, die nicht zu Hause leben wollten oder konnten. Es war Urlaubszeit. Wir fuhren mit zwei Autos in die Berge, die bis unter das Dach vollgepackt waren. Ruck- und Schlafsäcke, Zelte und Verpflegung hatten wir gut verschnürt. Im ersten Wagen saßen vier Jugendliche, im zweiten ich und drei weitere Jungs. Wir waren gut gelaunt und freuten uns auf die Ferien. Die Landstraße war wenig befahren und flirrte im Sonnenlicht, links und rechts unseres Weges breiteten sich Felder in der Hitze aus, den Straßenrand säumte eine Baumallee. Unsere Gedanken hingen bereits am Urlaubsort. Dann passierte es: Der Passat vor mir raste plötzlich mit 110 frontal gegen einen Baum am Straßenrand. Es krachte laut und kurz, dann trat eine beängstigende Stille ein. Ich bremste, brachte das Auto kurz hinter dem Unfallwagen zum Stehen, riss meine Fahrertür auf und rannte nach vorn. Der Anblick im Inneren des Wagens verschlug mir die Sprache. Alles war voller Blut, Glas und zertrümmerter Metallteile, die Jungs hingen bewusstlos im Autowrack. Eine Stunde versuchten die anderen Jugendlichen und ich irgendetwas zu tun, wie gelähmt lagen wir im Straßengraben und wollten den Verletzten helfen. Bis endlich der Rettungswagen kam. Einer der Jungs war lebensbedrohlich verletzt, die anderen schwer. Es dauerte Monate, bis die vier wieder einigermaßen fit waren. Das Erschreckende – neben der Tragik des Ereignisses an sich – war die Reaktion der anderen Autofahrer. Wir hockten im Graben bei den Schwerverletzten und oben auf der Straße lief der Verkehr weiter, als wäre nichts geschehen. Als ginge es die anderen nichts an, dass da unten vielleicht Menschen jämmerlich krepieren. Niemand hielt an und fragte, ob er behilflich sein könnte. Niemand bot an, zum nächsten Telefon zu rasen. Da begriff ich schmerzhaft, dass man völlig allein ist auf der Welt ist, egal, was passiert. Dass niemand da sein wird, wenn es einem richtig dreckig geht. Mein Weltbild stürzte zwar nicht vollends zusammen, aber es wurde erheblich erschüttert. Mit einem Mal sah ich die Welt mit anderen Augen.

Eigentlich bin ich ein lebensfroher Mensch, ein »Hansdampf in alles Gassen«, ich nehme das Leben in allen seinen Bandbreiten mit, sauge es auf und wandle es in Energie um, die ich dem Dasein in potenzierter Form zurückgebe. Ich versuche einfach zu leben. Gleichwohl bin ich nachdenklich und nach innen gekehrt, zuweilen zurückhaltend und schüchtern. Nach dem Unfall verkroch sich meine Leichtigkeit des Seins und verfiel in einen Winterschlaf. Meine Frau hielt nach dem tragischen Ereignis zu mir, aber uns als Paar half das nicht. Unsere Beziehung bäumte sich ein letztes Mal erfolgreich gegen ihren Verfall auf, ihr Ende indes konnte unser Schulterschluss nicht aufhalten.

Wir verstanden uns nicht und redeten aneinander vorbei. Damals, als wir uns kennen lernten, hätten wir es bei einer Affäre belassen sollen. Unsere Anziehung fußte stark auf einer körperlichen Attraktivität, einem Bedürfnis, sich im anderen zu schützen und geborgen zu fühlen. Für einer längere Beziehung reicht das nicht. Mit Hannah ist es jetzt anders. Wir sind seelenverwandt. Und: Wir reden darüber, was unsere Seelen bewegt und nehmen Anteil.

Hannah: Matthias versteht mich, auch ohne dass ich ihm erkläre, was gerade passiert: um mich herum, um uns herum, in mir. Durch seine Erlebnisse hat er ein Gespür dafür, was andere Menschen denken, fühlen, sehnen. Er ist wach für andere und von einer beachtlichen Klarheit geprägt. Er begreift mich durch und durch, bis hin zu meinen Depressionen und Suizidgedanken. Ich könnte nie mit einem Menschen zusammen sein, dessen schlimmstes Erlebnis es ist, den Bus verpasst zu haben. Jemand, der an der Oberfläche herumkratzt, wird es nie vermögen, in mein Innerstes vorzudringen. Wer mindestens einmal seine Existenz zerborsten und zertrümmert vor sich liegen sah, weiß, wovon ich spreche. Ich stand nicht nur einmal vor einem Neubeginn. Einmal brannte meine Wohnung fast bis auf ihre Grundmauern ab. Ich schlief und kam gerade noch mit dem Leben davon. Alles zerfiel zu Asche: meine Möbel, meine Kleider, meine persönlichen Habseligkeiten, meine Erinnerungen. Von einer Minute zur anderen besaß ich nichts mehr als das, was ich auf dem Leib trug: ein Nachthemd. Ich war nicht versichert und wurde völlig aus der Bahn geworfen. Wo und wie sollte ich weiterleben? Wovon? Ich hatte nichts mehr. Der materielle Verlust ist eine Seite des Brandes, eine andere die seelische Einbuße. Ich fühlte mich wie ein Alien und hatte das Gefühl, mich versteht niemand. Man muss sehr stark sein, um sich von einem solchen Erlebnis zu erholen. Wird einem alles genommen, ist es so, als ob man nackt, ein Nichts ist, einer der nichts hat und nichts ist. Auch wenn man rational weiß, dass das nicht stimmt, läuft emotional ein anderer Film ab, in dem das negative Gefühl überwiegt. Noch heute teile ich Menschen in Gruppen, die ähnliche Erlebnisse hatten und in solche, die noch nie vom Schicksal getreten worden sind. Stell dir vor, du kommst nach einem gewöhnlichen Arbeitstag nach Hause und plötzlich ist nichts mehr so, wie es war. Das kann äußerst destruktiv und vernichtend sein.

Matthias: Mit Hannah bin ich am Ziel meiner Träume und Sehnsüchte. Das mag sich völlig kitschig und überzogen anhören, aber sie ist die erste Frau, die meine Wunschvorstellungen vollständig realisiert. Es stimmt im Kopf und im Herzen, im Bauch und am Schwanz. Mit ihr betrete ich Bereiche, die mir bislang verborgen geblieben waren. Wir teilen eine gemeinsame Lebenslust und träumen ähnliche Träume, sind aber auch durch unsere Lebenskrisen miteinander verbunden. Ich bin bei ihr angekommen und möchte bei ihr bleiben.

Hannah: Männer spielten in meiner Familie vor allem negative Rollen. Sowohl meine Großmutter als auch meine Mutter zogen ihre Kinder allein groß und waren auf sich gestellt. Männer besetzten Leerstellen und hinterließen Tränen und Schmerz. Eine solche

Prägung aus den Kindertagen legt man im Partnerverhalten nicht so leicht ab. Während meiner ersten tiefen Lebenskrise nach der Ankunft in Westberlin belegte ich einen Französisch-Kurs an der Volkshochschule. Dort lernte ich einen Amerikaner kennen, der über zehn Jahre älter war als ich und mit dem ich mich gut verstand. Uns verband die Sehnsucht, woanders sein zu wollen: Mich zog es nach Amerika, er wollte in Deutschland bleiben. Aber er besaß kein Dauervisum und ich hätte ohne einen »amerikanischen« Grund nicht sofort in den Staaten studieren können, sondern drei Jahre warten müssen. Wir beschlossen zu heiraten und verschafften uns auf diese Weise die notwendigen Papiere und Legitimationen. Aber damit nicht genug: Zusammen zogen wir in eine Ein Zimmer-Wohnung und begaben uns dadurch, ohne es zu wissen, aufs Glatteis. Wir begehrten uns nicht, wie Liebende nacheinander verlangen, aber wir liebten uns. Aus der Gewissheit heraus, einen Traum zu teilen, und aus der Sehnsucht heraus, im anderen einen Halt zu finden. Wir klammerten uns am anderen fest und bemerkten nicht, wie wir uns erdrückten. In den wenigen Quadratmetern knallten wir aufeinander und scheiterten am Alltag. Wie heißt es doch so schön: Nähe schafft Distanz, Distanz schafft Nähe.

Nach drei Monaten ließen wir uns scheiden. Nach der Trennung vermieden wir ein Jahr lang jeden Kontakt. Jetzt treffen wir uns in unregelmäßigen Abständen, unsere Verbindung ist sehr lose. Damals ging er nach New York zurück, lebt aber jetzt wieder in Deutschland. Nach der Scheidung war ich erleichtert. Ich war einer Selbstzerfleischung mit tödlichem Ausgang entronnen und dankbar dafür, in letzter Sekunde einen schweren Fehler vermieden zu haben. Mit der Trennung hatte sich allerdings auch der Amerika-Traum erledigt. Ich reiste ohne den Vorsatz des Studierenwollens in die USA und bin heute froh, dass es so gekommen ist, wie es kam. Die Schnelligkeit von New York, die schrille Buntheit der Stadt und die aufdringliche Wuchtigkeit des Dasein empfinde ich inzwischen als anstrengend. Es ist ein Unterschied, ob man sich in seinen Vorstellungen etwas zurechtlegt und sich darin wohl fühlt, oder ob man sich von überrumpelt wird. Nach der Grenzöffnung zog es mich wieder in den Osten, zurück nach Neubrandenburg. Auch wenn ich immer weg wollte, die Nähe zu Bekanntem, zu Menschen, Dingen und Vorgängen, die man greifen kann, ist mir wichtiger. Ich brauche sie, um überhaupt existieren zu können.

Matthias: Obwohl ich das Kapitel Familie abgeschlossen glaubte, rolle ich es mit Hannah wieder auf. Ich habe keine Angst, weiß aber, dass es nicht unbedingt einfach werden muss. Denn da sind immer noch meine beiden anderen Kinder.

Hannah: Kinder wollte ich nie allein großziehen – so wie Mutter und Großmutter. Jemanden zu finden, der nicht nur Seelentröster und Geliebter ist, sondern bleiben will, erschien mir all die Jahre unrealistisch. Man kennt ja kaum noch ein Paar, bei dem es gut geht. Mich schreckte die Unübersichtlichkeit einer Entscheidung für etwas, dessen Bedeutung ich nicht ermessen konnte. Jetzt – mit Matthias – weichen diese Ansichten auf. Er ist der erste Mann, mit dem ich mir vorstellen kann, Kinder zu haben. Zu den Kindern von Matthias habe ich einen guten Kontakt. Wenngleich es nicht immer einfach ist. Ich erinnere mich an ein Erlebnis zu Beginn unserer Beziehung, das unser Verhältnis mitprägte. Wir besuchten mit den Kindern Matthias' Mutter. Die ganze Zeit unterhielten sich Matthias und seine Mutter über seine Vergangenheit: die Ehe, die Kinder, gewesene Urlaube. Ständig wandelte Matthias' Ex-Frau durch den Raum und schaute mir entweder über die Schulter, mal direkt ins Gesicht, ein anderes Mal hockte sie Matthias auf dem Schoß. Es drehte sich nur um Dinge, die nicht mehr existieren, die nie mehr existieren würden. Die beiden merkten das nicht, und ich fühlte mich ausgeschlossen. Ich zog mich innerlich zurück, implodierte und verließ das Haus.

Matthias: Ich war wie vor den Kopf geschlagen, als Hannah die Tür zuschlug. Solch eine Reaktion kannte ich nicht. Mit Wutausbrüchen und extrovertierten Explosionen konnte ich umgehen, die waren mir nicht unbekannt. Die meisten Menschen reagieren wohl so. Aber leises Wegschleichen?

Hannah: Ich habe mich nicht weggeschlichen. Auf alle anderen Zeichen reagierte Matthias nicht. Er hat mich nicht mehr wahrgenommen.

Matthias: Danach haben wir lange und ausführlich über das Ereignis gesprochen. Ich musste begreifen, dass Hannah Befindlichkeiten anders äußert als andere Menschen. Und dass ich sie nicht einfach »hinzuaddieren« kann, wenn die Kinder da sind, dass es sie kränkt, wenn sie nicht beachtet wird.

Hannah: Ich erlebte, wie Matthias als Vater funktioniert: Wenn die Kinder da sind, nimmt er vieles um sich herum nicht mehr wahr.

Matthias: Das hat sich ein wenig geändert. Jetzt gehören die Kinder zwar nicht unbedingt zu unserem Alltag, aber in unsere Beziehung. An jedem zweiten Wochenende sind sie bei mir. Oft verbringen wir diese Tage zu viert, manchmal bin ich mit den Kindern allein, um den Kindern meine volle Aufmerksamkeit zu widmen.

Hannah: Am Anfang lief es mitunter chaotisch ab: Sehen wir uns oder sehen wir uns nicht? Wann sind die Kinder da? Es musste viel mehr abgesprochen werden als jetzt. Ich arbeitete oft an den Wochenenden, um die Woche für das Studium freizuhalten. Mein Gefühl und mein Körper forderten mehr von Matthias ein, als er mir zeitlich opferte. Aber nicht, weil er es nicht wollte. Matthias ist ein Typ, der nicht nein sagen kann. Fragt ihn ein Freund, ob er ihm beim Umzug helfen könnte, sagt er zu. Obwohl er vielleicht mit mir verabredet war. Es gab keinen Plan und nur geringe terminliche Verbindlichkeit. Da fragte ich ihn, ob er eine Geliebte hat.

Matthias: Hannah hat ein ausgeprägtes Gespür für Situationen und Stimmungen. Natürlich wusste sie, dass ich keine Geliebte habe, sie wollte provozieren. Sie brachte mich dazu zu überlegen, wie und wo ich mein Leben neu ordnen musste. Ich kann mein Leben in ihre Hände legen. Nach meiner Scheidung gab es Momente, da dachte ich: Nie wieder eine Heirat, nie wieder eine Ehe. Jetzt sagt mir mein Gefühl etwas anderes.

Hannah: Aufgrund meiner ersten Ehe bin ich zwar kein gebranntes Kind, weil es keine Ehe im üblichen Sinne war. Aber ich würde nur noch aus Liebe heiraten, um meine Verbundenheit zu zeigen. Alles andere kann ich mir nicht vorstellen. Ohnehin sind Ehe und Heirat heute bedeutungslos geworden. Unsere Generation braucht die Familie in ihrer Ursprungsform als Versorgungsmodell nicht mehr.

Matthias: Ich muss unsere Beziehung nicht definieren. Aber ich würde noch einmal heiraten, wenn wir ein Kind bekommen sollten. In dieser Frage bin ich konservativ. Ich finde es schön, wenn das Kind den Namen von uns beiden tragen würde. Ich würde nie verlangen, dass Hannah meinen Namen annimmt. Aber einen Doppelnamen für das Kind würde ich befürworten.

Hannah: Wenn wir jetzt darüber reden, klingt das nach ausgetüftelter Planung und Soll-Erfüllung. Aber wir haben weder einen Zeitplan noch steuern wir direkt auf etwas Konkretes zu. Wir lassen alles auf uns zukommen und warten ab, was passiert.

Im Grunde kam unsere Beziehung durch andere zustande: Wir wurden verkuppelt. Von Matthias' Bruder und dessen Freund. Der Freund und ich wohnen in einem Haus. Der Freund ist schwul und mit einer lesbischen Frau verheiratet. Eine Scheinehe. Die »Scheinfrau« ist meine Freundin und wohnt ebenfalls mit im Haus. Wir kennen uns und sind das, was man heute unter einen sozialen Familie versteht: ein enger Kreis, der aufgrund der eigenen »Wahl« und nicht aufgrund von Blutsverwandtschaft gebildet wurde. Irgendwann sagten sich Matthias' Bruder und dessen Freund offensichtlich, dass Matthias und ich gut zusammenpassen würden. Das Kuppel-Komplott schien geschmiedet.

Matthias: So wurde ich an einem Abend eingeladen, als die »Familie« zusammensaß. Und sah den Hund und dann die Frau. Aber ich wusste nicht, was hinter der Einladung steckte.

Hannah: Als wir uns alle verabschiedeten, fragte mich Matthias' Bruder: »Na, wie findste meinen Bruder? Der ist toll! Den musst du nehmen!« Ich wurde ganz rot, mir war die Situation peinlich.

Matthias: Ich stand hinter der Tür, merkte, dass es um mich ging, verstand aber nicht, was gesprochen wurde.

Hannah: Der Bruder löcherte mich weiter: »Ich habe mehrmals gesehen, wie Matthias mit Frauen schläft. Ganz behutsam, sinnlich und sanft. Du vergibst dir was, wenn du es nicht wenigstens probierst.« Ich wollte vor Scham im Boden versinken.

Matthias: Später fragte mich mein Bruder, wie ich Hannah finde. Da roch ich den Braten. Aber ich ließ mich auf ein weiteres Treffen ein, das nicht mal ein Banner mit der Aufschrift »Wir haben alles für euch organisiert, ihr müsst nur noch anbeißen« zu tragen brauchte. Die Vordergründigkeit des Arrangements prallte mir entgegen, als ich nur zur Tür reintrat.

Hannah: Der Freund von Matthias' Bruder lud uns beide zum Essen ein. Wir fuhren durch die gesamte Stadt zu einem asiatischen Spezialitätenlokal. Dort platzierte er uns nebeneinander. Die ganze Zeit über wandte ich mich an meinen Freund und hielt mich an ihm fest, schwenkte nur ab und zu meine Augen zu Matthias. Mir war unwohl in meiner Haut und ich fand Matthias so richtig doof. Wie er in einer coolen und reservierten Art versuchte, mit mir ins Gespräch zu kommen. Und dann verabschiedete sich auch noch der Freund und wir hockten allein am Tisch. Ich fühlte mich richtig Scheiße: So weit ist es also gekommen, dass Freunde eine Hebebühne anfahren, um mir einen Mann aufzuladen. Der Abend war angespannt und künstlich.

Matthias: Was sagt man in einer solchen Situation? Keine Ahnung. Ich war hilflos und griff nach dem erstbesten Thema, das sich bot: ihre Diplomarbeit. Ich sagte: »Ich würde die Arbeit gern lesen, wenn sie fertig ist.«

Hannah: Das fand ich total bescheuert. Was ist das denn für ein Typ, dachte ich. Mir schien, als schriebe er gedanklich mit, als ich ihm einige Brocken meiner Arbeit auf den abgekratzten Teller klatschte. Ein intellektueller Ausbeuter! Als er zum Abschied auch noch sagte, ich solle ihm die Arbeit schicken, wenn sie fertig ist, war alles zu spät: Was ist das denn für ein Trottel? Das Treffen war äußerst peinlich. Aber dennoch beschäftigte mich Matthias. Zu Hause angekommen, öffnete ich eine Flasche Rotwein, setzte mich in meine dunkle Küche, zündete mir eine Zigarette an und dachte darüber nach, was dieser komische Kauz wohl für ein Typ sein mochte.

Matthias: Ich spürte, dass sie sich unwohl fühlte und dachte: Lass **ihr** Zeit und nimm **dir** Zeit. Eines aber wusste ich: Ich werde meinen Bruder und seinen Freund dazu »benutzen«, um an sie heranzukommen.

Hannah: Wie wir später mitbekamen, setzten Matthias' Bruder und sein Freund alles daran, dass wir zueinander finden. So erzählten sie mir, dass Matthias gesagt habe, er finde mich wahnsinnig attraktiv und interessant, ihm wiederum erzählten sie, dass ich gesagt hätte, er sei interessant und ich neugierig auf ihn. Sie gaben ihm meine Telefonnummer und wenige Tage später rief er an. Wir verabredeten uns. An einem Sonntag im April.

Matthias: Sie trug rote Schuhe und ich bekam feuchte Hände. Die Frühlingsluft war lau, der Nachmittag sonnendurchflutet. Wir spazierten durch die Straßen, aßen Falafel, tranken – passend zu unserem Gefühl – einen stark strukturierten Wein. Danach gingen wir ins Kino.

Hannah: Vor unserem Treffen war ich fürchterlich aufgeregt. Ich zuppelte an meinen Haaren herum, spürte mein Herz klopfen und hatte fahrige Bewegungen. Der Moment, in dem er da war, löste meine Verkrampftheit, ich wurde zusehends ruhiger und fühlte mich von Minute zu Minute wohler. Wir räumten die Peinlichkeiten des Essens aus und waren uns vertraut, als hätte es nie diesen unangenehmen Ausflug gegeben. Der Abschied war bündig und unromantisch. Wir umarmten uns und versicherten uns, einander anzurufen. Als ich die Straße entlang auf mein Haus zusteuerte, im Rücken seine Blicke spürend, wusste ich: Ich habe mich verliebt. Und wartete auf seinen Anruf.

Matthias: Meine Pupillen folgten ihren Schritten. Jeden Fuß, den sie vor den anderen setzte, wollte ich festhalten. Mich zog es zu ihr und ich spürte ein tiefes Gefühl, das ich nicht Verliebtheit nannte, aber eine sehr tiefe Sympathie. Am liebsten hätte ich am selben Abend angerufen, verbot es mir jedoch strikt und verschob mein Vorhaben auf einen der nächsten Tage. Ich rief nicht an. Ich konnte es nicht. Meinem Chaos geschuldet, verlegte ich den Zettel mit ihrer Nummer. Und fürchtete, sie in den nächsten Wochen nicht sehen zu können. Solch eine Frau ruft doch nicht bei einem Mann an, sagte meine innere Stimme. Das hat die doch gar nicht nötig.

Hannah: Warum meldet der sich nicht? Ich war unruhig, wollte seine Stimme hören und seine Nähe spüren. Bis ich all meinen Mut zusammenraffte und bei ihm anbimmelte.

Matthias: Unser nächstes Rendezvous romantisierte ich: Ich sah sie in ihren roten Schuhen auf mich zukommen und stand atemlos und stumm vor ihr. Natürlich verlief alles ganz anders. Sie trug weder rote Schuhe, noch musste ich nach Luft schnappen. Der Film »Chocolat« jedoch, den wir im Kino sahen, war wie eine Vorausahnung des weiteren Abends. Ein sinnlicher, ein erotischer Film, der zum Berühren einlud.

Hannah: Die Kinobilder flossen dahin wie die Schokolade, die in großen Bottichen auf der Leinwand cremig gerührt wurde. Nach dieser eindringlichen Süße verlangten unsere Gaumen ebenfalls nach Schokolade. Die bestellten wir in einem Café um die Ecke. Danach tranken wir einen starken Havanna Club. Als wir die letzten Tropfen vom Glasboden schlürften, schlich sich unbemerkt die Frage an unseren Tisch: Was nun, sich verabschieden und erneut verabreden oder weitermachen? Wir wollten uns noch nicht loslassen und entschieden, zu mir zu gehen. Ich wohnte unmittelbar um die Ecke. Bis morgens um vier saßen wir in meiner Küche und redeten. Ich hatte Angst, dass er geht und bangte um jede Pause, die in unser Gespräch trat. Ich wollte nicht mit ihm schlafen, sondern ihn einfach um mich haben.

Matthias: Ich wusste, dass sie um sieben bei ihrem Job zum Frühdienst erscheinen musste und sagte irgendwann: »Es ist spät. Lass uns einfach zusammen einschlafen, hier bei dir in deinem Bett.« Wir kuschelten uns eng aneinander, ohne uns zu nah zu kommen. Wie ein Kind lag ich wach, mit offenen Augen und hörte die ersten Vögel singen.

Hannah: Den ganzen Abend sprachen wir über Gefühle, Liebe, Phantasien und Leidenschaften. Geschickt vermochten wir es, uns auszulassen. Wir bemerkten es beide, wagten aber nicht, diese »Tabuzone« zu übertreten. Matthias löste die Situation geschickt, indem er sie konkretisierte: »Und was ist mit uns, mit unseren Gefühlen, Enttäuschungen, Sehnsüchten?« Da trafen sich unsere Hände und begannen ein vorsichtiges und zartes Spiel. Ebenso bedacht war der erste Kuss.

Matthias: Jetzt sind wir ein Jahr zusammen, aber ich habe keinerlei Gefühl von Alltäglichkeit. Wenngleich wir inzwischen unseren Alltag teilen. Meist bin ich bei Hannah. Sie wohnt direkt im Stadtzentrum. Wir sehen uns abends und erzählen von unserem Tag. Wir sind dabei gemeinsame Rituale zu entwickeln: Wer geht zuerst ins Bad, wer raucht die letzte Zigarette? Im Gegensatz zu früher habe ich keine Angst vor dem Alltag mit Hannah. Im Gegenteil: Ich will ihn endlich hautnah erleben und fühle mich so angenommen, wie ich bin. Anders als bei meiner Ex-Frau. Hannah sagte einfach zu mir: »Wenn du hier wohnst, musst du dich in den Haushalt einbringen.« Mehr nicht. Sie bestimmte nicht, was ich zu tun und wie ich abzuwaschen habe. Meiner Ex-Frau konnte ich nichts gut genug machen, dennoch war es immer falsch. Hannah geht es darum, dass die Arbeiten gemacht werden, die anstehen.

Hannah: Meine bisherigen Beziehungen zeichneten sich dadurch aus, dass ich nach einer Weile weglief. Immer dann, wenn es zu eng und zu nah wurde. Jetzt genieße ich, Lebensmittelpunkt eines anderen Menschen zu sein. Ich habe keine Angst vor vermeintlicher Routine. Auch nicht vor sexueller Ebenmäßigkeit. Im Gegenteil. Ich erlebe, dass der Sex um so besser wird, je vertrauter ich mich fühle. Liebe und Begehren – eingebettet in den Alltag. Wir schlafen viel und ausgiebig miteinander, dennoch kann von sexuellen Grenzen oder einem Ausgereiztsein keine Rede sein. Eher wünsche ich mir noch mehr, viel mehr. Alltag kann nicht gelebt werden, wenn er keine ruhigen Momente kennt. Alltag kann auch Halt sein. Es geht nicht immer um den letzten Kick, den muss ich nicht erleben. Verbundenheit muss sich nicht in einer supertollen Nummer ausdrücken.

Matthias: Durch Hannah betrat ich sexuelles Neuland. Sie zeigte mir Dinge, von denen ich vorher nur zu träumen wagte. Sie spielten sich in meiner Phantasie ab, nie aber in meiner sexuellen Realität. Mit Hanna lebte ich plötzlich meine Phantasien, noch bevor ich sie überhaupt ausgesprochen hatte. Sie nahm mich bei der Hand und führte mich in ein unbekanntes Reich. Hannah machte einfach, sie kannte keine Hemmungen und nahm mir meine Unsicherheit, die ich ihr gegenüber empfand, weil sie eine so selbstbewusste Frau war. Was und wie sie es tat, soll der Phantasie der Leser überlassen bleiben. Einer mag einen feuchten Finger im Ohr, ein anderer will ihn auch an anderen Stellen spüren. Wiederum andere mögen beides nicht. Mit Hannah traute ich mich. Und das war gut.

Hannah: Manchmal ruft er am Nachmittag an, wenn er weiß, dass ich zu Hause bin. »Ich komme jetzt, ich habe eine Stunde Zeit«, sagt er. Wenige Minuten später ist er da. Er arbeitet unweit von meiner Wohnung und kommt mit dem Fahrrad her. Eine Stunde genügt, um uns ins sinnliche Paradies zu schicken. Oft müssen wir beim Sex lachen. Von Anfang an konnten wir uns im Bett auch auf die Schippe nehmen. Ich finde wichtig, dass Sex nicht immer nur ernst, sondern mitunter leicht und spielend genommen wird.

Matthias: Hannah kann auch mit meinem typisch männlichen Machismus umgehen. Wenn ich ihr erzähle, ich hätte heute eine Frau mit einem tollen Hintern gesehen oder ich ihr auf der Straße einen zeige, dreht sie sich um und sucht ebenfalls nach einem. Sie ist nicht eifersüchtig auf Dinge, die Eifersucht nicht im geringsten lohnen.

Hannah: Matthias hat Spaß an schönen Frauen und schönen Körpern. Manchmal versinkt er in einem Bildband mit japanischen Akten. Hin und wieder deutet er auf ein Foto mit einer nahezu perfekten Schönheit. Ich begriff, dass er ein Ästhet ist und solche Bilder visuell genießt. Das hat erstens nichts mit mir zu tun und zweitens: Warum denn nicht?

Matthias: Jetzt wollen wir zusammenziehen. In Hannahs Wohnung. Sie hat zwei Zimmer. Eine größere Wohnung können wir uns zur Zeit nicht leisten. Ich muss für meine Kinder Unterhalt zahlen. Keine Ahnung, wie sich unsere Beziehung entwickelt, wenn wir ihr durch eine gemeinsame Wohnung einen anderen Rahmen geben. Und vermutlich werden wir – jeweils nach unseren Bedürfnissen und Empfindungen – die Wohnung immer wieder umräumen.

Hannah: Mich erstaunte, dass Matthias keinen Anspruch auf ein eigenes Zimmer hegte. »Das brauche ich nicht«, sagte er. Ich lege großen Wert auf Freiraum. Rückzugsmöglichkeiten muss es geben. Aber ich warte ab, was passiert.

Matthias: Ich denke, wir haben gelernt, mit Missverständnissen umzugehen. Gleich am Anfang unserer Beziehung gab es eine böse Szene. Mein Bruder tauchte bei seinem Freund auf, Hannah und ich waren auch dort. Mein Bruder musste unbedingt mit mir reden, weil er ein schweres Problem hatte. Wir vier saßen den gesamten

Abend über zusammen, mein Bruder wartete auf eine ruhige Minute, um mit mir allein zu reden. Die gab es aber erst, als sich die Runde auflöste. »Ich komme gleich«, sagte ich zu Hannah, die in ihre Wohnung rüberging. Eigentlich wollte ich sofort mitgehen, aber mein Bruder drängte mich, ihm zuzuhören. Hannah ging und ich hörte meinem Bruder zu, der kein Ende fand.

Hannah: Ich wartete einige Minuten, eine halbe Stunde, eine ganze. In dieser Zeit leerte ich eine Flasche Wein. Müde und betrunken legte ich mich ins Bett, vorher schloss ich die Tür ab. Nicht aus Gnatz, sondern aus Gewohnheit. Daran, dass Matthias dann nicht mehr hineinkommt, dachte ich in diesem Moment nicht.

Matthias: Ich klingelte und wummerte an ihre Tür. Doch sie machte mir nicht auf. Ich glaubte, sie ist sauer auf mich, weil ich nicht gleich gekommen bin und war völlig verzweifelt. Ich rief sie an, doch auch ans Telefon ging sie nicht. Auf die Idee, dass sie tief und fest schläft, kam ich gar nicht. Das ist das Aus unserer Beziehung, fürchtete ich und schlief auf der Couch bei meinem Bruder. Das heißt, ich lag die ganze Nacht wach. Am nächsten Morgen schlich ich zu Hannah und alles löste sich auf. Ich war froh, sie in meine Arme schließen zu können.

Hannah: Dieses Erlebnis schweißte uns nach der kurzen Zeit zusammen. Uns wurde klar, dass Zusammensein Arbeit bedeutet, dass man Kräche und Krisen überstehen und miteinander ausfechten muss, um einander zu erkennen. Wenn das gelingt, kann es eine gute Zeit sein.

Die göttliche Art zu lieben

Ralf S. (34 Jahre), Psychologischer Berater in Kiel, sucht im Tantra-Sex sinnliche Ekstase

Bis zu meinem 26. Lebensjahr probierte ich alle Beziehungsformen aus, die in europäischen Breitengraden bekannt, gesellschaftlich mehr oder weniger akzeptiert und demzufolge relativ sorglos zu leben sind: Ich hatte feste Partnerinnen, über längere und kürzere Zeiträume, blieb monogam oder suchte Abwechslung in Affären. Oder ich tourte als Single durch die Lande, stets einen inspirierenden One-Night-Stand im Blick. Ich lebte mit Freundinnen zusammen oder organisierte Beziehungen zwischen zwei Wohnungen. Ich zog Kinder mit groß und genoss Frauen ohne Nachwuchs. Keine westlich determinierte Beziehungsform, die mir fremd blieb.

Mit all meinen Frauen erlebte ich mehr oder weniger aufregenden Sex. Ich eroberte und wurde erobert, hatte es wild oder kuschlig, sanft oder härter. Bis ich eines Morgens aufwachte und dachte: So kann es nicht weitergehen, so will ich keine Beziehungen mehr führen, so soll es sexuell nicht bleiben. Alles, was ich ausprobiert hatte, langweilte mich und befriedigte mich nicht. Irgendwas war immer. Mich drängte es zu neuen Erfahrungen. Wie genau diese aussehen könnten, wusste ich zwar nicht. Aber ich suchte nach einer Form, die es ermöglichte, Partnerschaft zu leben, auch wenn der erste Hormonknall in alle Winde zerstob. Ich sehnte mich nach einer Liebe, die es erlaubt, sie zu genießen, auch wenn sie nicht mehr taufrisch ist. Ich mache keiner meiner Frauen den Vorwurf, dass sie mir nicht das boten, was ich wollte. Ich mache ihn mir selbst. Ich war unfähig, über das Erlernte und Erlebte hinwegzusteigen und in eine Sphäre vorzudringen, die Gemeinschaftlichkeit darstellt, so dass sich beide Partner in jeder Frage ihres Daseins aufeinander beziehen.

Mit 26 Jahren machte ich einen Schnitt, der mein erstes Leben beendete und ein neues einleitete. Es war der Einstieg in die Tantra-Szene. Was Tantra beinhaltet und bewirkt, wusste ich nicht. Ominöses hatte ich davon gehört und nie ernsthaft darüber nachgedacht, ob es mich berühren könnte. Doch dann donnerte es wie ein Vorschlaghammer in meine Existenz. In Form einer Frau, die ich in der Phase meiner ideellen und sexuellen Orientierungslosigkeit kennen lernte. Sie beschäftigte sich bereits seit Jahren mit Tantra und erzählte mir etwas von körperlicher Energie, fließenden Strömen und anhaltenden Gefühlen. Die Begriffe rauschten in meinen Ohren, hallten wider – ein klares Bild aber ergaben sie nicht. Nicht mal einen Rahmen, den ich mit meiner Phantasie hätte ausschmücken können. Aber alles klang nach Tönen in unendlichen Räumen, in denen ich meine innere Trostlosigkeit abgeben und mit einem Empfinden wieder heraustreten könnte, das nicht nach einem abstumpfenden Second-Hand-Gefühl schmeckt. Ich wollte Echtheit, mich dürstete nach Leben.

Ich meldete mich zu meinem ersten Tantra-Kurs an. Bis heute könnte ich Tantra nicht in einem Satz definieren, damals nicht mal in einem langen Absatz, aber in den ersten Minuten des Aufenthalts in den Tantra-Hallen begriff ich: Es ist eine Wissenschaft, eine Sinneswissenschaft. Später las ich in einem Buch, dass Tantra einen »Abschied von der alltäglichen Reizüberflutung und Beschleunigung« darstelle, dass es dabei darum geht, »feinste, kleine, minimale Reize spüren zu lernen, langsam zu werden, uns Zeit zu lassen und den Raum für eine andere Sinnlichkeit zu erschließen«. So zumindest formulieren es die drei Verfasser des Tantra-Standardwerkes »Verführung zur Ekstase«.

Beim Tantra und der erotischen Tantra-Berührung wird eine »innere Stille« vor allem durch Riechen, Schmecken und Tasten erreicht, alles »Handlungen«, die beim »normalen« Sex nicht vorrangig angewendet werden. Zwar benutzt man beim »normalen Sex« auch Hände, Füße, Zunge, Nase, also Organe, die Tasten, Schmecken und Riechen ermöglichen. Aber die Sinne dieser Körperteile sind verkümmert. Bei den meisten Menschen. Sie erleben nur den halben Genuss. Die Sinne wieder hervorzuholen, zu beleben und feinfühliger zu machen, das wollen unter anderem tantrische Übungen.

Die meisten dieser Übungen, die auf den ersten Blick an Yoga erinnern, werden mit verbundenen Augen durchgeführt. Wird der Augensinn ausgeschaltet, verlieren wir unsere wichtigste Kontrollinstanz. 80 Prozent aller Wahrnehmungen und Informationen verleiben wir uns über unsere Augäpfel ein. Gewöhnlich schauen wir und werten gleichzeitig. Auf diese Weise lassen wir uns nicht fallen und sind nie ganz bei uns. Dagegen will Tantra etwas tun. Diese indische Lehre von der Sinneskunst kramt hervor und macht deutlich, was tief in unserem Unterbewusstsein vergraben liegt, wo wir ohne äußere Beeinflussung nie rankommen. Und weshalb wir oft nicht wissen, warum es uns schlecht geht oder wir unfähig sind, vollkommene Liebe zu erleben. Tantra ist körperlich. Oft wird nackt »geprobt«. Aber es geht nicht darum, miteinander zu schlafen. Tantra lehrt, sich auf sich selbst beziehen zu können und seine körperliche Energie zu finden.

Mein erster Wochenendkurs überzeugte mich von der Kraft, die tantrische Übungen geben und von der inneren Lockerheit, die sie auslösen können. Praktisch muss man sich das so vorstellen: In den ersten Minuten machen sich die Teilnehmerinnen und Teilnehmer des Kurses ohne Worte miteinander bekannt. Fast niemand kennt sich. Alle sitzen im Kreis und schauen sich an. Minutenlang, schweigend. Hier offenbaren sich bereits die ersten Charaktere: Wer hält den Blicken unbekannter Personen stand, wer senkt den Kopf. Aber jeder ist neugierig auf die anderen, jeder möchte erfahren, welche Persönlichkeit in dem Körper gegenüber steckt. In der zweiten Phase laufen Frauen und Männer durch den Raum, durcheinander, je nachdem, wo sie sich hinwenden möchten. Nun schauen sie demjenigen, der ihnen entgegenkommt, bewusst ins Gesicht. Es ergeben sich fließende, gleitende, lautlose Bewegungen, nichts wird gerissen und gehackt. Langsam entsteht Vertrauen. Schauspielstudenten wärmen sich mit ähnlichen Übungen auf, um sich in eine intime und vertraute Stimmung zu versetzen und sich vom Alltag, von unnötigen Lasten, von sich selbst zu lösen. So können sie sich leichter für Neues, für »fremde« Gedanken und für andere Menschen öffnen. Im Prinzip betreiben diese Studenten nichts anderes als tantrische Vorübungen. In einer nächsten Stufe wird richtiges Atmen geübt. Die meisten Menschen atmen falsch. Sie holen irgendwie Luft, pumpen Sauerstoff in die Lungen, ein biologischer Automatismus, aber der Sauerstoff dringt nicht in alle Bereiche des Körpers vor und versorgt daher nur einen Teil der Zellen. Um sich selbst in Ganzheit wahrnehmen zu können, muss Sauerstoff bis in den verborgensten Winkel der menschlichen Hülle gelangen. Um das zu erreichen, gibt es einige Bewegungsübungen, ähnlich dem Yoga. Dort ist Atmen ein erheblicher Teil der Vorgänge, mit denen nach innen gehorcht wird und an deren Ende ein ruhiger und geläuterter Mensch steht. Später folgen Bewegungs- und Berührungsmomente, die den anderen und vor allem sich selbst gegenüber die Scheu vor Körperlichkeit nehmen. Wer sich auf Tantra eingelassen hat, bei sich angekommen ist und richtig atmet, erlebt Berührungen mitunter so intensiv wie Stromstöße, als ob ein Speer in die Haut dringt. Die meisten kannten dieses kräftige, vordergründige Gefühl nicht. Die sensiblen Hautpartien, die Feinfühligkeit gewährleisten, waren verschorft. Nun liegen sie wieder frei und fungieren als Überträger der Umwelt ins Innere.

Bei den Berührungsübungen berührt man zuerst sich selbst, später sein Gegenüber, manchmal läuft man dabei, ein anderes Mal hockt man im Schneidersitz im Kreis oder in anderen geometrischen Formen. Die Annäherung baut sich Stück für Stück auf.

Nach zweieinhalb Tagen haben fast alle Teilnehmerinnen und Teilnehmer Vertrauen und innere Stärke aufgebaut, so dass die Abschlussphase eingeläutet werden kann: das Selbstlieberitual. Alle liegen in einem Raum auf dem Boden, manche nackt, manche nicht. Jeder kann es so halten, wie er möchte. Alle haben die Augen geschlossen, es ertönt leise Musik. Die Versteigung in sich selbst, in den eigenen Körper und die Seele findet statt, indem jede Frau und jeder Mann die empfindlichsten Stellen betastet und zärtlich massiert. Lange Zeit, jeder nach seinem Rhythmus. Mitunter ist der Raum erfüllt von einem wollüstigen Gestöhn.

Fühlt sich jemand dazu (noch) nicht in der Lage, muss er nicht mitmachen. Aber er darf auch nicht im Raum bleiben, sondern muss ihn verlassen. Es geht nicht darum, Sexualität für andere sichtbar werden zu lassen, sondern beim Sex auch im Beisein anderer bei sich zu bleiben und sich nicht von sich selbst ablenken zu lassen. Erst so kann man wahren Genuss beim Sex entwickeln. Die meisten Menschen richten sich beim Sex nach dem anderen an ihrer Seite und sind nicht imstande, bedingungslos zu lieben. Wer unter den Augen eines anderen sich zu verausgaben und sich ebenso zu nehmen vermag, was er braucht, wird erfüllt. Das muss man lernen, das hat in unserem Kulturkreis keinen Boden.

Das erste Tod einer Beziehung ist das Sterben der Sexualität. Wenn sie dem einen Partner nicht mehr so gegeben wird, wie er es kannte, sondern eine »Normalität« erreicht, wird der Partner meist abgelegt. Solche Beziehungen kannte und hatte ich, ihnen versuchte ich durch Tantra zu entfliehen.

Das Selbstlieberitual erlebte ich als inspirierend und enttabuisierend. Es war das erste Mal, dass ich mich frei und erfüllt fühlte. Vorher trug Sexualität stets eine Doppelbödigkeit, deren Grund Schmutz und Keim bildeten. Mein Elternhaus bot mir ein abschreckendes sexuelles Bild. Körperliche Liebe zwischen meinen Eltern fand heimlich und selten statt. Wie alle Eltern glaubten sie, ihr Sohn bekomme nicht mit, was zwischen ihnen lief beziehungsweise nicht mehr lief. Auch wie es ablief. Aber wie alle Kinder war ich mit sensiblen Antennen ausgestattet, die jede kleinste Regung in der Körpersprache und jedes gesprochene Wort der Eltern registrieren und in die Kindersprache transponieren. Mein Vater wechselte seine Liebhaberinnen wie andere Leute ihre Tischdecken, er kaufte Prostituierte und lustwandelte in Sexbars. Meine Mutter ertränkte ihre Eifersucht und ihren Ekel in Wodka. Eine Begegnung zwischen meinen Eltern fand seit langem nicht mehr statt. In der untersten Schublade in Vaters Schreibtisch stapelten sich Sexfotos und Pornohefte. Ich kann mir nicht vorstellen, dass mein Vater glaubte, sie lägen dort vor ungebetenen Blicken sicher. Oder aber es war ihm längst gleichgültig, was seine Frau über ihn dachte.

So waren Pornos für mich seit frühester Kindheit präsent wie die Auslagen beim Bäcker. Ich wuchs mit ihnen auf und glaubte, sie gehören in jeden Haushalt. Wenngleich ich sie mir nicht vollständig erklären konnte. Vielleicht ein entscheidender Grund, warum mich die Sexindustrie und ihre zur Schau gestellte kalte Sexualität immer stört und meine Nerven bis aufs Blut reizte.

Beim Tantra-Kurs verlor Sexualität für mich den Geruch des Verbotenen, die Stunden bewirkten, dass ich mich eingeladen fühlte, ohne Scheu mein Innerstes nach außen zu kehren. Gleich beim ersten Mal verspürte ich das Vertrauen, das es braucht, um diesen Schritt zu gehen und wahre Erfüllung zu finden. Darüber hinaus stellt Tantra die Aufforderung dar, an seine eigenen Grenzen zu treten, auf unbekannte Bereiche in seiner Seele und seinem Körper zu treffen und sie mit Farbe und Melodien zu füllen.

Um Tantra zu begreifen, auf seine Bedürfnisse zu übertragen und in den Alltag zu integrieren, bedarf es den Schritt der Akzeptanz dieser Lehre: Man muss sich einlassen können. Eine Bekannte, der ich von meinen spirituellen Erlebnissen erzählte, meinte, in ihren Augen sei Tantra ausgemachter Blödsinn und gleiche eher einer Sexualtherapie, die lediglich die Ummantelung höher gestellter Ziele erhalte. Sie sei keine Wissenschaft, sondern spiritistischer Quatsch. In einem der Bücher, die ich ihr geliehen hatte, sind Rituale beschrieben, wie Frauen und Männer zu einer Vereinigung und einem hohen Genuss gelangen können. Es ist die Rede von Reinigungen und der Befreiung von genitalen Panzerungen, der Erweiterung des Orgasmus und von der Heilung der Yoni und des Vajra. Yoni ist das weibliche Genital, Vajra das männliche. Die Beschreibungen werden durch Bleistiftzeichnungen plastisch verdeutlicht. An einer Stelle, bei der es um die Heilung von Yoni und Vajra geht, heißt es: »Weil Sie bei den nächsten drei Übungen Vagina, Penis und Analbereich bei tiefsten Massagen berühren, ist Hygiene von größter Wichtigkeit. Schneiden Sie Ihre Fingernägel ganz kurz, und feilen Sie scharfe Ecken glatt, um das zarte Gewebe dieser Körperteile auf keinen Fall zu verletzen. Waschen Sie Ihre Hände vor jeder Übung gründlich mit Wasser und Seife, und stellen Sie eine Flasche reinen Alkohols bereit, damit Sie Ihre Hände sofort nach dem Heilen der Yoni desinfizieren können ... Sollten Sie die Übung mit einem neuen Partner machen, benutzen Sie Latex-Handschuhe ... Wenn Sie fertig sind, werfen Sie die Handschuhe weg und desinfizieren

Sie Ihre Hände, bevor Sie irgendetwas anderes tun. Und als extra Vorsichtsmaßnahme: Fassen Sie vor dem Desinfizieren jener Hand, mit der Sie die Genitalien berührt haben, weder Augen und Mund Ihres Partners noch Ihre eigenen an ... Denken Sie daran, bevor Sie anfangen, zur Toilette zu gehen, um Blase und Darm zu entleeren, und machen Sie dann eine vaginale und anale Spülung.« Die Bekannte war abgestoßen von diesen Beschreibungen und sah darin einzig eine Technologisierung und Mechanisierung von Sex, dem jeglicher Spaß abhanden gekommen sein muss. Die Vorsichtsmaßnahmen klingen in ihren Ohren nach OP-Saal und riechen in ihrer Nase nach scharfen Desinfektionswassern. Ich schaffte es nicht, sie davon zu überzeugen, dass sich fernab dieser zugegeben unterkühlt-mechanisch anmutenden Vorbereitungen Erlebnisse bieten, die sie abheben lassen. Im Falle der beschriebenen Übung sind beide Partner nackt. Die Übung sollte man am besten zu Hause durchführen. Günstig ist es, es sich gemütlich zu machen, sich Zeit zu nehmen, das Telefon abzustellen, ruhige Musik laufen zu lassen. Bei richtiger Durchführung ist der Erfolg phänomenal.

Beim Kurs waren wir die wenigste Zeit unbekleidet. Partnermassagen können ebenso gut über Hemden, Hosen und Pullover durchgeführt werden. Es kommt auf die Leitfähigkeit der Haut an, inwieweit sie in der Lage ist, Ströme und Impulse des anderen zu empfangen. Manchen gelingt dies selbst durch die dickste Pelle. Nur so weit, wie jeder es möchte, dürfen Kleidungsstücke abgelegt werden. Je wohler sich ein Körper fühlt, desto eher ist er bereit, sich zu zeigen. Bei diesem Kurs kam es nie zu Situationen, die reinen Sex zuließen. Nie ergaben sich genitale Vereinigungen zwischen Männern und Frauen.

Andere Workshops hingegen ermöglichten die geschlechtliche Begegnung. Gleich viele Frauen und Männer befanden sich nackt in einem Raum, ihnen wurden die Augen verbunden und sie begannen, geführt durch den Anleiter, durch den Raum zu schweben. Bis die Männer einen Kreis bildeten und es sich im Schneidersitz, auch Lotussitz genannt, bequem zu machen. Jede Frau stellte sich vor einen Mann. Langsam und allmählich lernten sich die beiden Gegenüber kennen, niemand wusste, wer der andere war. Im Laufe der Zeit ergab es sich, dass sich die Frauen auf die Männer setzten und sich mit ihnen vereinigten. Sie befanden sich in der Idealposition für tantrischen Sex. Beide Partner bewegen sich nicht heftig, sondern kreisen umeinander und versinken in wellenartigen Rhythmen. Eine Form der Übertragung sexueller Energie, bei der die Lust eine lange Zeit anhaltend sein kann. Im Gegensatz zum »herkömmlichen« Sex, bei dem die Lustkurve nach einem schnellen Erreichen des Gipfels rasant abfällt. Danach rollt sich der Mann meist zum postkoitalen Wegnicken matt und unerotisch zur Seite.

Die Übung schreitet fort, indem sich die Frauen auf ein akustisches Zeichen hin vom Mann erheben und zum nächsten Mann wechseln. So kommen alle in den Genuss von allen und niemand erlangt das Recht auf »Besitz« einer bestimmten Person. Als ich der Bekannten von dieser Übung berichtete, erwiderte sie lakonisch: »Dahinter verbirgt sich nichts weiter als eine selbsternannte Legitimation zum Gruppensex, dem durch die Überschreibung von Spiritualität gesellschaftliche Akzeptanz verliehen werden soll.«

Doch die beschriebene Übung zielt nicht, wie vermutlich so mancher glaubt, auf Entladung ab, sie steuert nicht auf einen Höhepunkt zu. Die hohe Plateauphase soll so lange wie möglich gehalten werden. Die Energie, die im Beckenraum aufgebaut wird, strömt durch den gesamten Körper und vermischt sich mit den Kräften der anderen Person. So entsteht eine wahrhafte Begegnung zwischen beiden Partnern auf einer spirituellen Ebene, die Gemeinsamkeit zulässt. Der Körper weitet sich, nimmt auf und gibt ab. Die sexuelle Gier, die uns sonst so umtreiben lässt, verliert sich. Diese Gier, die ich früher wie alle anderen auch verspürte, empfinde ich heute als unerotisch und schlimm. Wahre Lust ist unvereinbar mit der Unersättlichkeit, die in nur einem Ziel gipfelt: Explosion.

Durch Tantra kann nicht nur die Frau multiple Orgasmen erleben, auch der Mann ist dazu in der Lage. Unter einer Voraussetzung: Wenn er die Kunst des Haltens beherrscht und gelernt hat, ohne Ejakulation seinen Höhepunkt zu spüren, einen lang anhaltenden Höhepunkt.

Zwei Jahre beschäftigte ich mich intensiv mit Tantra, belegte Wochenendkurse und einwöchige Seminare. In meinen Regalen sammeln sich Fachbücher und Lexika. Eines aber ist mir in all dieser Zeit nicht gelungen: eine Frau zu finden, mit der ich Tantra leben kann. Die meisten scheuen davor zurück, wenn ich die ersten zarten Versuche starte, sie in die Lehre der vollkommenen Sinne einzuweihen. Viele Frauen, die mir begegneten, und mit denen ich schlief, fragten mich, ob ich Gynäkologe sei. Mit meinen Fingern drang ich tief in sie ein und ertastete jene Punkte, die besonders empfindsam und sensibel sind. Diese Stellen muss man kennen, sonst findet man sie nicht. Ich kenne sie, aber den Frauen kommt diese Art sinnlicher Liebe, wenn sie sie zum ersten Mal erleben, eigenartig und ungewohnt vor. Die meisten erlebten erst durch mich, dass es noch etwas anderes gibt als das übliche Rauf, Hin und Her und wieder Raus.

Männer können lernen, wo bei der Frau der G-Punkt liegt und können ihn dann entsprechend stimulieren. Ebenso können sie ihren eigenen G-Punkt spüren lernen, der sich unmittelbar hinter der Prostata befindet. Der männliche G-Punkt ist über den Anus zu reizen, also etwas komplizierter als bei Frauen, wo er mit den Fingern zu ertasten ist. Vom Gewebe her sind weiblicher wie männlicher G-Punkt gleich, sie werden von ebenso vielen Blutgefäßen und feinen Nervenfasern durchzogen. Die meisten Männer – außer vielleicht die Schwulen – kennen und nutzen ihren G-Spot nicht. Das ist schade, weil ihnen dadurch ein erheblicher Teil ihrer Lust verborgen bleibt.

Tantra-Sex ist weiblicher Sex. Sage ich immer. Tantra gibt der Sexualität eine feminine Form, die Positionen ermöglichen, die Frau aktiv werden zu lassen. Sicher können das auch herkömmliche Praktiken gewährleisten. Doch die Stimmung bei gewöhnlichen Stellungen ist anders als beim Tantra. Hierbei schwingt eine übergeordnete Sinnlichkeit mit, die es sonst nicht gibt.

Meine Bekannte widerspricht mir auch hierbei. Sie ist Feministin und eine ausgesprochene Anti-Esoterikerin und las im Buch folgendes Zitat: »Was Tantra im Westen anzubieten hat, soll die Errungenschaften der Gleichberechtigung von Frauen nicht rückgängig machen.« Sie schoss auf mich zu, wedelte mit dem Buch vor meiner Nase herum und fauchte mich an: »Willst du mich auf den Arm nehmen? Tantra und weiblicher Sex? Wenn im Vorwort betont wird, dass Tantra die Emanzipation nicht in Frage stellt, meint eine solche Aussage genau das Gegenteil!« Sie zeigte mir eine Abbildung eines Paares in der Missionarsstellung, also die Frau unten auf dem Rücken liegend, der Mann über ihr, die Arme an der Seite aufgestützt. Im nebenstehenden Text heißt es: »Das ist eine gute Anfangsposition, weil sie ... das eigentliche Wesen der Frau berücksichtigt ... In dieser Stellung kann die Frau anfangs passiv bleiben ... und der Mann seine Macht und Stärke spüren.« Die Bekannte tobte: »Das ist der blanke Machismus und von Gleichstellung so weit entfernt wie Ulrich Wickert von Humor.«

Auf der Suche nach einer geeigneten Partnerin stieß ich auf verschiedene Klubs, die mehr oder weniger offene Sex-Partys anbieten. Bis ich in diese Szene eintauchte, ahnte ich zwar, dass es sie gibt, hatte aber keine Vorstellung davon, welches Netz sich in den vergangenen Jahren gesponnen hatte. Angefangen hatte offenbar alles in einem kleinen privaten Kreis, der eine extreme Form von Sexualität ausleben wollte. Zu Hause bastelten die Protagonisten an ihren eigenen Folterkammern, die der Öffentlichkeit verborgen blieben. Aber mit zunehmender Öffnung der Gesellschaft gegenüber außergewöhnlichen Praktiken erstarkten die Betreiber in ihrem Mut und traten aus ihren Hinterzimmern ins pralle Leben. Sie gründeten Klubs, in denen fortan all das stattfinden sollte, was sie bislang privat gefeiert hatten.

Als ich das erste Mal in eines dieser Etablissements trat, traf mich fast der Schlag: Frauen mit knappen Jäckchen, Stiefeln bis zum Ansatz der Schambehaarung, Strapse. Sonst trugen die Frauen nichts. Brüste und Genitalien waren entblößt. Für die Frauen ein offensichtlich ganz normales Auftreten. Ich wusste nicht, wo ich zuerst hinschauen sollte. Aber eines war mir sofort klar: Hier gefällt es dir, hier geht es tabulos zu. Jeder Sinnesreiz wird angesprochen, hier wird – im Gegensatz zum Tantra – Sexualität ganz bewusst öffentlich gefeiert. Das war mein Eintritt in die Szene der Sex-Partys coram publico. Mein erstes Event war ein Fest mit Kostümzwang. Entweder man erschien im Fetisch-Fummel, der die sexuelle Neigung erkennen ließ, oder hüllte sich in ein Phantasie-Outfit. Die

Ausstattungsideen reichten von lustig bis bizarr, von lasziv bis brutal. An Textilien war alles vertreten: Gummi, Leder, Federn, Nylon, Seide. Einige stellten Tiere dar, andere Pflanzen. Die meisten Kostüme waren knapp und körperbetont und zeigten viel Fleisch. Ein Bild wie in Rio zur Zeit des Karnevals. Ich selbst steckte in schwarzem Leder mit vermeintlicher Nacktheit. Ich trug Chaps. Das sind Hosen, bei denen der Hintern ausgeschnitten ist. Eigentlich ein Sexutensil der Schwulen-Szene. Darunter hatte ich einen String-Body aus schwarzem Leder, der die Brust freigibt.

Zunächst verlief der Abend wie in jeder gewöhnlichen Diskothek. Es wurde getanzt, getrunken und geschwatzt. Techno-Sound mit seinen eindringlichen Beats dröhnte in die Schläfen der Anwesenden. Musik, die am besten zum Klub und Anlass passte. Anfangs hatte ich das Gefühl, es war eine Herausforderung für alle, die schon immer mal frivol aussehen wollten.

Bis ich das erste Paar sah, das ungeniert und vor den Augen der anderen an der Bar miteinander vögelte. Im Stehen. Ich glaubte nicht, was ich da sah und schaute mich um. Doch die anderen schienen das als normal zu empfinden und störten sich nicht daran. Vermutlich Stammgäste, die die Rituale bereits kannten. Kurze Zeit später wurde es überall getrieben: in den Ecken, auf der Tanzfläche, auf den Toiletten. Hier ging es um nichts anderes als darum, so oft und so heftig das zu bekommen, was man wollte: Sex. Tabulos, hemmungslos, grenzenlos. Manchmal werden die Abende im Klub thematisch oder sexuell bestimmt: Es gibt Veranstaltungen für Schwule, das ist dann der Gay-Club, Abende nur für Frauen, die Ladys Nights, oder für Homos und Heteros mit gemeinsamen Interessen, beispielsweise SM. Solche Abende werden unter anderem von Dominas bestimmt.

Einmal nahm ich an einem »Klinik-Abend« teil. Der Saal war gefüllt mit Ärzten und Krankenschwestern. Zu fortgeschrittener Stunde, als die Doktorspiele an Intensität zunahmen, glich der Boden einer Wiese aus Häubchen und weißen Kitteln. Überall trat man auf Stethoskope und Augenklappen. Auf der Bühne produzierte sich ein Pärchen und führte vor, was es gewöhnlich im heimischen Schlafzimmer praktizierte: Sado-Maso.

SM ist umstritten, weil sich die meisten Menschen nicht vorstellen können, dass Schmerz Lust bringen kann. Schmerz ist auf vielfältige Weise zu bereiten: Auspeitschen, Wachs auf die Haut träufeln, Verbrennen, Brustwarzen klammern. Das hört sich alles nach härtester Brutalität und mittelalterlichen Foltermethoden an. Aber es kann ein reizvolles Spiel sein, an die eigene Schmerzgrenze geführt zu werden und sie bis ins Unerträgliche auszureizen. Beim Empfinden von körperlichen Qualen gerät das vegetative Nervensystem in Wallung und schüttet Endorphine aus, die mitunter für einen Glücksrausch und Sinnentaumel sorgen.

Wer SM betreibt, darf das nur mit jemandem tun, der diese Praktiken beherrscht. Ansonsten verkommt SM tatsächlich zu Foltermethoden, die jeglichen Reiz verlieren. Ich habe mich einmal öffentlich fesseln lassen. Beim Fesseln wird auf bestimmte Punkte des Körpers Druck ausgeübt. Ich war am ganzen Körper gefesselt, hing wie in einem Netz, völlig umschlossen. Ich hatte das Gefühl, ein einziger Druckpunkt zu sein, so viele Stellen wurden an meinem Körper kräftig berührt. Darin lag der eine Teil der Stimulation. Der andere steckte im Hirn, im Gedanken, einem anderen Menschen komplett ausgeliefert zu sein. Von Kopf bis Fuß verschnürt zu werden, bedeutet, sich weder wehren zu können noch sonst irgendeinen Einfluss zu haben auf das, was der andere tut. Genussvoll dabei sind ebenso der Gedanke und das Gefühl, eine Zeit lang für die Frau der Mittelpunkt zu sein. Eine Frau beschäftigte sich ausschließlich mit mir. Und das mehrere Stunden.

Sie verpackte mich in Fischgräten, eine Methode der Bondage-Fesselkunst. Dabei wird die zu fesselnde Person mal von links und mal von rechts eingewickelt, ähnlich wie beim Verbinden. Als ich verschnürt war, zog sie mich an einer Stange an die Decke hoch. Und da hing ich, regungs- und wehrlos. Während die Frau mich fesselte und später, als ich an der Decke hing, beschäftigte sie sich nur mit meinem Körper. Ihr Körper spielte keine Rolle. Der Reiz für sie bestand darin, Macht über einen Mann auszuüben, ihn zu beherrschen, ihn als Spielzeug zu benutzen. Doch entgegen dem Glauben vieler, dass die Domina bestimmt, was gemacht wird, ist es der Sklave, der die Regeln vorgibt. Er weiß, wie weit die Domina gehen darf, weil sich alles um ihn dreht, er lässt zu, was sie macht oder gebietet Einhalt. Deshalb heißt es auch: »The Slave is the master.« Wenn die Domina die Grenzen überschreitet, ist das Spiel vorbei. Irgendwann suchte ich mir eine Frau, mit der ich auftreten konnte. Auf der Bühne übten wir uns im Rollentausch. Mal war sie die Domina, mal die Sklavin. Wir spielten mit Handschellen. Einmal stellte sie mich in den Pranger. Das ist eine Vorrichtung, in der die Hände und die Füße ausgebreitet und ausgestreckt festgeschnallt werden. Auch der Kopf ist fast unbeweglich. Die andere Person, in meinem Fall die Frau, hat so jegliche Gewalt über das wehrlose Geschöpf. Die Frau hat mich überall am Körper angefasst, sie hat darüber gestrichen und geschlagen. Sie bearbeite mein Genital und meinen Hintern. Mit ihren Händen, mit ihrer Zunge, mit einer Gerte. Zuckerbrot und Peitsche, Hiebe und Küsse. Manchmal, nachdem sie mir einen Hieb mit der Gerte verpasst hatte, zog sie sich schlagartig zurück. Eine besondere Form der Lustbereitung: Eine Erregung aufs Stärkste steigern und sich dann entziehen.

Ich war für alles offen, habe alles mitgemacht, bis auf eine Sache, die ich nicht wollte: Ich ließ mich nicht öffentlich penetrieren und wollte nicht penetrieren. Bei der öffentlichen Vereinigung der Geschlechtsteile setzte ich eine Grenze. Ebenso wenig war ich darauf aus, öffentlich einen Orgasmus zu bekommen. Bei den Shows geht es mehr um Stimulation und Reizausübung, um Ekstase und Lusttaumel, aber nie um einen Höhepunkt.

Den gönne ich mir unbeobachtet mit einer Frau, mit der ich richtig schlafe oder mit mir allein. Masturbation macht sexuell unabhängig und frei. In der Selbstliebe sehe ich meine liebevollste sexuelle Beziehung, die die Liebe und einen sinnlichen Körperkontakt zu anderen jedoch nicht ausschließt. Meine Erfahrung besagt: Je besser Autosex ist, desto besser ist Sex mit anderen.

Einige Mal kam es vor, dass ich bei den Partys von Frauen angesprochen wurde, ob wir uns außerhalb dieser Veranstaltungen treffen können. Es ergaben sich einige One-Night-Stands und eine lose Beziehung. Bevor ich mit den Frauen ins Bett ging, sprach ich mit ihnen offen über meine und ihre Neigungen und Bedürfnisse. Bei extremeren Sexualpraktiken empfiehlt sich ein verbaler Austausch, bevor man miteinander ein Desaster erlebt. Eine dauerhafte Beziehung fand ich bei den Partys nicht.

In jener Zeit aber lernte ich eine Frau kennen, mit der ich etwa ein halbes Jahr zusammen war. Unsere Partnerschaft zerbrach an meiner Unvorsichtigkeit: Ich vermischte zusehends die Grenzen zwischen SM-Show und Liebesbeziehung. Ich überforderte und überrannte sie, ohne sie darauf vorbereitet zu haben. Zuerst fand sie es reizvoll, stöhnte vor Lust und Genuss, später fühlte sie sich erniedrigt und benutzt. Ich hatte sie mit Beinen und Armen ans Bettgestell gefesselt und gefüttert. Wie im Film »9 ½ Wochen« mit Mickey Rourke und Kim Basinger. Im Gegensatz zu uns saßen die beiden im Schneidersitz vor dem geöffneten Kühlschrank und er stopfte ihr abwechselnd Käse, saure Gurken und andere Häppchen in den Mund. Sie hatte die Augen verbunden, alle Sinne konzentrierten sich auf ihrer Zungenspitze. Kim Basinger hätte aufstehen, sich das Tuch vom Gesicht reißen und gehen können, wenn ihr das Spiel keinen Spaß mehr gemacht hätte. Meine Freundin aber lag gefesselt auf dem Bett und war mir völlig ausgeliefert. Darin verbarg sich für mich ein enormer Reiz. Nicht, dass ich über sie bestimmen oder sie quälen wollte, aber das Wissen, sie in der Hand zu haben und sie willenlos machen zu können, inspirierte mich ungeheuer. Als wir auf dem Siedepunkt des Spiels waren, stand ich auf, ging ins andere Zimmer.

Ich ließ sie liegen, so, wie sie war, mit gespreizten Schenkeln und entblößtem Körper. In den ersten Minuten meines Fernbleibens widersprach sie nicht, vermutlich meinte sie, das Spiel noch zu beherrschen. Doch als ich nach einer halben Stunde noch immer nicht erschien, rief sie nach mir. Ich meldete mich nicht und übergab sie einer Unsicherheit, die sich auf den Rand der Angst zubewegte. Als sie schrie und ich ihre Verzweiflung vernahm, kehrte ich zurück und befreite sie. Sie war sauer, enttäuscht, verletzt und gedemütigt. Ich hatte die Grenze überschritten und damit das Spiel verloren. Ihre Lust verflog wie Staub im Wind. Kurz darauf trennten wir uns.

Die Gefahr jeder extremen Lust besteht darin, sie innerhalb einer Partnerschaft ausleben zu wollen. Diese Last hält kaum eine Beziehung aus, wenn nicht beide Partner ein und dieselbe Begierde treibt. Extreme Bedürfnisse sollten stets außerhalb der Liebesbeziehung befriedigt werden.

Für mich liegt das Ideal einer Partnerschaft darin, dass eine weitere Leidenschaft neben der Beziehung toleriert wird. Eine solche Beziehung, eine Frau, die meine Wünsche akzeptiert und achtet, suche ich nach wie vor. Doch bislang leider vergebens.

Obwohl ich glaube, sexuell fast alles ausprobiert zu haben, was es auszuprobieren gibt, teste ich ein neues Feld: sogenannte Penthouse-Partys. Das sind Feiern in riesigen, luxuriösen Wohnungen, für die nur eine begrenzte Anzahl von Leuten zugelassen wird. Die Auswahl wird bewusst getroffen: Es bekommt nur derjenige Zutritt, der über einen bekannten Klubgänger empfohlen worden ist. Der Eintritt ist teuer: mindestens 150 Mark. Kommt ein Mann allein, ohne eine Frau, muss er noch mehr bezahlen. Die Frau gewissermaßen als Mitbringsel, sie wird zur Verfügung gestellt. Bei diesen Partys geht es darum, Frauen und Männer zu tauschen. Swinger-Klubs in kleinerem Stil. Ob diese Form der Sexualität Erfolg haben wird, kann ich nicht sagen. Ich beobachte aber, dass die Penthouse-Parties stets gut besucht sind. Skandalautor Michel Houellebecq sagte in einem Interview mit dem »Spiegel« einmal sinngemäß, dass es künftig keine Alternative zu Swinger-Klubs geben wird. Die Monogamie der Ehe habe sich überlebt, außerdem töte sie jede Beziehung. Die einzige Alternative: ständige Seitensprünge oder der Gang zu Prostituierten. Oder beides. Will ein Paar gemeinsam Spaß haben, sich seine partnerschaftliche Lust bewahren, bliebe ihm nichts anderes übrig, als Swinger-Klubs zu frequentieren. Houellebecq und seine Frau – mit der er übrigens seit vielen Jahren verheiratet ist – sollen seinen eigenen Aussagen zufolge regelmäßig diese Art Sexgeschäft nutzen.

Über Sex kann mir niemand etwas erzählen, was ich nicht schon kenne. Nicht einmal Houellebecq. Aber ich fühle mich zu jung um stehen zu bleiben, ich strebe nach vorn, ins Reich des Unbekannten. Manch einer mag diesen Satz belächeln, da es sich doch »nur« um Sex handelt. Aber Sex ist das halbe Leben. Oder doch das ganze? Tantra, Sexklubs, SM, Penthouse – was zählt, ist das Erlebte. Mir genügen meine Erlebnisse noch lange nicht. Mein nächstes Ziel: ein Kurs, der etwa vier Jahre dauern wird. Vielleicht das erste Sex-Studium auf der Welt.

Auf Depressionen muß man reagieren

Judith H. (33 Jahre), Studentin in Kassel, lebt eine Ehe ohne Sex

Mit dem Kind wurde alles anders. Allmählich verflogen die Sinnlichkeit, jegliche Nähe, der Sex. Luise ist jetzt vier. Seit zwei Jahren schlafen Götz und ich nicht mehr miteinander. Dabei begann unsere Beziehung so vielversprechend. Noch nie erfuhr ich mit einem Mann eine solche Übereinstimmung wie mit Götz. Mit ihm konnte ich über alles reden, für jedes Problem fanden wir eine gemeinsame Lösung. Unsere Seelenverwandtschaft erschien uns als etwas Besonderes. Auch der Sex stimmte. Es klappte, einfach so, ohne dass wir darüber reden mussten. Dieses Zusammentreffen von geistiger und körperlicher Harmonie ist generell einzigartig, glaube ich. Und selten. Gewöhnlich klaffen intellektuelles Verständnis und sinnliches Verlangen weit auseinander. Es gibt Männer, mit denen kann man leben, und Männer, die sind interessant. Mit den einen erreicht man einen geistigen Austausch und ein wortloses Verständnis füreinander, mit den anderen schläft man. Beides zusammen geht nicht. Männer und Frauen passen eben nicht zusammen.

Der einzige Mann, für den diese These nicht zutrifft, ist Götz. Oder besser: Er war es. Mit ihm ging beides. Wir hatten eine wunderbare Zeit, von der ich mir wünschte, sie möge nie vorbei sein. Aber nun ist nichts mehr so, wie es einmal war. Seit Luise haben wir uns stetig voneinander entfernt. Sie drängte sich im Ehebett zwischen uns wie ein schlechtes Omen. Jetzt haben wir getrennte Schlafzimmer.

Doch ich kann und will Götz nicht verlassen. Weil ich ihn noch immer liebe. Weil sich unser intellektuelles und emotionales Verhältnis durch die Einbuße gemeinsamer Intimität nicht veränderte. Er ist nach wie vor der Mann, dem ich mich verbunden fühle. Mit dem ich leben möchte. Weil der Alltag mit Götz ein Dasein mit

Humor und Stresslosigkeit ist, weil er so ist, wie er ist. Und weil er da ist und wir zusammenpassen, als seien wir wirklich Topf und Deckel. Götz ist mein bester Freund.

Fast täglich frage ich mich, ob es nur ein Film ist, in dem ich eine Rolle spiele, in der ich falsch besetzt wurde, eine, die einer unsinnlichen Frau auf den Leib geschrieben worden ist. Ich will immer Sex, manchmal mehrmals täglich. Und am liebsten mit Götz. Besonders schlimm sind die Tage um den Eisprung. Ich sitze am Schreibtisch und plötzlich ist er da, dieser Sog im Unterleib, das feuchte Kribbeln zwischen den Beinen. Es erfasst mich, krempelt mich um und schaltet meinen Verstand aus. Die Buchstaben verschwimmen, die Zeilen fliegen weg, mein Kurzzeitgedächtnis versagt. Es ist wie eine Sucht. Und niemand ist da, der sie lindert.

Ob der Film irgendwann ein Ende hat, eines mit Happy End und kitschiger Knutsch-Romantik? Es tut weh, von Götz nicht das zu bekommen, was ich erwarte. Ich leide darunter, dass er mich zurückweist. Am Anfang stellte ich mich völlig in Frage, fand mich nicht mehr schön und dachte, es muss wohl folgerichtig so sein, dass Götz mich nicht mehr begehrt, weil ich durch Schwangerschaft und Geburt einen Teil meiner Mädchenhaftigkeit einbüßte. Es ist ein Unterschied, ob man plötzlich von seinem engsten Vertrauten in der eigenen Sexualität zurückgewiesen wird oder ob dies ein Mensch tut, dem man nicht so nah steht. Mit dem engen Vertrauten fühlt man sich vereint bis in den kleinsten Winkel seiner Seele, bis in die zarteste Faser seines Leibes. Wird diese Symbiose aufgelöst, wird damit der wundeste Punkt eines Menschen berührt. Man fühlt sich um seiner selbst beraubt, als ob man plötzlich der schlechteste und hässlichste Mensch ist, abstoßend und ekelerregend. Das verkraftet man schwer, weil man nicht mehr an sich glaubt. Während man bei einer Zurückweisung durch einen ferner stehenden Menschen seine Souveränität und Selbstsicherheit behält und weiß, dass man nicht schlechter ist als sonst auch. In einem solchen Fall greift man auf das einfachste Gesetz der Natur zurück: Man passt einfach nicht zusammen.

Doch Götz' Lustlosigkeit entstieg nicht nur meinen Veränderungen. Sie liegt vor allem in ihm selbst begründet. Er ist kein besonders leidenschaftlicher Mensch. Das bemerkte ich jedoch erst jetzt, in unserer sexlosen Zeit. Bevor mit Luise eine uns beiden unbekannte Art von Alltag in unser Leben zog, bewegten wir uns in einem Ausnahmezustand. Wir lebten zusammen, doch kannten wir keine wiederkehrenden Rituale und keine normierten Abläufe. Die einzige zeitliche Vorgabe war Götz' Kanzlei, die er als Anwalt betreibt. Doch auch die gestattete genügend Freiräume und zeitliche Verschiebungen. War ich nicht in der Fachhochschule, arbeitete ich zu Hause. Götz kam oft am Tage vorbei. Fast immer landeten wir im Bett. Überhaupt taten wir es so oft und wann wir wollten: morgens, mittags, abends, in der Nacht. Wir brauchten keinen bestimmten Ort und keine besonderen Räume. Unser Leben war leicht, ohne jegliche Anstrengung, deshalb waren auch unsere Liebe und unser Sex unbeschwert.

Jetzt stehen wir vorm Hellwerden auf und kommen Mitternacht ins Bett. Das raubt Kraft. Und Sinnlichkeit. Unter den veränderten körperlichen Anforderungen leidet Götz mehr als ich. Manchmal neigt er zur Wehleidigkeit. Ich glaube, bis zur Geburt unserer Tochter ahnte er nicht mal, dass es ihm Mühe bereiten würde, mit Anstrengungen und Störungen von außen umzugehen. Und dass sein Verlangen auf der Strecke bleiben würde. Er fühlte sich stets als leidenschaftlicher Mann. Er glaubte, immer Lust zu haben. Das Rätsel war schnell gelöst: Stets hatte er Frauen, die eine weitaus geringere Begierde verspürten als er. Mit mir änderte sich das. Ich bin die erste Frau in seinem Leben, mit der er nicht mehr mithält. Meine Libido überfordert ihn. Er merkte es nicht, solange wir allein lebten und nur uns genossen. Immer gab es den Luxus sich zurückzuziehen, wenn wir müde waren, mal nicht wollten oder einfach das Bedürfnis nach Alleinsein verspürten. Mit Luise änderte sich das. Es zog eine Regelmäßigkeit in unser Haus, die ein Kind gleichermaßen braucht und gibt. Die Regelmäßigkeit brachte auch Freunde mit: Lautstärke, Chaos, Ruhelosigkeit. Götz ist jetzt nicht nur Anwalt, Ehemann und Liebhaber, sondern auch Vater. In dieser Rolle wird er stärker beansprucht, als er es sich jemals erträumte. Die Momente, in denen er sich früher in sich selbst zurückziehen konnte, füllt heute Luise. Sie fordert ihn körperlich, geistig, zeitlich. Sie ringt ihm Nähe ab, sie buhlt um seine Aufmerksamkeit. Und sie wird nicht enttäuscht. Götz ist ein guter, ein liebevoller Vater. Er gibt seiner Tochter, was sie von ihm verlangt. Doch er fühlt sich von allen Seiten bedrängt und unfrei. Die Berührung zu mir gab er dadurch auf. Und eroberte sich auf diese Weise einen Teil seiner körperlichen Unversehrtheit zurück. Sie sei die einzige Möglichkeit, sagte er mir einmal, mit sich allein sein zu können. Sein Drang nach Abgrenzung äußert sich in sexueller Frustration.

Seit Luise da ist, ist auch Götz' Mutter ständig anwesend. Kaum ein Wochenende ohne Oma Elke. Sie ist über 60 und Lehrerin. Als solche weiß sie alles besser, kann alles besser und macht alles besser. Meint sie. Und weil sie sich so vollkommen glaubt, aber nicht mehr arbeitet, suchte sie sich neue »Schüler«: Uns. Nicht nur, dass sie sich in Ernährung und Erziehung einmischt, sie belehrt uns ohne Unterlass. Allerdings fand sie in mir eine schlechte Patientin: Vermutlich bin ich die erste Frau aus Götz' Leben, die ihr Paroli bietet. Götz' frühere Freundinnen duckten sich ab, um Konfrontationen und unnötigen sowie endlosen Diskussionen aus dem Weg zu gehen. Auch wenn sie mir drei Mal erklärt, dass Luise auf der Wiese ihre Sandalen anziehen soll – ich erlaube meiner Tochter, im Hochsommer barfuß zu laufen. Wenn Luise im Schatten sitzen will, darf sie im Schatten sitzen und muss sich nicht in der Sonne quälen, weil meine Schwiegermutter meint, im Schatten sei es zu kühl.

Unabhängig davon, dass Großmütter ohnehin in der Pflege und in der Vorsicht gegenüber ihren Enkeln übertreiben, wendet Götz' Mutter besondere Fürsorge an. Dahinter vermute ich das Glucken-syndrom, unter dem bereits Götz als Kind litt. Sie ließ Götz nie los. Selbst jetzt hält sie ihn fest umklammert. Und er vermag es nicht, ihr Grenzen zu setzen und sich aus dem Muttergefängnis zu befreien. Ein Beispiel: Ich sitze zu Hause am Schreibtisch und arbeite, das Telefon klingelt. Meine Schwiegermutter ist ganz aufgeregt, weil ein Schreiben von der Hausverwaltung wegen der Betriebskostenabrechnung kam: »Wir verstehen das alles nicht, was da steht. Götz muss sofort vorbeikommen und uns helfen.« »Das hat doch sicher bis zum Wochenende Zeit? Die Betriebskostenabrechnung erhöht sich nicht, wenn sie einige Tage auf eurem Sekretär liegt.« »Aber, aber …«, stammelt sie. Ich unterbreche sie: »Außerdem kann Götz jetzt nicht kommen, er ist in der Kanzlei.« »Dann soll er mich unbedingt sofort anrufen, sagst du ihm das? Aber heute abend kann er doch kommen?!« Selbst wenn ich Götz erkläre, dass dies nur gemeine Attacken seiner Eltern sind, sich in unser Leben einzumischen und beide ganz genau wüssten, wie Fieber zu bekämpfen ist, schafft er es nicht, bei ihnen anzurufen und abzusagen. Er fährt hin und kehrt erst Stunden später wieder zurück.

»Der arme Junge«, grummelt Götz' Mutter nicht selten vor sich hin. Und stets in Situationen, in denen ich mit ihr allein bin oder gerade an ihr vorbeilaufe. »Welcher armer Junge?«, fragte ich einmal. »Der Götz hat es nicht leicht mit dir«, wirft sie mir einen vorwurfsvollen Blick zu. »Wie meinst du das?«, frage ich gereizt zurück. »Er muss so viel arbeiten und du bist so oft nicht da. Ihm fehlt einfach eine kümmernde Hand.« Oft platzt mir bei solchen Sätzen der Kragen, obwohl ich versuche, ruhig zu bleiben. »Elke, dein Sohn ist inzwischen fast 40 Jahre alt und kein Berufsanfänger mehr. Ich studiere, das nimmt Zeit in Anspruch. Götz und Luise kommen nicht zu kurz. Außerdem ist dein Sohn seit einigen Jahren erwachsen und kann durchaus für sich selbst entscheiden.« In Gedanken füge ich hinzu: Und ich wünschte, er könnte sich besser von dir abgrenzen.

»Oma Elke« ist ein Bündel aus Widersprüchen: Opferte ihre Familie ihrer Karriere und verlangt von mir, nur für meinen Mann, ihren Sohn, da zu sein. Zur Geburt von Luise schenkte sie mir eine Kittelschürze, ein Schöpfkellenset und antistatische Staubtücher. Sie lebte für Schule und Wissen und gleicht einer Enzyklopädie, fragt man sie nach naturwissenschaftlichen Phänomenen. Im praktischen Leben jedoch zeigt sie sich nicht so patent: »Judith, guck mal hier, meinen neuen Auflauflöffel habe ich nur einmal benutzt und schon ist er hinüber.« »Was hast du denn mit dem gemacht, der ist ja total verkohlt?« »Ich habe ihn in der Auflaufform im Ofen gelassen.«

Die offene Konfrontation mit seinen Eltern scheut Götz. Wird es lauter, liefern sich in der Regel Götz' Mutter und ich Wortgefechte. Götz schluckt alles herunter und fügt sich in das Herrschaftsgebilde, in dem seine Mutter dominiert, mit der Erkenntnis, nichts von den Eigenheiten seiner Eltern ändern zu können. Obwohl er darunter leidet, bricht er nicht aus. Geht es um das Verhältnis von Mutter und Sohn, ist mir die männliche Psyche fremd. Dann ist mir auch Götz fremd. Kurios ist, dass mir Götz beibrachte, Haltung zu zeigen, wenn ich etwas nicht will. Er selbst aber knickt ein, sobald seine Mutter Dinge von ihm verlangt, die er ihr eigentlich nicht geben mag. Er machte mich stark und ist es selbst nicht in Situationen, die leicht zu händeln wären.

Würde ich nicht dagegensteuern und ab und zu Grenzen setzen, Götz' Mutter würde ihm wahrscheinlich noch seine Schlüpfer waschen und mich als ihre Angestellte betrachten. Sie umzingelt ihn, auch wenn sie abwesend ist. Götz fühlt sich permanent unter Druck und in der Pflicht. Indem sie näher an ihn heranrückt, um so unerträglicher empfindet er Nähe. Eben auch körperliche.

Weil wir früher nie über unsere Intimität reden mussten, haben wir es bis heute nicht gelernt, verbal mit ihr umzugehen. Heute würde ich gern darüber sprechen. Wir müssen es tun. Sonst verkeilen wir uns in unserer Sexlosigkeit, ohne zu wissen, wohin sie uns führt und wie sie uns weiter beeinflusst. Doch über Körperlichkeiten kann Götz nicht so recht reden. Über alles können wir uns austauschen, aber darüber schweigen wir. Vermutlich will Götz das Problem aussitzen, wie man so schön in der Politik sagt. Ich unternahm einige Versuche. »Findest du es nicht befremdlich, dass wir nicht mehr miteinander schlafen?«, fragte ich ihn. Er schaute mich scheinbar verständnislos an. Eine Antwort blieb er schuldig.

Ich suchte nach praktischen Alternativen zur mangelnden Kommunikation. Und probierte es mit verschiedenen Methoden: Versuchte ihn in der Badewanne zu locken, nach einer Flasche Wein oder im Wald. Immer wieder wies mich Götz zurück. Je mehr ich drängte, desto weiter rückte er von mir ab. Bis er sich ganz von mir abwandte, ich schließlich aufgab und mich meiner sexlosen Ehe ergab. War ich allein zu Haus, stellte ich mich vor den Spiegel und betrachtete mich: Bin ich zu dick? Ist mein Körper unförmig? Bin ich hässlich? Was an mir ist es, das ihn nicht mehr erregt? Ich fand es nicht heraus. Ich fühlte und fand mich weder unschön noch deformiert. Bestätigung meiner Attraktivität und Ausstrahlung bekam ich von anderen Seiten. Nur nicht von meinem Mann. Ich hörte auf, ihn zu locken und zu reizen. An unserem Zusammensein und unserem Familiendasein aber änderte sich dadurch nichts. Eher trat das Gegenteil ein: Götz wurde zusehends lockerer und gelöster. Er gestand sogar: »Das letzte Jahr fand ich richtig gut, du hast mich nicht bedrängt.«

Noch vor einem Jahr hätten mich diese Worte stark verletzt. Heute weiß ich, dass sie nicht vordergründig gegen mich gerichtet sind, sondern dass sie vor allem mit ihm zu tun haben. Dennoch machen sie mich zutiefst traurig. Wer will denn auf Dauer eine sexlose Ehe führen? Aber von Götz will ich mich trotzdem nicht trennen. Unsere soziale Beziehung, unsere kleine Familie ist ein bewahrenswertes Gefüge. Für alle Seiten: für ihn, für mich, vor allem für Luise. Götz ist der Mensch, der mich begreift und versteht, wir vermochten es, uns innerlich zu ertasten, ohne uns weh zu tun.

Ich hoffe, dass das, was wir gerade erleben, eine vorübergehende Phase ist, dass wir früher oder später unsere Körper wiederfinden. Die jetzige Zeit ist schwierig, und jeder löst auf seine Weise das Problem. Ich wünsche mir, dass wir uns wieder begehren, weil unsere Ehe gut ist. Auf andere wirken wir stets harmonisch. Und wir sind es auch. Nur die Begierde fehlt. Ich weiß, dass es schwierig ist, Leidenschaft über viele Jahre hinweg zu erhalten. Aber was sollen wir tun? Allein wegen Luise will ich mit ihm zusammenbleiben. Zugegeben, ein schäbiges Argument. Aber außer unserer Sexlosigkeit finden sich weit und breit keine Gründe, die für eine Trennung sprächen.

Seit kurzem habe ich einen Liebhaber. Ob Götz eine Geliebte hat, weiß ich nicht. Rein theoretisch könnte es möglich sein. Ich weiß nicht, was er den ganzen Tag lang in der Praxis tut. Zumindest wäre er der erste Mann ohne Libido, den ich kenne. Es sind doch vor allem Männer, die Sex ganz oben auf der Prioritätenliste ansiedeln. Nicht selten mit der Begründung: Das habe die Natur so eingerichtet, sie selbst, die Männer, könnten nichts für ihren heftigen Trieb. Aber rein praktisch und realistisch betrachtet, schließe ich eine Geliebte an Götz' Seite aus. Unabhängig von seiner Unlust, die ehrlich und nicht vorgetäuscht zu sein scheint, ist die Praxis der schlechteste Ort für ein Verhältnis. Seine Renogehilfin ist knapp 60, Klientinnen schließe ich bei seiner Spezialisierung, dem Wirtschaftsrecht, aus. Nach der Arbeit ist er zu Hause. Was auch immer stimmen mag, ich hätte nichts gegen eine »Nebenbuhlerin«. Aber nicht etwa als »Ausrede« für meinen Liebhaber. Ich erlebe doch gerade selbst, dass Sex außer Haus eine Beziehung nicht in Frage stellen muss. Solange es beim reinen Sex bleibt. Kommen Gefühle ins Spiel, wendet sich das Blatt. Ich bin mir sicher, nicht eifersüchtig zu sein. Eifersucht gibt es nur, wo Begehren ist, schrieb schon Graham Greene.

Götz weiß von meinem Liebhaber. Er kennt ihn nicht persönlich, aber er weiß um seine Existenz. Vermutlich ahnte er länger von meinem Verhältnis, als ich glaubte. Aber er fragte nie, rief mich nicht über Handy an, wenn es später wurde, kramte nicht in meinen Taschen. Unabhängig davon, dass Spionieren eines der schäbigsten Mittel in der Auseinandersetzung zwischen Partnern ist – und mag das Misstrauen noch so groß sein –; Götz versteht sogar, dass ich mit einem anderen Mann ins Bett gehe. Ich sei nicht sein Eigentum, sagte er, als wir einmal sachlich und ruhig darüber sprachen. Er zeigte sich überaus verständnisvoll und ohne einen Anflug von Wut. Aber er bat auch, ich möge prüfen, ob ich das Verhältnis nicht beenden könne. Die verstandesgemäße Auseinandersetzung bestätigte mir erneut, dass Götz ein außergewöhnlicher Mann ist. In der Regel reagieren Männer anders.

Ich hatte mal einen Freund, der war so eifersüchtig, dass es pathologische Züge annahm. Er verfolgte mich heimlich im Auto, fing Post ab und hetzte zum Telefon, wenn es klingelte. Er schaute misstrauisch, wenn ich nach 21 Uhr telefonierte und machte unendliche Szenen. Götz nicht. Er will nicht wissen, wo ich war, wenn ich nach Mitternacht nach Hause komme und erkläre, ich hätte mich mit einer Freundin, die ich lange nicht mehr gesehen habe, in der Kneipe getroffen. Ohne dass meine Sachen nach Qualm stanken. Normalerweise erriecht man einen Kneipenbesuch an allem, was sich auf dem Körper befindet: Kleidung, Haare, Haut. Ich aber duftete nach den Folgen der Liebe. Einmal sagte Götz: »Für das, was du tust, brauchst du doch keine Absolution.« Dann hingegen fragte mich unvermittelt, ob ich ihn liebe. Mir schien, als wolle er die Antwort gar nicht hören, als könnte ein Ja aus meinem Munde an unserer Lage etwas ändern.

Einige Male verließ ich gegen 23 Uhr noch einmal das Haus. Götz wünschte mir viel Spaß und blätterte in seiner Zeitung. Jeder andere Mann hätte gedroht: »Aber sonst geht's dir gut, ja?« Inzwischen gibt es sogar Situationen, in denen er mich vor seiner Familie in Schutz nimmt. Vor einem größeren Familienfest – die Verwandten waren allesamt schon bei uns –; musste ich noch einige Zutaten für eine Marzipantorte kaufen. Ich verabschiedete mich mit den Worten: »Bin in zehn Minuten wieder da.« Als ich allein auf der Straße stand, tief durchatmete und die Ruhe genoss, huschte mir mein Liebhaber in den Kopf. Einmal meine Gedanken okkupiert, legt er sich über meinen Körper und gibt mich erst nach einem Hautkontakt wieder frei. Eine halbe Stunde nur, nicht länger, entschied ich, meine »Befreiung« einzuleiten, stieg ins Auto und fuhr los. Ich blieb fast zwei Stunden. Florian ist ein feuriger Liebhaber, bei dem jede Berührung elektrisiert. Mit ihm erlebe ich die Leidenschaft, die ich einst auch mit Götz genoss. Kaum in seinem Flur, rissen wir uns die Kleider vom Leib und fraßen uns auf. Sofort, im Stehen. Wir hatten uns eine Woche nicht gesehen, er kam nach wenigen Minuten. Er entglitt mir und ich drückte seine Finger in meinen Schoß. Sie sollten mir geben, wozu er nicht mehr in der Lage war. Seine Handinnenflächen kreisten über dem kleinen Hügel, der Frauen glücklich macht, seine Finger gruben sich tief in mir ein. Ich presste seinen Handballen fester auf meine Klitoris, dort, wo die feinen Nervenzellen für die weiblichen Höhepunkte liegen. Viele Männer glauben noch immer an die Legende des vaginalen Orgasmus. Sie meinen, Frauen in erster Linie mit ihrem Schwanz befriedigen zu können. Und definieren darüber ihre Potenz. Ich kenne keine Frau, die jemals einen vaginalen Orgasmus erlebte.

Die Familie tobte, als ich die Wohnungstür aufschloss. »Wo bleibst du denn?«, wetterte Götz' Mutter. Eine seiner Tanten stemmte die Arme in die Seiten, in ihrer Hand wedelte ein Geschirrtuch: »Klug abgepasst. Es ist alles schon erledigt.« »Wo willst du jetzt schon wieder hin?«, keifte meine Schwiegermutter erneut, als ich die Tür zum

Keller aufschloss. »Eine Flasche Wein holen, wenn's erlaubt ist«, entgegnete ich genervt. Götz schlich mir hinterher und packte mich sanft am Arm: »Das nächste Mal sagst du einfach Bescheid, wenn es später wird. Dann kann ich die Familie beruhigen.«

Meinen Liebhaber kenne ich seit zehn Jahren. Damals war er auch mein Geliebter und ich seine Geliebte. Er hatte eine Freundin, ich einen Freund. Wir trafen uns hin und wieder, fuhren mit seinem Auto in den Wald oder an den Stadtrand. Wir machten es auf dem kühlen Waldboden oder auf den Polstern im Wagen. Im Auto ist es praktisch. Es fährt immer alles mit: Liegefläche, Wärme, vielleicht Musik. Man kann anhalten, wann und wo immer man will. Für Geliebte nahezu ein idealer Ort. Und anonym. Keine feindlichen Hotelzimmerrechnungen, keine ungeahnten Zeugen, keine verräterischen Vorbereitungen.

Als seine Freundin schwanger wurde, lösten wir unser Verhältnis und sahen uns fortan nur noch flüchtig. Wir trafen uns zu Geburtstagen und auf einigen Partys, gingen einige Male essen und ins Kino. Es passierte nie etwas, obwohl es mir nicht gelang, unsere Beziehung als harmlose Freundschaft anzusehen. Stets flirrte Erotik um uns. Jetzt wieder ein Verhältnis zu beginnen, war keine bewusste Entscheidung. Es fügte sich auf belanglose Weise zusammen. Einige Male trafen wir uns, um ins Kino zu gehen, einmal waren wir im Theater, ein anderes Mal in einer Ausstellung. ES geschah am hellichten Vormittag. Wir frühstückten in einem Café und erinnerten uns unserer »Jugendsünden«. Kichernd und fast vorpubertär. Plötzlich küssten wir uns und ließen unsere Münder nicht mehr los. Noch heute schmecke ich seine Croissant-Krümel auf meinen Lippen und lecke mit der Zunge die Schokolade ab. Wir zahlten überstürzt und eilten zu ihm nach Hause. Als seine Hände unter meinen Pullover rutschten, fühlte ich schmerzhaft und erregt zugleich, was mir all die Wochen über vorenthalten wurde. Mein Körper – eine einzige erogene Zone, seine Begierde – die Antwort auf mein Leiden. Wir verloren uns im Duft vergangener Zeiten und bahnten uns einen Weg in eine neue Leidenschaft. Es gibt Menschen, von denen gehen immer einzigartige Schlüsselreize aus, die sich nie abnutzen, die nie ein gealtertes, misstrauisches Second-hand-Gefühl hinterlassen. Ich bekam nicht genug von ihm, in einer Dreiviertelstunde verkrochen wir uns drei Mal hintereinander in uns. Ich forderte ihn heraus, er ließ sich locken. Wie ein starkes Medikament, das einen chronischen Schmerz wie durch ein Wunder plötzlich erlöschen lässt, empfand ich seine Berührungen. Seine Haut spürte ich wie das erste Mal, als wir uns vor Jahren liebten. Er hatte nichts von seiner Jugendlichkeit eingebüßt.

Danach fragte er mich, ob mich ein schlechtes Gewissen plage. Bis zu diesem Moment hatte ich Götz vergessen. Ich erschrak, weil mir bewusst wurde, dass ich meinen Mann gerade betrog. Dann erschrak ich noch einmal: Ich hatte keinerlei Schuldgefühle. Wenn Götz nicht mit mir schläft, hole ich mir woanders, was ich brauche. Mein Liebhaber nimmt ihm nichts weg. Er greift nach dem, was Götz ohnehin nicht besitzt. Und momentan sogar ablehnt.

Trotzdem musste ich mich erst mit dem Gedanken anfreunden, dass ich keinen Ehebruch begehe. Wenn es so etwas in unserer aufgeklärten Gesellschaft überhaupt noch gibt. Wenn es ihn überhaupt jemals gab. Ich liebe Götz, er bildet den roten Faden in meinem Leben. Zu Beginn unserer Sexlosigkeit hoffte ich, mein Drang nach körperlicher Erfüllung verschwindet von allein, einfach weil der Körper vergisst, dass er einst nach etwas verlangte, was er nun nicht mehr bekommt.

Meinen Liebhaber plagte ein schlechtes Gewissen. Obwohl er seine Freundin nicht mehr liebt. Er will mehr als ich. Kürzlich fragte er mich, ob wir uns nicht von unseren Partnern trennen und zusammenziehen sollten. Erschrocken schaute ich ihn an. Daran dachte ich keinen Augenblick. Unsere Beziehung würde nach spätestens einem halben Jahr auf der Müllkippe landen. Das, was Götz zu wenig ist, ist er zu viel. Götz vergleiche ich gern mit einem Jaguar: schleichend, leise, grazil. Ihm mangelt es an nicht an Charisma, aber an Stimme und der Fähigkeit, sich nicht nur auf stumme Weise Aufmerksamkeit zu verschaffen. Eine Frau spontan und ungefragt auf den Küchentisch zu werfen und sie zu beglücken – auf die Idee käme Götz nicht. Mein Liebhaber dagegen lässt all seinen Gedanken tonalen Lauf. Was ihm in den Kopf kommt, will aus seinem Mund wieder raus. In Stunden unseres Zusammenseins genieße ich seine sprudelnde Art, lache über seine Witzeleien und bade in seiner Ironie. Doch täglich möchte ich das nicht erleben. Den Abnutzungseffekt möchte ich nicht unterschätzen. So viel Abwechslungsreichtum traue ich ihm nicht zu, dass er nach wenigen Jahren nicht durchschaubar und berechenbar wäre. Dann verkommt auch der beste Humor nur zu einer profanen Angelegenheit. In der Unverbindlichkeit liegt das Geheimnis unserer anhaltenden Leidenschaft. Und ich möchte, dass es noch lange so bleibt, dass wir wie zwei Verrükkte übereinander herfallen, wenn wir uns sehen. Unsere Körperlichkeit ist das wichtigste Bindeglied in unserer Beziehung.

Außerdem möchte ich meine Familie nicht zerreißen. Ich könnte es Luise nicht antun, ihr den Vater zu rauben. Der Möglichkeiten, trotz Trennung ein Kind gemeinsam zu erziehen, gibt es zwar einige, aber sie hinken alle dem kindlichen Bedürfnis nach Mutter **und** Vater hinterher. Und die modernen Lebensformen bleiben, was sie sind: Alternativen für gescheiterte Beziehungen. Als gescheitert sehe ich unsere Ehe nicht. Wir streiten nicht und verstehen uns gut. Unsere Ehe ist lediglich lustfrei und sexlos. Doch auch diese Beschreibung trifft den Kern der Sache nicht ganz. Ich habe ja Lust und hätte auch Lust auf Götz. Eine Lösung für ein Problem, das eigentlich nur seines ist, hat er allerdings nicht. Er strebt danach, innerhalb unserer Ehe eine Antwort zu finden. Aber wo er beginnen will – ich weiß es nicht.

Nach Götz soll es keinen festen Mann mehr in meinem Leben geben. Liebhaber ja, die werde ich sicher haben. Und wie ich mich kenne, könnten es einige sein. Aber ich brauche keinen Mann mehr in meiner Wohnung, um glücklich zu sein. Sage ich jetzt. Vielleicht sieht es anders aus, wenn ich irgendwann tatsächlich vor einer solchen Entscheidung stehe. Ich erinnere mich an ein Gedicht »Freie Wahl mit Vorsätzen *am beispiel üste*« von Erich Fried, das die Schwierigkeit einer Entscheidung beschreibt: Die üste hat die freie Wahl:/ Wenn sie ein W wählt bleibt sie kahl/ Wenn sie ein K wählt wird sie naß -/ Die freie Wahl macht keinen Spaß«.

So, wie es jetzt mit meinem Liebhaber ist, ist es gut. Er genügt mir. Die einzige Störung zeigt sich in unserer Heimlichkeit. An vielen Tagen wissen wir nicht wohin. Zu mir nach Hause geht es nicht, zu ihm auch nicht. In der Öffentlichkeit lassen wir uns nicht gern zusammen sehen. Es reicht, wenn wir an manchem Abend zusammen ausgehen. Einige Male harrten wir stundenlang in seinem Auto aus. In strömendem Regen. Wir warteten, dass sich die Sonne wieder am Himmel zeigte. Aber sie tat uns den Gefallen nicht. Das Auto stand auf dem Parkplatz der Fachhochschule. In unserer Verzweiflung ließen wir Passanten Passanten sein und taten es ungeniert vor vermeintlichem Publikum.

Früher setzte ich Sex und Liebe gleich. Ich schlief mit Männern, weil ich sie vermeintlich liebte. Und ihre Lust empfand ich als Liebesbeweis mir gegenüber. Heute weiß ich, dass das naiv und mitunter falsch ist. Ich mag meinen Liebhaber, aber ich liebe ihn nicht. Ich schlafe wahnsinnig gern mit ihm, möchte aber nie mit ihm leben. Es gibt sie hin und wieder, die Momente kribbelnden Gefühls, wo ich mich frage, was nun mit mir passiert. Aber sie gehen schnell vorbei, wenn ich mir vorstelle, mit ihm am Küchentisch zu sitzen und zu beratschlagen, was eingekauft werden soll und wer den Müll runterträgt.

Von meinem Liebhaber weiß – bis auf Götz – niemand. Außer meine beste Freundin. Das heißt, sie war meine beste Freundin. Nachdem ich ihr »beichtete«, dass ich ein Verhältnis habe, rümpfte sie die Nase: Sie fand mich unmoralisch und verlogen. Ich verlangte ja nicht, dass sie mir applaudierte, aber ich hoffte auf Verständnis für meine Situation. Sie ließ jede Emphatie vermissen. Noch nie täuschte ich mich so sehr in einem Menschen wie in ihr. So tolerant, emanzipiert und unorthodox sie sich gab, so moralinsauer und verklemmt scheint sie zu sein. Ich glaube sogar, dass die plötzlichen Anwandlungen von Ehrlichkeit und Treue ihr wahres Gesicht sind, hinter dem sich eine gehörige Portion Verbitterung verbirgt: Erbostheit darüber, dass ich mir nehme, was ich will und nicht der Rolle der verkrusteten Gattin und Mutter erliege.

Dass ich Sex mag und ohne ihn nicht auskomme, wusste ich seit langem. Dass ein drängendes Gefühl aber von mir regelrecht Besitz ergreifen kann, merkte ich in den Wochen meiner Sexlosigkeit. Ich redete mir ein, es geht auch OHNE, Sex ist nicht wichtig, was zählt, sind gemeinsame Jahre und zusammen verbrachtes Leben. Ich ärgerte mich darüber, dass ich Energie für eine Sache verschwendete, die es nicht wert ist. Ich begann zu rauchen, um meinen Trieb zu beherrschen. Ich versuchte, die Schwingungen in meinem Unterleib aus mir herauszupressen und Gedanken in meinen Kopf zu drücken, die das Ideelle in meiner Ehe in den Mittelpunkt all meines Sehnens rückt. Doch die Versuche landeten allesamt im Mülleimer. Gefühle lassen sich nicht einfangen wie ein verirrtes Reh, das sich im Gehege bei guter Pflege vielleicht sogar zähmen lässt. Sie wollen gelebt und gefühlt werden, und wenn es sein muss, unter erschwerten Bedingungen. Mein Unterbewusstsein bastelte sich Hirngespinste zusammen, in denen Vamps und Sexmonster die Hauptrollen spielten. Plötzlich war alles um mich herum sexualisiert, nur ich nicht. Alle hatten es besser, weil sie vögeln konnten. An diesem Punkt wurde mir klar, dass ich etwas tun muss, um nicht durchzudrehen. Auf Depressionen muss man reagieren, lautet seitdem mein Leitspruch.

Ich verabschiedete mich von dem Gedanken, mit Götz jemals wieder eine solch leidenschaftliche Beziehung zu führen wie vor der Geburt unserer Tochter. Vielleicht wird es eine – soweit Götz' Libido auferstehen sollte –; die an die Zärtlichkeit von Bruder und Schwester erinnert. Ich arrangierte mich mit einem kontrollierten Dasein als Ehefrau und Mutter und dem wilden als Liebhaberin. Und ich muss sagen: Es geht mir gut dabei. Ich habe Sex und eine Familie. Auch wenn beides verschiedene Lebenswelten sind. Auch wenn ich mir wünsche, es wäre anders. Sex zu Hause zu haben, mit dem Mann, den man liebt, und auch spontan, soweit dies ein Kind zulässt, ist bequemer und einfacher, als ihn sich zu organisieren. Diesen Traum habe ich noch nicht aufgegeben.

Zwei oder drei Mal in der Woche treffe ich mich mit meinem Liebhaber. Manchmal wache ich morgens auf und denke: Heute willst du vögeln. Ich nehme mein Handy und schicke eine SMS an meinen Liebhaber. Dann sehe ich ihn in seinem Terminkalender blättern und im Kopf nach einer günstigen Gelegenheit kramen. Eine halbe Stunde später kenne ich Ort und Zeit. Beschwingt und heiter decke ich den Frühstückstisch und fast nichts kann meine gute Laune trüben. Mit beiden Händen umklammere ich meine Kaffeetasse, um sie vor dem Entgleiten zu schützen, so feucht sind meine Hände. Ich nehme den laszivsten Lippenstift und stecke mein Haar hoch. Wenn wir uns endlich sehen, bin ich erst wieder fähig zu reden, wenn mich ein erster Orgasmus durchzuckte. Beim zweiten Mal habe ich die Muße gelassener und friedfertiger zu sein, dann kann ich genießen und in meinem und seinem Körper zerfließen. Wie stand so schön an eine Häuserwand geschrieben: »Der Sinn des Lebens besteht darin, die Zeit zwischen den Orgasmen so sinnvoll und angenehm wie möglich zu überbrücken!«

Ich will die volle Punktzahl

Udo H. (32 Jahre), Fernsehjournalist in Chemnitz, liebt eine jüngere Frau

Eine Nacht kann dein Leben ändern. Meine kam im Sommer vor zwei Jahren und hieß Annemarie. Sie stürzte sich brachial über mich. Nicht, dass ich es nicht geahnt hätte. Aber seit jenen Stunden im Park hielt ich das Steuer meines Beziehungsleben nicht mehr fest in der Hand. Annemarie setzte sich auf einer Bank nicht nur auf mich drauf, sondern nagelte sich an meiner Seite fest. Dazu musste sie nicht mal einen Trick anwenden, es war ganz einfach: Sie wekkte mich aus einem sexuellen Tiefschlaf, in den ich eine Ewigkeit zuvor gefallen war.

Zehn Jahre hatte ich eine Beziehung, aber keinen Sex. Nicht in den letzten drei Jahren. Anfangs fragte ich mich, ob ich gestört oder verdreht bin, am Ende hatte ich mich damit arrangiert. Auch Franziska, meine damalige Freundin. Nichtgebrauch kann Lust auf ein minimales Level schwinden lassen. Aber dann tauchte Annemarie auf. Aus dem Nichts stand sie vor mir und brachte das Arrangement zum Kippen. Indem sie sich rittlings und ungefragt über mich stülpte. Als gäbe es nichts Selbstverständlicheres auf der Welt, als in einer Sommernacht auf einer Parkbank zu vögeln. Ein Radfahrer schob sein Gefährt nur wenige Zentimeter an uns vorbei und grummelte: »Ja, ja.«

Durch Annemarie und ihre Inbesitznahme weile ich wieder unter den Liebenden, sie führte alle meine Befürchtungen, zu einem sexuellen Nichts verkommen zu sein, ad absurdum. Ich wähnte mich in einem trieblosen Loch und hatte längst vergessen, was das ist: libidinöser Spaß. Mit einer Frau. Nächtelang, wild, atemlos. Wenn ich Sex hatte, dann mit mir selbst. Zwischen Franziska und mir herrschte eine eigenartige erotische Stille.

Wir liebten uns und hätten uns nie verlassen. Aber mein Begehren, mein sinnliches Verlangen nach Franziska war zusehends geschwunden, bis es schließlich völlig verebbte. Wie Bruder und Schwester lebten wir zusammen, wie zwei taktvolle Menschen, die sich sehr achten und auf den anderen aufpassen. Wir spürten und wussten, dass es so nicht mehr lange gut gehen wird, und dass wir schnell eine Lösung finden müssen. Aber wir waren beide zu unerfahren und zu untalentiert, offen mit unserem Problem umzugehen. Wir glitten in die Sackgasse, sahen den Baum, auf den wir zurodelten, waren aber unfähig auszuweichen.

Wir waren 17, als wir uns kennenlernten. Franziska war Eiskunstläuferin und auf einer bekannten Sportschule, ich auf einer angesehenen Eliteschule mit Begabtenförderung. Der Unterschied zwischen unseren Schulen lag nicht in ihrer Ausrichtung, sondern im Umgang mit Sexualität. Wir intellektuellen Knaben hatten mit 17 – außer im Fernsehen – immer noch keine nackte Mädchenbrust gesehen. Die Sportler hingegen wurden mit 16 aus dem Theater geschmissen, weil die Mädchen den Jungen während der Vorstellung einen geblasen hatten.

So wie alle meine Mitschüler war ich intellektuell und kopfgesteuert. Ich war äußerst sensibel, schüchtern, verklemmt und introvertiert. Meine Geige bot mir Halt. Alle Mädchen, die ich nach mehreren Anläufen und unter Mühen in mein Zimmer lockte, vergraulte ich nach einer halben Stunde, weil ich statt der Stones Beethoven und Schubert auf den Plattenteller legte. Mein Gesicht war von Pickeln übersät, denen ich mit einer übel riechenden Schwefeltinktur den Kampf ansagte. Doch die Aknepusteln, so groß wie Teller in einem Edelrestaurant, auf denen die Fasanscheiben mit Broccoli an Orangensoße immer sehr übersichtlich angeordnet sind, waren stärker als alles andere auf der Welt. Sie arbeiteten sich nicht nur über Stirn, Wangen und Kinn, sie krochen über meinen Rükken und meinen Bauch bis hinunter zur Schambehaarung. Im Sommer beim Baden saß ich – immer mit T-Shirt – im Schatten eines Baumes, während die anderen munter im Wasser planschten.

Franziska war das erste Mädchen, das mir gefiel. Sie faszinierte mich. Als ich sie das erste Mal sah, glaubte ich nach hinten überzukippen. Sie war schön und feinsinnig, gerade, mit Stil und dem Hang zum Höheren. Sie schien das auszudrücken, wonach ich mich sehnte: Sie war mein Spiegelbild. Und ich ein romantisches Bübchen. Aber sie war die Freundin meines besten Freundes. So blieb mir nicht mehr als meine heimlichen Träume. Ich hätte ohnehin nicht gewagt sie anzusprechen. Das schützte mich vor einem Fauxpas. Franziska sah damals in mir, wie sie mir später erzählte, einen überdrehten, intellektuellen Heini, der den ganzen Tag dämliches Zeug daherquasselt, ohne zu wissen, was er da plappert. Diese Frau war so unerreichbar wie eine damalige Reise in den Westen.

Was hätte ich ihr auch bieten können, worüber mit ihr reden sollen? Mozart interessierte sie wahrscheinlich nur beim Ballettunterricht, meine Geige war keine Gitarre, und um einen Rockstar zu mimen, sah ich einfach zu scheiße aus. Die einzige Lösung all meiner Probleme lag in einer Band. Drei Jungs und ich gründeten die erste und einzige Schulband dieser auf Geist ausgerichteten elitären Bildungseinrichtung. Die Combo war die Kompensation für unsere nicht gelebte Sexualität, die Texte waren der konsequente Ausdruck verdrängter Potenzängste. Unsere Songs hießen »Roswitha«, »Linsensuppe« oder »Sie will immer nur ... Kekse«. In den Liedern drehte sich natürlich alles um Sex.

Die Wirkung unserer Aktion wagten wir uns nicht auszumalen. Immerhin betraten wir ein Feld, das fernab jeglicher hochgeistiger Ergüsse lag. In unserer Schule spielten wir offene Türen ein, alle jubelten uns zu und waren froh, etwas vom Leben zu hören, wenn es uns schon verboten war, davon zu spüren. Nur Franziskas Schule war gelangweilt: Den Sportlern boten wir nichts Neues und schon gar nichts Geheimnisvolles. Sie tuschelten nicht mit glänzenden Augen und tropfender Zunge übers Ficken, sie hatten es nicht nötig, kichernd und sehnsüchtig die verklärten Texte einer Schulband aufzusaugen – beim Sex waren sie längst Profis.

Meine Sexualität stellte sich mir durchs Onanieren vor. Es war Weihnachten und ich 16, und ich saß mit meinen Eltern vor dem Fernseher. Wir schauten einen Liebesfilm mit »Szenen«. Ein riesiges Kissen kuschelte in meinem Schoß, mein Kinn stützte sich in meine Handschalen. Das Paar auf dem Bildschirm kämpfte mächtig und gab sich nicht mal Mühe, die Schlacht lautlos auszutragen, da richtete ER sich plötzlich auf. Das Kissen hob sich und schaukelte auf meinen Schenkeln. Erschrocken presste ich es fest an meinen Unterleib. Ein merkwürdiges Gefühl: Als schoss etwas aus meinen Lenden in mein Gerät. Ein Schock, ich glaubte, an meinem Schwanz, den ich bislang lediglich als unscheinbar wahrgenommen hatte, ginge etwas kaputt. Ich hatte nur einen Drang: in mein Zimmer zu stürzen und nachzuschauen. Doch so ganz ohne Grund und mitten in der »Szene« aufspringen? Mit dieser Latte und dem Kissen vor dem Bauch? Ich quälte mich durch die gesamte Liebesszene, sie erschien mir peinlich und unanständig. Als ich aufstand, wagte ich nicht, an mir hinabzublicken. Es war der kürzeste Weihnachtsabend meiner Pubertät. Später hörte ich meine Mutter meinem Vater zuflüstern: »Unser Junge wird ein Mann.«

Damals beschränkten sich meine sexuellen Handlungen aufs Masturbieren. Aber auch hierbei war ich anders als die anderen Jungen, ich erledigte es auf meine Weise: Ich nahm IHN nicht in meine Faust, sondern zippelte vorn an der Vorhaut herum. Bei meiner Phantasie genügte das. Ich stellte mir Frauen vor mit riesigen Brüsten und runden Hintern, ich sah sie neben mir, aber malte mir nicht aus, was sie mit mir machen, wie sie sich bewegen könnten. Ich hatte ja keine Ahnung, was Sex bedeutet. Das Wort »Ficken« geisterte nebulös durch mein Hirn, es klang nach Honigmond und Lendensturz, es versprach den Himmel auf Erden. Allein die musikalische Intonation: F I C K E N, eine freche, herausfordernde Attitüde.

Aber es blieb beim Onanieren. Jahrelang. An Frauen kam ich nicht heran. Aber das war nicht so schlimm, ich hegte kein vordergründiges Interesse an ihnen. Frauen bringen lediglich Stress, das beobachtete ich bei meinen Freunden, die sich mit Mädchen umgaben. Bei einem Freund wechselten die Damen aller zwei Wochen. Aber nicht etwa, weil er auf Verschleiß programmiert war. Nein, im Gegenteil, er blickte immer so gequält und gepeinigt drein. Eines Tages fand ich heraus, warum. Seit seiner Geburt lebte er mit nur einem Hoden, der andere steckte in seinem Unterleib. Eine schlimme Angelegenheit für einen pubertierenden Jungen. Zu seinem Leidwesen war der Freund ein Mädchenschwarm und pausenlos umgarnt. Die Schönen und Hässlichen, Großen und Kleinen, Dicken und Dünnen, alle klopften an seine Tür. Er nahm sie alle, bis zu einem bestimmten Punkt. Er knutschte mit ihnen, grabbelte an ihren Brüsten herum und griff ihnen zwischen die Beine. Nach spätestens 14 Tagen aber musste er sie loswerden. Wie hätte er erklären sollen, dass er mit ihnen nicht schlafen kann? Sollte er seine »Unvollständigkeit« und »Unzulänglichkeit« preisgeben? Ich musste Bilder und Geschichten ertragen: die heulenden Mädchen, sein Gejammere, ihre Liebesbekundungen und seine Ausreden.

Ja, Mädchen sind nichts weiter als lästig und stiften Unruhe. Davon war ich fest überzeugt. Meine Schule trägt keine geringe Schuld an meinem Glauben. Als geistige Eliteeinrichtung, die hauptsächlich mit Jungs bestückt war, behandelte sie die wenigen Mädchen schlecht. In den Augen der Lehrer waren Mädchen naiv, lächerlich, überwiegend emotional und mit einem geringen Abstraktionsvermögen. Frauenfeindlichkeit im ostzonalen Stil. Wenn diese Theorie tagtäglich auf einen einprasselt, zweifelt man irgendwann nicht mehr an ihr. So saß ich da, verwickelt in einen seelischen Zwiespalt und voller Komplexe: Ich wollte ficken, aber keine Mädchen ertragen, ich fand mich potent und genial, aber hässlich und unattraktiv. Heute behaupte ich, die Schule hat mich auf dem Wege der sexuellen Selbstfindung stark behindert. Ich war 21, als ich das erste Mal mit einer Frau ins Bett ging.

Und Franziska war und blieb die Freundin meines besten Freundes. Irgendwann zogen die beiden zusammen, sie lebten in Franziskas Wohnung. Hin und wieder unternahmen wir etwas zu dritt. Aber ich fühlte mich immer wie das fünfte Rad am Wagen. Ich himmelte sie an, sie verkörperte all meine Sehnsüchte. Aber die Freundin des besten Freundes – ein absolutes Tabu. Ich schwelgte in meinen Träumen, ich sah sie neben mir als meine Begleiterin und Weggefährtin, als meine Partnerin. Ich begehrte sie heftig, aber meine Wünsche waren nie vordergründig sexuell geprägt. Später habe ich bei Freud gelesen, dass sich erotische Phantasien von Männern meist auf Frauen beziehen und konzentrieren, die nicht die »eigenen« sind. Die »eigene« Frau liebt man, sie verkörpert die Reinheit der Mutter, zu ihr fühlt man sich emotional und seelisch hingezogen. Aber mit ihr hat man keinen schmutzigen Sex, weil man mit der

Mutter keinen Sex hat. Eine gewagte These, aber sie leuchtete mir ein. Franziska war ein Idol, mein Pop-Star.

Bis mich eines Tages eine schlimme Nachricht erreichte: Franziskas Freund und mein engster Vertrauter hatte sich umgebracht. Ein Schock, ein Loch, das in unser noch fast kindliches Gemüt gerissen wurde. Niemand hatte vorausgeahnt, dass so etwas passieren würde. Im Nachhinein erklärte sich mir sein selbstgewählter Tod: Die Anforderungen, die einst die Schule an ihn stellte, die Ansprüche des Alltags vermochte er nicht zu bewältigen. Er zerbrach am Auseinanderdriften von Realität und Eigensinn. Er ging mit mir in eine Klasse. Wie wir alle wurde er in dem Sinne erzogen, dass er die geistige Vorhut der Nation sei, einer der Besten, Größten und Potentesten. Mit seinem feinsinnigen, sensiblen Charakter war diese robuste Art der Elitenbildung nicht in Einklang zu bringen. Er schaffte es nicht, sich aus den Geißeln des täglichen Drucks zu befreien und seinen eigenen Weg zu gehen, einen, der ihn am Leben hielt. Die einzige Möglichkeit sich abzugrenzen, sah er im Tod.

Franziska fand ihn. Erhängt. Wir waren 19. Ich wollte mich um sie kümmern, doch sie lehnte jegliche Hilfe ab und zog sich zurück. Sie verschwand von der Bildfläche, aber nicht aus meinem Kopf. Zwei Jahre später trafen wir uns zufällig wieder. Wir plauderten über dies und das, lachten, bis ich sie nach dem Freund fragte. Sie brach in Tränen aus. Ich nahm sie in den Arm, sie ließ es geschehen. Fortan unternahmen wir viel zusammen, gemeinsam entdeckten wir das Lachen wieder. Uns verband eine ähnliche Art Humor und Ironie. Und die bittere Erkenntnis, dass das Leben endlich ist.

Ich war in sie verliebt. Sie war nach wie vor etwas Besonderes und wurde es immer mehr. Verklärt betrachtete ich das feinsinnige Märchenwesen, das auf meine empfindsame, unsichere Seele traf – und ihr gut tat. So gut wie kein Mensch jemals zuvor. Unsere Liebe war romantisch, sie »verbot« mir, meine sexuellen Phantasien auf sie zu übertragen. Ein halbes Jahr lang befriedigten wir uns nur mit unseren Händen, in sie einzudringen wagte ich nicht. Etwas in mir sträubte sich. Nach außen aber gab ich den Popstar, den ich in der Schulband als Rolle angenommen hatte. Ein Popstar hat selbstredend Sex, er *ist* der Sex. Dass ich noch nie mit einem Mädchen geschlafen hatte, verschwieg ich. Franziska ahnte es von Anfang an, war aber sensibel genug, es mich nicht spüren zu lassen. Das bewies mir damals schon, dass Frauen die intelligenteren und sozial klügeren Menschen sind.

Franziska war meine erste Frau. Sie war leidenschaftlich und sinnlich. So leidenschaftlich, dass sich die Nachbarn zwei Stockwerke über der Neubauwohnung, in der ich damals wohnte, über den Krach beschwerten: Sie wären uns durchaus dankbar, wenn sie mal eine Nacht schlafen dürften.

Franziska und ich wuchsen zusammen, wir verschmolzen miteinander wie abgetaute Eisberge mit dem Wasser der Polarmeere. Um uns herum bauten wir einen unsichtbaren Ring, der zu großen Teilen auf der tragischen Vergangenheit fußte. Darüber hinaus verband uns eine gemeinsame Lebensphilosophie: Streben nach Güte und Weisheit, das Taktieren, Politisieren und Lügen ausschließt. Wir wollten immer füreinander da sein. Und wir waren es auch.

Sechs Jahre verlief unsere Beziehung wie eine Geschichte aus dem Märchenbuch. In unserem Freundeskreis kam niemand auf die Idee, dass wir Probleme hatten. Auch als wir in unsere Krise gerieten, vermittelten wir nach außen ein Bild der Harmonie. Aber nicht bewusst, um etwa Disharmonie zu verstecken, nein, wir waren nach wie vor ein harmonisches Paar. Wir stimmten noch immer in fast allem überein, wir spürten uns im anderen und fühlten uns mit ihm geborgen und sicher. Wir liebten uns. Außer im Bett. Es kam der Tag, an dem ich Franziska nicht mehr begehrte. An diesem Tag rächte sich alles: die vermaledeite Erziehung in der Schule, meine ausgebliebene sexuelle Austobphase, mein Nichtinteresse an anderen Frauen. Andere Frauen waren mir völlig egal. Mit Franziska hatte ich die Richtige gefunden. Eine andere wollte ich nicht. In diesem Zusammenhang ist mir missglückt, was andere Männer als Beziehungstherapie beschreiben: nach anderen Beinen und Brüsten zu schauen, für Gaumelkitzel zu sorgen und sich eine gewisse Neugierde für »Fremdes« zu bewahren, und dabei die Begierde für die »eigene« Frau wachzuhalten. Auf diese Weise, so berichteten mir die Aktivumsetzer dieser Theorie, versacke die Lust auf das Wesen zu Hause garantiert nicht.

Ich spürte, dass Franziska und ich mit rasendem Tempo gegen eine Anti-Sex-Mauer knallten, aber ich war unfähig, darüber zu reden. Ich wollte und konnte nicht zugeben, dass sie die erste und bis dahin einzige Frau in meinem Leben war. Ebenso wenig, dass ich generell ein Problem mit meinem Schwanz hatte. Er ist klein und in Momenten des Schreckens praktisch nicht vorhanden. Später las ich, dass Urologen zwischen einem Blutpenis und einem Fleischpenis unterscheiden. Ein Blutpenis ist im Normalzustand klein und vergrößert sich in entscheidenden Momenten seines Daseins immens. Im Unterschied zum Fleischpenis, der von vornherein mit einer beachtlichen Größe prahlen kann, aber sich auch dann nicht mehr großzügig verändert, wenn massiv Blut in ihn gepumpt wird. Mein sehnlichster Wunsch war klar: ein Blutpenis mit dem Aussehen eines Fleischpenis.

Auch Franziska gelang es nicht, unsere Probleme zu thematisieren. Sie war verklemmt erzogen worden, obwohl sie sexuell keineswegs verhalten war. Der Vater Alkoholiker, die Mutter ein einziges Bündel aus Hilflosigkeit, das sich seine Stärke aus der Tochter zog. Von Kindesbeinen an trug Franziska mit an der Last der verkrachten Familie. Das machte sie früh erwachsen und stark, aber unfähig, über Gefühle zu sprechen. Unsere vagen Versuche, über uns zu reden, uns in den Mittelpunkt unserer Beziehung zu rücken, entarteten meist in heftigen Streiten, die sich aber nicht im Sex entluden, sondern in Einmütigkeit und Übereinstimmung mündeten. Der Tod jeglicher Erotik in einer langjährigen Partnerschaft.

Wir befanden uns in einer Einbahnstraße: Wir wollten aufeinander nicht verzichten, empfanden aber schmerzhaft den Verzicht auf Sex. Mich quälte der Gedanke, nicht das Recht zu haben, sie an mich zu binden, ohne sie vollends glücklich zu machen, aber andererseits sie nicht verlieren zu wollen. Franziska fühlte ebenso, setzte aber – im Gegensatz zu mir – unter das Kapitel Lust eine fette Markierung: Sie hatte beschlossen, ohne fleischliche Sinne zu leben. Jedes Mal, wenn ich Franziska mit anderen Frauen und sie mich mit anderen Männern verglich, gelangten wir zu der Erkenntnis, dass nie jemand an den anderen heranreichen wird. Eher unbemerkt als bewusst schaute ich mich im Sender nach anderen Frauen um.

Ich ließ meine Phantasie spielen, unternahm aber nicht einen einzigen Versuch, meine gedanklichen Abwege in die Tat umzusetzen. Das erschien mir zu profan und hatte den Anstrich von Untreue. Stattdessen kehrte ich zu meinen sexuellen Wurzeln zurück: Ich onanierte. Wie wild. Das reichte mir, es befriedigte mich. Ich spürte keine Leerstelle. Keine Frau kann so gut sein wie ich selbst. Die Gelegenheit nutzte ich, um an meiner Technik zu feilen. Am Ende war ich nahezu perfekt.

Meiner Selbstgenügsamkeit konnte keine Frau gefährlich werden. Auch nicht Annemarie. Sie schon gar nicht. Ein frisches Ding, zehn Jahre jünger als ich, ein Küken. Ebenso glaubte ich, für sie in keinster Weise begehrenswert zu sein: Ich war zu alt. Optisch entsprach sie nicht meinem Idealbild einer Frau. Sie ist lang und dürr, strohblond, aber mit einem ausdrucksstarken, frechen Gesicht. Wir unterhielten uns häufig, schrieben uns E-Mails und lachten viel. Eine sehr kommunikative Phase, in der ich begriff, dass der Humor eines Mannes Frauen wichtiger ist alles andere.

Weil ich sie nicht fürchtete, ließ ich mich von Anfang an ungehemmt auf sie ein und plauderte wild drauf los. Sie erfuhr von mir Dinge, die ich vorher kaum jemandem erzählt hatte: von meinen Leiden mit meinem zu kleinen Teil, meiner Phimose als Junge, und dass ich IHN nicht waschen wollte, weil das Zurückziehen der Vorhaut Schmerzen bereitete, von meiner Angst vor dem ersten Mal, von Franziska und unseren Problemen. Annemarie hörte geduldig zu. Später offenbarte sie mir, dass sie vom ersten Moment an mit mir ins Bett wollte, aber sich nach unseren ersten Sätzen streng zurückpfiff: Sie wäre eine zu schnelle und große Nummer gewesen. Annemarie ist die Inkarnation unbändigen sexuellen Selbstbewusstseins. Sie trägt ein brachiales Selbstverständnis mit sich herum, jedoch ohne Vordergründigkeit. Darin unterscheidet sie sich stark von Franziska. Annemarie steht breitbeinig im Leben, ohne jedoch allzu viel an Eleganz zu verlieren. Aber sie besitzt nicht die Grazilität von Franziska.

Ihre Offenheit in ihrem Alter – sie war knapp 20 – bewunderte ich. Und wollte nicht hinterherhecheln. Wir beichteten uns selbst die peinlichsten Geschichten. Das führte zu einer »neuen Offenheit«, wie wir sie nannten. Die »neue Offenheit« vereinfachte unsere Begegnung und nahm so dem ersten Mal seine befürchtete Beklemmung. Ich machte eine neue Erfahrung: Ich konnte beim Sex lachen. Und das hält an, auch nach zwei Jahren noch. Ich schreibe es Annemaries Jugend und Frische zu, ihrer Lebendigkeit und Lebenslust.

Das erste Mal fand ausgerechnet in der damaligen Wohnung von Franziska und mir statt. Franziska war unterwegs, Annemarie und ich wollten gemeinsam frühstücken. Nach dem ersten Kaffee landeten wir im Bett. Ich war erstaunt, dass ich noch nichts verlernt hatte. Der Fleck im Laken war überdimensional. Annemarie kicherte und verabschiedete sich. Und ich stand da mit dem bekleckerten Teil. Die Bettwäsche zu wechseln, hieße, Verdacht aufkommen zu lassen. In den zehn Jahren unserer Beziehung war die Bettwäsche Franziskas Angelegenheit. Was blieb? Waschen. Ich riss das Laken von der Matratze, seifte die Stelle ein und hoffte darauf, dass sich kein verräterischer Kranz absetzte. Aber es kam noch schlimmer. Die Feuchtigkeit fraß sich in den Stoff, der das Laugenwasser aufsaugte wie Löschpapier dicke Tinte. So nass und deutlich kann ich das nicht wieder drauf tun, suchte ich verzweifelt nach einer Lösung. Noch zwanzig Minuten blieben, dann rief der Sender. Ich hängte das Laken über die Tür, schlidderte nach dem Föhn im Bad und fuchtelte damit vor dem Fleck herum, der inzwischen die Dimension eines ausgekippten Wassereimers hatte. Dabei verbrannte ich mir die Finger, zerratschte mir das Gesicht beim Rasieren – mit einer Hand hielt ich den Föhn, mit der anderen das Rasiermesser –, zwischendurch klingelte das Telefon.

Obwohl wir miteinander im Bett waren, fürchtete ich Annemarie noch immer nicht. Alle Bedenken blieben da, wo sie waren und wankten nicht. Der Park wurde schließlich mein Verhängnis.

Als ich mich Franziska offenbarte, schrie sie und warf mit einer vollen Weinflasche nach mir. Der Fleck in der Tapete, fast so groß wie der im Laken, zeugt noch heute von ihrer Verletztheit. Wenige Tage später zog ich aus. Ungeachtet dessen, dass ich unsere Beziehung aufs Spiel gesetzt hatte, litt ich wie ein Hund. Ich vermisste Franziska schmerzlich. Bis heute verwinde ich den Verlust nicht. Jetzt bin ich mit Annemarie zusammen, aber sie nimmt weder Franziskas Platz ein, noch soll sie einen Ersatz darstellen. Annemarie ist eine andere Person. Beim Sex ist sie sehr begabt. Franziska sagte mir stets, was ich machen sollte. Zum Schluss artete es in krampfhafte Bemühungen aus. Annemarie fragt nicht und zeigt nichts, sie macht einfach. Und das ist gut so. Beim ersten Mal kam ich gar nicht erst in die Verlegenheit zu überlegen, wie ich es am besten anstelle. Eine durchaus schwierige Frage in einer Zeit der Sexlosigkeit: Wie nähere ich mich einer Frau, ohne mein Gesicht zu verlieren?

Durch unsere »neue Offenheit« läuft alles unkompliziert. Annemarie und ich brauchen nicht viele Worte: »Ficken?« »Nee, hab' jetzt keine Zeit.« »Okay, dann mach ich's schnell.« Durch die »neue Offenheit« leiste ich mir das Ausleben von Eigenschaften, die ich in der Beziehung zu Franziska verdrängte. Ich lasse Zickigkeiten raus und versuche, mit der Reaktion von Annemarie zu leben. Früher habe ich meine kleinen Neurosen versteckt, der Harmonie wegen verzichtete ich auf sie. Jetzt lerne ich unbekannte Seiten an mir kennen und bin selbst erstaunt, welch »divanöses« Potenzial in mir schlummert.

Auch sexuell bewege ich mich auf dem Pfad der Neuerfahrungen. Seit zwei Jahren sind Annemarie und ich ein Paar, wir sehen uns täglich. Das bleibt nicht aus, wenn man beim gleichen Sender arbeitet. Fast täglich gehen wir miteinander ins Bett, aber noch nie war es langweilig. Der Sex mit Annemarie ist spielerisch und unkompliziert, ich merke nicht, dass sie zehn Jahre jünger und gerade erst Anfang 20 ist. Im Gegenteil, immer wieder erstaunt und überrascht sie mich mit vielfältigen Ideen und ihrer Bereitschaft, sich auf alles einzulassen.

Manchmal glaube ich, in ihr steckt weitaus mehr sexuelle Energie, als sie mir gegenüber preisgibt. Beispielsweise ihre bisexuellen Bedürfnisse. Der Wunsch nach Frauen bricht sich bei ihr immer wieder Bahnen. Dann fragt sie mich, ob ich nicht Lust auf eine Dreiecksgeschichte hätte: ein Mann, zwei Frauen. Sie steuert stark auf diese Konstellation zu. Vorstellen kann ich mir einiges. Aber es gibt einen erheblichen Unterschied zwischen Fiktion und Realität. Obgleich ich die Vorstellung durchaus als reizvoll empfinde, mit zwei Frauen gleichzeitig zu schlafen, obendrein mit welchen, die sich auch untereinander nah sind, beschleicht mich ein ungutes Gefühl, je länger und öfter ich darüber nachdenke. Damit ein »Dreier« harmonisch wird, muss die Dritte im Bunde ein Frau sein, die Annemarie »aussucht«. Mein Blick darf in diesem Fall keine Rolle spielen. Das würde ich als männlich dominant und damit als ungleich empfinden. Ganz sicher würde es zu emotionalen Verwicklungen kommen. Ich weiß nicht, ob ich denen gewachsen bin, während ich bei Annemarie diesbezüglich eine Stärke erlebe, die mir in diesem Alter völlig fremd war.

Sie zeigt deutlich, was sie begeistert und was sie nicht mag. Gleichermaßen kann sie sich fallen lassen und sich ganz auf sich konzentrieren, findet aber unbändige Freude daran, sich zurückzunehmen und mich zu befriedigen. Franziska orientierte sich häufig an mir und »prüfte«, wie es mir geht. Zurückzustecken, allein des Zurücksteckens wegen oder weil es das Geschlechterbild so »vorgibt«, das schließt Annemaries erotisches Selbstverständnis total aus. Sie spielt keine Rolle, sie ist sie.

Intellektuell bemerke ich hin und wieder den Altersunterschied zwischen Annemarie und mir. Annemarie ist klug und schnell im Denken, aber sie verfügt nicht über den Erfahrungsschatz einer Dreißigjährigen. Während Franziska und ich die Jahre zwischen 20 und 30 zusammen verbracht und in dieser Zeit die gleichen Bücher gelesen, die gleiche Musik gehört und dieselben Berge erklettert haben, bedurfte es oft keines einzigen Wortes, um einander zu verstehen. Während ich am Ende der Kette gelebter Erfahrungen in diesem Alter stehe, knabbert Annemarie an deren Anfang. Sie hat alles noch vor sich. Annemarie soll all diese Erlebnisse bekommen, sie soll die Jahre zwischen 20 und 30 spüren, sie soll sie schmecken, riechen und ertasten, aber ich kann nur bedingt dabei sein. Vielleicht als temporärer Begleiter, aber nicht als gleichberechtigter Akteur.

Manchmal empfinde ich mich als »Spaßbremse« ihrer ungedämpften Lebenslust. Annemarie steckt voller Energie und Drang, alles erleben zu wollen und nichts verpassen zu dürfen. Das kenne ich von mir, mit 20 war ich genauso. Aber während sie heute beispielsweise unbedingt zur Dok-Filmwoche nach Leipzig fahren möchte, weil sie das Genre aufregend und künstlerisch attraktiv findet, muss ich nicht allein deswegen dabei sein. Meine Dok-Film-Phasen liegen hinter mir. Mich würde ein interessantes Thema eines Films nach Leipzig ziehen, aber nicht das Festival an sich. In solchen Minuten fühle ich mich alt. Dann mag ich mich nicht, weil ich nicht alt sein will, vor allem nicht an Annemaries Seite. Sie gibt mir jedoch nie das Gefühl, alt zu sein.

Ebenso versuche ich zu vermeiden, ganze Nächte in ihrer WG-Küche zu verbringen, stets in der Hoffnung auf einen lustigen Abend. Meist steht am Ende einer durchwachten Nacht die Erkenntnis, dass man die Zeit lieber im Bett verbracht hätte. Aber ich verstehe die Sucht dabei sein zu müssen, kenne die Lust am Zusammensitzen in einer Runde, die auf einen unerwarteten Kick wartet.

Auch bei politischen Diskussionen und Debatten um die menschliche Misere tritt unser Alters- und Erfahrungsunterschied deutlich zutage. Über viele Sachen staunt sie wie ein Kind, die mir als völlig logisch erscheinen. Ich hatte zehn Jahre mehr Zeit, darüber nachzudenken, was die Welt im Innersten zusammenhält. Ich hatte zehn Jahre mehr Zeit, wichtige Literatur zu lesen und zu diskutieren. Und ich hatte zehn Jahre mehr Zeit, mein Wissen in Leben umzuwandeln. Oft sind es banale Dinge, die mir unseren »Abstand« verdeutlichen. Wenn ich beispielsweise über die Mehrwertverteilung rede, gehe ich automatisch davon aus, dass Annemarie weiß, wie sich Mehrwertverteilung definiert. Doch sie bremst mich und will erklärt bekommen, was ich darunter verstehe. Dann führen wir keine Diskussion zum eigentlichen Thema, sondern bleiben bei Postulaten hängen, die ich als Wissensgrundlage begreife und über die ich eigentlich nicht reden wollte. Annemarie ist eine kritische Zuhörerin und Diskutantin, sie hinterfragt alles und jeden. Leicht macht sie es mir nicht. Durch ihre Unerfahrenheit und Unbedarftheit ist sie offener als ich und konfrontiert mich nicht selten mit meinen vorgefertigten Sichtweisen.

In den seltensten Fällen stört mich die Gnade ihrer Jugend, manchmal aber sehne ich mich nach Franziskas Erfahrenheit und Verständnis, nach unserer Verbundenheit zurück. Die Medienanstalten sind gefüllt mit Profilneurotikern und Menschen, die sich ausschließlich mit ihren Ellenbogen emporstoßen, insbesondere beim Fernsehen. Wer gern vor die Kamera tritt, trägt ein erhebliches Maß an Eitelkeit in sich. Franziska, die ebenfalls im Sender arbeitet, und ich kennen die Gepflogenheiten des Mediums, haben die Empfindlichkeiten, Gefallsüchte und Dünkel in ihren ausgeprägtesten Formen erlebt und gemeinsam unter ihnen gelitten. Wir wissen, dass es unverbesserliche Menschen gibt, denen man lieber aus dem Weg geht, mit denen jede Diskussion im Sande verläuft. Annemarie ist noch nicht lange dabei, ihr sind die Spielarten menschlicher Machenschaften nicht geläufig, sie werden ihr erst im Laufe der Zeit ins Bewusstsein rücken. Gibt es eine Auseinandersetzung mit einem Kollegen, bei der jedes Wort auf fruchtlosen Boden fällt, glaubt sie, das Problem sei zu lösen: »Kann man mit dem nicht reden?« Langfristige Erfahrungen besagen das Gegenteil. Solche Dinge kann ich ihr nur schwer vermitteln, sie muss selbst dahinterkommen. Bei Franziska konnte ich sagen: »Der Tag war echt scheiße«. Sie wusste, was ich meinte. Annemarie muss ich es erklären, sie will wissen, was passierte.

Trotzdem fühle ich mich geborgen und aufgehoben bei ihr. Zwar trösten mich in depressiven Verstimmungen Sätze wie »Das wird schon wieder« nicht über mein ungutes Gefühl hinweg, aber sie fordert mich an anderer Stelle heraus. Die zehnjährige Beziehung zu Franziska war ein eingerichtetes Stübchen, in dem alles seinen Platz und seine Funktion einnahm. Darüber bettete sich Bequemlichkeit wie das Leichentuch über einen leblosen Körper. Für mich war es eine Selbstverständlichkeit, dass Franziska meine Hemden bügelte. Annemarie sagt: »Mach es selbst.« Meine Ausrede, kein Bügeleisen zu besitzen, lässt sie nicht gelten: »Dann komm her und nimm meins.« Inzwischen wasche ich Annemaries Wäsche.

Körperlich fühle ich mich hin und wieder überfordert. Annemarie strotzt vor Kraft und Brachialität. Nach einem langen und harten Tag im Sender bin ich oft müde und saftlos. Ich benötige wenigstens eine Stunde, um meinen Tank aufzufüllen. Annemarie aber stürmt durch die Tür, fällt auf mich zu und greift mir in den Schritt. Sie zeigt keinerlei Ermüdungserscheinungen, vor allem nicht, wenn es um Sex geht. Wenn ich wie ein Taschenmesser zusammenklappe, fängt sie gerade an. Manchmal nervt mich, wenn sie vor Begeisterung sprüht und mit dem Kopf durch die Wand will und ich meine Ruhe brauche. Einmal zerrte mich Annemarie auf den Balkon, der von allein Seiten einsehbar war, weil sie der Versuchung erlag, es auf dem Altan zu tun. Sie verlangte es im Stehen, und wir taten es im Stehen. Ihr ist kein Ort zu unpraktisch, keine Zeit zu ungünstig. Es fällt ihr schwer, Lust aufzusparen. Trotzdem reagiert sie nicht überreizt oder beleidigt, wenn es nicht klappt.

In unseren Anfangswochen übermannte uns während des Mittags die Gier aufeinander. Wir rissen uns von unseren halbvollen Tellern los und durchforsteten den Sender nach einem freien, abschließbaren Raum. Aber in jedem Studio saß jemand und bastelte an Bändern oder starrte auf einen Monitor. Als Alternative blieben uns das Damenklo, ein fensterloser Schnittraum und ein ungenutzter Flur. Als wir uns endlich für den Schnittraum entschlossen, war die Pause vorbei.

Ob Annemarie und ich für die nächsten Jahre ein Paar bleiben, vermag ich nicht zu sagen. Wer weiß schon heute, was morgen passiert. Mein »Zugehörigkeitsgefühl« für sie hängt in starkem Maße von meinem Verhältnis zu Franziska ab. Nach einer monatelangen Schweigezeit beginnen wir jetzt, vorsichtig und ruhig miteinander zu reden. Mit dem gewonnenen Abstand fällt es uns zusehends leichter, über uns zu sprechen. Franziska hat einen neuen Freund, ich glaube, es geht ihr gut mit ihm. Sie genießt die Körperlichkeit und seinen Sex. Zum ersten Mal vielleicht ist sie fähig, Akteurin und nicht auch noch Beobachterin zu sein. Annemarie weiß, dass ich mich hin und wieder mit Franziska treffe, ebenso, dass ich nach wie vor unter der Trennung leide. Ginge es nach mir, würde ich mit beiden Frauen leben. Eine Utopie, die selbst im 21. Jahrhundert keinen Platz findet.

Ein amerikanischer Sexualforscher kam in jahrelangen Studien zu der Erkenntnis, dass sich eine gute Beziehung zu 30 Prozent über den sexuellen Zusammenhalt definiert und zu 70 Prozent über all die anderen Dinge wie Liebe, Seele, Verständnis, Geist. Bei Franziska fühlte ich eine 80-prozentige Übereinstimmung, leider fehlte jegliches Quentchen erotische Inspiration. Mit Annemarie spüre ich mich in etwa 60 Prozent zusammengehörig, doch der Rest setzt sich nicht allein aus Sex zusammen. Bei 100 Prozent komme ich nicht an. Mit zunehmendem Alter akzeptiert man leichter, dass es mit keiner Frau die volle Punktzahl gibt. Dennoch will ich mich nicht so leicht vom Traum der absoluten Übereinstimmung verabschieden. Mit Franziska war ich nah dran. Ob ich dies mit einer anderen Frau erreichen werde?

... und dann hole ich mir einen runter

Bernd D. (31 Jahre), Maler und Galerist in München, Lebt ohne Sex

Ich bin Künstler. Ich male, entwerfe Skulpturen, erschließe unbekannte Räume für die Bildende Kunst, organisiere Kunstausstellungen im klassischen Sinne sowie Lesungen, die in Verbindung zu verschiedenen Bildenden und Darstellenden Künsten stehen und mitunter ins Schräge und Alternative abdriften. Und ich trete mit eigenen Travestie-Nummern auf. Aber ich bin nicht schwul oder transsexuell, was oft sofort vermutet wird, wenn sich ein Mann in Frauenkleider wirft. Mich leitet der Spaß an der Verkleidung, am Umgang mit verschiedenen Rollen, insbesondere jenen, die nicht meine eigenen sind.

Seit vier Jahren lebe ich in München und bin in der einschlägigen Kunstszene bekannt. Täglich habe ich viele Menschen um mich, in erster Linie Künstler und Kulturschaffende. Unter ihnen viele Frauen: Malerinnen, Bildhauerinnen, Schauspielerinnen, Sängerinnen, Kunsthistorikerinnen. Interessante und weniger neugierigmachende, schöne und weniger schöne, alte und junge. Ich weiß, dass ich bei vielen Frauen einen starken Eindruck hinterlasse. Allein durch meine äußere Erscheinung: Ich bin groß und schlank, trage immer schwarze Anzüge, eine kleine, runde Brille und meist einen schwarzen Hut. Mein Schädel ist kahl rasiert. Frauen fasziniert so etwas. Frauen wollen den besonderen Mann, einen, der sich abhebt von der üblichen grauen Masse, einen, der auffällt. Ich falle auf. Auf der Straße drehen sich die Leute nach mir um.

Nicht wenige Frauen, mit denen ich beruflich zu tun habe, sehen mich als potenziellen Liebhaber oder Lebensabschnittsbegleiter. Manche schleichen um mich herum wie Katzen um die heiße Milch, andere sind offensiv. Bis auf eine minimale Distanz lasse ich sie an mich herankommen, um ihnen dann unerwartet ein Stopp-Schild vor die Nase zu drücken: Bis hierhin und nicht weiter. Es ist wie ein Spiel in einem grünen Labyrinth. Zwei Spieler – ein Jäger und ein Gejagter – laufen und verlaufen sich, der Jäger folgt seinem Opfer. Sie bewegen sich aufeinander zu, um sich sogleich wieder voneinander zu entfernen. Durch die Hecken erblickt der Jäger sein Opfer und glaubt sich am Ziel. Er muss nur über die Hecke und nach dem Gejagten greifen. Doch als er sein Opfer am Oberarm packt, lacht dieses. Weil es weiß, dass das Spiel noch längst nicht zu Ende ist. Das Hindernis, die Hecke, hat kleine Löcher für einen Arm, aber keine großen, um einen Körper durchzulassen. Das Labyrinth weist dem Jäger einen anderen Weg, den gewöhnlichen über die vorgeschriebenen, verschachtelten, irre machenden Wege. Und diese führen wieder weit weg. Das Objekt der Begierde bleibt unerreichbar.

Ich will die Frauen nicht. Auch wenn sie interessant und begabt sind. Aber ich lehne sie nicht ab, weil ich sie nicht mag oder sie nicht erotisch finde. Mitunter sind sehr schöne, sehr sinnliche Frauen dabei, deren Berührung sicher nach inspirierender Gegensätzlichkeit und formvollendeter Kunst schmecken: nach warmem Licht, leuchtenden Farben und glattem, kalten Stahl. Deren Körper die Kunst selbst sind, ohne etwas hinzufügen zu müssen. Aus deren Mündern scharfsinnige und vigilante Sätze gleiten, ohne angestrengt zu wirken.

Ich weise die Frauen zurück, weil ich keinen Sex mit ihnen will. Ungewöhnlich für einen Mann in meinem Alter, ungewöhnlich für einen Künstler, wo doch gerade der Kunstszene nachgesagt wird, sie würde durch die Betten reiten und sich in ihnen ausbreiten. Wahllos, exzessiv und ausgiebig. Jede mit jedem und einer mit allen. Sex als Kunstform, Sex als Ausgleich.

Viele meiner Kolleginnen und Kollegen leben so. Sexuelle Treue spielt keine Rolle, im Gegenteil: Wer nicht ausgiebig und wild vögelt, lebt nicht. Sagt man. In der Nacht immer auf der Suche nach nacktem Fleisch, wollüstigen Lauten und ekstatischer Verausgabung. Und es stimmt: Kaum ein Kunstwerk entsteht ohne erotische Untermalung.

Außer meine Bilder. Ich brauche keinen Sex, nicht für mich, nicht für meine Kreativität, nicht für meine Phantasie. Zumindest nicht den direkten, den mit einer Frau. Bei Sigmund Freud, dem Vater der Psychoanalyse, fand ich schon vor Jahren folgenden Satz: »Erst Triebverzicht macht fähig zur Kulturleistung.«

Dennoch bin ich kein unsinnlicher Mensch, jemand, der seinen Körper nicht wahrnimmt und ihn verleugnet. Ebenso spüre ich erotische und sexuelle Wellen, bemerke Stimmungen, die mich umgeben. Vielleicht eher und intensiver als andere Menschen. Ich habe einen natürlichen Instinkt und ein großes Feingefühl. Wenn ich einer begehrenswerten Frau begegne, kann ich durchaus flirten, sie umgarnen und mich verführerisch geben. Bis es auf einen Punkt zusteuert: miteinander ins Bett zu gehen. Das ist der Moment, an dem ich die Frau von mir schiebe. Und mag sie noch so eine Madonna, noch so raffiniert sein. Ich weise sie nicht bewusst zurück, das steuert inzwischen mein Unterbewusstsein.

Bislang glaubte ich einer der wenigen in meiner Branche zu sein, den nicht vordergründig das Bedürfnis nach körperlicher Nähe treibt. Bis ich kürzlich in einem »Steckbrief« in einer Tageszeitung las, dass es dem Filmemacher, Schauspieler, Schriftsteller und Maler Herbert Achternbusch ähnlich geht. Auf die knappe Frage »Was mögen Sie nicht?« antwortete er ebenso kurz und knapp: »Sex.«

Für mich gibt es etwas Höheres als körperliche Gelüste: die Kunst. Kunst steht über allem, was ich täglich tue und betreibe. Kunst inspiriert mich, Kunst umgibt mich, Kunst brauche ich wie die Luft zum Atmen. Kunst ist Leben, mein Leben. Alles andere sind Nebenschauplätze. Vor allem Frauen. Beziehungen zu Frauen, die mehr wollen als lose Belanglosigkeiten, scheue ich. Sie schrecken mich regelrecht ab. Dahinter liegt vor allem die Angst vor Einschränkung meiner individuellen Freiheit begraben. Ich fürchte mich nicht vor Verantwortung oder Verpflichtungen, aber ich möchte mich so verwenden, wie ich es will und nicht, wie es andere von mir einfordern. Auch von keiner Frau, die ich liebe. Ich erlebe es bei befreundeten Kollegen. Die meisten haben eine Frau oder eine feste Freundin. Wir sitzen im Atelier und arbeiten an neuen Projekten. Da klingelt das Handy des einen, seine Freundin verlangt nach ihm. Mag es wichtig oder bedeutungslos sein, egal, er steht auf und geht. Damit ist seine Energie für die gemeinsame Sache vertan, sie wird aufgebraucht für einen anderen Menschen und bleibt ungenutzt für die Kunst. Wer wie ich ständig unterwegs ist, ohne Unterlass an Projekten werkelt, seine Wohnung lediglich als Schlafstatt nutzt, der hat keine Zeit für eine Partnerin. Frauen fordern bedingungslose Präsenz, in dieser Hinsicht sind sie rücksichtslos und zeigen selten Verständnis. Bislang habe ich noch keine Frau getroffen, die ähnlich denkt wie ich. Deswegen werde ich wohl ohne Frau bleiben.

Die Frau, die mit mir leben will, müsste sein wie ich. Am besten wäre, wenn sie auch den gleichen Beruf hätte oder eine ähnliche Arbeit täte. Nur unter diesen Prämissen könnte ich mir vorstellen, mit einer Frau zusammen zu sein. Die Verschmelzung von Kunst und Leben. Anders geht es nicht. Ohnehin funktionieren Partnerschaften nur, wenn beide ähnliche Berufe haben. Das Verständnis für das, was man selbst und der andere tut, ist auf diese Weise automatisch größer. Ebenso spielt die Arbeitsform eine entscheidende Rolle. Bei einem Paar wird es früher oder später zu Auseinandersetzungen kommen, wenn einer der beiden frei arbeitet und der andere fest angestellt ist. Ich arbeite ohne jegliche Strukturen, ohne feste Zeiten, ohne einen bestimmten Rhythmus, oft auch nachts. Wenn meine Frau stets zur gleichen Zeit aufsteht, das Haus verlässt, wieder heimkehrt und ich mich daran anpassen müsste – das ginge nicht. Auf keinen Fall. Alles, was ich tue, ist obsessiv und intensiv. Jegliche Einschränkung lehne ich ab. Und alles, was mir als Pflicht abverlangt wird, bedeutet für mich Einschränkung. Bis auf eine Ausnahme: meine Tochter.

Nina ist jetzt vier. Ihre Mutter und ich haben uns getrennt, bevor Nina auf die Welt kam. Die Beziehung zu Ninas Mutter war kurz und fast sexfrei. Die wenigen Male, die wir miteinander geschlafen haben, konnten trotzdem nicht darüber hinwegtäuschen, dass ich potent bin. Das Ergebnis ist alloffensichtlich. Nina ist die einzige Konstante in meinem Leben. Dennoch habe ich wenig Zeit für sie. Aber wenn sie da ist, verschiebe ich Termine und überlasse Projekte sich selbst. Die Freiräume, die ich für Nina freischaufele, würde ich einer Frau nie offenhalten.

Ich nehme sie oft mit ins Atelier und zeichne mit ihr oder baue an Phantasiegebilden. Sie hat Spaß daran und malte mir oft Bilder.

Die hängen über meinem Schreibtisch im Atelier. Nina war auch dabei, als ich einmal eine große Ausstellung aufbauen musste und weder eine freie Minute noch einen Nerv für Nina hatte. Erstaunlicherweise verlief die Koordination von Kinderbetreuung und Kunst glücklich und relativ problemlos. Jetzt drängt Nina oft darauf, zu mir ins Atelier zu kommen. Oft ist sie bei Ausstellungen und anderen Veranstaltungen mit dabei.

Ohne Frau zu leben, heißt jedoch nicht, keine sozialen Bindungen zu haben. Von der zu meiner Tochter mal abgesehen. Ich lebe intensive Beziehungen zu verschiedenen Menschen, Frauen wie Männern. Ihnen gegenüber lege ich viele verschiedene Schichten meiner Persönlichkeit frei, an ihnen reibe ich mich, entfalte mit und in ihnen meinen »sozialen Körper«. Vielleicht treibt mich deswegen keine Sehnsucht nach **einem** Menschen, einem, der mich versteht und mich begriffen hat, der mein Spiegelbild ist und die Begegnung mit mir selbst ermöglicht.

Ein Beziehungsmensch werde ich nie sein. Das zeigten mir meine wenigen Paarungsversuche, die ich durchlitt. Immer wieder setzte ich an, Begegnungen in Partnerschaften zu verwandeln. Doch vergebens: Für Liebe auf Dauer bin ich unfähig. Das Verhältnis zu Ninas Mutter ist nur ein Beweis. Wir lernten uns auf einer Vernissage kennen. Barbara trat furchtlos und offensiv auf mich zu, als wäre ihr eigentliches Ziel dieser Ausstellungseröffnung nicht die Kunst, sondern ich. Mit offenem Gesicht stand sie vor mir, ganz selbstverständlich und von einer Aura umgeben, der ich mich unschwer entziehen konnte. Ich wehrte mich gegen ihre Intensität, erlag aber ihrem Werben. Doch es war in erster Linie nicht Barbaras Anwesenheit oder ihr Körper, die mich faszinierten, sondern ihre Briefe, die folgten. Es brauchte eine Weile, bis wir ein Paar wurden. In dieser Zeit schrieb sie mir unzählige Briefe, die Ausdruck dessen waren, was sie mündlich nicht mitzuteilen vermochte. In ihren Zeilen offenbarte sie ein Innenleben, das so reich und erfüllt war, dass ich mich magisch angezogen fühlte. In ihren Briefen ist sie mir näher als sie es im wahren Leben jemals war. Dennoch trug diese vermeintliche Nähe unsere Partnerschaft nicht. Sie war nicht lebbar, weil sie keinen Alltag hatte. Unsere Beziehung überdauerte die

Kürze zweier Monate nicht. Die Gegensätze zwischen uns waren zu heftig und kamen in wenigen Momenten des Zusammenseins stark zum Tragen. Ich – der Bohemien, sie – die Vernunft. Mein Leben – ein Chaos, bei dem kein Tag dem anderen gleicht. Koks, Halluzinogene und Joints verkonsumierte ich damals öfter als Brot. Barbara ist sehr viel ebenmäßiger, kontrollierter und regelmäßiger. Wir waren voneinander fasziniert und abgestoßen zugleich.

Ich wollte keine sexuelle Beziehung zu ihr eingehen. Ich wollte sie auf Abstand halten und mit ihr befreundet sein. Eine geistige Verbindung genügt mir. Doch sie drängte, stieß und beharrte. Ihr war es wichtig, zu mir auch einen körperlichen Kontakt herzustellen. Es kam der Tag, an dem ich mich ihrem Drängen nicht mehr entziehen konnte. Ich war unsicher und wusste nicht, wie ich mich verhalten sollte. Ich wollte eigentlich nicht mit ihr schlafen, aber sie auch nicht verletzen. Sie war die Aktive, ich der Passive. Also nahm sie sich, was sie brauchte, ich versuchte, es ihr zu geben. Ihr war der Sex wichtig, mir nicht. Noch nie in meinem Leben verspürte ich ein übermäßiges Lustgefühl. Ich verspüre es auch nicht, wenn ich verliebt bin. Das kann ich steuern. Nach der Affäre mit Barbara sagte ich mir: »Bernd, ab heute verliebst du dich nicht mehr.« Ich gab meinem Kopf den Befehl und dieser befolgt ihn. Bedingungslos. Und was mein Kopf nicht will, das will mein Herz erst recht nicht. So einfach ist das.

Einige werden jetzt sagen: »Vermutlich kennt er eine richtige, tiefe Liebe überhaupt nicht.« Mag sein. Liebe in dem Sinne, wie ich Liebe definiere, ist mir vermutlich wirklich noch nicht widerfahren. Zumindest fühlte ich mich bislang noch zu keiner Frau so stark hingezogen, dass ich alles um mich herum vergaß. Ich kenne nicht die Abgründe, von denen die Kunst so viel berichtet. Noch nie verfing ich mich in einem Wirbel aus Leidenschaft, Vernichtung und Selbstzerstörung Und ich bin froh darüber, denn die Liebe lenkt vom Leben ab. Viele behaupten, Liebe sei das Leben, oder Leben sei die Liebe. Die meisten Menschen mögen das so empfinden, für mich trifft diese Maxime nicht zu. »Gefühle, so habe ich festgestellt, sind Ermüdungserscheinungen, nichts weiter, jedenfalls bei mir. Das macht schlapp«, sagt der Ingenieur und Technokrat Walter Faber in

Max Frischs Roman »Homo Faber«. Ich halte die Konzentration auf eine einzige Person für unsozial.

Diese Erkenntnis kam mir bereits als Jugendlicher. Zwar war ich damals nicht fähig, sie so ausgereift zu formulieren. Aber mein künstlerischer Weg – mein Leidensweg, wie ich immer sage – wurde begleitet von einem heftigen sozialen Bedürfnis. Meine Kunst steht immer im Kontext zu sozialen Tätigkeiten. Ich reflektiere mich nicht privat, sondern politisch.

Bis zur Pubertät akzeptierte ich meine Umwelt als gegeben und selbstverständlich. Alles hatte seinen Platz und jegliches seine Zeit. Meine Eltern sind einfache Leute, Mutter Hausfrau, Vater Amtmann bei der AOK. Ich bin Einzelkind und wohlbehütet aufgewachsen. Mich umgaben die spießbürgerliche Bigotterie und der Katholizismus einer bayrischen Kleinstadt. Meine Eltern fügten sich in die vorgeschriebenen Bahnen und kreisten innnerhalb der abgesteckten Grenzen. Bis zur Frühpubertät galten die Regeln auch für mich, war ich ein Junge, der perfekt funktionierte und nicht auffiel. Und stets ein guter Schüler. Meine Eltern hätten sich sicher gewünscht, dass aus mir mal »was Ordentliches« wird. Doch ich erkannte frühzeitig, wie das Leben in der Kleinstadt strukturiert und organisiert war, wie verlogen viele Menschen waren und in welcher geistigen Enge sie sich bewegten. Ich war empfindlich und sensibel genug, um nicht selbst abzustumpfen. Also lehnte ich mich auf: Mit roten langen Haaren und schwarzer Kleidung begehrte ich gegen Dogmatismus und Kleingeisterei auf, in der Schule bekam ich Probleme wegen meines Nonkonformismus. Ich war ein Enfant terrible, ein Sonderling, ein Außenseiter. Aber ich fühlte mich besser als die anderen, weil ich glaubte, etwas zu sehen und begriffen zu haben, was die anderen nicht sahen und verstanden.

Weil meine Mutter mich lange umsorgte, war ich noch als junger Erwachsener unselbstständig und unbeholfen. Dieser Umstand trat in Widerspruch zu meinem Unabhängigkeitsstreben. Ich wollte mich abnabeln und aus der intellektuellen Beschränktheit befreien. Mich trieb es weg von zu Hause – in die nächste Kleinstadt. Dort arbeitete ich als Zivildienstleistender in einem Heim für geistig Behinderte. Ich war 19 und musste acht Frauen betreuen, die den

Entwicklungsstand von dreijährigen Mädchen hatten. 24 Stunden am Tag, oft auch am Wochenende. Allein unter Frauen. Das waren meine ersten direkten und offenen Konfrontationen mit der weiblichen Sexualität. Unwissend, was sie da tun, onanierten die Frauen öffentlich und griffen mir unangekündigt von hinten zwischen die Beine. Das erste Mal erschrak ich, noch nie hatte mich eine Frau so berührt. Was machen die da?

Die Körper von geistig Behinderten sind biologisch keine anderen als die von gesunden Menschen. Sie kennen ebenso dieses Drängen, verspüren Lust auf Reibung und Befriedigung. Geistig behinderte Menschen leben ihre Sexualität wesentlich freier und ungenierter aus.

Sie umgeben keine Normen und kulturellen Prägungen. Für mich als jungen Mann entstanden mitunter heikle und angespannte Situationen. Wie erklärt man Frauen, die eigentlich Kleinkinder sind, dass sie in der Öffentlichkeit nicht ihre Genitalien entblößen können? Ohne die Frauen zu verstören oder ihnen den Spaß am eigenen Körper zu nehmen? Ich versuchte, diskret und sensibel zu sein, habe Finger, die während des Mittagessens in Schlüpfern verschwanden, kommentarlos wieder hervorgeholt, und ihnen Spiele in die Hand gedrückt, wenn sie sich an meiner Hose zu schaffen machten. Ich gewährte ihnen maximale Freiheit, setzte aber dennoch Grenzen.

Sexualität von geistig Behinderten ist in Deutschland noch immer ein Tabuthema. Doch geistig Behinderte beschäftigt das Thema nicht weniger als andere Menschen. Wenngleich sie sich nicht intellektuell oder soziologisch damit auseinander setzen. Doch wenn sich der Körper regt, sind alle Menschen gleich. Dann wollen alle nur eines: Befriedigung. Ein urmenschliches Bedürfnis. Während es in Deutschland verpönt ist, erhalten Betroffene in den Niederlanden sexuelle Dienstleistungen längst auf Krankenschein. Oder Krankenpfleger und -schwestern in Behinderteneinrichtungen geben ihren Patienten das, wonach es denen gelüstet. Das finde ich nicht verwerflich, im Gegenteil: Warum soll Behinderten etwas vorenthalten bleiben, was sich andere wie selbstverständlich nehmen dürfen?

Damals wohnte ich in einer Kommune von Zivis, die alle im Heim arbeiteten. Das Heim war ein Sammelsurium außerordentlicher Leute, vereint durch ihren frappanten Abgrenzungswillen. Ebenso wie die Stadt ein Hort von Menschen war, die woanders nicht sein durften: Aussiedler, psychisch Kranke und Sozialhilfeempfänger. Die Zivi-WG war Ausdruck und Folge der Stadt: Zeichen der sozialen Auflehnung und linker Denkstrukturen sowie Ergebnis gesellschaftlicher Ausgrenzung. Hier passte ich hin, hier gefiel es mir, hier wohnte ich gern. Ich richtete mich für 20 Monate der Zivi-Zeit ein und mich befielen bei diesem Gedanken keine negativen Gefühle. Dennoch war ich nicht traurig, als mit dem Mauerfall die Dienstzeit auf 15 Monate verkürzt wurde. Ich ging nach München und studierte Kunst. Rasant rutschte ich in die Künstlerszene und kreierte interdisziplinäre Projekte: Video-Installationen, Butho- und Tanz-Performances, Ausstellungen, Theater. »Kultur gegen Rechts« nannte sich eine Aktion aus Musik, Kabarett und Theater. Der österreichische Autor Thomas Bernhard ist mein »Lehrmeister«. Vielleicht auch Identifikationsfigur und -ziel meiner selbst. »Das Schweigen dieser unendlichen Räume macht mich schweigen«, sagt Bernhard in seinem Roman »Verstörung«. In fast allen seinen Schriften monologisieren Bernhards Figuren, sind sie Ausdruck von Einsamkeit und ohne wesentlichen Kontakt zu anderen Menschen. In seinen Beschreibungen österreichischer Dörfer und Kleinstädte, von Gehöften und Villen, bei denen die äußere Leere der inneren gleichkommt, erkenne ich meine Heimat wieder. Eine kranke, morbide, entfremdete Welt. Die Bühne und die Kunst sind für mich Formen, über mein Leiden daran hinwegzukommen.

Schon damals machte ich keinen Unterschied zwischen Arbeit und Privatleben. Weil es keinen gab. Das Private ist künstlerisch. Die Verwobenheit beider Sphären löste sich bis heute nicht auf. Als ich etwa drei Jahre nach der Wende für eine mittlere Zeit nach Berlin ging, verstärkte sie sich sogar. Ich zog in den Osten, nach Prenzlauer Berg. Die Morbidität des Stadtbildes, die Anarchie der Bewohner, die kulturellen und soziologischen Gegensätze zogen mich magisch an. Gemeinsam mit anderen Künstlern besetzte ich ein Haus, das gleichermaßen Wohn- und Arbeitsort war. So entstanden mein erstes Atelier und meine erste Galerie. Viele der heute so hoch gehandelten und etablierten Galerien in Mitte entstammen dem Besetzermilieu. Vom Wasser bis hin zu Licht- und Gasleitungen installierten wir damals alles selbst. Zunächst entstand das Künstlerhaus konzeptionslos, ohne tragende Idee, später erhielten wir kommunale Anschubfinanzierungen, als das Haus in der Szene Anklang fand. Hier traf sich die nationale und internationale Szene. In diese Zeit fiel die Bekanntschaft mit einer Frau, die ich bewunderte. Sie kam aus dem Osten, war etwa 13 Jahre älter als ich und lebte halbalternativ in einer Dachgeschosswohnung in Prenzlauer Berg. Geschieden, zwei Kinder. Was sie beruflich machte, ob und wie sie arbeitete, habe ich nie erfahren. Unser Verhältnis wurde nicht durch Regelmäßigkeit und durch Austausch getragen, sondern aus einer Ungleichheit heraus. Ich befand mich in einem schwierigen Prozess der Selbstfindung, sie war eine gestandene Frau, die das Leben bereits vertilgt hatte. Ihr Antlitz zeichnete deutlich die Spuren vergangener Jahre und gelebter Brüche. Ihr Gesicht sagte mehr als so manches ihrer Worte. Die Frau beeindruckte mich, weil sie das Leben nahm, wie es kam und nichts beschönigte und romantisierte. Wenn es jemals eine Frau in meinem Leben geben sollte, die näher an mich herankommt, wird es eine ältere sein. Das, glaube ich, mit Bestimmtheit sagen zu können.

Wenn die Frau mich und meinen Körper nicht in ihre Hände genommen hätte, hätten wir wahrscheinlich nie miteinander geschlafen, sondern in ihrem Dachgeschoss nächtelang über Kunst und Literatur philosophiert, bis zur Lungenentzündung geraucht und Wein getrunken. Ich habe mich ihr überlassen. Sie war die Initiatorin unserer Intimität. Sie entblätterte und verführte mich, ich ließ es geschehen. Wenn sie es nicht getan hätte, wäre es auch in Ordnung gewesen. An unserem Verhältnis hätte es für mich nichts geändert. Um einer Frau nahe zu sein, muss ich nicht auf einen Atemzug an sie heranrücken. Ich bin ein stolzer und eitler Mann, wenn eine Frau mich in sich spüren will, muss sie aktiv werden. Ich mache es keiner Frau leicht.

Mag sein, dass ich sexuell gehemmt bin. Aber ich bin keiner von jenen verklemmten Intellektuellen, die beim Anblick schöner

Frauen zapplig auf ihrem Stuhl herumrutschen, feuchte Hände bekommen und Unverständliches von Adorno faseln und sich doch nicht trauen, auf die Frau zuzugehen. Dazu bin ich eine zu gefestigte Persönlichkeit, die sich von Frauen nicht aus der Fassung bringen lässt. Dazu sind mir Frauen zu egal und ist mir Sex zu unwichtig.

Aber wenn mir mal Sex passiert, bin ich passiv, »Handstreiche« trete ich an die Frauen ab. Ich lasse mich führen und anleiten. Meine sexuelle Biographie zählt wenige Frauen. Trotzdem wage ich die Behauptung, dass es einen Unterschied zwischen Ost- und Westfrauen gibt. Zumindest habe ich einen ausgemacht. Ostfrauen sind weitaus unkomplizierter als Westfrauen. Im sexuellen Umgang geben sie sich cooler und emotionsloser, ohne aber gefühlskalt zu sein. Menschen im Osten lebten ohne sexuelle Revolution und ohne Vermarktung von Sex. Und damit frei von einer sexuellen Überreflexion. Ostfrauen scheuen sich nicht, den sogenannten ersten Schritt zu gehen. Meist stehe ich hilflos vor den Frauen und warte darauf, dass sie mir den sexuellen Einstieg abnehmen, dass sie mir mein Jackett abstreifen und meine Hose aufknöpfen. Dass sie vorgeben, wie es weitergeht. Dass sie sich meines Körpers ermächtigen, ohne seiner habhaft zu werden. Dass sie meine Glieder lenken und meinen Mund führen, meinen Körper biegsam machen und ihn eintauchen lassen in den ihren.

Beim Sex mag ich es, Verantwortungen zu übertragen, die Dinge in weibliche Hände zu legen. Ursprünglich gab das Geschlechtermodell der vergangenen Jahrhunderte eine andere Hierarchie vor: Der Mann ist der Gebende, die Frau die Nehmende. Wie beim Tanzen gibt der Mann vor, die Frau lässt sich über den Boden führen. Beim Sex ist es meist nicht anders. Das Ideal wäre eine Ausgewogenheit, aber die tritt selten auf. Ich bin kein »typischer« Mann: Ich tausche am liebsten sexuelle Rollen und lasse mich dirigieren und verwalten. Mein Händedruck bestätigt, wie ich bin: Er ist weich und unwirklich. Trotzdem bin ich zu spüren.

In meiner Kunst vertrete ich durchaus einen Führungsanspruch, bekenne mich zu Macht und Selbstbestätigung. Doch beim Sex lasse ich meine Führungsambitionen in den Hintergrund treten. Bei älteren Frauen kann ich davon ausgehen, dass ich sie nicht weisen muss, dass sie selbst wissen, wohin sie wollen, was sie wollen. Es geht mir nicht um sexuelle Leistungserbringung, wie es in unserer Gesellschaft so oft postuliert wird. Die banale Konfrontation mit Erotik und sinnlichen Reizen löst bei mir keinen Reiz aus, sondern ist künstlich und tot. Auf dieser Ebene bewege ich mich nicht. Spielen sich Erotik und Sex in einem einfach strukturierten Bereich ab, spiele ich nicht mit. Dieser Qualitätsanspruch ist generell maßgebend für alle Dinge in meinem Leben, ihn hege ich ebenso für Kunst und Literatur. Wo Reize dominant regieren, verlieren sie sich.

Warum ich mich gern den Frauen überlasse, kann ich nur ahnen. Vielleicht aus Angst vor Zurückweisung, vielleicht aus Scheu vor körperlicher Entblößung? Vielleicht aus meiner Erziehung heraus, vielleicht aus meinem bisherigen Umgang mit Frauen? Mein Elternhaus war sexlos. Meine Eltern umgibt keine Erotik, aber sie sind ein Paar, das in Harmonie und innerer Stille lebt. Das ringt mir Hochachtung ab. Über fleischliche Gelüste wurde nie gesprochen, Sex war nicht präsent. Die Frauen, mit denen ich im Bett war, ließen mich nie spüren, ob ich ihnen genügte. Das verunsichert. Auch wenn ich nicht hören will, ich sei ein Hengst, verlange auch ich – wie jeder Mann – nach sexueller Bestätigung. Je älter ich werde, desto mehr festigt sich in mir die Gewissheit, begehrt werden zu können. Gelassenheit obsiegt. Ich bekomme so viele positive Signale. Manchmal spekuliere ich, ob Sex nicht doch einmal wichtig werden, ob es eine Zeit geben könnte, in der ich mich sexuell intensiv auslebe. Ich leide nicht an Lustlosigkeit, nur ist der Sex mit einem anderen Menschen, mit einer Frau, für mich unwichtig. Wenn sich mein Körper morgens oder am Tage regt, hole ich mir einen runter.

Bislang war ich noch nie einer Frau verfallen. Ein Satz, der gleichermaßen Ausrede und Behinderung darstellt. Mein Kopf steuert mich, ich kann nichts dagegen tun. Auch in den Momenten absoluter Entspannung schaltet sich mein Hirn nicht aus. Es arbeitet ununterbrochen. Ein Gefühl lässt es kaum entstehen. Ich kann nicht einmal sagen, was mich hinabsinken ließe. Wertigkeiten für auslösende »Verfallsmomente« kenne ich nicht. Alles an einem Menschen ist wichtig, gleichgewichtig. Wenn ich mein Gegenüber im Geist nicht spüre, bekommt es auch keinen Körper. Ein klischeehafter, wohlgeformter Leib, der leer ist, wird mir nicht mehr als Inhaltslosigkeit geben können. Ich will mich im anderen spüren, der andere soll mich spüren. Dazu gehört Lebenserfahrung. Und die hat eine Frau und ein Mädchen nicht. Eine Konkurrenz zwischen geistiger, seelischer und körperlicher mache ich nicht auf. Intellekt, Emotionen und körperhafter Trieb bewegen sich gleichrangig auf meiner Werteskala.

Angenommen, ich hätte eine »feste Frau«, ich wäre ihr nicht treu. Ich bin ein polygamer Mensch. Richtig glücklich bin ich nur, wenn alles in Bewegung ist. Dazu gehört auch, mich zu bewegen. Nicht nur örtlich und intellektuell, sondern auch fremde Rollen anzunehmen. Bei einem Kurzfilmfestival trat ich als Moderatorin Madame Bleu auf. Die Idee, mich in eine Frau zu verwandeln, regte sich in mir bereits als Kind. Doch nur vorübergehend und nur für die Bühne. Madame Bleu war eine blonde Diva in einem langen, schmalen weißen Kleid. Ich stand im Scheinwerferlicht und spürte die Wärme der Lampen auf meinen nackten Schultern. Das Kleid – ein Hauch, die Perücke – ein Manifest. Laszivität umspielte meinen Oberkörper, Freizügigkeit meine Beine. Ich erlebte mich in neuen Dimensionen: Ich rasierte meine Beine und mein Achselhaar, trug Frauenunterwäsche und Hackenschuhe. Ich schminkte mich und klebte mir lange, schwarze Wimpern an. Ich war ganz die Femme fatale. Durch meine immanente Affinität zur Bühne und mein Vermögen, andere Rollen stark zu verinnerlichen, identifizierte ich mich auch mit Madame Bleu so stark, dass plötzlich Charakterzüge von mir zum Vorschein kamen, die bis dahin unter Verschluss steckten: Ich war zickig, launenhaft und überspitzt eifersüchtig, elegant und extrem eitel. Attribute, die man gewöhnlich einer Diva zuschreibt. Fiktion und Wirklichkeit konnte ich nicht mehr unterscheiden.

Ich muss die Rolle überzeugend gespielt haben. An diesem Abend brach ich zusammen, schon Tage vorher litt ich an starken Rükkenschmerzen. Ich konnte mich nicht mehr bewegen und knickte förmlich ab. Meine Wirbelsäule hielt mich nicht mehr. Die Kollegen riefen einen Krankenwagen. Nachdem die Ärztin mich abgetastet und mir eine Spritze gegeben hatte, sagte sie: »Ich habe *sie* euch wieder zum Laufen gebracht.«

Durch die Kleider und die Rasuren erfand ich mich neu, als eine andere Person, die auch ihren Körper neu erfindet. Ich spürte mich ästhetischer und erotischer, vor allem autoerotischer. In meinem Leib regte sich ein unbekanntes Gefühl. Es ließ mich vorsichtiger und zärtlicher mit meinem Körper umgehen als bisher. Er war der Körper einer Frau, der es lohnt, sanft behandelt zu werden. Meinen Körper, den eines Mannes, pflege ich nicht. Außer regelmäßigem Duschen und Baden vernachlässige ich ihn, ja, ich behandle ihn schlecht: Ich esse zu wenig und zu ungesund, ich rauche und trinke zu viel, ich nehme Drogen, ich gönne ihm keine Ruhe.

Madame Bleu zeigte mir meine weibliche Seite. Eine, die mehr Sensitivität und eine Portion Profilneurose zulässt, eine sinnliche, mit dem Hang zur Dekadenz. Zwar behaupte ich immer, es gibt keine typisch weiblichen und keine typisch männlichen Seiten. Aber vielleicht einige Eigenschaften, die eher weiblich beziehungsweise eher männlich sind. Frauen sind die sozialeren Wesen, Männer spezialisieren sich. Ein Mann will beispielsweise Biologe werden und unentdeckte Bakterien finden. Er wird sich in die Wissenschaft einbringen und seinem Spezialistentum so sehr verhaftet sein, dass er sein soziales Umfeld darüber vergisst. Eine Frau würde so etwas nie tun. Frauen denken überordnend und streben nach dem Zusammenhalt der Familie. Männer sind einfacher strukturiert als Frauen. Und Männer sind immer sexualisiert. Als Madame Bleu habe ich das selbst erlebt.

Ich ging als Frau selbstverständlich auf die Damentoilette. Diese befand sich neben der Herrentoilette. Vor der standen zwei Männer, die mir als Mann vielleicht nicht aufgefallen wären. Ich ihnen als Mann sicher auch nicht. Aber sie nahmen mich als Frau wahr, und ich sah sie mit weiblichen Augen. Und die sahen ein männliches Gewaltpotenzial. Madame Bleu spürte, dass sie die beiden Männer nicht mochte und wollte umkehren. Doch der Harndrang war mächtiger als die Furcht. Als Madame Bleu sich an den Männern vorbeizwängte, griffen sie nach ihr. Einer packte sie bei den

Schultern, der andere griff ihr zwischen die Beine und drückte zu. Kurze Sekunden, die mich für Monate traumatisierten.

Berührungen von Männern stoßen mich ab. Als Madame Bleu zog ich verstärkt schwule Männer an, die sich der Lust an der Verkleidung bedienen. Ich lag in einem Sessel, erschöpft vom Abend, erschöpft von mir selbst. Ich genoss Madame Bleu und den Trubel um mich herum. Ein Knabe setzte sich auf meinen Schoß und stekkte mir seine Zunge in den Hals. Angewidert stieß ich ihn zurück, es ekelte mich. Ein Frau wollte ich sein, aber nie eine, die auf Sex mit Männern aus ist. In Frauenkleidern zu stecken, ist und bleibt für mich ein Medium mich auszudrücken, eine künstlerische Aktion. Madame Bleu ist eine intellektuelle Kopfgeburt, ein ästhetisches Gebilde und kein dauerhaft authentisches Gefühl von mir.

Einige meiner Freunde sagen, ich hätte mein wahres Ich noch nicht gefunden. Kann sein. Wahr ist, dass ich mich nicht zu definieren weiß. Aber ich stehe mit mir nicht im Konflikt. Vor allem nicht sexuell. Sexueller Hedonismus liegt mir nicht. Ich habe meine Triebe sublimiert, auch unter Alkohol- und Drogeneinfluss bleibt meine Libido kontrolliert. Aber wenn sich Liebe für eine Nacht anbietet, nehme ich sie gern. Vorausgesetzt, meine Libido macht dieser Nacht keinen Strich durch die Rechnung ...

Trotzdem trage ich keine Zöpfe

Beatrice K. (35 Jahre), Lehrerin in Leipzig, liebt einen jüngeren Mann

Niemand, der uns sieht, würde vermuten, dass meinen Freund und mich elf Jahre trennen. Ich sehe nicht wie 35 und er nicht wie 24 aus. In der Regel werde ich jünger geschätzt, etwa kurz vor 30. Bert wirkt reifer als Mitte 20. Nur wenn man unseren Altersunterschied kennt und genau hinschaut, könnte man vielleicht ahnen, dass ich so viel älter bin als er.

Wir waren selbst überrascht, wie kurz oder lang wir bereits durchs Leben torkeln. Als wir uns vor knapp zwei Jahren in einem deutschen Restaurant in San Francisco kennen lernten, hat keiner von uns beiden nach dem Alter des anderen gefragt. Offensichtlich sind wir damals nicht auf die Idee gekommen, dass es einen erheblichen Unterschied geben könnte. Bert ist groß und kräftig, aber schmal und trägt einen erfahrenen Blick vor sich her. Auch ich bin nicht klein. Und schlank. Andere Frauen in meinem Alter wirken gegen mich wie ihre eigene Großmutter. Vielleicht liegt es an meiner noch immer glatten, fast makellosen Haut und an meiner Frisur, dass ich jünger wirke, als ich bin. Pickel, was ist das? Nicht mal als Pubertierende sprossen die Dinger in meinem Gesicht. Meine Haare wuseln wild um meinen Kopf, manchmal sehen sie aus wie gerade geraspelt.

Ich habe oft Schwierigkeiten, das Alter mancher Menschen zu schätzen. Die heutige Mode lässt alles zu und gibt dadurch jedem die Möglichkeit, sich alterslos auszustaffieren oder sich jünger zu trimmen. Mitunter wirkt es albern und komisch, wenn Frauen, die Mitte 40 sind, Miniröcke und Zöpfe tragen, nur weil gerade der Girlie-Trend angesagt ist. Wenn ein Gesicht und ein Körper durchlittene Krisen und geborene Kinder verraten, erscheint mir das wie ein Ästhetik- und Stilbruch. So als wollten diese Frauen ewig Teenies bleiben. Aber sie tun sich damit keinen Gefallen, im Gegenteil sie geben sich der Lächerlichkeit preis. Momentan will ja sowieso niemand älter werden, der Jugendwahn kommt als Cremes, Sauerstoffkuren, Diäten und neue Gymnastikvarianten daher und steckt hemmungslos an.

Gegen diesen Virus bin ich offensichtlich immun. So wie ich bin, fühle ich mich wohl. Ich mag meinen Körper, ich mag mein Alter. Und ich bin dankbar für die Erfahrungen, die mich geprägt haben. Noch einmal 20 sein? Um Himmels willen! Wer kommt in diesem Alter schon mit sich selbst, seinem Körper und seiner verirrten Gedankenwelt zurecht? Die Lebenssucht und der Hunger nach Wahrhaftigkeit sind groß. Aber meist verpufft diese Lebenswucht im Nichts. Weil das Leben verrückt genug ist und Überraschungen bereit hält, die man am Anfang seines Erwachsenendaseins nicht durchschaut. Und nicht glaubt. Man will festhalten und kann nicht loslassen. Es fehlen die Weitsicht und der Glaube, dass die Welt noch vielschichtiger und verrückter sein kann als im eigenen kleinen Ausschnitt.

In Amerika spielte das alles keine Rolle. Bert und ich amüsierten uns eher über die Tatsache, dass zwei Sachsen, dazu aus ein und derselben Stadt, in einer Thüringer Kneipe in Übersee aufeinanderstießen. In der Unbegrenztheit der Möglichkeiten trafen wir aufeinander, als verbarg sich dahinter eine seltsam unausweichliche Erfüllung unserer Schicksale. Bert war lustig, gelassen und klug, ein Abenteurer und Kosmopolit. Er ist Matrose und verbrachte sein Leben, seit er den Kinderschuhen entwachsen ist, auf Ozeanen und Meeren. In seinen jungen Jahren hat er bereits Ecken der Welt bereist, von denen ich nur träume und einige vielleicht niemals sehen werde. Meine Vita ist weniger weitgreifend und aufregend, wenngleich ebenso prall mit Leben gefüllt. Meine Tochter war zwei, als wir uns kennen lernten, für die Wochen des Urlaubs hatte ich sie den Großeltern überlassen, um die Zeit ungestört genießen zu können. Eine Rundreise durch die Staaten ist keinem Kleinkind zuzumuten. Ebenso keiner Mutter.

Die Begegnung zwischen Bert und mir gestaltete sich unkompliziert und einfach. Wir waren in Ferienstimmung und unbefangen und sind uns schnell näher gekommen. Gemeinsam tobten wir durch Kalifornien und den Wilden Westen und hatten jede Menge Spaß. Die Zeit flog dahin, fast wie im Rausch. Ich hatte das Gefühl, als schwang ich mich tatsächlich jeden Morgen in den Sattel, um der Sonne entgegenzureiten. Amerika, das Symbol für Freiheit und Unendlichkeit. Texas – glühendheiße Sonne und Tequila.

Das Leben zu Hause ist weniger trunken und stärker begrenzt. Ich lebe mit meiner Tochter allein, sie ist inzwischen vier. Ihren Vater und mich verband nie mehr als nur eine gute Freundschaft, kurze Zeit waren wir lose liiert. Wir hatten eher leidenschaftslosen Sex, der dennoch nach sich zog, was bei mangelhafter Verhütung mit großer Wahrscheinlichkeit folgt: Ich wurde schwanger. Ein »Unfall«. Trotzdem wollte ich das Baby. Noch nie hatte ich eine Abtreibung erleiden müssen und wollte es auch zu jenem Zeitpunkt nicht. Wenngleich ein Kind überhaupt nicht in meinen damaligen Lebensentwurf passte, entschied ich mich für das kaum sichtbare Knäuel in meinem Bauch. Gerade hatte das erste Semester meines Medizinstudiums begonnen, ich hatte lange darauf warten müssen. Der Vater überließ mir die Entscheidung. Für mich gab es keine Alternative. Ich war kurzentschlossen, packte mein Leben und stellte es vom Kopf auf die Füße: Ich ließ mich exmatrikulieren und stapfte zum Sozialamt.

Eigentlich bin ich Lehrerin für Mathematik und Geographie, wollte aber nicht in diesem Beruf arbeiten. Kurz nach der Wende kündigte ich meine Stelle in einer Schule, werkelte in verschiedenen Branchen. Alle meine Anstrengungen richtete ich auf das Medizinstudium. Doch mit einem Kind, dazu als Alleinerziehende, hätte ich es nicht finanzieren können. Für Bafög war ich zu alt und wies einen entscheidenden »Makel« auf: Ich hatte bereits studiert. Meinen Lebensunterhalt hätte ich durch Jobben finanzieren müssen. Allein, ohne Kind, wäre das gegangen. Aber mit Baby und vielleicht ohne Kita-Platz? Unmöglich!

Ich richtete mich auf ein Leben mit Kind und ohne Partner ein. Dabei hatte ich weder ein schlechtes Gefühl, noch war ich sauer oder wütend auf den Vater, dass er mit mir und dem Baby keine Familie leben wollte. Im Gegenteil, ich verstand ihn. Er ist Maler und braucht das umtriebige Leben eines Bohemien. Das Paradies malt keine Bilder.

Die ungeplante Schwangerschaft bestätigte mein Lebensgefühl: Ich lasse alles auf mich zukommen und warte ab, wie es sich entwickelt. Unabhängig davon, dass ich mich beruflich entwickeln und entfalten wollte und nach wie vor will und dafür selbstverständlich das Nötige leiste. Aber privat lasse ich mich einfach treiben und schaue, was passiert. Ich plane nicht und denke nicht im Voraus. Insofern beschäftigte mich mein »abgebrochenes« Studium, aber es erschwerte mein Leben nicht und nicht meine Lust am Dasein. Ich würde meiner Tochter nie vorwerfen, dass ich wegen ihr nicht meinen Traumberuf ergreifen konnte. Das hat letztlich nur mit mir selber und meiner Entscheidung zu tun und nichts mit ihr.

Mit eben dieser Leichtigkeit, das Leben zu nehmen, wie es kommt, jeden einzelnen Tag wach zu begrüßen, verbrachte ich die Urlaubswochen in Amerika. Ebenso betrachtete ich die Bekanntschaft mit Bert: Was passiert, passiert, was nicht, bleibt ungeschehen. Ich lenkte nichts und strebte nichts an, ich ließ es laufen. Ich genoss die Zeit und dachte nicht an später und was da eventuell kommen könnte.

Für mich sollte es ein Urlaubsflirt bleiben. Wenn sich Bert – wieder zurück in Leipzig – nicht bei mir gemeldet hätte, hätten wir uns vielleicht nie wiedergesehen oder wären uns ein paar Mal zufällig in der Stadt begegnet. Möglich, dass wir auch einen Kaffee zusammen getrunken hätten. Oft ist es so, dass man nah beieinander wohnt und sich nie über den Weg läuft. Egal, was eingetreten wäre, ich wäre nicht traurig gewesen. Auf eine Partnerschaft, egal ob mit ihm oder einem anderen, war ich nicht »vorbereitet«. Aber wie gesagt, ich lasse alles auf mich zukommen. Auch Beziehungen, die man meist sowieso nicht planen kann. Leute, die von sich behaupten, sie könnten alles in ihrem Leben lenken und leiten, sind mir überaus suspekt. Außerdem geht ihnen jede Menge Spaß verloren.

Mit Bert ist es schließlich anders gekommen, als ich geahnt hatte. Und ich bin froh darüber. Wir sind gern zusammen und teilen viele Gemeinsamkeiten. Wir können ausgezeichnet miteinander philosophieren, uns die Welt erklären und stellen uns gegenseitig knifflige Fragen. In eine unerklärbare Theorie einzusteigen, in die Tiefe einer komplizierten Materie ein- und mit dem Kopf voller Formeln und Gleichungen wieder aufzutauchen, befriedigt mich wie ein explorativer Orgasmus. Den ich beim Denken auch gern allein erlebe. Das Streben nach Erkenntnis gehört zu mir wie die Sonne zum Sommer. Durch Bert erhasche eine Ahnung vom modrigen Geruch des Regenwalds, vom dumpfem Geschmack des Salzwassers im Japanischen Meer, von den schillernden Farben der Tiefseefische im Pazifik. Ich lasse ihn an meinen Büchern teilhaben, ziehe ihn in die Geschichten hinein, aus denen er, wenn er sich einmal darin verirrt hat, nur schwer wieder herausfinden kann. Intellektuell passen wir zusammen wie zwei Puzzle-Teile.

Auch wenn gemeinhin die »Regel« gilt, dass Unterschiede eine Partnerschaft weniger langweilig werden lassen, ich ziehe Harmonie dem Trouble vor. Ein gewisses gemeinsames Grundlevel muss gegeben sein, sonst funktioniert keine Beziehung. Ich möchte mich nicht ständig streiten, dauernd auf der Lauer liegen, um keine gewischt zu bekommen. Wie Stromschläge, die den Körper durchzucken und ihn aus seiner Erstarrung reißen. Danach aber ist er geschwächt und hat keine Kraft, andere Angriffe abzuwehren.

Weil das Leben aber immer anders kommt, als man es gern hätte, musste ich mich auch bei Bert auf Überraschungen gefasst machen. Sie rollten auf uns zu wie eine losgetretene Lawine in den Alpen. Die ideelle Basis, auf der wir stehen, ist das eine. Das andere – das partnerschaftliche Miteinander.

Wenn ich in Bert als Weltenbummler einen erwachsenen und ebenbürtigen Mann sehe, so sehr entdecke ich im täglichen Umgang das Kind in ihm, das noch lange brauchen wird, um den Schulweg allein zu bewältigen. Im Alltag machen sich seine »fehlenden Jahre« deutlich bemerkbar. Es beginnt beim Tagesablauf und hört beim Gestalten realistischer Lebensentwürfe auf: Ich bin berufstätig – ich arbeite seit dem Ende des Erziehungsurlaubes wieder als Lehrerin – und habe von vielen Dingen eine klare Vorstellung. Und muss sie haben. Ich stehe früh auf, bringe meine Tochter in die Kita und muss gegen 7.30 in der Schule sein.

Mein Alltag ist geregelt – allein des Kindes und des Jobs wegen. Ich habe mein Leben im Griff, ich kann für mich und meine Tochter selbständig sorgen. Das alles heißt jedoch nicht, dass ich das Leben nicht nach wie vor auf mich zukommen lasse. Geschehen lassen schließt Organisieren nicht aus.

Bert hingegen ist zerrissen. Am liebsten möchte er immer noch den Globetrotter spielen. Andererseits möchte er studieren. Sein Abitur holt er gerade auf der Abendschule nach. Er weiß nicht, wohin es ihn wirklich zieht. Darüber ist er unglücklich. Wenn es ihn wieder mal heftig erwischt hat und er seine Krisen mit sich herumschleppt, lässt er seine Wut über die eigene Unfähigkeit, das Leben mit beiden Händen zu formen, an mir aus. Er wird ungerecht und hart und wirft mir vor, dass ich mein Leben verschwende, dass es dahinplempert wie ein Gelbdotter aus einem weichgekochten Ei. Durch das Kind seien meine besten Jahre futsch, glaubt er, ich hätte nicht richtig gelebt. In solchen Momenten erscheint er mir wie ein naiver Teenie, der seine Eltern für ihr vertracktes Ehemodell beschimpft und seine Tiraden mit dem Satz beendet: Ich will nie so werden wie ihr, ich mache alles anders. Wenn er seine Beschimpfungen beendet hat, die ich ohnehin nur als Ventil für seine Wut betrachte, antworte ich stets mit Gegenfragen: Wo bleiben denn deine Ziele, deine großen Aufgaben? Entscheide dich: entweder Abitur und Studium oder Weltenbummlerexistenz. Rede nicht, handle! Dann komme ich mir wie die kluge Mutter mit dem erhobenen Zeigefinger vor. Es würde nur noch die brummelnde, väterliche Bassstimme mit den Worten fehlen: Für deine Existenz musst du langsam selber aufkommen.

In solchen Situationen sind wir wie Katz und Maus. Aber kein Getier ist im Vorteil: Die Katze huscht flinker, aber die Maus ist kleiner und damit rasch im schützenden Mauseloch verschwunden. Ich kann nicht erkennen, dass er für irgendeine Sache brennt und alles daransetzt, sie zu erreichen. Wir streiten uns jedes Mal sehr heftig und werfen uns unsere Lebensentwürfe vor die Füße: Da, sieh zu, was du daraus machst. Aber niemals fallen Worte wie: Du bist einfach zu alt. Oder: Lass du dir erst den rauen Wind um die Nase wehen. Dazu verbindet uns zu viel, wir weigern uns, an den

Wurzeln unserer Beziehung zu rütteln. Außerdem wissen wir, wie viele Jahre und Erfahrungen uns trennen. Wir müssen uns nicht daran erinnern. Uns dies vorzuhalten, entspricht nicht unserem intellektuellen Niveau. Manches bleibt unausgesprochen und verhärtet, manches wird immer wieder vorgekramt. Es gibt Paare, die tragen die letzten Züge ihrer Kämpfe zwischen den Kissen aus. Das kann ich nicht. Ich brauche die strikte Trennung von Streit und Harmonie. Auf den Sex transformierte Auseinandersetzungen bergen eine selbstzerstörerische Sehnsucht: Mit jeder Berührung eine kleine Dosis Gift. Im Giftmischen sind Frauen ohnehin Meisterinnen. Sie ziehen diese subtilere Art zu töten der männlichen vor. Männer schlagen, schlachten, schießen. Frauen mixen.

Oft fühle ich mich durch seine Unsensibilität verletzt. Wenn er älter wäre, denke ich dann, wenn er erfahrener wäre und mehr hinter sich hätte, würde er nicht so reden. Ich möchte, dass er mich begreift, dass er mein Innerstes berührt. Wenn ihm sein Leben auf dem Festland nicht wegschwimmen würde, würde er viele meiner Argumente verstehen. Inzwischen weiß er, glaube ich, genau, an welchen wunden Punkten er mich treffen kann wie mit einem Dartpfeil. Zum Beispiel beim Kind: Als ich schwanger wurde, wollte ich kein Baby. Doch ich habe mich bewusst dafür entschieden und war glücklich. Meinen Entschluss habe ich nie bereut. Meine Tochter gibt mir viel an Liebe und Geborgenheit zurück, sie ist Teil meines Lebens und wird es immer bleiben. Kinder gehören zum Lebensglück. Durch meine Tochter muss ich auf vieles verzichten, aber ich tue es gern.

Früher war ich viel unterwegs und kaum zu Hause. Alles, was Leipzig an Kultur und Kunst zu bieten hatte, habe ich mitgenommen. Sonst wäre ich geistig verhungert. Nach der Geburt fühlte ich mich eingesperrt und in meiner Freiheit begrenzt. Ich durchmaß meine Wohnung wie ein eingepferchter Tiger im Zoo, der am liebsten über die Absperrung springen möchte. Doch da sind die Dolchspitzen. Zusehends aber wurde ich ruhiger, gelassener. Ich wuchs mit meiner Tochter, meine Sensoren wechselten ihre Richtung. Nach und nach verschwanden meine bis dahin große Aufregung und meine Furcht, etwas zu verpassen. Es gibt wichtigere Dinge, als überall dabei sein zu müssen. Glück definiert sich nicht über Quantität, sondern über Qualität. Wenn ich jetzt einmal im Monat im Theater sitze oder durch eine Ausstellung schlendere, kann ich es stärker genießen. Meine Tochter ist kein Ersatz für verloren gegangenes Leben. Im Gegenteil: Sie führt mich auf das wahre Leben zurück und zwingt mich, umzudenken und andere Prioritäten zu setzen.

Bert hat kein Kind, deshalb versteht er das nicht. Er kann nicht nachvollziehen, welches starke Gefühl sich hinter einem kleinen Menschen verbirgt, der ein Teil von einem selber ist, welche Bereicherung ein kindliches »Nebenmir« bringen kann. Zwar erlebt er Zora laufend, er beschäftigt sich rührend mit ihr. Wenn ich sie beim Spielen beobachte, kann ich mir kaum vorstellen, dass er nicht spürt, was ich meine. Vielleicht wehrt er sich dagegen. Ich weiß es nicht. Sollten wir irgendwann eine dauerhafte Beziehung leben, womöglich in einer gemeinsamen Wohnung, wird er Zora annehmen müssen. Dann muss er sich die Rolle eines sozialen Vaters zugestehen wie eine zweite Haut, die er sich überstreift. Anders geht es im Zusammenleben mit Kindern nicht.

Jetzt verlange ich nicht, dass er eine Vaterrolle ausübt. Zora hat einen Vater, kennt und liebt ihn. Viele Männer, die auf eine Frau mit Kind treffen und sich in sie verlieben, kommen nicht umhin, das Kind zu akzeptieren. Ansonsten ist das Scheitern der Beziehung vorprogrammiert. Ebenso müssen sie sich mit der Lebensweise auseinandersetzen, die Eltern durch ein Kind abgerungen wird. Dazu gehören bestimmte Regelmäßigkeiten und Kontinuität.

Berts aktuelles Leben kennt weder Reglementierungen noch Verpflichtungen. Ein weiteres Problem, das sich zwischen uns geschlichen hat. Doch es hockt nicht als Persönlichkeitsmakel in unserer Mitte, sondern als leidiger Altersunterschied. Bert muss sich nur um sich kümmern. Selbst seine Abendschule läuft nicht geregelt ab. Er kann jene Flexibilität und Spontaneität ausleben, die mir durch das Kind genommen wurde.

Ich habe nichts dagegen, dass Bert in den Tag lebt. Im Gegenteil, er soll sich austoben und seinen Durst stillen. Jeder braucht das, jeder soll bis zur Besoffenheit vom Leben trinken. Nie würde ich von ihm verlangen, nicht auszuprobieren, wie es schmeckt und ob er davon süchtig werden oder kotzen könnte. Ich fordere nichts ein und verpflichte ihn zu nichts. Er soll es für sich tun, ganz allein für sich. Wenn er genug davon hat, kann er sich besinnen. Von selbst. Es ist sein Leben.

Dieses Stückchen Ausprobieren liegt hinter mir. Jetzt stehe ich auf einer anderen Stufe, die mir nicht mehr »erlaubt«, in jeder Situation zu jeder Stunde spontan zu sein. Auch wenn ich es gern hätte. Bert ist impulsiv und direkt, wenn er rausgehen will, geht er raus. Er versteht nicht, dass ich das nicht kann, dass es aufgrund meiner Umstände unmöglich ist. Dann attackiert er mich, ich steche zurück. Später, wenn wir uns beruhigt haben und miteinander reden, räumt er ein, dass ich Recht habe. Auch, dass er es nachvollziehen kann. Manchmal aber, da rede ich mir Fusseln an den Mund und denke: Mit einem Mann, der eine solche Phase hinter sich hat, bleiben einer Mutter derlei Diskussionen erspart.

All diese Differenzen führen zu einem Spannungsfeld, in dem wir ständig kreisen. Wir tragen unsere Auseinandersetzungen offen und mitunter recht heftig aus. In welcher Intensität wir debattieren, hängt meist von seiner Stimmungslage ab. Manchmal brubbelt er etwas in sich hinein und hockt sich bockig in eine Ecke, manchmal fliegen Türen. Das ist oft anstrengend, birgt aber zugleich einen nicht zu übersehenden Reiz: Ich habe jeden Tag einen neuen Freund.

Von einer Minute zur anderen kann sich plötzlich alles ändern. Immer wieder und immer öfter lerne ich Seiten von Bert kennen, die mir bislang verborgen geblieben waren. Dieses Auf und Ab empfinde ich als anregend, es muntert auf, da schläft nichts ein. Bert irritiert mich, Langeweile findet bei uns kein Futter. Manchmal erkenne ich mich in ihm wieder. Dann zucken Erinnerungen durch mein Hirn und ich habe das Gefühl: Das bin ja ich, die da vor dir steht. Nur die äußere Hülle ist eine andere. Ich sehe meine eigene vergangene Ratlosigkeit, die er nicht zu bändigen weiß. Ich sehe meine Panik vor dem Leben mit einem Kind, die ihn unruhiger denn je werden lässt. Ich sehe mein durchlebtes Hin- und Hergerissensein, meine Unentschlossenheit, die die Spirale seiner Hilflosigkeit weiter nach oben schraubt. Dann möchte ich ihn am liebsten in den

Arm nehmen und sagen: »Alles wird gut.« Ich weiß nicht, wohin wir gehen werden, ob wir eine gemeinsame Richtung einschlagen oder auf getrennten Pfaden wandeln. Alles ist offen, alles ist möglich. Beim Sex spüre ich mit keiner Faser, dass er erst Mitte 20 ist. Wortlos versteht sein Körper meinen, so als seien zwei Leiber aufeinander getroffen, die wie Löffel hintereinander im Besteckkasten klemmen. Bert weiß, was eine Frau mag und braucht, seine Hände tragen eine große Ruhe und Zärtlichkeit in sich, die sich über meinen Körper ergießt, wenn er mich berührt. Ich habe ihn nie gefragt, wo er diese Art zu lieben gelernt hat. Ich will es nicht wissen. Manchmal verschlingen wir uns voller Ungestüm, manchmal treiben wir wie leichte Schaumwellen auf dem Meer. Keine Begegnung, die unbefriedigt bleibt. Jedes Mal ist für mich wie ein Geschenk. Ich weiß nicht, ob es andere junge Männer vermögen, stets den Geschmack ihrer Liebhaberinnen zu treffen. Bert besitzt die Fähigkeit, im Bett alle Antennen auszufahren und jede Bewegung zu registrieren. Er ist ein sexueller Seismograph.

Nur in einem Punkt kommt es zu Stimmungsschwankungen: Wir differieren in unserer Frequenz. Er will viel Sex, viel mehr als ich. Es wundert ihn immer wieder, wenn ich ihn abweise, weil ich keine Lust habe. Alle schlauen Bücher schreiben doch, zieht er mich dann auf, dass es bei Frauen ab 30 erst so richtig losgeht, dass sie wild und nicht mehr zu bändigen, eine Offerte, eine Einladung für jeden Mann seien. Eine einzigartige Erfüllung. Andere ältere Frauen, betont er, *sind* aktiver. Einige räkelten sich auf seinem Laken, feurig und inbrünstig, und ließen ihre unlöschbare Hitze auf ihn überströmen. Sie hatten keine Kinder, widerspreche ich. Sie können abends ausgehen und müssen nicht früh aufstehen. Sie brauchen sich, ebenfalls wie Bert, nur um sich zu kümmern.

Aber er vergleicht mich nicht mit anderen Frauen. Nicht mit denen von früher und mit keiner, die ihm heute über den Weg läuft. Vermutlich könnte ich es nicht ertragen, ständig mit Vorzügen von Fremden und eigenen Mängeln konfrontiert zu werden. Kritik kann ich einstecken, auch ein vorgehaltener Spiegel tut ab und zu gut. Doch ich bin ich und ich bleibe ich. Man kann mich nicht ändern. Wer versucht, aus mir eine andere zu machen, hat schlechte Karten.

Berts Energietank ist bis unter den Deckelrand gefüllt, manchmal scheint er überzuschwappen. Dieser »Vorrat« lässt ihn oft unermüdlich werden. Er dreht sich um mich, vollführt Tänze und breitet sich vor mir aus. Ich nehme seine Signale in mir auf und wärme mich an ihnen. Ich fühle mich bestätigt, wenn er nicht nach fünf Minuten unerwiderter Begierde aufgibt. Wenn ich Bert unter der Bettdecke abweise, schmollt er ein wenig, ist aber nicht beleidigt und fühlt sich als Mann abgelehnt. Anfangs empfand er meine Ablehnungen als persönliche Kränkung. Doch Druck, das weiß er, produziert nur Gegendruck. Nie würde er auf die Idee kommen und mich zu etwas zwingen. Ich würde mich nicht zwingen lassen. Mit einem Mann bin ich nicht zusammen, um von ihm sexuell bedient zu werden. Nicht wenige Frauen leben ins Leere gelaufene Beziehungen aus Angst weiter, ihr Unterleib könnte erkalten. In solchen Paarkonstellationen würde ich wahnsinnig werden. Dafür ist mir die Liebe auf der Matratze zu unwichtig. Wenn sie da ist und sich gut anfühlt, finde ich das schön. Genauso gut kann ich aber auch ohne sie leben.

Als ich zwischen 20 und 30 war, kreiste Sex als Thema Nummer eins um mich herum. Wie vermutlich bei allen Frauen und Männern in diesem Alter. Wie jetzt bei Bert. Ich hatte viel Sex und habe ihn bewusst gesucht. Wer einmal auf den dunstigen Pfaden der Lust entlanggeschlittert ist, möchte sie sobald nicht wieder verlassen. Wie viele Männer es waren – ich weiß es nicht, ich habe sie nie gezählt. Ich habe und hätte ohne sie leben können, nicht aber ohne meine Leidenschaft.

Das hat sich mit den Jahren geändert. Meine Libido ist längst nicht mehr so stark wie früher. Ob es am Kind liegt, am Stress, am Alter oder vielleicht an allem zusammen – keine Ahnung. Zu wissen, wo das »Übel« herrührt, würde am Ergebnis nichts ändern. Ich dränge ihn oft zurück. Ich möchte keinen Sex, nur weil er begehrt, ich möchte mich nicht lustlos hingeben, um ihm eine »Freude« zu machen. Dafür ist mir Sex zu »heilig«. Wenn ich ihn bekomme, möchte ich ihn mit Haut und Haaren genießen, möchte ihn in mir aufsaugen wie ein Schwamm das Wasser. Meine Leidenschaft kann sich nur entfalten, wenn ich ausgeruht und entspannt bin. Wir planen unsere Liebeserlebnisse nicht. Aber Bert weiß, dass ich in der Woche, wenn ich müde und abgekämpft zu Hause ankomme, keine Kraft dafür entwickeln kann, die Sexbombe zu spielen.

Es gibt viele Männer, die genau das von ihren Frauen erwarten. Vermutlich gibt es ebenso viele Frauen, die das Spiel mitspielen und in verschiedene Rollen schlüpfen: Arbeitstier, Mutter, Hausfrau, Hure und Heilige. Bestimmt beherrschen einige ihre Rollen perfekt und sind in der Lage, das jeweils passende Kostüme entsprechend schnell ab- und das nächste überzuwerfen. Das kann ich nicht. Dazu bin ich viel zu sehr ich selbst. Ich möchte es auch nicht, ich will keine Rollen spielen, sondern meine eigene Figur auf meiner selbst gezimmerten Bühne sein. Ich spiele für mich und niemanden sonst. Ohne Requisiten, ohne Schmuck.

An Bert fasziniert mich eine glatte, erdige Natürlichkeit. Sein jugendlich wirkender Körper ist zart und sanft. Wenn sich unsere Haut aneinander reibt, rieseln kleine Perlen an mir herab. Er ist weich und fest zugleich, geschmeidig und knochig. Ich genieße ihn von oben bis unten und könnte in ihm versinken. Ich liebe knabenhafte Körper, meine Liebhaber waren fast immer jünger. Von einem alten, schrumpligen Wanst könnte ich mich nicht berühren lassen. Mit älteren Männern war ich noch nie zusammen.

Über Sex reden wir wenig. Bert möchte es nicht. Sex ist zum Erleben und Spüren da, nicht zum Zerreden, glaubt er. Er baut einen Schutzwall vor sich auf, wenn ich unser Gespräch vorsichtig in diese Richtung lenke. Ich möchte ihm gern viele erotisierende, wollüstige Dinge sagen, doch ich muss abwarten, bis er sich dafür öffnet. Spricht er derzeit über Intimität, poltert sie mit harten Worten aus ihm heraus. Dahinter verbirgt sich, glaube ich, eine große Verklemmtheit, eine unbegründete Angst, zärtliche Gefühle verbal weiterzugeben. Ich dränge und bedränge ihn nicht, ich lasse ihn kommen und warte auf ein Zeichen von ihm. Auch Sprache kann erfahrener werden und wachsen.

Die Jüngeren habe ich nie bewusst gesucht, sie tauchten einfach auf. Meist war ich unerheblich älter als sie, etwa zwei bis vier Jahre. Bert ist der erste, bei dem es über zehn Jahre sind. Vielleicht folge ich unbewusst einem Muster, das diese Art Beziehung einschließt.

Vielleicht liegt es aber auch bei uns in der Familie, sich nicht gleichaltrige Partner zu wählen. Meine Schwester ist seit langem mit einem zehn Jahre jüngeren Mann verheiratet und mit ihm sehr glücklich. Niemand stößt sich daran, dass zwischen ihnen mehrere Jahre liegen. Auch ihnen sieht und merkt man den Altersunterschied nicht an. Eine Bestätigung der Theorie, dass sich liebende Partner aufeinander zu bewegen und sich so einander annähern, dass sie sich sogar im Äußeren gleichen. Allerdings glaubte damals, als sie sich kennen lernten, niemand in unserer Familie daran, dass diese Beziehung lange gut gehen könnte. Jetzt haben sie gemeinsame Kinder und ein Haus und könnten sich vermutlich nicht vorstellen, sich jemals wieder zu trennen.

Es gibt viele Frauen, die sich jüngere Männer nicht zutrauen. Allein, weil sie fürchten, körperlich mit ihnen nicht mithalten zu können. Weil sie glauben, sie müssten schlank, straff und athletisch sein. Ein solches Bild produzieren Werbung und Medien täglich. Viele Frauen orientieren sich an den Hungerlatten und Diättrinen, obwohl das nicht nur Quatsch und unrealistisch ist, sondern sogar ein Trugschluss. Eine Illustrierte startete mal eine Umfrage, bei der Männern verschiedener Altersstufen und unterschiedlicher Berufe Bilder von Frauen vorgelegt wurden. Darunter schlanke Frauen, spindeldürre, normale, mollige – eben alles, was ein gewöhnliches Straßenbild hergibt. Die Männer sollten Frauen auswählen, die ihrem Schlankheits- und Körperideal entsprechen. Und siehe da, sie wählten vor allem jene aus, die nicht klapperdürr waren. Im Gegenteil, die meisten bevorzugten die »kräftigeren«. Und empfanden diese als schlank. Sogar dann noch, wenn diese Frauen sich längst nicht mehr als dünn bezeichnet haben.

Bert findet mich schön und schlank. Das bin ich ja auch. Meine Glieder sind glatt, meine Haut ist straff. Obwohl ich durch die Schwangerschaft einen kleinen Bauch bekommen habe und meine Brüste durch das Stillen herunterhängen. Ihn stören diese »Unannehmlichkeiten« nicht. Er hat sich nie darüber beklagt. Wenn er sich durch meinen Anblick in seinem Anspruch an Ästhetik »beleidigt« fühlte, müsste allein er damit fertig werden.

Ich lege auf solche »Kriterien« keinen Wert. Mir geht es nicht um ein Schönheitsideal, das ich bedienen muss, sondern einzig und allein um einen Wohlfühleffekt. Deshalb stört mich mein Bäuchlein. Ich habe mich bereits im Fitness-Studio angemeldet, um es abzutrainieren. Ich tue es nicht für den jüngeren Mann an meiner Seite, sondern für mich. Außerdem spüre ich im Sport meinen Körper anders, ich treibe ihn zu Leistungen, die er gewöhnlich nicht bringen muss. Nach einer starken, körperlichen Anstrengung fühlt er sich leicht wie eine Feder an. Bewegung reinigt nicht nur den Leib, sondern auch den Geist.

Seinem Freundeskreis ist unserer Altersunterschied bekannt. Als »alte Schachtel« wurde ich nie bezeichnet. Ich hatte auch noch nicht das Gefühl, dass mich irgendjemand so sieht oder Vorurteile pflegt. Bislang hat sich niemand dafür interessiert, wie eine Beziehung zwischen einer älteren Frau und einem jüngeren Mann funktioniert. Zumindest hat mich niemand gefragt. Ob Bert in Männerrunden Rede und Antwort stehen muss, weiß ich nicht. Auf den Partys seiner Freunde falle ich nicht als die »vorangegangene Generation« auf, eher gehe ich in der Masse unter. Verharren Gespräche auf der Ebene des Smalltalks, könnten es meine Freunde sein, wenn ich oberflächlich mit ihnen über Belanglosigkeiten plaudere. Schürft man jedoch tiefer, klafft mitunter eine tiefe Lücke zwischen unseren Erfahrungen. Dann schmunzle ich in mich hinein und denke: Ja, ja, das hast du alles schon mal erlebt, ja, das kennst du auch. Ich wende mich nicht arrogant ab, sondern bin neugierig, wie andere Frauen und Männer ihr Leben reflektieren, wie sie mit Erlebnissen umgehen, die ich ähnlich erlebt habe. Kreisen sie in ihren Geschichten oder vermögen sie, ihnen zu entrinnen?

Gleichwertige Partner sind mir Berts Freunde nicht. Dazu stehe ich bereits ein Stückchen über ihnen. Gleichwohl schmeichelt es mir, dass Bert mit mir genauso viel anfangen kann wie mit seinen Freunden. Vielleicht hat er mir sogar mehr zu sagen als ihnen. Sein Freundeskreis beginnt zu bröckeln, sein Fokus verschiebt sich mehr und mehr in meine Richtung. Ihn amüsiert es, wenn meine Freunde von unseren »Jugendstreichen« berichten: Wie wir nach Ungarn trampten und wild zelteten, unsere wenigen Forint, die uns die DDR erlaubte umzutauschen, vom Munde absparten, wie wir in Rumänien überfallen wurden und eine Tüte Kaffee gegen eine Fahrkarte tauschten. Ihm kommen sie vor wie Märchen längst vergangener Tage. Dabei liegen sie keine Ewigkeit zurück. Nur in einer anderen Weltordnung. Die Mauer fiel, als er 13 war. Ich damals 24. Er hätte mein Schüler sein können. An eine Alterskonstellation in dieser Größenordnung darf ich gar nicht denken. Dann kommt mir unsere Beziehung wie ein verbotenes Verhältnis vor. Ein Lolita-Komplex mit umgekehrten Vorzeichen. Eine ehemalige Kommilitonin verfing sich vor Jahren in den wirren Stricken eines Lehrerin-Schüler-Verhältnisses. Sie unterrichtete eine 10. Klasse, aus der sich ein Knabe in sie verliebte. 16-Jährige sind keine Kinder mehr, ihr Geschlechtstrieb ist genauso stark entwickelt wie der bei 20-Jährigen. Nur schreibt man den Jugendlichen vielfach noch keine allzu ausgeprägte Sexualität und kein ausgereiftes Liebesempfinden zu. Eine Täuschung, wie die Kommilitonin am eigenen Leibe feststellte. Der junge Mann stellte ihr nach, irgendwann erlag sie seinem wohl überaus reizenden Charme. Sie begannen eine heftige Love-Story, die den anderen Schülern nicht verborgen blieb. »Wie kannst du dich auf so etwas einlassen?«, stauchte ich sie zusammen. »Er ist lieb und zärtlich und richtig erwachsen.« Das glaubte ich ihr nicht und beschimpfte sie als infantile, einfältige und unvernünftige Frau. Ob sie sich keinen Mann in ihrem Alter suchen könnte? Aber sie war verliebt. Heute betrachte ich ihre Geschichte mit gemischten Gefühlen: Ich verurteile sie nach wie vor für ihr Verhalten, ihre Emotionen aber, ihre Hingabe, ihr Hingezogensein zu diesem jungen Menschen kann ich nachvollziehen. Liebe kann man nicht lenken, sie besetzt ungefragt das Herz und lässt sich von dort nicht einfach wieder vertreiben.

Durch Bert fühle ich mich jünger, als ich bin. Vielleicht macht er mich jünger, vielleicht betrachte ich durch seine Augen die Welt nicht so, wie sie Menschen in meinem Alter sehen. Ich glaube, wir sind wie Yin und Yan, wir ziehen uns gegenseitig rauf und wieder runter. Es entsteht ein belebendes Wechselspiel. Ich spüre mein Alter nicht, ich fühle mich eher in Jahresangaben undefinierbar. Ich bin mir bewusst, dass sich das schlagartig ändern kann. Auf alle Fälle, wenn ich in mir den unbändigen Wunsch nach einem zweiten Kind verspüre. Mit 40 möchte ich nicht noch einmal Mutter werden. Diese Zahl birgt etwas Magisches in sich, sie stellt einen unsichtbaren Limes dar: Bis zu diesem Zeitpunkt muss es passiert sein. Wenn ich dann immer noch mit Bert zusammen bin und er sich zu jung für eine Familie mit zwei oder mehr Kindern fühlt, müssen wir uns trennen. Ich will und kann nicht darauf warten, kann mich nicht »vertrösten« lassen, dass er irgendwann die nötige Ruhe und Reife in sich trägt, ein solches Modell bewusst leben zu wollen. Ich kann ihm aber auch kein Kind »unterjubeln«: »Hoppla, ich bin schwanger. Wie konnte das denn passieren?« Im Gegenzug darf er von mir nicht erwarten, dass ich die personifizierte Geduld bin. Da tickt die biologische Uhr. Bei Frauen ohnehin anders als bei Männern. Ich könnte es aber auch verstehen, wenn er sagte, er möchte nie Kinder. Eine Einstellung, die ich nicht verteufle.

Bis auf die Kinderfrage bergen Beziehungen zwischen älteren Frauen und jüngeren Männern ähnliche Probleme wie die Konstellation junge Frau/alter Mann. Dort sind die Vorzeichen umgekehrt, für die Reproduktion kein unwichtiges Detail. Dennoch werden Paare, bei denen die Frau wesentlich älter ist als der Mann, von der Umwelt nach wie vor misstrauisch beäugt, in den Medien werden sie als außergewöhnliche Paare behandelt. Das überholte Partnerbild, nach dem die Frau hinter den Mann zurückzutreten hat, ist noch längst nicht ausgeräumt. Das drückt sich unter anderem darin aus, dass Frauen gemeinhin jünger sein »müssen« als der Mann. Vielleicht treten wir ja langsam in eine Phase der Aufspaltung dieser Rollenklischees. Denn andere Modelle, vor allem jene mit gleichaltrigen Partnern, funktionieren nicht besser und nicht schlechter als das unterschiedlicher Altersgruppen. Und den Sex mit jüngeren Männern kann ich nur empfehlen.

Auf der Suche nach dem ultimativen Kick

Konstantin J. (37 Jahre), Fotograf in Hamburg, will Sex ohne Verpflichtung

Ich bin ein Egoist. Jede Frau würde mich dafür verachten, wenn ich ihr offen ins Gesicht sagte: Ich will dich. Aber es ist nur dein Körper, an dem ich interessiert bin. Wer du bist, was du denkst, was du willst und was du von mir willst, das behalte bitte für dich. Ich verschließe meine Ohren, sobald nur ein einziges Wort der Offenbarung über deine Lippen kommt. An dir will ich meinen Durst löschen, saufen bis zur Volltrunkenheit. Aber es soll ausschließlich Sex sein, den du mir anbietest. Begierde, Verlangen, Ekstase, die ich schlucken und schlürfen kann.

Als Macho würde ich beschimpft werden, sobald ich verriet: Mein Sinn steht mir nach Affären, Begegnungen, die mich körperlich auspumpen und mich herausfordern. Verhältnisse, die sich leicht einfädeln und bequem und locker gestalten lassen. Ich suche Frauen, die machen, was ich sage, die erscheinen, wenn ich sie rufe, und gehen, wenn ich ihrer überdrüssig bin. Frauen, die schön sind und sexy, die mir Inspirationen liefern und Reize bieten. Frauen, die sich drehen und wenden lassen, und trotzdem nicht unterwürfig daherkommen. Frauen, die mich als Mann anhimmeln und als Fotograf bewundern. Raubkatzen, die ich vor meine Kamera zerren und entkleiden kann. Diven, die sich ungeniert der Linse und mir ausliefern, die Eleganz und Verruchtheit in einer Person bieten, die Heilige und Hure sind. Viele Frauen sollen mich umgeben, aber nur temporär, nicht für eine lange Dauer. Eine feste Beziehung ist das Letzte, was ich anstrebe.

All das wünsche ich mir, so male ich es mir in meiner kruden Phantasie aus. Doch die wirkliche Welt gleicht selten der fiktiven. Mit Frauen, das musste ich begreifen, sind Verbindungen, wie sie mir vorschweben, nicht zu bekommen. Welche Frau würde sich fortschicken lassen, sobald mein körperliches Interesse an ihr erloschen ist? Welche Frau kommt, zieht sich aus, bietet sich mir dar, lässt sich nehmen und verlässt danach mein Atelier, ohne zu fragen, wann wir uns das nächste Mal sehen? Welches weibliche Gehirn dreht Pirouetten, nur der Pirouetten wegen, weil die Drehung in der Luft aufregend und ermunternd ist? Keine! Jeder Sprung hat nur ein Ziel: Bodenhaftung in Form einer Beziehung. Nicht eine einzige meiner Affären konnte ich bislang nach meinen Vorstellungen ausleben. Es gab Ansätze, aber niemals die vollständige Realisierung meiner Träume.

Warum ich so bin? So niederträchtig, so unerbittlich, so abscheulich? Einer Frau ist es gelungen, mich dahin zu bringen, wo ich jetzt bin. Meiner Frau. Sie hat mich in die Abgründe der Gemeinheiten gehetzt und meinen Abstieg in die Würdelosigkeit provoziert. Doch ich hoffe, dass ich früher oder später stark genug bin, den Verletzungen, die mir zugefügt worden sind, zu trotzen und eine »normale« Beziehung führen zu können. So lange, fürchte ich, werden die Frauen mich so nehmen müssen, wie ich bin. Momentan kann ich ihnen nichts anderes bieten.

Im Grunde bin ich kein schlechterer Mensch und kein größerer Macho als jeder andere Mann auch. Es ist ein Trugschluss, wenn jemand glaubt, durch meine derzeitigen »Forderungen« an Frauen würde ich mich an ihnen für meine gescheiterte Ehe rächen. Wie es viele andere Männer tun. Die Schuld am Scheitern unserer Ehe schiebe ich nicht meiner Frau zu. Mit Vollgas haben wir beide zusammen die Beziehung gegen eine meterdicke Mauer krachen lassen. Totalschaden und gebrochene Rippen. Daher treibt mich eher ein unumstößliches Bedürfnis, mein Leiden an der Liebe und mein Leiden an mir selbst zu bekämpfen. Indem ich das Leben anbelle wie ein angeschossener Köter.

Meine Ex-Frau und ich waren acht Jahre verheiratet. Wir haben eine Tochter, die jetzt sieben ist. Als wir uns kennen lernten, verhakten sich zwei Wirbelstürme ineinander, die sich früher oder später nur in einem krachenden Gewitter entladen können. Sie ist Regisseurin, sehr kreativ und arbeitswütig. Ihr Kopf gleicht einer Maschine, die nie ruht. Ich bin Theaterfotograf und stehe ebenfalls ständig unter Strom. Wir sind zwei Menschen, die wuchtig leben, stets präsent und immer stark sind. Keiner von uns beiden kann verlieren und nachgeben. So wie wir damals miteinander gelebt haben, so liebten wir auch: fordernd, gewaltig, vehement. Beziehungen zwischen zwei Lebenswahnsinnigen gehen selten gut. Weil keine Seite zurücksteckt, keine unterlegen sein will. Künstlerbeziehungen zerbrechen oft an der Sucht ihrer Beteiligten, dem anderen minütlich beweisen zu wollen, welche Potenz in einem brodelt. Eine Spirale, die sich unaufhörlich nach oben schraubt.

Unsere Ehe war nicht alltagstauglich. In all den Jahren haben wir es beispielsweise nicht geschafft, eine vernünftige Streitkultur zu entwickeln. Krisen bewältigten wir nicht, indem wir besonnen über sie debattierten, sondern ins Abseits schrien. Erst einmal in einer Ecke, verblieben die Sorgen dort, und wehe, wenn jemand wagte, sie hervorzuzerren. Wir führten einen beständigen Kampf, der nicht das Ziel hatte, gemeinsam das Siegertreppchen zu besteigen, sondern den anderen fertig zu machen.

Leider wurde uns das viel zu spät bewusst. Und wir waren zu jung, um zu begreifen, wohin wir ruderten. Unsere Ehe war eine einzige Selbstzerstörung. Um der Zerfleischung zu entgehen, suchten wir Trost in anderen Betten. Doch fremde Matratzen heilen nicht, sie potenzieren das Übel. Und sie lassen Eifersucht und Misstrauen wachsen, die das Schiff immer tiefer ins Eismeer steuern.

Die Trennung vor einem Jahr verlief schmerzhaft und traumatisch. Jetzt will ich mich auf keine Frau mehr einstellen. Und: Ich will nicht kämpfen müssen. Um keine Frau, um keine Beziehung. Wie ich derzeit meine Verhältnisse organisiere, muss ich es auch nicht tun. Aber es bereitet Mühe, Frauen abzuwimmeln, ihnen begreiflich zu machen, was ich will und worauf sie nie zu hoffen brauchen. Nichtsdestotrotz sollen die Frauen, mit denen ich ins Bett gehe, einzigartig und erlesen sein. Für manche vielleicht eine noch stärkere Form von Machismo: Er will sie besitzen, für eine kurze Zeit, danach sollen sie wieder gehen, ohne zu fragen und zu fordern, und obendrein müssen sie all das bieten, was Traumfrauen an Qualitäten und Vorzügen »angehangen« wird. Dieser Typ kann nur ein Schwein sein. Und ein Utopist. Vielleicht. Aber ich komme nun mal nicht gegen mein Empfinden und meinen ästhetischen

Anspruch an. Als Theaterfotograf erreichen mich zwei Drittel meiner Wahrnehmung über das Auge. Wenn ich auf eine Frau stoße, die mir gefällt, wird zuerst ein visuelles Moment in mir ausgelöst. Wie ist sie gekleidet, welche Körperformen hat sie, wie trägt sie ihre Haare, wie bewegt sie sich? Auf einen bestimmten Frauentyp bin ich nicht festgelegt: Sie kann blond oder brünett sein, groß oder klein. Es gibt keine Primärreize, auf die ich anspreche. Es ist vielmehr der Gesamteindruck, der mich fasziniert, ein Zusammenspiel aus Gesicht, Körper und Intellekt.

Trotz der Erfahrung meiner vertrackten Ehe hege ich eine Affinität zu komplizierten Frauen. Es waren und sind stets Schauspielerinnen, Tänzerinnen, Sängerinnen und andere Wesen des öffentlichen Lebens und der Bühne, mit denen ich zusammen war oder Affären hatte und habe. Mag sein, dass ich mich hierbei stets auf ein und demselben Pfad bewege, von dem ich aus irgendwelchen Gründen nicht abweiche. Paartherapeuten und Psychologen haben herausgefunden, dass die erste Beziehung, die erste Liebe, und sei es, dass man diese mit zarten 15 erlebt, prägend sein kann für den Rest des Lebens. Soweit ich mich erinnere, war meine erste Freundin so etwas wie ein Donnerwetter, ein Knall in jeder Hinsicht: sinnlich und geistig. Sie spielte Klavier, nahm Schauspiel- und Tanzunterricht und stolzierte erhobenen Hauptes durch die Schule. Niemand konnte an ihr vorbeischauen. Ein graziles Wesen, das wusste, dass es sich von den anderen Mädchen unterschied. Ihr allein galten die verstohlenen und ganz offenen Blicke aller Jungen. Jeder wollte sie. Aber ich habe sie gekriegt. Es war nicht einfach: Sie zickte herum, zierte sich, vermutlich, um ihren »Wert« weiter in die Höhe zu treiben. Um sie zu überzeugen, musste ich mir einiges einfallen lassen. Ich wendete einen Trick an. Schon damals beschäftigte ich mich mit Fotografie. Mit der Kamera kann man jeder Frau schmeicheln. Egal, in welchem Alter. Indem ich dem Mädchen sagte, ich möchte es ablichten, weil es äußerst fotogen sei, bestätigte ich Schönheit und Attraktivität. Es macht einen Unterschied, ob ich einer Frau lediglich sage, sie sehe verblüffend aus, oder ob ich dem Ganzen einen gehobeneren Stellenwert verleihe. Worte verflüchtigen sich in dem Augenblick, in dem sie ausgesprochen werden. Ein Kompliment durch ein Foto hält ewig. Außerdem sind alle Frauen eitel und sammeln gern Bilder vergangener Tage. Als »Beweis«, um später einmal belegen zu können: Früher, ja, da war ich so richtig schön.

Mein Hingezogensein zu komplizierten Frauen erkläre ich mir auch beruflich bedingt: Einen Großteil meiner Arbeitszeit verbringe ich im Theater. Ich fotografiere Szenen aus dem Sprech- und Gesangsbereich. Opern, Musicals, Komödien, Tragödien, die gesamte Bandbreite einer Bühne. Ich fertige Gruppenfotos an, szenische Studien und Porträts. Mitunter beobachte ich Frauen stundenlang, wenn ich sie vor der Linse habe. Auch wenn sie mir nur einen winzigen Ausschnitt ihrer Persönlichkeit bieten, ihre Bewegungen aber, ihre Art zu reden, ihre Fähigkeit einen gelernten Text wiederzugeben, verrät mehr, als manche Frauen glauben. Jedes Stückchen gelebtes Leben wird gefüllt mit den Erfahrungen, die die Frauen im Leben gemacht haben. Darüber hinaus lasse ich meine Phantasie spielen, stelle mir die Frauen in verschiedenen Positionen, an unterschiedlichen Orten vor. Ich male mir aus, wie ich sie entkleide, an ihnen herumknabbere, sie drehe und schiebe, sie zum Objekt mache. Die Kamera als verlängerter Schwanz? Mag sein. Doch meine Betrachtungsweise ist notwendig, um ein gutes Bild zu produzieren. Ohne irrationale Beziehung kein stimmungsvolles Foto.

Am liebsten sind mir die Frauen, die vor der Kamera keine Hemmungen haben, die es lieben, sich selbst zu inszenieren und ein Foto-Shooting als Spiel begreifen, die sich inspirieren lassen und selbst Feuer speien. Dann entsteht eine einzigartige Wechselwirkung, die in jedem Fall in Erotik hinübergleitet. Es gibt Tage, an denen ich wie ein rolliger Kater in meinem Atelier auf und ab streune, weil es überfüllt ist mit jungen, knackigen und exklusiven Frauen. Jeder Blick durch die Kamera kann zur Folter werden, weil die sexuelle Energie, die sich in mir aufbaut, keine Entladung findet. Wenn eine Frau zu Einzelaufnahmen kommt, passiert es hin und wieder, dass die Nähe, die sich zwischen der Frau und mir durch die Kamera aufgebaut hat, auf dem Kanapee körperlich wird. Meist bleibt es bei diesem einen Mal. Alle »meine« Frauen, die vergangenen wie die gegenwärtigen, bergen nicht nur eine gewisse Diffizilität in sich, sondern eine ebenso tiefe Abgründigkeit. Ob fiktiv auf der Bühne oder im wirklichen Leben. Meist unterscheiden sich die exzentrischen Rollen der Schauspielerinnen nicht allzu sehr von der realen Exaltiertheit der Frauen. Ich glaube, damit versuchen sie der Alltäglichkeit des Lebens aus dem Weg zu gehen. Allein ein Gang in die Kaufhalle kann zu einer Inszenierung geraten. Da wird sich nicht einfach ein Beutel geschnappt und des Einkaufs wegen schnell hinüber zu Kaiser's gehuscht, nein, das Einkaufsritual wird gepowert. Die Frauen schleichen nicht unauffällig durch die Regalreihen und legen lautlos eine Packung Eier in den Korb. Oh nein, sie treten auf, als stünden sie auf der Bühne oder vor einer Fernsehkamera: Sie fliegen durch die Halle, die Eier landen mit Karacho im Wagen. Die Frauen sind weder zu übersehen noch zu überhören. Das ist ihr Lebenselixier, das gehört zu ihrem Können, zu ihrer »Innenausstattung«. Im Grunde genommen bin ich nicht anders. Vielleicht treibt mich ja auch eine Suche nach dem vorgehaltenen Spiegel, der mir in den Frauen stets mich selber zeigt. Nichtexaltierte Frauen empfinde ich als langweilig und uninteressant. Und Langeweile tötet.

Zu all meinen Beziehungen und Affären gehören schrille Szenen, ein heftiger verbaler Schlagabtausch, fliegende Teller und zerscheppernde Vasen. So, wie meine Affären ausarten, gestalten sich meine sexuellen Erlebnisse. Das Bett als Ziel und Mittler kraftstrotzender Handlungen und Phantasien. Häufig sind die Wirkungen dieser Ausschweifungen als markante Merkmale deutlich sichtbar: Sie reichen von kleinen Kratzern über blaue Flecken bis hin zu fleischigen Bissen. Schmerz als Lust. Es erregt mich heftig, wenn ich eine Frau kräftiger packen und greifen kann, wenn sie sich in meinen Umklammerungen dreht und windet und versucht sich zu befreien. Wenn sie schmerzgeprägte Laute von sich gibt, wenn sie keucht und winselt. Um aber gleich einem Irrglauben vorzubeugen: Es geht nicht um sadomasochistische Praktiken, die sexuelle Dominanz beziehungsweise Devotheit beinhalten. Ich will keine Frau unterdrücken und demütigen, ich ergötze mich nicht an ihrer Unterlegenheit. Die Rollen von Domina und Hengst beziehungsweise

Sklavin und Sklave sollen anderen überlassen bleiben. Ich bewege mich auf einer Ebene der Gleichwertig- und Ebenbürtigkeit. Ebenso lustvoll kann ich Schläge, Bisse und Druckmassagen empfangen und sie wiederum in aggressiven Sex umsetzen. In eine Frau zu stoßen, sie zu rammen, empfinde ich befriedigender als seichtes Eindringen. Zwischen Zärtlichkeit und Vagheit zu lamentieren ist mir zu beliebig. Sex muss herausfordernd sein.

Als junger Mann hätte ich mir nicht vorstellen können, im Bett einmal mehr zu fordern als die üblichen Standardnummern. Schmerz in Verbindung mit Sexualität wird nicht gelehrt, sondern ist gesellschaftlich vielfach nicht akzeptiert. Schmerz hat mit Gewalt zu tun, und männliche Gewaltausübung gegenüber Frauen gehört geächtet. Dem stimme ich voll zu. Nie würde ich eine Frau schlagen, um sie mir gefügig zu machen. Doch es gibt einen erheblichen Unterschied zwischen Gewalt als Machtdemonstration und Gewalt als Stimulanz.

In meinem Sexualverhalten spiegelt sich mein Alltag wider. So, wie ich ficke, lebe ich. Das erste Mal bemerkte ich meine Neigungen in meiner Ehe. Zwar mochten meine Frau und ich schon immer deftigeren Sex und konnten mit Kuschelbeischlaf wenig anfangen. Aber als sie mich das erste Mal boxte, als ich sie nehmen wollte, als sie auf mir herumtrommelte, und ich sie an beiden Oberarmen festhielt, ihren Körper auf den Boden drückte und dabei ihre Schenkel auseinander presste, wussten wir beide: Das ist erst der Anfang. Später fesselte ich sie mit Handschellen ans Bettgestell, sie konnte nur ihren Unterleib und ihre Beine bewegen, ansonsten blieb ihr nichts weiter als eine Passivität, die mir freien Raum für Inszenierungen ließ. Für eine Frau ist es, glaube ich, äußerst stimulierend, »Angriffe« nicht abwehren zu können. Ich bringe sie zum Brodeln, heize ihre Lust an, indem ich sie mit meiner Zunge, meinen Fingern und Spielzeugen wie Federn und Dildos bearbeite. Bis sie fast explodiert.

Auch nach heftigen Streitigkeiten, die irgendwann zu unserem Alltag gehörten wie das Licht zum Tag, konnten wir miteinander schlafen. Manchmal folgte das eine unmittelbar auf das andere. Nicht wenige Paare mögen sich nach Auseinandersetzungen brutal anschweigen und den Partner mit Liebesentzug strafen. Bei uns trat häufig das Gegenteil ein. Doch den Schmerz, den wir uns körperlich zufügten, empfanden wir nie als Strafe, sondern als Weiterführung unserer Auseinandersetzung mit anderen Mitteln, in der Sprache des Sexus.

Durch unsere Erlebnisse entwickelte sich eine tiefe sexuelle Bindung, die die spätere Trennung erheblich erschwerte. Wer körperlich aneinander gebunden ist, kann sich auch aus den seelischen Fesseln schwer befreien. Nach der Scheidung versuchte ich mich einzig und allein auf Körperlichkeiten zu konzentrieren. Ich suchte nach Frauen, die ich so nehmen konnte, wie ich es wollte. Wie ich es bereits beschrieben habe. Doch ich fand sie nicht. Anstelle meines Wunschbildes treffe ich immer wieder auf Weibchen, die geliebt und geheiratet werden wollen. Das ist das Problem. Auf Sex kann ich aber auch nicht verzichten. Huren und ihre Körper kaufen? Ohne Verpflichtung, ohne Folgen, ohne Verantwortung. Eine Möglichkeit. Die mir aber zu unpersönlich und zu schnell ist. Wenn ich mit einer Frau zusammen bin, möchte ich die Begegnung so gestalten, wie ich mich gerade fühle. Und es darf nicht nach Minuten vorbei sein, sondern soll, wenn ich es mag, Stunden andauern.

All meine Theorien und meine Phantasien musste ich über Bord werfen und mich auf Kompromisse einlassen: Ich lerne eine Frau kennen, gehe mit ihr ins Bett, verschweige ihr nicht, dass eine Beziehung mit mir nicht zu haben ist und halte den Kontakt so lange aufrecht, wie sie bei diesem Spiel mitgeht. Sobald ich merke, die Frau ist drauf und dran sich in mich zu verlieben, trenne ich mich. Gnadenlos. Das kann ich verantworten und finde es den Frauen gegenüber fair. Die Sache hat nur einen Haken: Es kommen nur kurze bis mittelfristige Abenteuer zustande. Ich befinde mich ständig auf der Jagd.

Ein weiterer Nachteil: Es sollen Frauen sein, die keine Furcht vor experimentierfreudigem Sex haben, die darüber hinaus eine gewisse Waghalsigkeit in ihren Gefühlen und in ihren Gedanken zulassen können, die Phantasie mitbringen. Gutem Sex genügt das rein haptische Erleben kaum. Ich fordere intellektuelle Nähe. Ansonsten bleibt eine für mich notwendige Intensität auf der Strecke. Doch bei Begegnungen, die sich auf wenige Treffen beschränken, ist dies fast nie zu bekommen. Wie oft verbleibt nach einer Nacht im fremden Bett, in dem meine Wünsche unerfüllt blieben, nicht mehr als ein schales Gefühl, das bitter und abgestanden schmeckt. Am nächsten Morgen frühstücke ich allein in irgendeinem Café und spüle danach unter der Dusche Finsternis und Ekel von meiner Haut.

Manchmal habe ich das unbändige Bedürfnis, etwas »Verbotenes« zu tun und Grenzerfahrungen zu durchleben. Der Geruch des Gefährlichen reizt unaufhörlich meine Nase. Mitunter komme ich nicht umhin, diesem Odeur nachzugehen und als Trieb auszuleben. Einmal mit einer Frau, an die ich mich nie hätte heranwagen dürfen. Sie war eine sozial und gesellschaftlich hoch angebundene Person, verheiratet, zwei Kinder. Offensichtlich hatte sie sich in den Kopf gesetzt, ihrem Gatten eins auszuwischen, weil er sie laufend betrog. Nun wollte sie es ihm gleichtun – und hat sich dafür mich ausgesucht. Obwohl ich ihr Rachespiel alsbald durchschaute, lächelte ich vergnügt in mich hinein. Ich begehrte die Frau von dem Moment an, als ich sie erblickte. Doch diese Frau, schalt ich mich, wird ein ewiger Traum bleiben. Wenn du auch nur einen winzigen Schritt auf sie zugehst, wirst du eine Menge Ärger bekommen. Nun kam sie auf mich zu. Ich war verwirrt und aufgeregt zugleich. Sie war eine Grande Dame, fast eine Diva.

Es passierte während eines Festes, ebenfalls hoch angebunden. Egal, mit wem sie sich unterhielt, mit wem sie zusammenstand und sich den Champus zuprostete, stets hatte sie mich im Blick. Ich hatte das Gefühl, als drangen ihre Augen durch meine Kleider und verbrannten mir die Haut. Bis ich es nicht mehr aushielt und sie ansprach. Wir wechselten nur wenige Worte, völlig belangloses Zeug, über das Wetter, neue Gesichter auf der Bühne, irgendeinen Film, den ich nicht gesehen hatte. Ohne es auszusprechen, trafen wir die Verabredung, ES zu tun. Ich weiß nicht mehr, woher ich die Gewissheit nahm, dass sie mich anrufen würde. Jedenfalls tat sie es, bis heute habe ich keine Ahnung, wie sie an meine Telefonnummer gekommen ist.

Wir verabredeten, für unser Intermezzo weit wegzufahren, am besten ins Ausland. In der mittelgroßen Stadt, in der sie mit ihrem

Mann damals lebte und ich arbeitete, hätte sich ein Verhältnis dieser Art binnen weniger Stunden herumgesprochen und wäre zum Skandal mutiert. Das konnte weder sie sich noch ich mir leisten. Nur ihr Mann sollte davon erfahren, so hatte sie es sich gedacht. Wie sie ihn von ihrer »Aktion« in Kenntnis setzte, habe ich sie nie gefragt. In ihre Ehekrise wollte ich nicht hineingerissen werden.

Wir mieteten uns über ein verlängertes Wochenende in einer kleinen Pension in Norditalien ein. Wenige, wildfremde Menschen um uns herum, die Landschaft ein Gemälde aus Grün, Blau und gelblichem Braun. Hier fühlten wir uns frei und sicher. Wir ließen unsere Körper aufeinander prallen wie zwei brünftige Stiere. Drei Tage Sex pur. Es war unglaublich. Dass diese Frau brodelt wie ein Vulkan, ahnte ich. Dass sie jedoch unersättlich war, spürte ich nach dieser Zeit schmerzlich. Ich glaubte, mein Genital würde brennend zu Boden fallen. Wenn wir es aus unserem Hotelzimmer hinaus an die frische Luft geschafft hatten, waren wir trotzdem vor uns nicht sicher. Mit dem Auto bewältigten wir eine Strecke von höchstens 30 Kilometern, um spätestens dann anzuhalten und weiterzumachen. Ob Feldweg, Wald oder Wiese, nichts war uns zu ungemütlich oder zu kalt. Die Hitze, die sich in unseren Körpern ausbreitete, reichte aus, bis wir erschöpft zusammenbrachen. Eines Morgens sammelte sich Tau auf unseren Leibern.

Wir erlebten keine kuschelige Körperlichkeit, sondern erotische Machtspiele, sinnlich und geistig aufregend. Wir fesselten uns, verbanden uns die Augen, überließen uns ganz dem anderen. Wir schickten uns gegenseitig an unsere Grenzen, beide waren wir bis dahin noch nie gekommen. Es entstand ein Wechselspiel von Nähe und Distanz, Vertrauen und Angst, Aufregung und Gelassenheit. Beim Fesseln und Augenverbinden liefert sich eine Seite der anderen vollständig aus. Das »Opfer« kann nicht sehen, was folgt, kann sich nicht wehren. Es kann nur glauben und hoffen. Und sich fallen lassen. Der »Täter« muss mit seinem »Opfer« und seinen Handlungen verantwortungsvoll umgehen. Er muss die Lust der anderen Person und gleichzeitig ihre Ängste wahrnehmen, muss das Tempo, in dem er vorgeht, verlangsamen oder beschleunigen. Er muss den Schmerz, der produziert wird, erahnen und die Stricke lockern, wenn sie zu fest werden. Wenn das gelingt, erleben die Beteiligten Momente heftigster Erregung.

Wir probierten und reizten alles aus, was uns einfiel, mit allen Gegenständen, die uns zur Verfügung standen. Ich band sie mit dem Schlauch der Dusche an die Gestänge in der Kabine und ließ Wasser über sie laufen. Abwechselnd heiß und kalt. Ich nahm sie von vorn und hinten gleichzeitig, mit mir und einem Dildo. Ich fesselte sie an Händen und Füßen, so dass sie sich nicht rühren konnte. Erschöpft und ausgelaugt fuhren wir zurück in unseren Alltag. Sie kehrte in den Schoß ihrer Familie zurück, ich an meine Arbeit. Wir haben uns nie wieder gesehen.

Die drei Tage waren einzigartig. Nur noch selten habe ich mich in eine solche Ekstase steigern können. Mit einer 15 Jahre jüngeren Japanerin durchlebte ich ähnliche sexuelle Höhepunkte. Sie war eine hochkreative Innenarchitektin, die sich ihrem Job und der Kunst verschrieben hatte. Sex war für sie zweitrangig. Das änderte sich, als sie durch mich in Bereiche ihrer Sexualität vordrang, die ihr bis dahin verborgen geblieben waren. Zunächst schliefen wir jugendlich-naiv miteinander. Ich ging vorsichtig vor und verhielt mich abwartend. Langsam steigerte ich die Dosis und begann sie mit ersten härteren Griffen zu stimulieren. Ein sinnlicher Aperitif, der später durch eine hochprozentige Mixtur ersetzt werden sollte. Ich wollte sie verführen, sie hineingeleiten ins Paradies des lustbringenden Schmerzes. Weil ich ahnte, dass in ihr etwas schlummerte, woran nur noch niemand gerührt hatte. Mich reizte der Gedanke zu erfahren, wohin ich sie treiben kann, zu sehen, wie sie sich allmählich selbst entdeckt und aus sich herauskommt. Und ich sollte Recht behalten. Meinen »Angeboten« hatte sie nichts entgegenzusetzen. Im Gegenteil: Je tiefer sich meine Fingernägel in ihren Körper bohrten, je stärker ich sie biss und kratzte, desto größer wurde ihre Lust. Anfangs schwieg sie, ließ nicht erkennen, ob sie es genießt oder verabscheut. Aber als ich einmal von ihr abließ, verlangte sie, ich solle weitermachen. Intensiver sogar.

Sie erlitt Anflüge von Schmerz, die sie als anregend und stimulierend empfand. Sie beschrieb es mir wie ein Stück bitteres Sushi, in das man beißt und im ersten Moment ausspucken möchte, weil der Geschmack ungewöhnlich ist. Doch im zweiten Augenblick genießt man den Bissen, weil das Bittere der Speise erst die rechte Würze verleiht.

Wir haben vorher nicht über die Praktiken gesprochen, ich habe die Frau nicht auf das, was kommt, »vorbereitet«, ich wollte sie überraschen. Ohnehin ergeben sich diese Spielchen in der Regel von selbst. Einmal band ich sie an einen Heizkörper und peitschte ihren Hintern, bis er glühend rot wurde. Sie verlangte das, sie hatte Sehnsucht nach dem ultimativen Schmerz, sagte sie. Je sensibler die einbezogenen Körperteile, desto größer erschien ihre Lust. Mit jedem Handgriff, der neu hinzukam, wuchs ihr Verlangen nach ungewöhnlichen Methoden. Eines Tages verschnürte ich sie mit einem Strick nach der Bondage-Methode, die sie absolut bewegungsunfähig machte. Ihre Lust bestand darin, mir völlig ausgeliefert zu sein. Für mich sind Stricke, Fesseln, Strümpfe, Lederriemen und Seidenbänder stets auch ein Stück Fetisch, die den sexuellen Lustgewinn steigern können. Sie gehören nicht einzig zur Ausstattung von Leuten, die SM-Praktiken durchführen. Seit langem bedienen sich viele Frauen und Männer dieser Teile, um in ihren abgestumpften Sexalltag wieder Aufregung zu bringen. Was früher als abnormal galt, findet heute weite Verbreitung. Zu Bondage-Utensilien gehören beispielsweise auch Kettenhemden, Stringbodies und Bügel-Corsagen. Stringbodies, für Frauen und Männer, gibt es in jedem Underwear-Laden zu kaufen.

Mit der Japanerin zog ich durch Sex-Shops und durchforstete sie nach weiteren Toys. Wir waren selbst erschrocken, was es alles gibt: Angefangen bei Puppen, Dildos und Vibratoren, die vermutlich fast jeder kennt, gibt es diverse Anus- und Orgasmuskugeln, Vakuumpumpen und Spielzeuge, die sowohl bei Frauen als auch bei Männer einzuführen sind.

Wir haben viel ausprobiert und experimentiert und hatten unseren Spaß. So lange, bis sie zum ersten Mal danach fragte, ob wir heiraten und eine Familie gründen wollen. Vorbei die heiße Erotik, Schluss mit den Machtspielen, ich erteilte ihr eine Absage. Und ahnte noch nicht, was folgen sollte: Sie bombardierte mich mit Anrufen, Briefen, Telegrammen, Überraschungsbesuchen. Sie verfolgte mich, ich befand mich auf der Flucht. Abweisungen, auf die gewöhnlich mit Wut und Trauer reagiert werden, setzte sie um in Angriffe aus dem Hinterhalt. Ich änderte meine Telefonnummer, sie lauerte mir auf, egal, wohin ich ging. Bis ich schließlich umzog und dem Einwohnermeldeamt Order gab, meine Adresse an niemanden herauszugeben.

Ich würde mich nicht als außergewöhnliches Sexmonster bezeichnen. Vermutlich leben andere Menschen sexuell genauso oder ähnlich wie ich. Sie geben es nur nicht offen zu. Es ist an der Zeit, alle Tabus zu durchbrechen und die Karten auf den Tisch zu legen. Dann würden sich vermutlich mehr Leute befreit fühlen und müssten sich nicht wie Aussätzige vorkommen. Ohnehin ist es eine Crux: Einerseits prangen an jedem Zeitungskiosk Tittenblätter, Pornomagzine liegen in jedem Sex-Shop aus, Anzeigen für schnellen und Telefonsex sind in jeder Zeitung geschaltet. Aber wenn es über den standardüblichen Sex hinausgeht, heißt es gleich: Das ist pervers, das ist abartig. Da wird mit doppelter Zunge gesprochen und eine Bigotterie vorgeführt, die wir längst nicht mehr nötig haben.

Die einzige Perversität, die man mir vorwerfen kann, ist, dass immer nur mein Körper an den Affären teilnimmt. Meine Seele bleibt unberührt. Ich biete den Frauen eine Hülle, mein Inneres verstecke ich. Momentan kann ich nicht mehr von mir zeigen. Andererseits hat jede Frau zu jeder Zeit die Chance auszusteigen. Ich mache keiner Frau etwas vor, ich verspreche nichts.

Ich vermute, viele bleiben länger, als sie wollen, weil ich sie »nebenbei« auch fotografiere. In allem, was ich tue, schwingt ein fotografisches Interesse mit. Die Verbindung von Zerbrechlichkeit und Härte, die Grenzlinie zwischen Lust und Schmerz offenbart sich mir stets auch als visuelle Ästhetik. Fetischgegenstände als Kunstobjekte. Dazu zählen ebenso Piercings, Tattoos und Mösen.

Mösen ganz besonders. Sie sind nicht nur der Spalt, mit dem alles anfängt und aufhört, sie können zu einem ganz besonderen Motiv mutieren. Wenn ich ganz nah mit der Kamera an sie herangehe und fast weniger als ein Detail ablichte, wird das Organ verfremdet und somit zum künstlerischen Gegenstand. Am liebsten mag ich Mösen, wenn sie rasiert sind und sich mir in ihrer ursprünglichen, mädchenhaften Pracht darbieten. Unabhängig davon, dass das Rasieren von Genitalien derzeit zum Modeschlager avanciert und fast keine Frau mehr zu ihrer Schambehaarung steht, ziehen mich blanke, nackte Mösen einfach stärker an. Auch praktisch gesehen hat eine Rasur ihre Vorteile: Ich muss mir nicht dauernd die Schamhaare aus dem Mund puhlen.

Ich glaube, bereits eine Menge an sexuellen Möglichkeiten durchgespielt und erprobt zu haben. Ich wüsste nicht, was noch großartig kommen sollte. Ich muss nicht 150 Stellungen austesten, bei einem Drittel davon bricht man sich ohnehin nur die Knochen. Selbst virtuellen Sex zähle ich inzwischen zu meinen Erfahrungen. Im Internet habe ich eine Frau kennen gelernt, mit der ich regelmäßig E-Mails tausche. Ich weiß nicht, wie sie aussieht, was für eine Stimme sie hat, ob sie allein lebt oder mit einem Hund. Ich weiß nicht einmal, ob sie mir ihre wahre Identität verraten hat. Vielleicht ist sie ja auch ein Mann. In den Chat-Rooms soll es bekanntermaßen die wildesten Übertreibungen und größten Lügengeschichten geben, viele machen sich einen Spaß daraus, anderen eine Person vorzuspielen, die sie nicht sind. Oder vielleicht gern sein würden. Dahinter verbirgt sich ohnehin der Erfolg der Chat-Rooms.

Wir schreiben uns die verrücktesten Dinge, die sich bis zur maximalen Leidenschaft steigern. Einerseits lasse ich meine Phantasie spielen, andererseits berichte ich detailgetreu, was ich mit anderen Frauen tue und mir mit ihr ebenso vorstellen könnte. Möglich, sie druckt die Mails am Abend aus, hält sie ihrem Liebhaber oder Mann vor die Nase und überreicht damit beiden ein geniales Sexgeschenk. Kann sein, sie holt die Eiswürfel aus dem Gefrierfach, die ich ihr virtuell auf den Bauch lege und die langsam schmelzen. Das in ihrer Taille abfließende Wasser lässt ihren Körper erschaudern. Vielleicht verwickelt sie sich beim Lesen in ihren eigenen Phantasien, weil der Verzicht auf körperliche Liebe das Einzige ist, was ihr momentan erlaubt ist zu leben.

Diese Frau möchte ich nie treffen. Der Reiz dieser Beziehung liegt einzig und allein darin, dass sie unreal ist. Vielleicht sogar surreal, eine telepathische Sinnestäuschung. Cybersex erzeugt eine faszinierende Ersatzintimität, die im Grunde genommen mein Bedürfnis nach der Beziehung befriedigt, die ich schon so lange suche: ohne Verpflichtung und ohne Verantwortung. Ich kann die Frau »erleben«, wenn ich mich nach ihr sehne. Ich schalte den Computer an und rufe eine ihrer Mails ab. Ich kann sie wegschicken, wenn ich keine Lust mehr auf sie habe. Ich schalte den Computer wieder aus. Eine ideale Verbindung, unkompliziert und hocherotisch. Leider mit einem Makel: Sie bleibt ewig körperlos.

Wenn wir nur mehr Zeit hätten

Tatjana R. (31 Jahre), Sozialpädagogin und Lehrerin in Magdeburg, lebt mit Henry N. eine Beziehung in getrennten Wohnungen

Ich bin gestresst. Und ich habe das Gefühl, dass es nie aufhört, dass ich ständig von einem Ort zum nächsten hetze, kaum zum Atmen komme und mich dabei fast selbst vergesse. Aber ich will mich nicht selbst vergessen. Deshalb habe ich einen Abwehrmechanismus entwickelt: Ich schalte auf stumm, wenn mein Körper nicht mehr in der Lage ist zu reagieren. Abends quält es mich, wenn das Telefon klingelt.

Ich hocke auf meinem Bett, einen großen Pott Tee neben mir, eine Zeitschrift oder ein Buch auf meinem Schoß – wenige Minuten, die nur mir allein gehören –, und dann bimmelt das Telefon. Doch ich nehme den Hörer nicht ab, sondern lausche auf den Anrufbeantworter, den ich in weiser Voraussicht angeschaltet habe. Wenn jemand drauf spricht, mit dem ich reden möchte, stehe ich auf und gehe ran. Ist es jemand, auf den ich im Moment keine Lust verspüre, muss er mit meiner aufgezeichneten Stimme vorlieb nehmen. Entweder er ruft noch einmal an oder ich melde mich in den nächsten Tagen. Wenn ich Lust habe.

Abends bin ich einfach nicht kommunikativ. Das kann zu Missstimmungen und Missverständnissen führen. Insbesondere in einer Partnerschaft. Dann wird einem Desinteresse am Partner oder sogar Liebesverlust vorgeworfen. Aber das ist es bei mir nicht. Am liebsten würde ich nur schweigen. Manchmal möchte ich auch nicht mehr denken, weil es anstrengt.

Die meisten Menschen, die mich kennen, vermuten solche Bedürfnisse nicht bei mir. Sie sehen eine Frau, die klein, aber drahtig ist, flink und zäh, ein Wirbelwind und eine Stehauffrau. Sie kennen mich immer in Aktion: ständig etwas von einer Ecke in eine andere räumend, nebenbei essend, nimmer müde. Doch dieses Bild trügt, denn die Leute sehen mich am Tage. Mein abendlicher Zustand bleibt ihnen verborgen.

Aber das war nicht immer so. Es gab eine Zeit, da war die Tatjana vom Tage auch die Tatjana vom Abend. Da barg mein Körper Kraftpotenziale, von denen ich glaubte, unzählige zu besitzen. Ich schöpfte aus Reserven, die jetzt aufgebraucht sind. Seit mein Sohn auf der Welt ist. Tobias ist jetzt drei. Vor drei Jahren begann sich das Karussell von Existenzsicherung, Zeitmangel und Stress zu drehen. Und niemals hielt es an, keine Möglichkeit abzuspringen. Nur einmal wechselte ich die Plätze und zog aus unserer Ehewohnung in eine eigene, meine jetzige. Henry und ich trennten uns räumlich, aber wir beendeten nicht unsere Beziehung. Die Trennung war nötig, weil wir unsere Nähe nicht mehr ertrugen.

Meine neue Wohnung ist wesentlich kleiner als die »Familienwohnung«, hat nur zwei Zimmer, eines für Tobias und eines für mich, eine winzige Küche und eine Idee von Bad. Die Tür zur Duschzelle steht immer offen. Sie zu schließen, würde zu viel Platz wegnehmen. Aber ich fühle mich hier viel wohler, weil ich ungeniert so sein kann, wie ich bin. Auf niemanden muss ich Rücksicht nehmen, niemandem muss ich eine Rolle vorspielen, nur um ihm nicht die gute Laune zu verderben, niemand stört mich. Morgens allein im Bad zu sein, gehört für mich zu einem guten Start in den Tag. Henry wohnt weiter in der großen Wohnung, die einst uns drei beherbergte. Tobias hat dort ein zweites Kinderzimmer. Er pendelt zwischen dem zweiten und vierten Stock hin und her. Unten wohne ich, seine Mutter, oben wohnt Henry, sein Vater.

Eigentlich bin ich Biologie- und Chemie-Lehrerin. Während meines Referendariats wurde ich schwanger. Wir wollten das Kind. Damals wohnten Henry und ich in einem Zimmer. Im Gegensatz zu heute nervte uns die Enge des Raumes nicht. Im Gegenteil: Sie verschaffte uns Geborgenheit und schirmte uns von der Außenwelt ab. Wir stritten nie, denn es fanden sich keine Gründe, über die Auseinandersetzungen lohnten. Unser Leben schwebte und glich einem Ausnahmezustand, dessen Ende nicht abzusehen war. Dass dies mit schnelleren Schritten herbeistapfte, als wir ahnen konnten, ließ uns vermutlich scheitern.

Wir lebten von meinem Lehrergehalt, das durch die Schwangerschaft mit einem Mal wegfiel. Plötzlich fanden wir uns auf dem Sozialamt wieder. Drei Monate Stütze wurden uns gewährt, dann sollten wir eine Lösung gefunden haben. Uns war klar, dass Henry in der nächsten Zeit für uns drei sorgen musste. Und genau darin lag das Problem. Er machte sich mit einer Sicherheitsfirma selbstständig, die aus einer Person bestand: seiner eigenen. Unabhängig davon, dass vor allem die Anfangsjahre schwer sind, waren die Aussichten auf Erfolg so düster wie ein Tunnel ohne Ende. Sicherheit ist, glaubt man, ein einfaches Geschäft. Jeder sucht Sicherheit. Doch Sicherheit kostet Geld, das viele nicht haben. Und Sicherheit anzubieten, ohne Geschäftsräume vorweisen zu können, ist ungleich schwerer. Henry arbeitet auf Zuruf. Das Läuten seines Handys gibt Aufschluss über seine Geschäftslage. Damals ein Teufelskreis: Klingelte es, fühlten wir uns gestört. Weil vor allem nachts seine helfende Hand gebraucht wurde. Oder er musste sich gerade um das Baby kümmern, wenn er verlangt wurde. Auch wenn wir unterwegs waren, hätte jederzeit ein Anruf kommen können. So waren selbst die Stunden, die Entspannung gebracht hätten, überlagert von Notfällen. Aber blieb das Handy stumm, wurden wir noch unruhiger und bangten um die Zahlung der nächsten Miete. Unsere Existenzsicherung hockte uns ständig im Nacken.

Geld ernannte sich selbst zum Thema, von dem wir ursprünglich glaubten, verschont zu bleiben. Wir stritten uns und bewarfen uns gegenseitig mit Vorwürfen. Wünsche und die Möglichkeiten ihrer Erfüllung, Notwendigkeiten und ihre schwierige Realisierung mussten dauernd gegeneinander abgewogen werden. Wir überlebten, doch es waren Monate voller Angst und Grausamkeit. Mit der düsteren Vorausahnung, dass es noch Jahre so weitergehen könnte.

Noch im Erziehungsurlaub suchte ich mir einen 630-Mark-Job. In einem Weinhaus betrieb ich telefonische Akquise. Eine minimale Hilfe, aber sie erlöste uns nicht von unserem Übel. Gleichzeitig suchten wir nach einer größeren Wohnung und fanden schließlich jene, in der Henry jetzt allein wohnt. Die Miete war günstig, weil sie eine Kombination aus Wohnen und Arbeiten darstellte. Gegen einen reduzierten Mietzins übernahmen wir die Hauswartstätigkeit: Treppen, Hof und Keller putzen, Garten pflegen, kleine Reparaturarbeiten. Mit dem Umzug kehrte einigermaßen Frieden in unsere strapazierte Beziehung ein, wir stritten kaum noch und fühlten uns als kleine Familie.

Dennoch entließen die Existenzsorgen uns nicht aus ihren Klauen, wenngleich wir versuchten, mit ihnen anders umzugehen. Wir ließen sie nicht mehr lauthals und stürmisch auf unserem Küchentisch herumtrommeln, sondern leise ihr Lied summen. Und jeder weiß, wie zermürbend und nervenaufreibend ein dauerhafter Geräuschpegel sein kann. Man will, dass der Krach aufhört. Doch er findet kein Ende. Und je länger er anhält, desto lauter erscheint einem der Ton. Bis er schmerzhaft in den Ohren dröhnt und der Kopf zu platzen droht.

Wie im Film »Das Schlangenei« von Ingmar Bergmann in dem ein jüdischer arbeitsloser Trapezkünstler und seine Schwägerin in der Klinik eines Arztes und Wissenschaftlers Unterschlupf finden und ohne ihr Wissen für Menschenexperimente missbraucht werden. In einer Szene wird die Frau mit einem geistig behinderten Baby in einen Raum gesperrt.

Das Baby schreit ununterbrochen. Zum Anfang versucht die Frau das Baby zu beruhigen, nimmt es in den Arm, wiegt es und läuft mit ihm herum, singt ihm Lieder vor. Doch das Baby hört nicht auf zu schreien. Allmählich verliert die Frau ihre Nerven, sie legt das Baby in sein Bettchen zurück und hält sich weinend die Ohren zu. Sie rauft sich die Haare, eilt unter Schmerzen im Zimmer auf und ab. Sie brüllt das Baby an, rüttelt und schüttelt es. Doch es schreit immer lauter. Bis die Frau das Kopfkissen auf das Baby drückt und das Kind verstummt.

Vom Friedensabkommen zum offenen Krieg war es bei Henry und mir ein schleichender Prozess. Mit der Veränderung des Status veränderte sich auch mein Gefühl für Henry. Es verflüchtigte sich unauffällig, wie ein Partygast, der ohne »Auf Wiedersehen« zu sagen das Fest verläßt. Zunächst fällt sein Fehlen nicht auf. Erst wenn nach ihm verlangt wird, wundern sich alle, dass sie nicht bemerkten, wie sich der Gast davonschlich. Aber dann ist es zu spät, dann ist er über alle Berge.

Heute – nach unserer räumlichen Trennung und nachdem alles wieder ins Lot kam – kann ich mich nur noch vage an das damalige Gefühl erinnern. Das bedaure ich nicht. Wie könnte ich mit Henry weiter leben, wenn mir die schlechte Erinnerung wie ein böser Geist im Kopf herumspukt.

Als sich Henry selbstständig machte, suchte er nach einem Rückhalt, er wollte sich anlehnen. An mich, ich sollte ihm Trost spenden, wenn er verzweifelte. Doch wie hätte ich ihm Kraft geben können, wo ich selbst keine besaß. Er sendete Signale aus, auf die ich nicht reagierte. Das verletzte ihn und ließ ihn wütend werden. Nach elf Jahren Beziehung waren wir in unsere heftigste Krise geschlittert. Das Resultat: die Trennung. Für mich war sie wie eine Befreiung. Während eines Urlaubs in Zypern, den ich mit Tobias allein verlebte, merkte ich, dass es mir ohne Henry besser geht, dass ich mich allein leichter fühle. In Zypern brachen all die Dinge auf, die mich, die uns quälten: Abends, wenn Tobias endlich schlief, saß Henry am Computer. Dann störte ihn allein meine Anwesenheit. Oft verließ ich den Raum, in dem sich Henry aufhielt. Eine Flüchtende in der eigenen Wohnung.

Der Zypern-Aufenthalt war mein erster Urlaub ohne Henry. Früher waren wir immer zusammen unterwegs: in Indien, Griechenland, Malaysia. Harte Touren, die unsere Beziehung auf die Probe stellten.

Es ist eigenartig: Je ungewöhnlicher unsere Reisen waren, je gefährlicher sie sich entwickelten, desto intensiver fühlten wir unsere Zusammengehörigkeit. Nichts konnte uns etwas anhaben. Aber der Alltag in Magdeburg, der »normale« Umgang mit Schwierigkeiten haute uns um. Auf die Dauer ist es zermürbend für ein Paar, sich nur um die Grundbedürfnisse zu kümmern, und alles andere stellt Luxus dar. Liebe und Familie als Mehrarbeit? Dahin wollte ich nie kommen. Und war dort doch schon gestrandet.

Unsere Trennung wurde durch eine Standardfrage eingeleitet, die mit einem Standardsatz beantwortet wurde. »Wollen wir übers Wochenende wegfahren?«, gab ich uns eine letzte Chance. »Das kann ich nicht. Wenn es einen Notfall gibt und ich nicht da bin, geht uns das Geld durch die Lappen«, war seine Reaktion. Seit

Monaten spielte sich am Donnerstagabend die gleiche Szene ab, seit Monaten wuchs die Verärgerung auf beiden Seiten.

Die Rettung unserer Beziehung kam als frei gewordene Wohnung im selben Haus. In Einmütigkeit und Frieden schleppten wir meine Sachen zwei Stockwerke tiefer. Freunde, die uns halfen, wunderten sich. Für sie kam die Trennung überraschend. Von unseren Auseinandersetzungen bekam kaum jemand etwas mit. Wir stritten nicht im Beisein von Freunden oder Verwandten. Von einem Tag auf den anderen waren wir ein Paar, das zusammen ist, aber getrennt lebt. Eine seltene Beziehungskonstellation. Vor allem, wenn Kinder da sind. Für uns stellt das Getrennt-ZusammenSein derzeit die einzige Möglichkeit dar, ein Paar und gemeinsame Eltern zu bleiben. Nach Jahren des Nichtloslassens keine leichte Entscheidung, aber notwendig, um uns vor dem Totalkollaps zu bewahren.

In den ersten Wochen unseres »neuen« Lebens machten wir unglaubliche Entdeckungen: So bekamen wir mit, dass viele unserer bis dato endlosen Auseinandersetzungen unnötig waren. Wir verkeilten uns in einem Thema und versuchten, es von zwei konträren Seiten zu entzerren. Wir hauten auf dem Thema herum und zerhackten es – jeweils mit unterschiedlichen Wörtern, meinten aber eigentlich dasselbe. Oft führten wir einen Streit nicht zu Ende und gingen mit einem unguten Gefühl auseinander. Heute haben wir gelernt, ruhig und sachlich mit Problemen umzugehen. Heute läuft unsere Beziehung relativ problemlos, weil wir einen Status fanden, der uns und unseren Bedürfnissen gerecht wird.

Wenn wir uns sehen wollen, sehen wir uns. Wenn nicht, ist es auch nicht so schlimm. Für Tobias änderte sich fast nichts. Er kann jederzeit zu seinem Vater raufgehen. Wenn der nicht da ist, ist es nicht anders als in anderen Familien, bei denen der Vater temporär nicht zu Hause ist. Dennoch richteten wir feste »Vater-Tage« ein. Einfach, um einen gewissen Rhythmus zu haben und Tobias ein Gefühl von Regelmäßigkeit zu vermitteln. Außerdem ist eine solche Lösung besser für unser Freizeitverhalten. Ich weiß, an welchen Tagen ich ins Kino gehen, mich mit Freunden treffen oder mit mir allein sein kann. Und Henry weiß, an welchen Abenden er keine Notdienste annehmen darf.

Unsere Lösung finde ich besser, als zusammen in einer Wohnung zu leben und sich abzustimmen, wer wann das Kind ins Bett bringt und wer wann frei hat. Wenn man unter einem Dach lebt, bewegt man sich trotzdem in den gemeinsamen Räumen, das Kind weiß, dass man da ist. So ist man eben nicht allein und kann schwerer Ruhe finden. An meinen freien Tagen bin ich oft allein zu Hause. Ich muss nicht so oft ins Kino rennen wie andere Menschen. Manchmal genieße ich es einfach, nichts sagen und nichts tun zu müssen, sondern kann den Müßiggang einlegen.

Unser Zusammen-Getrennt-Leben birgt einen weiteren erheblichen Vorteil: Wir sind nicht dazu verdonnert, einander täglich zu sehen, sondern können zusammen sein, wann wir es wollen. Oft essen wir gemeinsam Abendbrot. Das entscheiden wir spontan. Dazu brauchen wir keine Verabredungen und keine festen Regelungen.

Manchmal bleibt Henry über Nacht. Das sind die Nächte, die nur uns gehören und uns in eine Zeit zurückversetzen, die frei war von Stress und Missverständnissen. Manchmal schlafen wir miteinander und ich bitte Henry danach zu gehen. Weil ich mein Bett für mich brauche und keinen anderen neben mir ertrage. Das hat nichts mit Henry zu tun, sondern mit mir: **Ich** benötige die Ruhe, ich suche **meine** Einsamkeit.

Henry signalisiert mir, wenn er gern bleiben möchte. Er gibt mir die Chance zu entscheiden. Oft fragt er, warum ich nicht zu ihm hochkomme.

Ich weiß nicht warum, aber ich mag nicht mehr in unserer alten »Ehewohnung« mit ihm schlafen. Durch unsere räumliche Trennung erleben wir nicht mehr und nicht weniger sinnliche Stunden als früher. Ohnehin habe ich das Gefühl, ein Sexmuffel zu sein. Bereits in den Jahren vor Tobias drängte Henry mehr als ich. Ich könnte auch eine lange Zeit ohne Sex auskommen. Aber wenn ich ihn dann habe, genieße ich ihn. Unter der Dusche, auf dem Teppich, im Bett. Seit ich mit Henry zusammen bin, bin ich noch nie fremdgegangen. Es ist immer wieder wie neu, wenn wir uns berühren und uns sexuell begegnen. Henry bringt mich fast jedes Mal zum Orgasmus.

Tobias stört uns bei der Liebe nicht. Doch für ihn ergibt sich immer wieder eine neue, unbekannte Situation, wenn Henry über Nacht bleibt. Er hat die Trennung kaum bewusst erlebt und reagiert jetzt etwas verstört, wenn Papa neben Mama im Bett liegt. Intuitiv spürt er Henrys Anwesenheit, die in der Nacht nicht »normal« ist. Er ist es gewohnt, entweder seine Mutter oder seinen Vater während des Schlafs bei sich zu haben. Sind wir beide in seiner Nähe, schläft er unruhig und wacht häufig auf. Dann tapst er zu meinem Bett und kuschelt sich zwischen uns. Wie jede Mutter entwickelte ich eine Automatismus, ihn im Halbschlaf »aufzunehmen«, ihn zuzudecken und weiterzuschlafen. Manchmal kommt Henry runter – ohne einen »besonderen Grund«. Dann ahne ich, was er will. Weise ich ihn ab, weil mir die Muße für die intime Stimmung fehlt, stiefelt er wieder nach oben. Daraus entwickelt sich kein Mangel an sexueller Spontaneität, es ist nicht anders als bei anderen Paaren, die in einer gemeinsamen Wohnung leben.

An andere Männer dachte ich nie. Auch nicht, als ich an meinem Gefühl zu Henry und an unserer Beziehung zweifelte. Ich weiß, dass Henry der ideale Mann für mich ist. Mit ihm kann ich reden **und** schlafen. Andere Frauen brauchen dafür zwei Männer. Ich habe das Glück, mich nicht teilen zu müssen. In unserer Trennungsphase begann Henry stark zu rauchen und zu trinken. Ein einziges Mal sagte ich ihm, dass mich das abstößt. Er riss sich zusammen und hörte wieder auf damit. Nicht von einem Tag zum anderen, aber konsequent und beharrlich. Seine Stärke, mit seinen Schwächen umzugehen, imponierte mir. Hätte er sich auf Dauer gehen lassen, hätte ein anderer Mann vielleicht für mich interessant werden können.

Heute klatsche ich ihm manchmal auf seinen inzwischen bedeutungsvollen Bauch und sage: »Der muss weg!« Aber dann betrachte ich ihn noch einmal und weiß: Das ist genau der Henry, den ich liebe und den ich will. Wenn ich an andere Männer denke, sehe ich große, asketische Wesen. Henry ist das Gegenteil meiner Phantasien. Was aber bringt es, mit einem »Traummann« ins Bett zu gehen und einen flüchtigen Moment gegen eine plausible Beziehung zu tauschen? Warum für ein sexuelles Abenteuer, das ich im eigenen

Bett ebenso gut oder vielleicht sogar besser haben könnte? Freitags habe ich immer frei. Tobias ist in der Kita, Henry meist an seinem Computer. Ein ganzer, langer Freitag bietet mehr sexuelle Möglichkeiten als eine kurze Nacht.

Ich würde sie mit mehr Gelassenheit ausstatten

Henry N. (38 Jahre), Sicherungsspezialist in Magdeburg, lebt mit Tatjana R. eine Beziehung in getrennten Wohnungen

Eine Woche nach unserem Kennenlernen zogen wir zusammen. Tatjana kam zu mir in meine kleine Zwei-Zimmer-Wohnung, die im Winter so kalt war, dass wir unser Leben auf einen Raum beschränkten. Die Fenster waren undicht und die Öfen wärmten nur ungenügend. Aber ich würde es immer wieder tun. Die Zeit damals war eine unserer besten.

Sie studierte Biologie und Chemie und sammelte im Sommer Käfer. Wir krochen durch das Unterholz im Wald, auf der Jagd nach einem bestimmten Exemplar. Ich schnitt Gräser und kratzte an der Rinde von Bäumen herum, die Tatjana für ein Experiment benötigte. In ausländischen Gebirgen bestiegen wir Berge, klopften an den Gesteinen herum und lasen Schnecken auf. Im Winter spielten wir Schach. Sie ärgerte sich, wenn sie verlor. Die Nähe zu ihr genoss ich sehr. Fast keinen Tag waren wir getrennt. Vielleicht wäre es noch so, wenn unser Sohn nicht geboren wäre.

Mit Tobias änderte sich alles: unsere Beziehung, unsere Nähe zueinander, das Leben. Unabhängig davon, dass sich das Paarverhalten zwangsläufig umstellt, sobald Kinder kommen. Aber Tobias stellte alles auf den Kopf. Mir raubte er die Nerven. Ich liebe meinen Sohn, aber dennoch sorgte er dafür, dass heute nichts mehr ist, wie es war. Von Anfang an schrie er. Manchmal die ganze Nacht. Ich brauche meinen Schlaf, mir geht es nicht gut, wenn ich nachts gestört werde. Die nächtlichen Störungen hörten nie auf. Bis heute nicht. Wenn er bei mir schläft, wird er bis zu vier Mal wach. Früher schrie er, heute tappelt er an mein Bett. Manchmal legt er sich neben mich, aber dann bin ich um dem Schlaf gebracht. Kinder haben die Angewohnheit, sich selbst im größten Bett auszubreiten und den Erwachsenen den Platz zu rauben. Tobias legt sich quer, über meine Beine, schmeißt sich auf meine Brust und bohrt mir seinen Ellenbogen in den Magen. Meist trage ich ihn nach einer qualvollen halben Stunde wieder rüber in sein Bett. Für mich ist die Nacht gelaufen. Deshalb ist es gut, dass er nur einige Male in der Woche bei mir schläft, und die anderen Nächte bei seiner Mutter. Ich wäre ein einziges Nervenbündel.

Mein einstiger Erschöpfungszustand führte zu Spannungen zwischen Tatjana und mir. Irgendwann empfand ich jeden Handschlag, jede Bewegung und jede Forderung von Tatjana als anstrengend und eine Zumutung. Wenn ich nachts arbeiten musste, brauchte ich am Tage meinen Schlaf. Doch den bekam ich nicht, weil Tobias schrie. Und wenn er nicht schrie, störten mich die Geräusche in der Wohnung. Auch wenn ich an einem Ende der Wohnung lag und sich die beiden am anderen Ende aufhielten. Zum Schlafen brauche ich absolute Ruhe. Mich weckt es bereits, wenn jemand die Türklinke berührt. »Wenn wir überleben wollen, müssen wir uns räumlich trennen«, schlug ich Tatjana vor. Zufälligerweise wurde im Haus eine Wohnung frei, in die Tatjana und Tobias einzogen.

Dreisamkeit und Familienleben kommen durch die beiden Wohnungen keineswegs zu kurz. Im Sommer fahren wir baden, gehen Eis essen oder sitzen im Garten hinterm Haus. Gemeinsam mit anderen Eltern und deren Kindern. Wir sehen uns so oft wir wollen, manchmal täglich, manchmal ergibt sich eine »Pause« von zwei Tagen. Auch wenn sich unser »Zusammenleben« durch die getrennten Wohnungen verbesserte, sähe ich uns lieber wieder unter einem gemeinsamen Dach. Es gibt Momente, da fühle ich mich zurückgewiesen von Tatjana. Dann kann ich schwer damit umgehen, dass sie mich nach oben schickt. Inzwischen weiß ich, dass es weniger an mir liegt, sondern an den Problemen, die Tatjana belasten. Oft reagiert sie unwirsch und unfreundlich, wenn ich sie etwas frage. Das verletzt mich. Mitunter fordere ich keine anstrengenden Dinge von ihr, sondern versuche sie zu stützen. Aber wenn sie dann grundlos losschlägt, verliere ich die Lust. Heute gehe ich ihr bewusst aus dem Weg, wenn ich ihre schlechte Laune spüre. Dabei versuche ich, ihr vieles abzunehmen. Seit einiger Zeit kaufe ich regelmäßig ein, ich koche, bereite das Abendbrot. Aber ich bin stets unten bei Tatjana und Tobias. Nie kommt sie zu mir rauf. Des Öfteren bat ich sie, auch mal den Weg nach oben zu wählen. Aber das lehnt sie ab. Die Gründe dafür kenne ich nicht. Auf meine Frage, warum sie es nicht mal probiert, bekomme ich keine Antwort. Ich wünsche mir, sie würde einmal auf mich eingehen und nach meinen Bedürfnisse fragen.

Als ich vor vier Jahren meine Firma gründete, wurde Tobias geboren. Damals versuchte ich, allen und allem gerecht zu werden. Das Geschäft sollte laufen, aber ebenso wollte ich für Tatjana und das Baby da sein. Es war eine schwierige Zeit, die mich fast zerriss. Ich arbeitete viel und bekam wenig Schlaf. Aber am schlimmsten war der Stress, den ich mir im Kopf täglich selber bereitete. Nachts wachte ich mit Herzrasen auf, bekam Schweißausbrüche und bemerkte ein Stechen in der Brust. Ich wollte Tatjanas Wünsche erfüllen und uns ein gutes Leben bereiten. Aber wer viel vom Leben verlangt und immer geht, wird scheitern. Tatjana und ich stritten viel und vergaßen unsere einst wunderbare Zeit.

Tatjana ist eine aufbrausende Frau und immer aktiv. Sie hasst es, still zu sitzen und etwas in Ruhe anzugehen. Ich biete den Gegenpol: Ich bin gefasst und sachlich und überlege länger, bevor ich etwas tue. In unseren Gegensätzen ergänzen wir uns durchaus. Während unserer Krisenzeiten jedoch hasste ich Tatjana mitunter dafür, dass sie so war, wie sie war, dass sie nicht besonnen reagieren konnte. Damals erlosch meine Liebe zu ihr. Sie blühte wieder auf, als wir uns trennten. Nur manchmal noch, wenn sie mich heute grundlos oder überschwänglich anfährt, ist es wieder da, das flaue Gefühl im Magen, dass etwas nicht stimmt. Dann erinnere ich mich der unschönen Szenen, die es zwischen uns gab. Es ist wie ein Rückschlag, der mich unvorbereitet trifft.

Inzwischen lebe ich mit all ihren Macken, als wären es meine. Mir würde etwas fehlen, würde sie nicht drei Mal am Tag fragen, wo eigentlich ihr Schlüssel sei. Als wir noch zusammen wohnten, gab sie drei Mal am Tag mir die Schuld, ich hätte ihr Schlüsselbund weggeräumt. Nun kann sie das nicht mehr tun. Aber ich schmunzle in mich hinein, wenn ich ihr bei der Suche helfe. Nicht selten sorge ich mich um sie. So wie sie lebt, fährt sie Motorrad: feurig, unachtsam, gefahrvoll. Keine Fahrt, ohne dass ein Spiegel abbricht, eine Fußraste fehlt oder der Bremshebel defekt ist. Am besten wäre es, Ersatzteile im Zehnerpack zu kaufen. Sie fährt zu schnell, selbst bei Regen, bremst zu spät und hat nie Angst. Das macht mir Angst. Beim Motorradfahren kennt Tatjana keine Hemmungen. Allein aus diesem Grund lehne ich es ab, mit ihr aufs Gefährt zu steigen. Dann denke ich an Tobias. Was, wenn uns etwas passiert? Tatjana weiß, wie Unfälle enden können. Sie selbst lag bereits unter einem Auto.

Aber auch in meinem Job würde es merkwürdig aussehen, käme ich auf einem Motorrad daher. Unpraktisch ist es außerdem. Ich transportiere viel Werkzeug und Eisenteile und brauche einen geräumigen Kofferraum. Außerdem kann Tobias auf einem Motorrad nicht mitfahren.

Tatjana ist das Chaos pur. Unten in ihrer Wohnung kann sie sich in ihm einrichten, so sehr sie möchte. Ihr Chaos stört mich heute, früher lebte ich damit und war zufrieden. Aber jetzt, wo ich meine Räume in meinem Stil eingerichtet habe und Tatjana ihre eigenen vier Wände besitzt, ärgert es mich, wenn sie – was zwar selten passiert – mit einem Kaffeepott in der Hand nach oben kommt, ihn irgendwo abstellt, der einen hässlichen Rand hinterlässt und nach einer Minute lauthals schimpft, weil sie den Becher nicht mehr findet.

Dann fühle ich mich bestätigt in unserer Beziehungsvariante. Bevor wir auseinander zogen, überlegten wir, ob es reichte, wenn Tatjana ein eigenes Zimmer besäße. Aber das hätte meine Schlafprobleme nicht gelöst, sondern ihr lediglich zu einem eigenen Raum verholfen. Das wäre ihrem Wunsch nach Abgrenzung gerecht geworden, nicht aber meinem Grad der Erschöpfung.

Früher ließen wir uns kaum los und ich musste nur neben mich greifen, um Tatjana zu berühren. Heute öffne ich meine Wohnungstür, steige die Stufen hinab und klingle bei meiner eigenen Frau. Absurd, nicht wahr? Ich hätte gern öfter Sex. Aber ich muss Rücksicht nehmen auf Tatjanas Befindlichkeiten. Dennoch brauche ich keine Geliebte oder würde mir Sex kaufen. Ich denke nicht mal darüber nach, geschweige denn, solche »Vorhaben« in die Tat umzusetzen. Obwohl es mir etwas ausmacht, weniger Sex als früher zu haben. Wahrscheinlich sieht Tatjana mir an, wenn meine Lust mich übermannt. Aber ich sage nichts, sondern taste mich nur vorwärts. Auch sie sagt nichts – und lässt es sich gefallen oder stößt mich zurück. Je nachdem, wie sie sich fühlt. Oft denke ich: Sie müsste doch auch mal von selbst auf die Idee kommen oder Lust haben? Aber sie hat keine Lust, solange ich sie nicht ermuntere und anfasse. Ihre Stimmung kann sich ändern, sobald ich mir ihr nähere. Unser Sex ist nie langweilig, überholt oder routiniert. Nur zu selten.

Am liebsten schlafe ich mit Tatjana im Bett. Weil es bequem, warm und kuschlig ist. Aber auch die Dusche bevorzugen wir. Die Wärme des fließenden Wassers stimmt ein auf die Wärme, die von Tatjana ausgehen kann. Früher, als wir mit Rucksack und Zelt im Ausland unterwegs waren, brauchten wir diesen Komfort nicht. Wir nächtigten am Strand, in Gebüschen, auf Feldern. Ist in Deutschland Winter, brennt in Indien der Sommer. Tatjana bräunt leicht und schnell. Dann wirkt sie noch schöner, dunkler und rassiger, als sie ohnehin schon ist. 40 Grad im Schatten und der Schweiß läuft unaufhörlich. Den Tag in der Weite des Landes in den Beinen, den Staub im Mund und die Füße im heißen Sand. Hitze kann man nicht nur spüren, man kann sie hören. Sie flirrt und summt, singt und raschelt. Solche Stimmungen strahlen seltene Momente überwältigender Sinnlichkeit aus, die es in europäischen Breitengraden nie geben wird. Diese Hitze und diese Sinnlichkeit in ein Zelt zu bannen oder in ein Hotelzimmer zu sperren, wäre eine Sünde. Über uns der Himmel und unter uns der Staub ...

Dass Tatjana neben mir andere Männer hat, glaube ich nicht. Ich würde es bemerken. Wenn ich mir etwas wünschen dürfte für sie, würde ich sie mit mehr Gelassenheit und Ruhe ausstatten. Einige unserer Auseinandersetzungen und Momente ihrer Unlust würden aufgehoben. Tatjana beurteilt das sicher anders. Aber ansonsten liebe ich Tatjana so, wie sie ist. Ich fühle mich bei ihr zu Hause und geborgen. Sie ist die Frau, die ich in allem begehre: seelisch, emotional, sexuell. Die meisten Frauen ähneln sich auf eine langweilige Art und Weise. Tatjana ist anders als die anderen. Sie ist kein Stereotyp, der in eine Schublade passt. Sie ist so ungeheuer natürlich: Sie schminkt sich nicht und trägt keinen Schmuck. Solche Frauen gibt es selten. Ich mag es nicht, wenn ich den Hals einer Frau küsse und auf Metall stoße. Metall ist kalt und nüchtern, Haut warm und lebendig. Wenn ich den Ausdruck »Traumfrau« benutzen darf – dann verkörpert ihn Tatjana. Manchmal macht mir ihre Stärke Angst, weil ich denke, dass sie irgendwann zu viel für mich wird. Bislang schaffe ich es, sie abzufangen und einen Kontrapunkt zu setzen. Doch wird meine Kraft reichen, auf Dauer eine Gegenwehr zu bieten?

Ich bin glücklich. Trotz unserer unkonventionellen Lebensform. Viele unserer Freunde und Verwandten verstehen nicht, wie man zusammen sein, aber nicht zusammenleben kann. Sie fragen sich, ob bei einer räumlichen Trennung überhaupt Nähe und Verbundenheit entstehen können. Und wie Tobias damit klarkommt? Für Tobias ist der Gang von der zweiten in die vierten Etage vermutlich so gewöhnlich geworden wie der Kakao am Morgen. Ich glaube, er wird es irgendwann komisch finden, wenn er bewusst wahrnimmt, dass andere Eltern anders leben als seine. Und wird sich wundern, dass man auch zusammenleben kann. Sich in zwei Kinderzimmern zu bewegen, ist für ihn normal.

Im Gegensatz zu anderen Paaren müssen wir nicht lügen. Wir gestehen uns und anderen gegenüber offen ein, dass die momentan einzige Beziehungsvariante für uns die in getrennten Wohnungen ist. Anderen Paaren kann ich nur zu dieser Lebensform raten, weil sie entspannt und relaxt macht. Und was kann man seiner Partnerin, sich selbst und seinem Kind Besseres bieten als gute Laune und ein sonniges Lächeln?

Frauen sind was Wunderbares

Frieder B. (40 Jahre), Kinderbuchautor in Hamburg, leistet sich vier Liebhaberinnen

Ich liebe Frauen, sie sind wunderbare Geschöpfe. Aber leider haben sie kein Verständnis für mein Leben. Ich bin mit Leib und Seele Kinderbuchautor. Wenn ich an einem Text sitze, Lieder schreibe oder Szenen für ein Hörspiel hin- und herschiebe, hocke ich bis zu vierzehn Stunden täglich im Büro oder am Computer zu Hause. Dann bin ich besessen vom Stoff und der Sphäre, dann lebe ich in und mit meinen Texten und kann mich nur schwer davon lösen. Schon als Kind konnte ich eine Arbeit nicht einfach beiseite legen, wenn es »Störungen« von außen gab. Ich wollte sie zu Ende bringen oder so lange bearbeiten, bis ich sie für gelungen befand. Wenn ich etwas mache, möchte ich es gut machen. Ich möchte mein Produkt vor mir und anderen vertreten können. Das gelingt mir nur, wenn ich in Ruhe arbeiten kann und kein schlechtes Gewissen haben muss, weil ich zu spät zum Abendessen zu Hause bin.

Ich wünschte mir immer eine langjährige Beziehung. Einige Male startete ich den Versuch, mit einer Frau zusammenzuleben. Doch alle diese Übungen schlugen fehl. Weil Frauen nicht nachvollziehen können, was in mir vorgeht. Ich komme gegen 22 Uhr gut gelaunt nach Hause, freue mich auf den Abend, die Frau, ihre Stimme, ihren Körper. Doch mich empfängt kein zärtliches Säuseln »Schatz, wie schön, dass du da bist«, sondern ein vorwurfsvolles, nerviges Greinen: »Du kommst zu spät.« »Es ist doch erst kurz nach zehn? Der Abend geht gerade los.« »Das Essen ist kalt, der Kleine wollte dich noch einmal sehen, andere Männer gehen mit ihren Frauen ins Kino und werden nicht einfach immer nur allein gelassen.« Der Abend ist gelaufen, die Stimmung im Eimer. In regelmäßigen Halbjahresabständen ließen mich solche Sätze traurig und unglücklich werden. Dann schaue und höre ich noch einige Wochen hin, ob es nur eine vorübergehende Laune der Frau ist oder eine permanente Forderung, packe schließlich meine Sachen und verschwinde.

Ich kann nicht da sein, nur weil es eine Frau von mir verlangt. Ich möchte da sein, weil ich mich nach ihr sehne, mich in ihr geborgen fühle und sie liebe. Aber wie kann ich sie lieben, wenn sie fordert, dass ich pausenlos mit ihr zusammen bin, dass ich Regeln einzuhalten habe, die ich als unsinnig empfinde? Warum soll ich mit ihr am Abendbrottisch sitzen, wenn ich in der gleichen Zeit eine ganze Strophe eines Liedes dichten könnte? Warum hat kaum eine Frau Verständnis dafür, dass es mehr gibt als feste Rituale? Ich habe mich immer nach einer Frau gesehnt, die mich versteht, die mich so akzeptiert und sein lässt, wie ich bin. Diesen Anspruch halte ich nicht für verschroben und unangemessen, damit tue niemandem weh und nehme niemanden etwas weg. Ich will nur meine Arbeit machen und diese so gut wie möglich. Weil ich sie auch gut machen muss. Aber die Frauen, mit denen ich bisher zusammen war, wollten immer nur, dass ich zu Hause bin. Warum finde ich keine Frau, mit der ich leben kann wie Hans Fallada oder Thomas Mann? Deren Frauen zeigten Verständnis für die Arbeit ihrer Männer und unterstützten sie sogar.

Um aber Missverständnissen vorzubeugen: Ich möchte keine Sekretärin, die mir so manche Schreibarbeit abnimmt und mich managt. Auch kein Mäuschen, das mich für jedes neue Buch, für jeden frischen Song anhimmelt. Und schon gar kein Tuttchen am Herd, das in der Küche agil wird, sobald sich mein Schlüssel im Schloss dreht. Ich möchte eine Frau, die ihr eigenes Leben lebt, die sich auch ohne mich beschäftigt und nicht auf mich angewiesen ist.

Aber Frauen wollen keinen Mann mit Spaß-Effekt, sondern einen, der nach ihren Vorgaben funktioniert. »Kannst du heute noch die Wäsche abnehmen, den Mülleimer runtertragen und Katzenfutter holen?« Reicht man Frauen den kleinen Finger – nimmt die Wäsche ab, trägt den Müll runter und bringt das Katzenfutter mit –, muss man schon am nächsten Tag das Katzenklo saubermachen, den Mülleimer ausputzen und das Waschmittel kaufen. Und am übernächsten Tag die Katze entlausen, ein Mülleimerdeo besorgen und bügeln. Wer hat denn darauf Lust? Warum müssen Beziehungen immer nur aus Verabredungen bestehen und sich auf Scheingrundlagen beziehen?

Vielleicht sagen die Frauen, die ich unter bitteren Tränen und großem Gezeter verließ, ich bin egoistisch und ein Macho. Vielleicht denken sie, es dreht sich nur um mich. Aber die wahren Egoisten, die alles und jeden nur für sich beanspruchen, sind die Frauen. Sie wollen einen Mann, der für sie da ist, der sie umsorgt, der alle Zeit mit ihnen verbringt. Das ist egozentrisch und kleingeistig. Sie suchen nach einem Mann, der mit ihnen am Sonntag an den See fährt, dort im Kaffeegarten sitzt und seichte Gespräche führt. Der Mann soll eine Lücke füllen, ein Klischee bedienen, er soll in den Rahmen einer »normalen« Beziehung« passen, eine Beziehung, wie sie auch die beste Freundin lebt.

Dabei ist genau das ein Widerspruch in sich: Eine Frau lernt einen interessanten und ungewöhnlichen Mann mit liebevollen Macken und Eigenheiten kennen. In genau diesen Mann verliebt sie sich. Kommen sich der Mann und die Frau näher, kippen plötzlich die Interessen der Frau. Mit einem Mal will sie nicht mehr den interessanten und ungewöhnlichen Mann, der sich von vielen anderen Männern unterscheidet, nein, dann sehnt sie sich nach dem üblichen, langweiligen Haustrottel. Die Frauen, mit denen ich zusammen war, machten mir nach wenigen Wochen Vorwürfe darüber, dass ich so bin, wie ich bin. Kurioserweise spielten sich meist die gleichen Szenen ab. Ich bin zu Hause – mit einer Frau –, wir haben nicht viel zu reden, weil fast alles gesagt ist für den Tag. Es klingelt, Freunde stehen vor der Tür. Ich freue mich über den spontanen Besuch und lache, erzähle Geschichten und Anekdoten der vergangenen Wochen. Ich erheitere die anderen und hebe die Stimmung um eine erhebliche Portion Fröhlichkeit. Es sind vergnügliche Stunden, die in den Abend hineingleiten und mit einer Flasche Wein beendet werden. Dann passiert es: Kaum sind die Freunde zur Tür hinaus, setzt sich die Frau an den Küchentisch, mit grimmigem Blick: »Wenn jemand kommt, machst du mit einem Mal Späße, bist lustig und irgendwie ein anderer Mensch. Warum kannst du nicht auch so sein, wenn wir allein sind?« Als ich diese Vorwürfe zum ersten Mal hörte, nahm ich sie mir noch zu Herzen und versuchte mich zu rechtfertigen: Das sei eine ganz andere Situation, das eine hätte mit dem anderen nichts zu tun, ich würde auch lustig sein, wenn ich mit ihr allein bin, nur nicht in jeder Minute, man müsse auch zusammen schweigen können. Eben die gesamte Palette an Erklärungen, warum man nicht gewillt ist, minütlich den Komiker abzugeben. Ich gab mir alle Mühe, aber die Frauen glaubten mir nicht. Sie meinten, ich langweilte mich mit ihnen.

Wenn einmal Misstrauen in einer Beziehung und in der Seele steckt, ist es nicht mehr so leicht zu entfernen. Dann werden jede Geste, jedes Wort, jedes Lachen als Vertrauensbruch angesehen und argwöhnisch hinterfragt. Und schwupp, ist die Liebe davongeeilt. Und ich ihr hinterher.

Später klappte ich meine Ohren zu, sobald ähnliche Fragen kamen. Ich versuchte, die Anklagen zu überhören, um die Beziehung andauern zu lassen. Doch früher oder später konnte ich dem Drängen der Frauen nicht mehr ausweichen. Als ich ging, flossen eimerweise Tränen und Vorwürfe.

Den Anspruch, den ich an mich stelle, setze ich auch bei Frauen, bei Partnerinnen, an. Dieser Anspruch bedeutet nicht mehr und nicht weniger, als einen Menschen so zu lassen, wie er ist. Wenn ich eine »fertige Person« kennenlerne – und in unserem Alter gehe ich davon aus, dass wir mehr oder weniger »ausgereift« sind –, dann weiß ich, dass es jemand mit eigenen Plänen und Strukturen ist. Entweder mir gefällt mein Gegenüber mit genau diesen Eigenschaften und Dingen, mit denen er sich umgibt, oder nicht. Dann werde ich mich hüten, irgendetwas an ihm ändern zu wollen. Viele Frauen aber machen genau das Gegenteil: Mit der Liebe beginnt die Demontage der autarken Figur, die sie einst kennen lernten. Sie versuchen, sie in einen Rahmen zu pressen. Was in den Rahmen nicht hineinpasst, wird abgeschliffen.

Trotz meiner negativen Beziehungserfahrungen liebe ich die weiblichen Geschöpfe. Alle Frauen, mit denen ich zusammen war, verehrte ich. Jede hat ihre besondere Ecke in meinem Herzen, ihren eigenen Platz in meinem Gedächtnis. Ich erinnere mich an alle, an ihre Gesichter, ihre Gerüche, ihre Haut. Ich weiß, ob ihr Bett hart oder weich war, und welches Obst sie am liebsten aßen. Ich bin kein

Jäger und Sammler und ziehe nicht bewusst los, um auf einer Liste einen weiteren Strich machen zu können.

Bin ich mit einer Frau zusammen, bin ich ihr treu. Dann schlafe ich mit keiner anderen. Schließlich geht es mir nicht um den reinen Sex. Ich könnte nicht mit einer Frau schlafen, mit der ich nichts anzufangen weiß. Im Mittelpunkt all meiner Beziehungen steht die intellektuelle Komponente. Kann ich mit einer Frau nicht reden, gehe ich mit ihr nicht ins Bett. Meine Partnerschaften aber zerbrachen, weil die Frauen mehr forderten, als ich ihnen geben wollte und konnte. Weil es plötzlich eine Frau in meinem Leben gibt, verläuft mein Leben nicht grundsätzlich anders. Akzeptiert eine Frau meine Vorgaben nicht, erachte ich dies als eine geringe Wertschätzung meiner Person. Dann weiß ich: Hier bin ich nicht zu Hause, hier werde ich nicht angenommen. Meine Beziehungen zerbrachen, weil ich über ein vertretbares Maß in sie investierte.

Viele Frauen führen ein Scheinleben: Sie betreiben Yoga, singen im Chor, gehen zum Fechttraining und ins Theater. Lernen sie einen Mann kennen, fällt zunächst der Chor weg, dann schwänzen sie den Sport und lassen einen Chortermin sausen, bis sie auch kein Interesse mehr am Theater zeigen. Dann bleiben sie zu Hause und wollen sich kümmern. Um mich! Sie rufen im Büro an: »Wo bleibst du denn?« Sie kochen und planen Urlaube, legen Wochenendausflüge fest und Besuche bei den Eltern. Meist gehen sie selbstredend von meinem Einverständnis aus, ohne mich jemals zu solchen Themen gefragt zu haben. Dann fühle ich mich betrogen und sehe mich einer Mogelpackung ausgesetzt: Ich traf eine Frau, die sich selbst beschäftigen kann, die Spaß hat am Leben und aktiv ist. Aber plötzlich gibt sie all ihre Aktivität und Selbstständigkeit auf. Weil ein Mann vor ihr steht! Und mit einem Mal will sie alles nur noch mit dem Mann zusammen tun. Ihre gesamte Aktivität in der Freizeit war ein Alibi, um Zeit totzuschlagen.

Eine solche Frau brauche ich nicht, ich könnte sie nicht dauerhaft lieben. Dann lebe ich lieber so wie jetzt: mit vier Frauen gleichzeitig. Ich nenne die vier Frauen, die ich regelmäßig sehe, nicht Geliebte oder Liebhaberinnen, sondern Freundinnen. Ich definiere mich als Single, der auf Sex nicht verzichten muss. Mein Bekanntenkreis ist groß, mein engster Freundeskreis hingegen beschränkt sich auf fünf männliche und vier weibliche Freunde. Mit meinen Freundinnen habe ich außerdem Sex. Zwei von ihnen leben in einer Beziehung, da fungiere ich gewissermaßen als Liebhaber, die beiden anderen leben allein. Mit allen vier Frauen verbindet mich ein tiefes emotionales Verhältnis. Sie sind geistige Partnerinnen, mit denen ich über Literatur, Leben und Leidenschaften rede. Sie sind eingeweiht in das, was ich tue. Ebenso weiß ich von ihrer Arbeit. Es sind keine auf Sex reduzierte Verhältnisse. Die intellektuelle Beziehung zu den Frauen ist wichtig, sie hält uns zusammen. Sex ist das Sahnehäubchen.

Die Treffen mit den Frauen verlaufen unterschiedlich. Eine Frau kocht sehr gut und gern, mich erwartet fast immer ein wunderbares Mahl. Wir sitzen in ihrer Küche, plaudern, diskutieren, lachen, essen, trinken. Wunderbare Stunden. Bis zur nächsten Woche.

Eine andere Frau liebt Theater und Kino. Mit ihr gehe ich häufig aus. Manchmal landen wir danach im Bett, manchmal nicht. Abhängig vom vorherigen Stück oder Film. Einige Male verabschiedeten wir uns nach einem Glas Wein im Theaterrestaurant. Sex ist nicht bindend für unsere Treffen.

Aber genauso gut gibt es Verabredungen, da geht es ohne viele Worte sofort zur Sache: Der Wein wird geköpft, die Hose aufgeknöpft und nichts Wesentliches geredet. Dann steht der Trieb im Vordergrund, dann reden einzig und allein unsere Körper miteinander. Sie fühlen, dass sie in diesem Moment nichts anderes brauchen als sich selbst.

Mein jetziges Leben mit vier Frauen ist ideal für mich und meinen Anspruch an meine Arbeit. Die Frauen treffe ich in regelmäßigen Abständen, manche ein oder zwei Mal im Monat, andere im Abstand von etwa acht Wochen. Und jedes Mal ist es schön: Es sind intellektuelle und sexuelle Operetten, kunstvolle Inszenierungen mit Auftakt, Akten und Abschlussmelodie. Es gibt nur eine Bedingung: Feste Verabredungen und keine Spontaneität. Meine früheren Beziehungsfrauen störte genau dies. Sie wollten kein Termin in meinem Kalender sein. Doch anders geht es nicht. Ich treffe mich mit vielen Persönlichkeiten und Größen aus Kunst, Politik und Wissenschaft. Sie sind auch »nur« Zeitpunkte in meinem Kalender. Ich verstehe nicht, warum sich die Frauen dagegen wehrten, in meinem Timeplaner notiert zu sein. Standen sie erst einmal drin, konnten sie davon ausgehen, dass wir uns sahen. Meine vier Freundinnen heute tragen mich auch in ihren Kalender ein.

Manchmal ruft mich eine Frau an und sagt: »Im Kino läuft ein neuer französischer Film. Ich glaube, er könnte dir gefallen. Wollen wir uns den zusammen anschauen?« Über solche Verabredungen und Anregungen freue ich mich. Sie sind Teil unseres Verhältnisses, sie drücken Liebe, Verständnis und Vertrauen aus. Ich fühle mich bestätigt, wenn eine Frau an mich denkt, weil sie etwas über einen Film, ein Buch oder ein Theaterstück gelesen hat und glaubt, es würde mich interessieren.

Ab und zu erlebe ich One-Night-Stands. Flüchtigen und schnellen Sex suche ich nicht bewusst, denn ich mag ihn nicht. Er ist unpersönlich und ohne Nachhall. Aber ich wehre mich auch nicht kräftig genug gegen ihn, ich lasse ihn über mich rollen. Nach dem Sex stehe ich auf und gehe, um mir den kommenden Morgen zu ersparen. Oder ich reiße mich vor dem Aufstehen vom Schlaflager hoch und friere mich durch Morgengrauen und Nebel. Wenige Male passierte es, dass ich allein im Bett einer Frau erwachte. Sie hatten einen Zettel auf dem Küchentisch hinterlassen: Milch, Käse und Wurst stehen im Kühlschrank, die Butter findest du auf dem Kühlschrank, Kaffee in der Büchse, wo Kaffee draufsteht. War schön mit dir. Bis bald.

One-Night-Stands können gefährlich sein. Einmal flüchtete ich direkt aus dem Bett über den Balkon in den Hinterhof. Ich war lediglich mit Unterhose und T-Shirt bekleidet. Gott sei Dank war es Sommer und gegen vier Uhr morgens fast niemand auf der Straße. Der Taxi-Fahrer glaubte seinen Augen nicht zu trauen und hätte vermutlich am liebsten die Psychiatrie oder die Polizei angesteuert. Ich brauchte eine halbe Stunde, um ihm glaubhaft zu versichern, dass er mich nicht umsonst fahren würde und ich erst zu Hause Geld hätte. Ich konnte mich ja nicht mal ausweisen, meine Papiere schmorten unter dem Schreibtisch der Frau. Dort hatte ich mich im gemeinsamen Gerangel meiner Jacke entledigt. Die Frau sah ich nie wieder, die Papiere schickte sie mit der Post. Bei meinen vier Verhältnissen habe ich alles in der Hand. Was jedoch nicht heißt, dass ich die Frauen in der Hand hätte. Unsere Beziehungen beruhen auf Gegenseitigkeit. Warum sie sich auf mich einließen, kann ich nur ahnen. Ich habe sie nie danach gefragt, weil ihre Gründe, sich mir zu öffnen und mit mir ins Bett zu gehen, für mich nicht von unmittelbarer Bedeutung sind. Wichtig sind die gemeinsamen Momente und Stunden. Vermutlich treiben die Frauen ähnliche Motive: Langeweile mit dem Gatten, Sehnsucht nach Zärtlichkeit und Sex, Suche nach Abwechslung. Aber keine der vier Frauen ist darauf aus, mehr von mir zu verlangen als das, was sie derzeit bekommt. Vielleicht erleichtere ich durch dieses Wissen mein Gewissen, aber es macht die Verhältnisse unkompliziert und unbeschwert. Alle vier wollen ihr mühevoll aufgebautes Leben nicht durcheinander bringen, indem sie einen Mann hineinlassen. Eine neue Partnerschaft hieße, alles in Frage zu stellen. Keine will wissen, wie lange wir so weitermachen. Diese Beziehungen empfinde ich ehrlicher als alle anderen, weil sie nicht auf Verbindlichkeiten aufgebaut sind, sondern sich allein durch Lust und Sehnsucht tragen. »Wir tun nichts dafür und nichts dagegen. Es geht so lange, wie es geht«, sagt Paula zu Paul im DDR-Kult-Film »Die Legende von Paul und Paula«. Ich weiß nicht, ob sich eine der vier Frauen mit dem Gedanken trägt, irgendwann würde ihre Zeit kommen, ob eine in der Hoffnung lebt, eines Tages werde ich ausschließlich ihr gehören. Sobald die Frage kommt: »Wann hast du endlich mehr Zeit für mich?«, ist dies für mich ein Zeichen des allmählichen Aufbruchs.

Ich genieße mein Leben, ich muss nichts entbehren. Die Erotik der Frauen, ihre Körper und Seelen sind sinnlich, ihre Sexualität, die hin und wieder mit meiner verschmilzt, ist Ausdruck von Glückseligkeit. Ich kann mich hingeben und erlebe, wie die Frauen unter mir zerfließen. Ich vermisse nichts.

Sex ist wichtig für das Wohlbefinden. Ideal für das Ausleben der Sexualität war das Mittelalter. Wie Knochenfunde bewiesen, lebten die Menschen in jener Zeit äußerst freizügig und ungeniert. Erst die bürgerliche Gesellschaft tabuisierte Sexualität durch den ökonomischen Vertrag der Ehe und die damit verbundene Zweisamkeit. Das Bürgertum führte das Dogma der Monogamie ein, obwohl der Mensch für ein streng abgegrenztes Zweisamkeitsdasein nicht geschaffen ist. Das zeigen die hohe Scheidungsquote und die enormen Raten an außerehelichen Verhältnissen heute nur allzu deutlich.

Es ist kurios: Eine Beziehung kann noch so kaputt sein und die Partner haben sich nichts mehr zu sagen, aber sie doktroieren sich ein absolutes Sexverbot mit anderen auf. Warum nur ist es so verpönt, verschiedene Bedürfnisse auf verschiedene Menschen zu verteilen? Tennisspielen mit Barbara, Wandern mit Nadine, Reden mit Steffi. Und Sex mit Fine. Warum muss ich in einer festen Beziehung alle meine Wünsche und mein Verlangen, meine Sehnsüchte und meine Lüste auf eine einzige Person fokussieren? Und wie soll ich es schaffen, jedes Begehren meiner Partnerin zu erfüllen? An diesem überdrehten Beziehungsanspruch scheitern die meisten Paare. Zudem beobachte ich ein starkes Nachlassen des sinnlichen Interesses in festen Beziehungen und Ehen. Ein ökonomischer Vertrag ist offensichtlich nicht besonders sexy.

Trotzdem glaube ich, dass Sex am aufregendsten und intensivsten ist, wenn man unsterblich verliebt ist, wenn man sich in einem Menschen zu Hause fühlt. Intimität in einer festen Partnerschaft trägt die sanftesten Züge. Auch wenn die Sinnlichkeit einer Beziehung bedrohlich am Alltagsgeschehen hängt. So wie jedes Paar gute und schlechte Tage hat, erlebt es guten und schlechten Sex. Entscheidend jedoch ist die Vertrautheit, die zwei Menschen miteinander aufgebaut haben. Unabhängig von der Schwierigkeit, über Jahre hinweg das sexuelle Begehren für ein und denselben Menschen aufrechtzuerhalten. Und unabhängig von den sexuellen Spielarten, die ein Paar miteinander lebt.

Wichtig ist die Art und Weise, wie sich zwei Menschen entgegenkommen, wie sie in der Lage sind, sich zu stimulieren, miteinander zu kommunizieren und sich erklären zu können, was sie mögen und was sie ablehnen. Eine Frau, die Spaß am Sex hat und ihn ausgiebig genießt, ist eine wunderbare Partnerin. Es gibt nicht viele Frauen, die sich im Bett gehen lassen, die sich vergessen und ihren Kopf ausschalten, wenn sie eine männliche Hand berührt. Bei vielen rast der Zug der Erklärungen durchs Hirn, sie fragen sich, was der Mann wohl damit meint, indem er sie anfasst, sie suchen nach Erklärungen und Zukunftsmodellen. Dabei vergessen sie den Moment, sind unentspannt und verkrampft. Sie ziehen den Bauch ein, weil sie in »Cosmopolitan« gelesen haben, dass Falten beim Sex unerotisch wirken. Sie knipsen das Licht aus, weil Sinnlichkeit Dunkelheit verlangt. Und sie wissen beim Sex nichts mit sich anzufangen. Und noch weniger mit dem Mann an ihrer Seite.

Am schönsten, sinnlichsten und erquicklichsten ist es, mit einer vertrauten Partnerin vertrauten Sex zu haben – bei Licht, auf der Wiese, in der Badewanne, auf der Autobahn, auf dem Küchentisch. Heiter, warm, kommunikativ. Dann ergehe ich mich in dem Moment und freue mich dabei auf das nächste Mal, dann sehne ich mich heute schon nach dem Morgen und erinnere mich voller Liebe an das Gestern. Diese Gefühle sind selten und sehr edel. Bei den Verhältnissen zu meinen vier Freundinnen fließen solche starken Empfindungen nicht. Wenngleich ich diese Freundschaften, die Gespräche und die Zärtlichkeiten mit den Frauen nicht missen möchte.

Meine vier Freundinnen setzen meine Partnerin zusammen, sie sind für mich zu einer Person verschmolzen. Aus vier mach eine! Doch ich würde keine meiner Freundinnen als »Ersatzteil« einer erwünschten, aber unerreichbaren Frau bezeichnen. Obwohl sich die vier Frauen nicht kennen, wissen sie voneinander. Jede muss davon ausgehen, dass sie nicht die einzige ist: Wohin sollte ich schon mit meinem Druck in den Lenden, wenn ich nur einmal im Monat auf eine Frau treffen würde? Wie jede einzelne mit dem Fakt umgeht, nicht die einzige zu sein, weiß ich nicht. Ich will es nicht wissen. Die Folge wären unendliche Psycho-Gespräche, die ich ja bewusst zu umschiffen versuche. Zwischen mir und den Frauen herrscht ein bizarres, gegenseitiges Einverständnis, dieses Thema in unseren Gesprächen auszusparen. Wir reden über alles und jeden, aber den Bereich meiner sexuellen Spielwiese lassen wir aus. Er ist tabu. In dieser Frage unterscheiden sich meine vier Verhältnisse von einer Beziehung, die alles hinterfragt und untersucht. In einer Partnerschaft würde eine Frau selbstverständlich wissen wollen, ob sie die einzige in meinem Bett ist. Meine vier Freundinnen dürften eine solche Frage gar nicht stellen. Zwei von ihnen leben in festen Beziehungen, die beiden anderen pflegen vielleicht auch noch weitere Verhältnisse. Und: Welche Antwort wollen sie hören? Sage ich, nein, ich schlafe mit keiner anderen, wäre es gelogen. Sie würden es merken. Sage ich, ja, es gibt noch drei andere und einige One-Night-Stands, wären sie vielleicht verletzt. Beide Antworten sind schlecht und dienen der Sache nicht.

Ich mache einen Unterschied zwischen Sex und Liebe. Zugegeben, Liebe macht den Sex noch schöner und Sex vervollkommnet die Liebe. Dennoch behaupte ich: Eine Beziehung ohne Liebe ist leichter zu leben als eine mit Liebe. Liebe ist stets verbunden mit dem Blick auf die Zukunft. In der Verliebtheit sehnt man sich nach einer intakten Beziehung mit all ihren Ausschließlichkeiten und all ihren Verbindlichkeiten. In diesem Zustand fühlte ich mich immer wohl und unwohl zugleich. Der Blick in die Zukunft zerstört. Liebe ist das Kostbarste und Zerbrechlichste auf der Welt, Liebe ist unfassbar. So leicht, wie sie kam, so leicht verschwindet sie wieder. Und wer will schon ständig mit dem Gedanken an das Verschwinden leben? Liebe ist Geben und Nehmen zu gleichen Teilen. Hält sich beides die Waage, geht es gut. Doch bislang habe ich immer nur gegeben, so lange, bis ich nichts mehr hatte, was ich »verschenken« konnte.

Warum ich mir ausgerechnet Frauen nahm, die mich nicht verstanden? Ich nahm sie mir nicht, ich wurde genommen. Ich musste nie suchen. Bevor ich überhaupt meinen Blick schweifen ließ, war ich längst erspäht. Die Frauen kamen auf mich zu, weil ich sie anzog. Auf jede trat ich neugierig zu und schaute sie interessiert an: Was wohl in dieser Frau stecken wird? Durch meine Erfahrungen ließ ich mich nicht beirren, so wie viele andere Frauen und Männer, die gern das Bild des »gebrannten Kindes« verwenden. Ich schreckte und scheute nicht davor zurück, es immer wieder neu zu versuchen. Ich will Frauen genießen und auskosten, ich will sie kennen lernen und erforschen, ich will sie leben und erleben.

Schade ist nur, dass sie mich alle nicht verstehen. Bis auf eine einzige Frau. Es gibt da eine, mit der ich mir eine Beziehung, wie ich sie mir wünsche, vorstellen kann. Aber mit ihr habe ich es noch nicht probiert. Vielleicht will ich es gar nicht versuchen. Weil ich zu feige bin und mir eine letzte Illusion erhalten möchte. Vielleicht, weil sie nicht auf mich zuflog wie die anderen und ich mich um sie bemühen muss. Oder vielleicht aus Angst vor einer Ablehnung.

Wir kennen uns seit etwa sechs Jahren. Wir trafen uns auf einem riesigen Medienereignis in Berlin. Sie schreibt, ich schreibe, unser Thema fanden wir schnell und erzählten uns witzige Geschichten. Eine Woche später lud ich sie zu einer Premiere ins Theater ein. Die Premierenfeier langweilte uns und ich fragte sie, ob sie Lust hätte, mit auf meinen Bauernhof zu fahren. Es war an einem Freitagabend im Februar, ein langes Wochenende lag vor uns. Mein Gehöft befindet sich zwischen Hamburg und Berlin. Von Berlin aus sind es etwa zwei Stunden mit dem Auto. Ohne zu zögern sagte sie zu. In dieser Nacht schienen wir auf der Autobahn die einzigen in Richtung Hamburg zu sein, es schneite und der Himmel war sternenklar. Der Autorecorder spuckte Soul- und Jazztöne aus, wir lachten viel. Uns vereinte eine ähnliche Art Humor, wir mochten die gleichen Musiktitel und kannten die gleichen Liedzeilen auswendig. Ich sang ihr einige meiner Kinderlieder vor, für die ich auch die Musik geschrieben hatte. Mit einem breiten Grinsen im Gesicht lauschte sie und kicherte an einer Stelle laut los: »Singen kannst du aber nicht.«

Es brauchte nur die knappe Zeit der Autofahrt, da wussten wir voneinander, was wir hinter uns gelassen hatten, wohin wir wollten und was wir nie mehr tun würden. Ohne es auszusprechen, hatten wir beide das gleiche Gefühl: Das könnte passen. Doch keiner von uns schenkte dem Gedanken die Chance einer Fortsetzung. Es geht sowieso nicht: Sie lebt in Berlin, ich in Hamburg. Auch wenn wir nicht aneinander kleben würden und uns ein ähnlicher Drang nach Unabhängigkeit regiert, die Strecke Hamburg–Berlin erschien uns von vornherein zu weit. Bei dem Arbeitspensum, das wir täglich bewältigen, wäre sie eine zusätzliche Belastung. Trotzdem ließen wir uns treiben und begannen eine lose Liaison, ohne feste Verabredungen, Regeln und Verbindlichkeiten. Es gibt Zeiten, in denen sehen wir uns häufiger und es gibt Monate des Schweigens. Wir treffen uns, wenn ich in Berlin bin oder sie in Hamburg weilt.

Manchmal fühlen wir uns wie zwei frisch Verliebte, manchmal wie ein altes, harmonisches Ehepaar. Wir spiegeln uns ineinander und erkennen uns im anderen wieder. Haben wir uns längere Zeit nicht gesehen und schütten unsere jüngsten Liebesversuche vor einander aus, erzähle ich ihre Geschichte zu Ende. Ohne den Schluss zu kennen, weiß ich, wie die Geschichte endet. Weil ich sie und weil ich mich kenne. Umgedreht ist es genauso. Dann lachen wir: »Du bist der einzige Mensch, der mich wirklich versteht.«

Am Telefon singe ich ihr Lieder vor, die ich schrieb. Ich frage sie, wie ihr die Zeilen gefallen. Sie ist wertvolle Kritikerin. Ein Lied schrieb ich für sie. Ich rief sie an und sagte: »Ich hab ein Lied ganz allein für dich. Aber eine Bedingung muss ich dir stellen: Ich darf es dir vorsingen.« »Oh, Gott«, stöhnte sie. Mit dem Hörer in der Hand flitzte ich zum CD-Player und suchte auf dem Demo-Band mit den fertigen Melodien den entsprechenden Titel. »Pass auf, es geht los: Ich hör die Stimme von dir so gern,/ und bin ich manchmal auch ganz weit fern,/ ist da ein Bild in mir, das zu mir spricht/ zum Greifen nah seh ich dein Gesicht./ Und dann stell ich mir so gerne vor,/ du singst ganz leise mir in mein Ohr ...« Als der letzte Ton verklang, hatte sie Mühe, ein Kichern zu unterdrücken. »Das Lied ist wunderschön, aber singen kannst du noch immer nicht.«

Mitunter verabreden wir uns auf meinem Gehöft. Dort fühlt sie sich sehr wohl, mochte aber anfänglich nicht gern dorthin fahren. Das hing mit unserem ersten Ausflug am Abend unseres Kennenlernens zusammen.

Im Auto eröffnete ich ihr, dass ich am nächsten Morgen zur Treibjagd ziehe. Zunächst fand sie das nicht schlimm. Sie hätte gegen sechs Uhr morgens aufstehen müssen. Wir fielen aber erst gegen vier in einen tiefen Schlaf, nachdem wir mein kleines, eiskaltes Dachzimmer durch unsere erhitzten Körper in ein feuchtwarmes Tropenhaus verwandelt. Mir hätte genügt, einmal in Ekstase aufzusteigen, aber damit gab sie sich nicht zufrieden. Im Halbschlaf spürte ich, wie sie mich von der Seite auf den Rücken rollte, auf mich kletterte und ihr Becken über meinen Lenden kreisen ließ. Im Dämmerzustand führte ich meine Arme und Hände, drückte meinen Unterleib gegen ihren und ergab mich ihrem Rhythmus. Ich wusste nicht, ob ich wache oder schlafe, es war wie Sex im Fieberwahn: unwirklich und erschöpfend. Als mich kurze Zeit darauf der Wecker erbarmungslos aus dem Bett trieb, fragte ich mich, ob diese Nacht eine Wahrheit in sich trug. Das Hupen eines Autos riss mich aus meinen Gedanken.

Während der Jagd vergaß ich die Frau und den Duft ihres Körpers, ich vergaß, dass sie im Haus auf mich wartete. Am Lagerfeuer zusammen mit den anderen Jägern krachte sie unverhofft wieder in mein Gedächtnis. Einer der Männer aus meinem Dorf erhob sich stöhnend: »Ich muss jetzt los, meine Frau wartet.« Seine Frau wartet, ja, seine Frau wartet auf ihn ... zum Teufel, auch bei mir sitzt eine Frau. Eilig polterte ich los. Wutschnaubend stand sie in der Tür: »Was soll denn das?« »Ich war bei der Jagd, das habe ich dir doch gesagt.« »Aber nicht, dass du mich den ganzen Tag hier hängen lässt. Ich will jetzt sofort nach Hause.« Mittags war sie aufgestanden und hatte darauf gehofft, dass ich in den nächsten Minuten über die Schwelle treten werde. Aber ich kam nicht. Gegen 14 Uhr stiefelte sie das erste Mal zur Bushaltestelle im Dorf. Irgendwie musste sie doch wegkommen. Aber am Wochenende fährt in dieser Gegend kein Bus. Sie stellte sich an die Straße und hielt ihren Daumen in den Wind. Nach zehn Minuten hatte sie steife Finger und kalte Füße. Von den drei Autos, die vorbeifuhren, hielt keines an. Völlig verärgert kehrte sie ins Haus zurück. Zwei Stunden später probierte sie es noch mal mit Trampen. Wieder erfolglos. Völlig frustriert suchte sie im Haus nach einer Zeitschrift und hockte sich aufs Sofa.

Ich kochte ihr einen Vanilletee und packte frischen Mandelkuchen aus. Ich trällerte ihr ein Lied und wartete mit allen Mitteln der Aufmunterung auf. Ihr einziger Kommentar: »Das kannste dir sparen.« Den Kuchen schob sie zur Seite, die Teetasse blieb halbvoll. Sie war zu Recht sauer, dass ich über sie und ihre Zeit befand und sie auf mich angewiesen war. In dieser gottverlassenen Gegend zu dieser gottunwürdigen Zeit nutzte ihr ihre Selbstständigkeit nichts. Sie war von einem Mann abhängig – das Schlimmste, was ihr passieren konnte. Verabreden wir uns heute auf dem Gehöft, schieben wir einen »Codesatz« vorneweg: »Es ist auch keine Jagd.«

Sie irritiert mich. An einem Nachmittag im Juni klingelte es. Ich arbeitete und erwartete niemanden. Lustlos öffnete ich, meine Gedanken hingen an einer Liedzeile. Sie stand da, lächelte und umarmte mich. »Habe ich etwas vergessen? Waren wir verabredet?«, fragte ich sichtlich durcheinander. »Nein, nein, ich bin nur heute in Hamburg und habe nicht viel Zeit. Diensttermin. Aber es ging alles schneller, als ich dachte, und so bin ich hier.« Während sie das sagte, zottelte sie mein T-Shirt aus meiner Hose und machte sich am Reißverschluss zu schaffen. Ich versuchte mich zu wehren: »Das geht jetzt nicht, ich arbeite.« »Du kannst sofort weitermachen. Ich bin ja gleich wieder weg.« »Aber ich bin nicht darauf eingestellt.« »Seit wann musst du DARAUF eingestellt sein?« Meine Hose rutschte zu Boden. »Aber, die Datei ... ich sollte sie wenigstens speichern ...« Mein T-Shirt segelte durch den Flur. »Sofort.« Sie nahm meine Hände, steckte sie unter ihr Kleid, schob mich ins Zimmer und drückte mich aufs Bett. Ich lag auf dem Rücken und sie brach meinen letzten Widerstand, indem sie sich auf mich setzte. »Du hast nicht mal *Hallo* gesagt«, keuchte ich. »Hallo Frieder«, entgegnete sie. Von ihr ging ein starker Drang aus, etwas sehr Lustvolles, aber nichts Animalisches. Es war wie sexueller Hunger, den sie mit mir stillte.

In den nächsten Monaten habe ich viel in einem kleinen Ort vor Berlin zu tun. Von der brandenburgischen Kleinstadt aus ist es ein Katzensprung in die Hauptstadt. Nach der Arbeit könnte ich zu ihr fahren und bei ihr übernachten. Am Telefon unterbreitete ich ihr vorsichtig mein »Angebot«. »Unter einer Bedingung«, sagte sie, »erst nach zehn und nur einmal in der Woche.«

Ich will
Leidenschaft.

www.ich-will-leidenschaft.de

Zeitung für Leser.

BILDBÄNDE, SACHBÜCHER UND POPULÄRE LEXIKA – ALLES WAS MAN LESEN MUSS

DIE LESEPROBE

DIE VERLAGE SCHWARZKOPF & SCHWARZKOPF UND LEXIKON IMPRINT IM HERBST 2001 UND FRÜHJAHR 2002

ZEITGESCHICHTE · FILM · FERNSEHEN · MUSIK · ENTERTAINMENT · GRAFFITI · LUST · SZENE · KULTUR · MEDIEN

Erster Akt

Modefotografie

Die Ärzte

Der Liebhaber

Bücher für alle. Bücher für jeden.

Die »Leseprobe« stellt das umfangreiche Programm von Schwarzkopf & Schwarzkopf und Lexikon Imprint

MUSIK

Das offizielle Buch der Ärzte & ein Ratgeber, wie man so erfolgreich wird wie sie ... & die Beatles & die Vinyl-Szene & Reggae & Unterhaltungsmusik & Filmkomposition & Singer-Songwriter & Punk & HipHop ab Seite 9

LUST & LEBEN

Ein ganz neues Programmsegment bei Schwarzkopf & Schwarzkopf ist »Lust & Leben«. In dem Buch »Ich habe einen Liebhaber« erzählen dreiundzwanzig Frauen von ihrer Lust am ganz besonderen Mann. Seite 18/19

MODE & FOTOGRAFIE

Bildbände zu Mode und Fotografie gehören seit langem zu unserem Programm. Aktuelle Titel sind das Buch »Botschafterinnen der Mode« (S. 3), sowie der einfühlsam fotografierte Akt-Bildband »Erster Akt – Junge Frauen in Berlin« Seite 4/5

JUGEND & SZENE

Gothic & Dark Wave, Comic & Kunst, Tattoo & Piercing, Erinnerungen an das erste Rockkonzert & Kultbücher, Tango & Latin Music, Techno & HipHop, Big Brother & Geschichten aus dem Internet ... ab Seite 25

GRAFFITI & HIPHOP

Mit den Bänden »Spray City« und der Biografie des Sprühers »Odem« begann es, gefolgt von »Graffiti Art«, dem »HipHop-Lexikon« und dem »Graffiti-Lexikon«. Mehr als 15 Graffiti & HipHop-Bücher ... ab Seite 33

FILM & FERNSEHEN

Das große Personenlexikon des Films mit mehr als 6000 Biografien, Caterina Valente & Karl May, Orion & Edgar Wallace, Special Effects & Fantasy-Filme, Eastern & Road Movies, Columbo & die Marx Brothers ... ab Seite 41

OST & WEST

Design, Musik, Ostbands, DEFA-Filme, Werner Klemke, Gundermann, Gysi, Gagarin, Modefotografie, Rockmusik, Stars, Sportler, Underground, Szene und vieles mehr der DDR ...

Sonderseiten I–XVI

Comic-Kunst

Franka Potente

Karl May

Herr der Ringe

Liebe, Lust und
Das neue Programm

Hier sehen Sie das erste Programm mit dem wunderbaren Titel »Liebe, Lust & Leidenschaft« . Denn nicht erst nach dem großartigen Erfolg von Martina Rellins **Ich habe einen Liebhaber – Frauen erzählen von ihren Begegnungen mit dem ganz besonderen Mann** wurde uns im Schwarzkopf & Schwarzkopf Verlag klar: Heimlich still und leise haben wir für das Thema *Liebe* so viele hervorragende Ideen und kompetente Autoren, daß eine eigene Reihe daraus werden muß.

Als im Herbst 2001 **Ich habe einen Liebhaber** von Martina Rellin erschien, fand dieses Buch in den Medien eine geradezu hymnische Aufnahme: Offenbar gibt es nichts Interessanteres zu lesen als das wahre Leben.

Der **STERN** brachte zu diesem Buch eine gleichnamige 12seitige Titelgeschichte als exklusiven Vorabdruck, der **SPIEGEL** rezensierte in der gleichen Woche ausgesprochen freundlich: »Ich habe einen Liebhaber *ist nicht das typische Beicht-Buch der unglücklich vor der Weihnachtsgans wartenden Geliebten, sondern die Sammlung von selbstbewußten Lebensberichten. Es geht nicht nur um Sex. Es geht um Gefühle, Abenteuer und Romantik.«* Und die ***Berliner Zeitung*** nannte das Buch einen *»Akt der Befreiung«*. Doch was ist anders am Buch von Martina Rellin als bei anderen Büchern über außereheliche Verhältnisse?

Der Berliner ***Tagesspiegel*** brachte es auf den Punkt: *»Martina Rellin will aufräumen mit dem Klischee, das sich in vielen Frauenzeitschriften findet und das die Frauen als Opfer zeigt – als betrogene Ehefrau oder bedauernswerte Geliebte. Die Frauen in dem Buch nehmen ihr Glück selbst in die Hand.«*

Das ***SFB InfoRadio*** sagte »Ich habe einen Liebhaber – *so offen und selbstbewußt wie der Titel für die gesammelten Tonbandprotokolle, sind auch die Beichten der Frauen. Dass sich die Geschichten über den ganz besonderen Mann so wohltuend unterscheiden von den Ich-habe-einen-Geliebten-Anonym-Beichten ist der Verdienst der Autorin. Keine der Frauen, die sich Martina Rellin anver-*

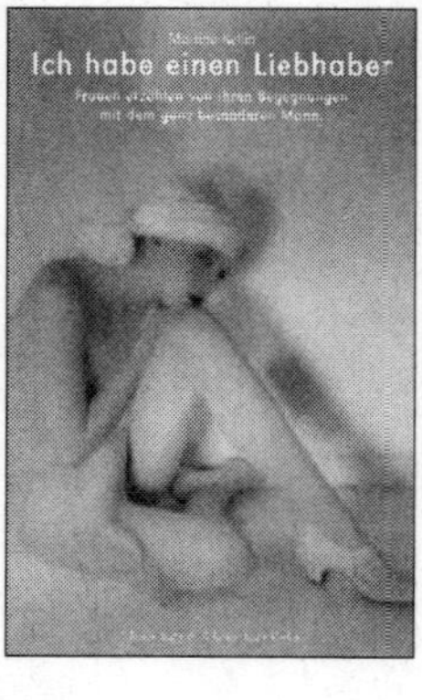

Die Presse über
»Ich habe einen Liebhaber«
von Martina Rellin

»Neben dem einen für zu Hause gönnt sich so manche Frau den anderen für die Lust – oft ganz ohne schlechtes Gewissen. Es sind Frauen, die sich vom Liebhaber holen, was sie zu Hause nicht bekommen. Weil das Arrangement manche Ehe erhält, preist Martina Rellin den Seitensprung als geradezu gesellschaftspolitisch wünschenswerte Einrichtung.« stern

Leidenschaft – im Frühjahr 2002

traut haben, entspricht dem Bild der frustrierten Ehefrau, die sich die Langeweile dann doch mit einem Liebhaber vertreiben.«

Großes Lob fand die ***Mitteldeutsche Zeitung*** aus Halle: *»Das liest sich wie seinerzeit Maxie Wanders* Guten Morgen, Du Schöne. *Herzerfrischend ungeschminkt, authentisch und nachvollziehbar.«* Dieser Vergleich mit dem großartigen Buch der unvergessenen Maxie Wander ist für Verlag wie Autorin die höchste denkbare Anerkennung.

Das Potsdamer ORB-Frauenjournal ***ungeschminkt*** urteilte: *»Die Frauen sprudeln geradezu. Denn endlich hört ihnen jemand zu, endlich dürfen sie, wenn auch anonymisiert, den Liebhaber öffentlich machen. Diese Frauen haben sich ihrem* Mann für die schönen Momente *zielstrebig gesucht, manchmal* passierte *er ihnen auch. Aber immer leben sie ganz bewußt mit dem Ehemann an ihrer Seite und dem* Schattenmann. *Stimmt es vielleicht doch, daß Frauen nicht unbedingt besser sind als Männer, eben nur anders gemein?«*

LIEBE, LUST UND LEIDENSCHAFT

Band 1
Martina Rellin:
ICH HABE EINEN LIEBHABER
Frauen erzählen von ihren Begegnungen mit dem ganz besonderen Mann.

Band 2
Simone Schmollack:
ICH WILL LEIDENSCHAFT
Geschichten von Dreißigjährigen über Lust und Liebe

Band 3
Wiebke und Axel H. Kunert
DAS HANDBUCH DER ONANIE
Dieses Buch macht glücklich und schön

Band 4
Martina Rellin:
WIR SIND DIE NEUEN LIEBHABER
Männer erzählen von ihren Begegnungen mit der ganz besonderen Frau

Die Presse über
»Ich habe einen Liebhaber«
von Martina Rellin

»Ein Hammer-Thema! Weil: Nicht Schlüpfrigkeiten vom Seitensprung verschämter grüner Witwen, sondern höchst selbstbewusste Bekenntnisse zum Anspruch ans Leben und Lieben.«

Mitteldeutsche Zeitung

»Dreiundzwanzig Frauen, die erstaunlich offen und ehrlich von ihren Leidenschaften berichten. Feinfühlig interviewte die Autorin Frauen aus Ost und West.«

Leipziger Volkszeitung

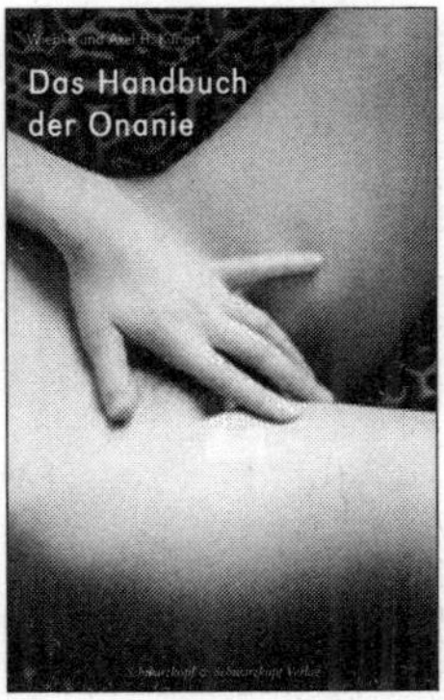

IMPRESSUM
Simone Schmollack: ICH WILL LEIDENSCHAFT
Geschichten von Dreißigährigen über Lust und Liebe

ISBN 3-89602-401-9

BILDNACHWEIS
Autorenfoto Mike Buller
Titelfoto Thomas Karsten

KATALOG
Wir senden Ihnen gern unseren kostenlosen Katalog.
Schwarzkopf & Schwarzkopf Verlag GmbH / Abt. Service
Kastanienallee 32, 10435 Berlin.
Service-Telefon: 030 – 44 33 63 00.
Fax: 030 – 44 33 63 044

INTERNET
Ausführliche Informationen zum
Verlagsprogramm finden Sie im Internet.
www.schwarzkopf-schwarzkopf.de
www.lexxxikon.de

EMAIL:
info@schwarzkopf-schwarzkopf.de